PAIDEUMA
Mitteilungen zur Kulturkunde
59 · 2013

Frobenius-Institut 2013

PAIDEUMA

Mitteilungen zur Kulturkunde

59 · 2013

Herausgegeben vom Frobenius-Institut
an der Goethe-Universität Frankfurt am Main
mit freundlicher Unterstützung
der Frobenius-Gesellschaft

Frobenius-Institut 2013

Verlag W. Kohlhammer

Herausgeber
Karl-Heinz Kohl

Schriftleitung
Holger Jebens

Wissenschaftlicher Beirat

Ulrich Braukämper, *Universität Göttingen*
Mamadou Diawara, *Universität Frankfurt am Main*
Johannes Fabian, *University of Amsterdam*
James J. Fox, *Australian National University*
Christraud Geary, *Museum of Fine Arts, Boston*
Maurice Godelier, *École des Hautes Études en Sciences Sociales, Paris*
Beatrix Heintze, *Frankfurt am Main*
Carola Lentz, *Universität Mainz*
Roland Mischung, *Universität Hamburg*
Josef Franz Thiel, *Frankfurt am Main*
Robert Tonkinson, *University of Western Australia*
Hartmut Zinser, *Freie Universität Berlin*

Frobenius-Institut, Grüneburgplatz 1, D-60323 Frankfurt am Main,
Telefon (0 69) 79 83 30 50 · Telefax (0 69) 79 83 31 01
E-Mail Frobenius@em.uni-frankfurt.de
www.frobenius-institut.de
© 2013 FROBENIUS-INSTITUT E.V.
Printed in Germany

PAIDEUMA erscheint jährlich in 1 Band mit einem Gesamtumfang von ca. 320 Seiten. Das Einzelheft kostet
€ 68,00 zuzüglich Versandkosten. In den Bezugspreisen sind 7% Mehrwertsteuer enthalten.
Satz: michon, Wickerer Weg 19, 65719 Hofheim/Ts. Verlag und Druck: W. Kohlhammer GmbH;
Postanschrift: 70549 Stuttgart; Lieferanschrift: Heßbrühlstraße 69, 70565 Stuttgart, Telefon 07 11 / 78 63-0,
Telefax 07 11 / 78 63-263. Auslieferung Zeitschriften: W. Kohlhammer GmbH, 70549 Stuttgart,
Telefon 07 11 / 78 63-290, Telefax 07 11 / 78 63-430.
Anzeigen: W. Kohlhammer GmbH, Anzeigenverwaltung, 70549 Stuttgart,
Telefon 07 11 / 78 63-0, Telefax 07 11 / 78 63-393.
Die Zeitschrift und alle in ihr enthaltenen einzelnen Beiträge und Abbildungen sind urheberrechtlich geschützt.
Alle Urheber- und Verlagsrechte sind vorbehalten. Der Rechtsschutz gilt auch für Vervielfältigungen,
Übersetzungen, Mikroverfilmungen und die Einspeicherung und Verarbeitung in elektronischen Systemen.
Jede Verwertung bedarf der Genehmigung des Verlags. Der Verlag erlaubt allgemein die Fotokopie zu
innerbetrieblichen Zwecken, wenn dafür eine Gebühr an die VG Wort, Abt. Wissenschaft, Goethestraße 49,
80336 München, entrichtet wird, von der die Zahlungsweise zu erfragen ist.

Kommissionsverlag: W. Kohlhammer Stuttgart
ISSN 0078-7809

INHALTSVERZEICHNIS

BUCHBESPRECHUNGEN

NEKROLOG

Paideuma 59:7–29 (2013)

„AM ANFANG STAND EINE KINDERGESCHICHTE"
Mein Weg zur Ethnologie und mein Wissenschaftsverständnis

Karl R. Wernhart

FAMILIÄRE STREIFLICHTER

Mein Vater, Doktor der Rechte und freiberuflicher Rechtsanwalt (1905–1964), kam nach der Volksschule im Weinviertel (Niederösterreich) in das Stiftsgymnasium Seitenstetten im Mostviertel, wo er vom benediktinischen Geist mit dem Leitgedanken „Ora et labora" geprägt wurde. Das Oberstufengymnasium und sein Studium absolvierte er in Wien, wo er auch seine spätere Gemahlin, eine Glasermeisterstochter (1906–1985) kennen und lieben lernte. Inmitten des Zweiten Weltkrieges kam ich 1941 zur Welt.

In seiner Wiener Gymnasialzeit war mein Vater mit zahlreichen jüdischen Mitschülern befreundet, deren Glauben, Festkalender und allgemeine Lebensumstände ihn sehr interessierten. Ob dieser Freundschaft durfte er sogar als Nichtjude in der Schülerfußballmannschaft des jüdischen Sportklubs „Hakoa" mitspielen. Die NS-Zeit war sowohl für meinen Großvater – Präsident der Niederösterreichischen Kaufmannschaft, christlich liberal ausgerichtet und Abgeordneter des Niederösterreichischen Landtages im Ständestaat der Ersten Republik Österreichs – wie auch für meinen Vater eine schwierige Zeit, da beide nicht linientreu sein konnten und wollten. Auf Grund dieser Situation wurde meinem Vater seine 1936 eröffnete Rechtsanwaltskanzlei nach dem Einmarsch Hitlers in Österreich von der NSDAP geschlossen. Die Freundschaft aus gymnasialer Zeit blieb für meinen Vater bindend, so daß er nach dem Ende des Zweiten Weltkrieges den wenigen aus der Emigration zurückgekehrten ehemaligen jüdischen Mitschülern – oder auch deren Witwen – bei Rechtsverfahren um ihre Ansprüche vor Gericht half. Aus diesen Erfahrungen heraus wurde mir die Achtung vor den Menschen in ihrer jeweiligen kulturellen, ethnischen und ethischen Verschiedenheit von Kindesbeinen an vermittelt. Damit war jede Diskriminierung eines anders denkenden Menschen für mich verpönt.

DIE IMPULSE

In der Nachkriegszeit, als ich die Volksschule besuchte, trat das erste prägende Ereignis ein: die Lektüre einer Erzählung über den Kasperl Larifari.[1] Diese Texte für Theater- und Puppenspiele waren damals sehr populär. Sogar das Theater der Josefstadt hatte im Jahre 1948 eine Aufführung unter dem Titel „Kasperl Larifari, Märchendrama" im Programm. Ebenso existierten Lesebücher für Kinder, die aus den Textbüchern gestaltet waren. Die Geschichte, die mich so beeindruckte, sollte den Kindern wohl die Kugelgestalt der Erde näher bringen sowie über die Lebenswelt der Antipoden informieren; sie hatte folgenden Inhalt: Der übermütige Kasperl Larifari klettert bei einer Bohrstelle für einen artesischen Brunnen auf die Bohrmaschine, fällt in das Bohrloch und kommt auf der anderen Seite des Globus wieder heraus: Er landet auf einer Südseeinsel in Polynesien. In der nun folgenden Landschaftsbeschreibung wurde kein Südseeklischee ausgelassen: Meeresstrände mit Riffen und Lagunen, Berge, Palmenhaine mit Kokosnüssen, mit Palmwedeln gedeckte Häuser, nicht zu vergessen die freundlichen Menschen. Der Kasperl und die Einheimischen lernen sich näher kennen und gegenseitig schätzen. Larifari ist so begeistert von den Menschen und ihrer Lebensart, daß er am liebsten bleiben will, aber er muß wieder zurück zu seiner Familie auf die andere Seite der Erde.

Diese Erzählung hat mich so sehr beeindruckt, daß ich die fremden Kulturen unbedingt kennen lernen wollte. So begann ich bereits im Schulalter, mich für Polynesien zu interessieren und wählte schließlich im Studium der Ethnologie den Schwerpunkt Südsee. Vorerst aber unterstützte mein Vater mein Interesse durch weitere Informationen aus Atlanten und demonstrierte am Globus die Antipodenfrage. Ich besorgte mir aus öffentlichen Bibliotheken Fachliteratur, wie den Band „Südsee" der Völkerkunde von Bernatzik oder Hans Nevermanns „Götter der Südsee" über die Glaubensvorstellungen Polynesiens. Diese Lektüre stellte den wichtigsten und e r s t e n I m p u l s dar, der für meine Forschungs- und Lebensinteressen prägend und richtungsweisend wurde.

---

[1]   Sie gehört zu den Kasperlkomödien von Franz v. Pocci (1807–1876).

Den z w e i t e n I m p u l s erhielt ich in der Oberstufe des Gymnasiums (Lehrer-
bildungsanstalt), und der vermittelte mir die Auseinandersetzung mit dem Forschungsbereich der Archäologie. Daß es mich zur Ausgrabungstätigkeit für zwei Monate (Juli
und August 1956) nach Osttirol verschlug, lag darin begründet, daß ich in Latein eine
Wiederholungsprüfung hatte, weil meine Interessen eher auf Geographie, Umwelt
und Geschichte lagen und weniger auf lateinischen Deklinationen und Übersetzungen. Meine Freunde hatten sich bereits als Hilfskräfte für eine Kampagne in Aguntum
angemeldet,[2] daher entschied ich mich auch zu einem zweimonatigen Arbeitsaufenthalt
bei diesen römischen Ausgrabungen, wobei das Ambiente im römisch-archäologischen
Bereich auch das Deklinieren in Latein und die schriftlichen Übersetzungsübungen
am Abend erleichterte. Tatsächlich bestand ich meine Nachprüfung im September mit
Bravour und konnte außerdem mit dem erarbeiteten Geld meinen ersten Fotoapparat
kaufen. Es entwickelte sich eine Serie von fünf aufeinanderfolgenden Sommeraufent-
halten bei den Grabungskampagnen in Osttirol. So entstand eine neue „Liebe", nämlich die zur Archäologie, und zwar nicht zur „klassischen", da ich Altgriechisch nicht
beherrsche, sondern eher zur „allgemeinen Feldarchäologie" sowie dem daraus hervor-
gehenden Wissenschaftsverständnis und der entsprechenden Theoriebildung. Mit meinen neuen Gesprächspartnern aus dem Österreichischen Archäologischen Institut, vor
allem mit Gerhard Langmann (Honorarprofessor und später Direktor des ÖAI) und
Dieter Knibbe (Professor für Alte Geschichte und Archäologie), kam es zu einem regen
wissenschaftlichen Diskurs und Gedankenaustausch, der meine Forschungsinteressen
stark auf die kulturgeschichtlichen, sozio-ökonomischen und religiösen Aspekte der
Entstehung wie auch der Entwicklung von Kulturen (auch von Hochkulturen) und deren Periodisierung lenkte. Dies führte zu Forschungsthematiken, die mich bis zur Gegenwart beschäftigen (Wernhart 1994, 2012a). Die archäologische Komponente meiner
Überlegungen zum „Konzept einer Kulturgeschichte" (Wernhart 1977, 1978), fokussiert
auf den Schwerpunkt Polynesien (Wernhart 1983, Wernhart u. Wilding 1988/89), nahm
bereits hier ihren Ausgang.

So wurde durch zwei völlig unterschiedliche Kindheits- und Jugenderlebnisse
mein Weg in die Forschung und Wissenschaft bestimmt.

DIE UMSETZUNG

Nach der Matura (Abitur) versuchte ich meine bevorzugten Forschungsinteressen zu
verbinden, indem ich an der Universität Wien „Völkerkunde und Neuere Geschichte"
inskribierte. Zusätzlich mußte ich bei der Studienwahl auch die eindringlich mahnen-

---

[2]   Aguntum ist eine frühere römische Provinzialstadt östlich von Lienz in Osttirol. Dort wurden von
        1912 bis zur Gegenwart vom Österreichischen Archäologischen Institut (ÖAI) Ausgrabungen durch-
        geführt.

den Worte meines Vaters mit berücksichtigen, der damals zu Recht meinte, daß man als Wissenschaftler auch eine Lebensbasis benötige. Daher zog ich eine „Sicherheitsschiene" in Form einer Ausbildung zum Lehramt für Geschichte und Germanistik ein, absolvierte alle Pflichtprüfungen und Seminare, legte aber bewußt zuerst den Schwerpunkt auf den Abschluß des Doktoratsstudiums, wobei man damals die Dissertation auch als Hausarbeit für das Lehramtsstudium anrechnen lassen konnte.

Von vier Lehrerpersönlichkeiten – neben vielen anderen – wurde ich besonders im Studium der Völkerkunde und der Neueren Geschichte geprägt. Alle vier Professoren waren der historischen Dimension verpflichtet: die Ethnologen Walter Hirschberg (1904–1996) und Josef Haekel (1907–1973), der Neuzeithistoriker Günther Hamann (1924–1994) und der Österreich-Historiker Erich Zöllner (1916–1996). Ersterer stand seit seiner Studienzeit der Kulturhistorie beziehungsweise Kulturkreislehre Wiener Prägung kritisch und ablehnend gegenüber, die damals als „Wiener Schule der Völkerkunde" (1929–1954) internationale Bedeutung erlangt hatte; sie wurde von Pater Wilhelm Schmidt (1868–1954) und seinen Mitbrüdern des Ordens SVD begründet und vertreten.

Meine Studien belegen, daß sich P.W. Schmidt in seinem Diakonatsjahr 1891 im Orden der Steyler Missionare intensiv mit den Inhalten des „Kulturkampfes" und der „Katholischen Soziallehre", bestimmt durch die Enzyklika „Rerum Novarum" von Papst Leo XIII., auseinandergesetzt hat. Für ihn wird die kulturhistorische Arbeitsweise und das ethnographische Material der Ethnologie zum Steigbügelhalter für die Schaffung seines Evolutionskonzeptes zur Bestätigung des Urmonotheismus im Verständnis der katholischen Kirche auf Grund der gebundenen Parallelisierung und einer relativen Konstanz der Kulturentwicklung. Der Ethnologie, hier der kulturhistorischen Ethnologie der Alten Wiener Schule, wurde eine politische Aufgabe in apologetischem Sinne aufgedrängt. Man mißbrauchte die Wissenschaft zur Bestätigung einer katholischen Theorie (Wernhart 2000). Diese Schule versuchte die Kulturentwicklung unter der Annahme zu erklären, daß die rezenten, am Rande der Ökumene lebenden niederen Jäger, Sammler und Fischer in einer Art von „Konservenkulturen" in statischem Gewande lebten. Die Bedeutung der Chronologie vernachlässigte man. Mit dem evolutionistischen Ansatz, der mit einer historisch ausgerichteten gebundenen Parallelisierung arbeitete, wurden die in Rede stehenden Kultur- und Gesellschaftsgruppen der Gegenwart mit paläolithischen Kulturgruppen – erarbeitet von der prähistorischen Forschung – verglichen und parallelisiert, um damit ein Entwicklungskonzept der Menschheit zu erschließen. Zudem wurden im Sinne Fritz Graebners die Wirtschafts-, Gesellschafts- und Religionsformen zu einem Kulturkreis verbunden, wobei in einer chronologischen Abfolge, von der Urkultur ausgehend, über drei Primärkulturkreise die weitere Kulturentwicklung stattgefunden haben sollte. Die Einfachheit der Kulturformen sollte ihr relativ hohes Alter bestätigen, um damit den Monotheismus als „Ursprung der Gottesidee" (Schmidt 1912–1955) an den Anfang der Menschheitsentwicklung stellen zu können. Josef Haekel gab im Jahre 1956 dieses Kulturkreiskon zept aufgrund interner Kritik aus den eigenen Reihen (Bornemann 1938) und vor allem von externen Vertretern des Faches auf (Haekel 1956:30–47), hielt aber an der Beziehungsforschung fest – bei einer zusätzlichen Neuorientierung an britischen und anglo-amerikanischen Ansätzen (Hirschberg 1974). Haekel hat sich auch sehr intensiv mit der Religionsethnologie befaßt (1971). Seine Religionsvorlesungen und -seminare über thematische Schwerpunkte wie Seelenbegriffe, Weltbilder oder Jenseitsvorstellungen haben mich stark beeinflußt (Wernhart 2003a, 2004).

Hirschberg hatte stets die Arbeitsweise eines Fachhistorikers in der Ethnologie vor Augen, der bei Auswertung verschiedener Quellentypen mittels Quellenkritik und Quellensequenz unter Einheit von Zeit und Raum zur ethnographischen Darstellung eines Ethnos gelangt (Salat 1974; Wernhart 1974a:43, 49–55). Er wollte keine Ursprungs-fragen lösen, sondern die aufbereiteten historischen Fakten über ein Ethnos oder eine Gesellschaft zur Darstellung bringen. Da die Berichterstattung meist aus europäischen oder hochkulturlichen Quellen herrührte, mußte sie einer besonders strengen quellen- und ideologiekritischen Überprüfung unterzogen werden. Wenn es sich auf Grund der Quellenstruktur unter der angeführten räumlichen Einheit und chronologischen Kontinuität ergab, war der Einbau der Archäologie in Form einer Frühgeschichte möglich. Hirschberg bezeichnete diesen Forschungsansatz als „Ethnohistorie", wobei er stets die Vorläufer auf diesem Arbeitsgebiet und deren Aufbauarbeit berücksichtigte, wie unter anderem Clark Wissler (1870–1947) und – auf Wiener Boden – Fritz Röck (1879–1953). Der Altamerikanist, bei dem Hirschberg studiert hatte, sah schon in den 1930er Jahren im Gegensatz zur Wiener Schule die Ethnohistorie als den richtigeren Forschungsan-satz an (Röck 1932, Hirschberg 1971). Mit seiner Berufung auf den Lehrstuhl „Völker-kunde II" am Wiener Institut im Jahre 1962 stellte Hirschberg die „Ethnohistorie" als neuen beziehungsweise wieder aktualisierten Forschungsansatz vor, den er mit Themen der materiellen Kultur (Ergologie, Technologie) und der Wirtschaftsethnologie in Be-zug auf Afrika verband: Damit bildete Hirschberg am Wiener Institut eine klare Ge-genposition zur damals noch vorherrschenden, aber bereits veralteten Kulturhistorie.

Das damalige Näherrücken Hirschbergs zu den Fachhistorikern und Geogra-phen, das sich auch in einem gemeinsamen Kolloquium manifestierte, brachte der Eth-nohistorie Anerkennung bei den Fachkollegen der Geschichtswissenschaften. Zu dem Wissenschaftshistoriker Günther Hamann, der als Professor für Neuere Geschichte die „Schule der Entdeckungs- und Kolonialgeschichte" auf Wiener Boden errichtete, gab es über den Bereich der Quellenkunde intensive Berührungspunkte. Ebenso war auch die Ur- und Frühgeschichte von der Zusammenarbeit besonders angetan. Die Kontak-te ergaben sich hier über die 1870 gegründete Anthropologische Gesellschaft, in der durch Richard Pittioni (1906–1985) auch der Fachbereich der Prähistorie vertreten war. So kam es, daß sich die Forschungs- und Lehrrichtung der Ethnohistorie in der dama-ligen Philosophischen Fakultät als neue historische Völkerkunde etablierte (Wernhart 2008:41–54). In der Folge hat sich die Forschungsrichtung der Ethnohistorie weiterent-wickelt und mit neuen historisch-sozialwissenschaftlichen und transkulturellen Ansätzen verbunden. Dies kann nach meiner Tätigkeit als Professor in Wien (1980–2002) unter der Bezeichnung „Neue Wiener Schule der Ethnologie" als etabliert angesehen werden.

Für mein weiteres Studium zeichnete sich eine Dissertation im Grenzbereich von Neuerer Geschichte, Ethnohistorie und allgemeiner Völkerkunde ab. Der Titel lautete: „Pedro Fernandez de Quiros. Der letzte große spanische Entdecker im Stillen Ozean" (Wernhart 1967). Quiros, der als Mitreisender der Expedition von Mendaña und auf einer eigenen Reise (von 1567 bis 1605/06) zahlreiche Inseln Polynesiens und Melanesiens „entdeckte", beschrieb die Menschen, ihre Kultur und ihr Weltbild einschließlich ihrer Glaubensmanifestationen und lieferte damit für Ozeanien Quellenmaterial im Sinne der Ethnohistorie. Voraussetzung zur Erstellung meiner Dissertation waren vor allem Archivstudien in Spanien (Madrid, Marinearchiv; Simancas, Habsburgisches Staatsarchiv; Sevilla, Indien- und Überseearchiv) und im Vatikan (Archivo Vaticano Secreto) in Rom. Die ethnographische und historische Interpretation von Quiros' Tagebucheintragungen ermöglichte die Darstellung der kulturellen Situation der Südsee im 16. und 17. Jahrhundert.

Ein Gesichtspunkt galt dabei auch der Namensgeschichte des Australkontinentes: Quiros hatte von König Philipp III. von Spanien und Papst Clemens VIII. den Auftrag, die seit der Spätantike gesuchte Landmasse dieses Australkontinentes zu suchen und für die Krone Spaniens als künftiges Erweiterungsgebiet in Besitz zu nehmen und damit für die Christianisierung Missionsgebiete zu erschließen. Bei der Einfahrt in die sehr geräumige Bucht der in Melanesien gelegenen Insel Espiritu Santo (zu Pfingsten des Jahres 1606) glaubte Quiros, den Nordrand des Australkontinentes erreicht zu haben, dessen Inexistenz erst Kapitän James Cook bei seiner zweiten Südseereise (1772–1775) feststellte. Quiros gab 1606 dieser vermeintlichen Landmasse die Bezeichnung „La Austrialia del Espiritu Santo" und verband damit die geographische Namensgebung der „terra australis" mit der dynastischen Bezeichnung des Hauses Österreich, indem er ein „i" einfügte. Diese einzigartige Namensgebung, die für die Österreich-Historiker große Bedeutung hat, weist in die Richtung einer inhaltlichen Namensnähe von Australien und Austria. Besonders im Milleniumsjahr 1996 fand dieses wissenschaftsgeschichtliche Kuriosum bei dem Fest „1000 Jahre Österreich" Beachtung (Wernhart 1967:175–194, 1995/99).

Die Chance und ihre Nutzung

Im Jahre 1968 hat die konservative Alleinregierung der Österreichischen Volkspartei auf Grund der Schwerpunktsetzung auf Wissenschaftspolitik alle offenen Berufungszusagen aus den vorangegangenen Jahrzehnten erfüllt und damit auch Hirschberg seine ihm 1962 in der Berufungsverhandlung zugesagte Assistentenplanstelle zugewiesen. Durch meine fächerübergreifenden Interessen und die sehr gut bewertete Dissertation

(Promotion Dezember 1967) wurde ich von den Professoren Hirschberg, Haekel und Hamann für diese neue Planstelle vorgeschlagen und begann mit 1. April 1968 meine Tätigkeit am Institut für Völkerkunde. Diese bestand darin, Hirschberg vor allem im Bereich der ethnohistorischen Forschung durch Übungen, später Proseminare, zu unterstützen, die besonders Theorieansätze, Methodenfragen (Quellen- und Ideologiekritik sowie Quellensequenz), Quellenkunde, wie auch die Darstellung von Archiven, Bibliotheken und Museen zum Thema hatten. Daraus entwickelte sich später, nach meiner Habilitation 1974, die Lehrveranstaltung „Einführung in die Ethnohistorie", die auch heute noch im Lehrplan fix verankert ist (Wernhart u. Zips 2008).

Bei den „Ethnographischen Übungen" an Objekten legte Hirschberg Wert auf die Zusammenarbeit mit Mitgliedern des Museums für Völkerkunde in Wien, vor allem mit Alfred Janata (1943–1993) und Christian F. Feest (geb. 1945). Sie hatten gemeinsam mit Hirschberg eine spezielle Auswahlsammlung angelegt, die mit Erklärungstexten im Lehrbuch „Technologie und Ergologie in der Völkerkunde" (Hirschberg u. Janata 1980, Feest u. Janata 1999) veröffentlicht wurde. Dieses Lehrbuch war Grundlage für die gleichnamigen Vorlesungen wie auch für die erwähnten ethnographischen Übungen. Da Hirschberg im ersten Studienabschnitt in vier Semestern einen zweistündigen Vorlesungszyklus abhielt (Ergologie, Technologie, Wirtschaftsethnologie und Einführung in die Völkerkunde Afrikas), mußten die ethnographischen Übungen inhaltlich an die jeweilige Thematik angepaßt werden. Es war meine Aufgabe, für diese Übungen Objekte aus der genannten Sammlung auszuwählen und dazu passende ethnographische Filme der Encyclopaedia Cinematographica herbeizuschaffen. Das bedeutete, daß ich als Assistent auch an der Hauptvorlesung für die Unterstufe teilzunehmen hatte, um die Vorbereitungsarbeiten erledigen zu können; gelegentlich mußte ich auch – meist ohne Vorankündigung – die Vorlesung übernehmen. Diese „semper parat"-Situation war zwar stressig, eröffnete mir aber die Chance, mich in der akademischen Lehre zu bewähren.

Von Seiten des Institutes wurde mir jede Menge administrativer Aufgaben übertragen, um mich am wissenschaftlichen Arbeiten zu hindern. Spürbare Ressentiments meiner Person gegenüber hatten sicher mit dem ablehnenden Verhalten des Institutes Hirschberg gegenüber zu tun, da dieser die katholische Kirche verlassen hatte und als profilierter Gegner der Alten Wiener Schule gegen die Neuetablierung dieses Wissenschaftskonzeptes durch Engelbert Stiglmayr (1927–1996), den Assistenten der anderen Lehrkanzel, auftrat. Da ich mich als Hirschbergs Assistent und als Historiker für die Ethnohistorie einsetze, war meine Karriere am Institut nicht erwünscht. So mußte ich alle Neuerwerbungen an Büchern und unzählige bis dato liegengebliebene Sonderdrucke inventarisieren wie auch den studentischen Leihverkehr und die Fernleihe durchführen. Die Überprüfung der Bibliotheksbestände mußte jährlich vorgenommen werden. Diese Mehrbelastung hatte aber für mich den Vorteil, daß ich sowohl über die Neuzugänge wie auch über den Gesamtbestand der Bibliothek bestens informiert war.

Der Ethnologe und Afrikaforscher Hermann Baumann (1902–1972), vom Berliner Museum für Völkerkunde als Abteilungsleiter und habilitierter Dozent in der NS-Zeit als NSDAP-Mann nach Wien berufen (von 1940 bis 1945), wurde Nachfolger von P. Wilhelm Koppers (1886–1961), den man als katholischen Ordensmann (SVD) entlassen beziehungsweise zwangspensioniert hatte. Baumann brachte eine große Sammlung – meistens Dubletten ethnographischer Objekte – nach Wien, trotz der Wiener Hofsammlungen im Völkerkundemuseum und obwohl Institut und Museum damals im gleichen Gebäude untergebracht waren. Nach Kriegsende 1945 blieben diese Objekte am Wiener Institut und in den 1950/60er Jahren sowie nach 2002 wurden sie an Berlin zurückgegeben. Seit der ersten Rückgabe hatte sich niemand mehr um diese Objekte gekümmert, daher mußte ich sie sichten, überprüfen und jedes Jahr einen Bericht an das Völkerkundemuseum in Berlin-Dahlem übermitteln. Die Weihnachts- und Semesterferien boten sich für die Kontrolltätigkeit von Bibliothek und Sammlung an.

Trotz der immensen Belastung von Institutsseite her konnte ich mit Unterstützung meiner Frau (geb. 1943, Eheschließung 1969) meine Karriere in der Wissenschaft und die Planung einer Familie (zwei Söhne, geb. 1970 und 1976) in Angriff nehmen. In den Sommerferien war neben Archivstudien die Bearbeitung wertvoller Sammlungen aus dem 18. Jahrhundert in Spanien, Deutschland und England mit dem Schwerpunkt Polynesien angesagt. Beides galt als Vorarbeit für eine spätere Habilitation. Bei meinen Archivstudien in Österreich mit inhaltlichem Schwerpunkt auf frühe Reisende aus der Zeit der Habsburger Monarchie und ihre ethnographischen Aussagen stieß ich im Privatarchiv der Grafen Harrach auf ein unveröffentlichtes Manuskript über die unfreiwillige Weltreise des kaiserlichen Hauptmannes Christoph Carl Fernberger von Egenberg (Oberösterreich) in den Jahren 1621 bis 1628. Der Bericht über diese Weltreise in westlicher Richtung um den Erdball – auf mehreren Schiffen, mit zwei Schiffbrüchen und der Errichtung eines Handelskontors für Gewürzhandel als selbständiger Kaufmann in Hinterindien und Indonesien – beinhaltet zahlreiche wertvolle ethnographische Beschreibungen der Ethnien und Gesellschaften Südostasiens und Indonesiens, aber ebenso der Patagonier und der Feuerlandindianer. Ferner finden sich hier die ersten Informationen über die Bewohner der Marianen in Mikronesien und auch über die Kap-Hottentotten Südafrikas: wertvolles Quellenmaterial aus der frühen Reisetätigkeit. Der Originaltext, mit einem kritischen wissenschaftlichen Kommentar versehen, erschien erstmals im Jahre 1972 im Europäischen Verlag (Wien). Eine völlig überarbeitete Neuausgabe mit einem erweiterten Kommentar für Südostasien und Indonesien von Helmut Lukas (geb. 1951) erschien 2011 im Lit-Verlag, war binnen eines Jahres ausverkauft und wurde daher 2012 nochmals aufgelegt (Wernhart 2012b). Damit ist eine Basispublikation für die österreichische Forschung und für die auf Österreich ausgerichtete Geschichtsschreibung im Grenzbereich von Ethnologie und Geschichtswissenschaft entstanden.

DIE FUNDIERUNG DER ETHNOLOGIE UND ETHNOHISTORIE

Als Grenzgänger zwischen zwei Disziplinen stand für mich in der Folge die Auseinandersetzung mit den Theorieansätzen der Ethnologie und der Geschichtswissenschaften auf dem Arbeitsprogramm, um daraus für die Ethnohistorie eine Weiterentwicklung nach Hirschbergs Start zu ermöglichen.

Die „Kulturanthropologie" als Wissenschaft von menschlichen Kulturen im Allgemeinen stand Anfang der 1970er Jahre bei mir im Vordergrund, aber weniger im Sinne der amerikanischen Ausrichtung (vgl. Marschall 1990) und auch nicht im Sinne der Gedankengänge von W.E. Mühlmann in „Homo Creator" (1962) oder der „Kulturanthropologie" von W.E. Mühlmann und E.W. Müller (1966), wenn auch verständlicherweise Beeinflussungen daraus erfolgten. Beeinflußt wurde ich ebenfalls durch die britische Sozialanthropologie, wobei mich die Konzeption des Funktions- und Strukturbegriffes stark beschäftigte, jedoch stehe ich eher der sozialwissenschaftlich ausgerichteten französischen Strukturgeschichte nahe (Wernhart 1971, 1979). Der Strukturbegriff in seiner historischen Dimension, ob in kurzen Zeitperioden faßbar oder in lange andauernden Perioden im Sinne von Braudels „Geschichte der langen Dauer" als Theorie des Wandels aufgefaßt (Chevron 2008a), war und ist für mich bis heute maßgeblicher Orientierungspunkt meiner Konzepte. Daher mußte es im Sinne der von mir vertretenen Kulturanthropologie eine „historische Dimension" geben. Diese kann mittels historischer Arbeitsweise – Ethnohistorie in einer zeitlich tiefer gehenden Verbindung zur Archäologie („Konzept einer Kulturgeschichte" [Wernhart 1977, 1978]) – erreicht werden, wie es unter anderem auch in der amerikanischen Kulturanthropologie von Clark Wissler schon 1909 als „ethnohistory" eingeführt worden war. Auch die historisch-marxistische Ausrichtung fand Berücksichtigung (Tokarev 1967, Wernhart 1981).

Ferner durfte nach meinem Verständnis von Kulturanthropologie auch eine „universale Dimension" nicht fehlen, die quer durch die Gesellschaften zu orten, also als transkulturell zu begreifen ist. Daraus wurde der von mir in den späten 1990er Jahren weiterentwickelte transkulturelle Forschungsansatz, der die Erkenntnisse der Strukturgeschichte und der Postmoderne sowie die Diskussion über die Transkulturation nach Fernando Ortiz aus dem Jahre 1940 mit berücksichtigte. Ortis verband mit dem Begriff eine reziproke oder bilaterale Akkulturation, die nicht nur die gegenseitige Beeinflussung der Kulturen ausdrückte, sondern ebenso die Dekulturation wie auch die Schaffung neuer Kultur- und Gesellschaftsphänomene mit einschloß (Husmann 1984:25, 35, 38–39). Damit wird der oder das Andere mit berücksichtigt, und ebenso wird auch dem „Switchen" oder Wechseln zwischen Gesellschafts- und Kulturbereichen Rechnung getragen (*shifting identity*). So gesehen besitzt der transkulturelle Forschungsansatz auch eine Zukunftsperspektive, da er die Globalisierung und die Vermischung der Gesellschaften und Kulturen berücksichtigt, der kulturellen Entwicklung Rechnung trägt, aber nie die historische beziehungsweise ethnohistorische Dimension außer acht lassen darf (Wernhart 2008:50–52).

Die Überlegungen zu einem Konzept über Menschen und Kulturen, das nicht nur eine generelle, sondern auch eine historische Dimension mit einschließen müßte, führten mich zur Thematik der Universalien. Zunächst galt mein Interesse den Universalienkonzepten aus der Biologie und der Humanethologie, ohne diesen jedoch inhaltlich zu nahe zu kommen. Erst 1987 veröffentlichte ich dann mein Konzept der „Universalia humana et cultura" (Wernhart 1987). Erstere betreffen die biogenetischen Prädispositionen des Menschen (zum Beispiel die Fähigkeit, sich bewegen oder denken zu können), einschließlich der abstammungsgeschichtlichen Perspektive; letztere charakterisieren den Lernprozeß, der mit dem Beginn der Menschheitsgeschichte einsetzte und bis zur Gegenwart reicht und der in aufsteigender vermehrender wie auch in absteigender dekulturativer Form auftreten kann. Kultur ist nicht vererbbar, sondern ein Lernprozeß, der die gesellschaftlichen, wirtschaftlichen und ethisch-religiösen Maximen der Menschen und Gesellschaften bestimmt und auch einen Wandel erfährt (Wernhart 2008:47). Dieses Universalienkonzept findet sich in verschiedenen Arbeiten wieder, wie zum Beispiel bei Marie-France Chevron, die auf die universellen Grundlagen gesellschaftlicher wie kultur- und sozialanthropologischer Phänomene rekurriert und dabei auch auf die Sonderstellung des Menschen aus evolutionärer und soziokultureller Sicht verweist.[3] In letzter Zeit hat sich Christoph Antweiler mit Universalien in „Kultur und Kulturen" auseinander gesetzt, wobei er das Konzept der „Universalia humana et cultura" und das (vom Jubiläumsfonds der Österreichischen Nationalbank finanzierte) Forschungsprojekt „Menschliche Universalien und Kulturgeschichte" aus den Jahren 2000 bis 2001 von Chevron und mir positiv erwähnt (Antweiler 2007:12). Chevron gibt Antweiler in einer Rezension recht, daß

> bei den ethnologischen Forschungen im allgemeinen zwischen 1960 und 1990 vor dem Hintergrund des vorherrschenden Partikularismus zwar viele kulturvergleichende Studien publiziert [...], die Universalien in diesem Zusammenhang allerdings kaum explizit diskutiert wurden (Chevron 2008b:573).

Um die inhaltliche Weiterentwicklung der Ethnohistorie, der Kulturgeschichte und der Universaliendiskussion der wissenschaftlichen Öffentlichkeit bekannt zu machen, stand nur das (1870 gegründete) Publikationsorgan „Mitteilungen der Anthropologischen Gesellschaft in Wien" zur Verfügung, da Hirschberg zunächst im Vorstand (Schriftleitung) und ab Mitte der 1960er Jahre Präsident dieser Gesellschaft war (Chevron 2011:185). Die Institutsorgane („Wiener Beiträge zur Kulturgeschichte und Linguistik" und „Acta ethnologica et linguistica") lagen dagegen in der Hand von Josef Haekel, Anna Hohenwart-Gerlachstein und vor allem Egelbert Stiglmayr, die nach ihrer Interessenslage nur diejenigen publizieren ließen, die der Alten Wiener Schule der Ethnologie eines P.W. Schmidt SVD und P.W. Koppers SVD nahe standen und nicht die

---

[3]   Siehe Chevron (1998, 2004) sowie Chevron und Wernhart (2001:15).

„abtrünnigen Ideen" Hirschbergs und seines Assistenten vertraten. Auf Grund dieser Ausgrenzung entschloß ich mich im Jahre 1970, die „Wiener Ethnohistorischen Blätter" (WEB) zu begründen. Gegen die Verwendung der Institutsadresse konnte nichts eingewendet werden, auch nicht gegen die anfängliche Benützung der instituteigenen Abziehmaschine. Mit Anschaffung einer eigenen Druckmaschine und durch persönliche Arbeit an Wochenenden, konnten unter Mitarbeit meiner Frau, die die Fahnen (Matrizen) herstellte und mich gemeinsam mit meiner Mutter bei der Drucktätigkeit unterstützte, die ersten Hefte der WEB erscheinen. In späteren Jahren halfen gelegentlich einige treue Studierende aus dem „Hirschberg-Stall" bei der Drucklegung. So konnten ab 1970 in der Regel jährlich zwei Hefte publiziert werden; in unregelmäßiger Folge wurden auch Monographien als Beihefte veröffentlicht. Mit dem 2000 erschienenen Heft 46 wurde das dreißigjährige Bestehen der Wiener Ethnohistorischen Blätter durch Hermann Mückler (2000) gewürdigt. Bis zu meinem aus Gesundheitsgründen notwendigen Ausscheiden aus dem Institut im Jahre 2002 und nach Übergabe der Reihe an das Institut sind bis 2008 48 Hefte in Eigenproduktion und zuletzt im Lit-Verlag erschienen (Chevron 2011). Inzwischen ist das Engagement erlahmt und die WEB wurden von Institutsseite eingestellt, wenn auch die Forschungsrichtungen der Ethnohistorie und der Kulturgeschichte (historische Ethnologie) ein wesentlicher Bestandteil der Lehre, der Ausbildung und des Forschungsbereiches geblieben und in den Studienprogrammen fest verankert sind.

FELDFORSCHUNG IN POLYNESIEN – HABILITATION – WANDERJAHRE

Da die Quellen der Ethnohistorie und Kulturgeschichte von den frühesten Nachrichten bis zur Gegenwart reichen, ist dieser Forschungsansatz auch mit dem jeweiligen gegenwärtigen Endpunkt aus chronologischer Sicht zu verbinden, das bedeutet den Einbau der Feldforschung in das vorgelegte Konzept. Nach umfangreichen Studien der historisch bedeutsamen Cook- und Forster-Sammlungen aus dem 18. Jahrhundert in Europa und der veröffentlichten wie auch unveröffentlichten historischen Quellen (Bordtagebücher etc.) und Dokumente (Korrespondenz) über Zentralpolynesien (Tahiti-Archipel) entschloß ich mich, gemeinsam mit meiner Frau einen Feldaufenthalt auf den tropischen Inseln unter den Winden durchzuführen.

Diese Eilande waren in der Vergangenheit meiner Ansicht nach die aktiveren und kulturpolitisch interessanteren Inseln Zentralpolynesiens. Zudem befindet sich auf der Insel Raiatea das Kultur- und Glaubenszentrum Gesamtpolynesiens mit dem *marae* Taputapuatea.[4] Die Wahl fiel auf die Nachbarinsel von Raiatea, Huahine, wo wir im Jahre

---

[4]   Wernhart (1992a:72–75). Als *marae* bezeichnet man in Zentralpolynesien eine rechteckige Zeremonialstätte mit Versammlungsplatz, an dessen Ende sich eine steinverkleidete Plattform (auch Pyramide), manchmal mit Götterstatuen versehen, befindet (Wernhart 1992a:74–75).

1973 im Dorf Tefarerii (wörtlich: „Haus der Häuptlinge") für vier Monate unser Stand-
quartier aufschlugen; heute abseits der wichtigen Schiffstation Fare mit ihrem tiefen
Naturhafen gelegen, war es einst das Inselzentrum. Unter Einbeziehung der Nachbar-
inseln, vor allem Raiatea, sollte die Frage geklärt werden, ob und welche Teile der alten
polynesischen Kultur (Gesellschaft, Garten- und Feldbau, Handwerk und Technologi-
en, Glaubenswelt) sich unter dem Einfluß der europäischen, vor allem französischen
Zivilisation und unter dem Firnis des Christentums erhalten haben. Es ist hier nicht der
Platz, über die Forschungsergebnisse im Detail zu referieren, aber es sei darauf verwiesen, daß sich der Bereich des traditionellen Handwerks und Teile der Sozialstruktur,
vor allem aber die sogenannte Volksreligiosität mit alten Glaubensinhalten – wie unter
anderem den Totengeist Tupapau betreffend (Weingartner 1997) – erhalten hatten. Wir
konnten auch mit einem Filmteam des Wissenschaftlichen Filminstitutes aus Wien,
das im letzten Monat unseres Aufenthaltes vor Ort war, neun wissenschaftliche Fil-
meinheiten abdrehen und damit eine Dokumentation des damaligen ethnographischen
Ist-Zustandes festhalten.

Im Oktober 1973 nach Wien zurückgekehrt, begann die Auswertung der Feldforschung und die Erarbeitung eines Vergleiches der Gegenwartssituation mit der Kultur
der Polynesier des späten 18. Jahrhunderts anhand der historischen Schrift- und Bild-
quellen, Dokumente und Sammlungen. Diese Analyse ist in der Habilitationsschrift
„Mensch und Kultur auf den Inseln unter den Winden in Geschichte und Gegenwart.
Ein Beitrag zur Ethnohistorie der Gesellschaftsinseln, Zentralpolynesien" im Juni 1974
an der Philosophischen Fakultät der Universität Wien eingereicht worden und im gleichen Jahr als Buch in der Anthropologischen Gesellschaft in Wien erschienen (Wernhart 1974b). Nach dem damals sehr zeitaufwendigen Habilitationsverfahren, bei dem
jeder Schritt in der Fakultät beraten, beurteilt und abgestimmt werden mußte, wurde
mir am 22. April 1975 die akademische Lehrbefugnis (venia docendi) für „Völkerkunde
mit besonderer Berücksichtigung historischer Arbeitsweisen" verliehen, was bedeutete,
daß ich ab diesem Zeitpunkt das Gesamtfach der Ethnologie lehren durfte und nicht
auf einen Teilbereich eingeschränkt war.

In Folge der vorgelegten Forschungsergebnisse in Verbindung mit einer Studie
über Tongas politische Geschichte und die Umstrukturierung der Herrschaftsver-
hältnisse im 18. Jahrhundert (Wernhart 1976) entstand ein polynesisches Langzeitfor-
schungsprojekt über „Kultur- und Sozialwandel in Polynesien mit Vergleichsstudien in
West- und Randpolynesien". In einer weiteren Feldforschung von März bis September
1985 mit finanzieller Unterstützung des „Fonds zur Förderung der wissenschaftlichen
Forschung in Österreich" (Projekt Nr. P 5631) wurde die Basiserhebung durchgeführt.
Regionale Schwerpunkte waren in Westpolynesien das Dorf Ha'ateiho auf der Insel
Tongatapu im Tonga-Archipel und in Zentralpolynesien wieder Tefarerii auf der Insel
Huahine. Das Konzept für die Auswertung des erhobenen Quellenmaterials erschien
als Beitrag in der Festschrift zum 75. Geburtstag von Gerd Koch (Wernhart 1997).

Der Sinn meiner Wanderjahre (von 1978 bis 1985), zunächst als junger Dozent und später als Professor zwischen dem Wiener Institut für Völkerkunde und dem Institut für Volkskunde an der Leopold Franzens Universität Innsbruck mit dem Vorstand Karl Ilg (1913–2000), bestand unter anderem darin, volkskundliche Themen wie Sitte und Brauch, Siedlungsformen, materielle Kultur (Gerätekunde) und Volksreligiosität aus der Sicht der Ethnologie zu ergänzen und auszubauen. Daher habe ich über „Fragen nach dem Gemeinsamen und Unterschiedlichen von Volks- und Völkerkunde", über Themen im Bereich der Gerätekunde, also Ergologie und Technologie betreffend, über sozio-religiöse Aspekte aus Volks- und Völkerkunde am Beispiel der Heilserwartungs- und Selbstfindungsbewegungen vorgetragen, immer wieder eine Ein- und Hinführung zu den Glaubensvorstellungen im ethnologischen Bereich (Universalien im Glaubensleben) gegeben und Fragen der Volksfrömmigkeit behandelt. Die Resonanz meiner Lehrveranstaltungen in Innsbruck war groß, was mich veranlaßte, mich immer mehr mit der ethnischen Glaubenswelt zu befassen und nach religionsethnologischen Universalien im Sinne von „Grundstrukturen des Religiösen" zu forschen. Im Jahre 1986 veröffentlichte ich in der Zeitschrift Anthropos mein Konzept des „Religiösen an sich" unter dem Titel „Religious beliefs per se': a human universality" (Wernhart 1986). Mit Faktenmaterial und regionalen Beispielen erweitert, entstand daraus das Buch „Ethnische Religionen. Universale Elemente des Religiösen" (Wernhart 2004). Den Anstoß zu dieser Publikation gab also meine Lehrtätigkeit in den Wanderjahren, unter anderem auch durch die Auseinandersetzung mit Volksreligiosität.

Es ist zu ergänzen, warum das Institut für Volkskunde an der Universität Innsbruck großes Interesse an der Ethnologie hatte. Ilg, der sich über die Migration der Walser aus der Schweiz nach Vorarlberg und deren Kultur habilitiert hatte (1949, 1956), setzte sich nach seiner Berufung auf den Lehrstuhl in Innsbruck intensiv mit den Tiroler Auswanderern nach Südamerika auseinander und führte zahlreiche Feldaufenthalte in Brasilien, Peru und Chile durch (1972, 1982). Bei seinen Studien in Südamerika mußte er sich auch mit den Indianerkulturen in den genannten Ländern beschäftigen und den Dialog zwischen den Tirolern und den autochthonen Ethnien berücksichtigen. Daher hatte er großes Interesse an der Ethnologie aus Wien, aber nicht im Sinne der Alten Wiener Schule, sondern als „brüderliches Fach" und Ergänzung zu seinem Verständnis von Volkskunde. Hinzu kam, daß Ilg schon Anfang der 1970er Jahre aus der traditionellen Volkskunde ausbrechen wollte und für eine „europäische Ethnologie" plädierte (1971). Das brachte ihn mit Walter Hirschberg und auch mit dem Nachfolger von Josef Haekel, Walter Dostal (1928–2011), zusammen, der ab Sommersemester 1975 in Wien den Lehrstuhl I übernommen hatte. Daher war für Ilg die Kooperation mit Wien wichtig, und er dankte mir in einer handgeschriebenen Widmung für „alle Mithilfe am Innsbrucker Institut" (Ilg 1982:Vorblatt).

BERUFUNG NACH WIEN – INHALTLICHE UND REGIONALE ERWEITERUNG MEINER
FORSCHUNG UND LEHRE

Da Walter Hirschberg Ende des Sommersemesters 1975 emeritierte und ab März gleichen Jahres der Österreicher Walter Dostal, aus Bern kommend, als Nachfolger des im
Jahre 1973 verstorbenen Josef Haekel am Wiener Institut die Lehrkanzel I für Allgemeine Völkerkunde übernommen hatte, entschied auf Wunsch Hirschbergs die Fakultät, den Allgemeinen Lehrstuhl Völkerkunde II für „Historische Ethnologie und Afrika" auszuschreiben. Nach Eingang der Bewerbungen wurden auf die Berufungsliste
die beiden „Altösterreicher" Peter Fuchs aus Göttingen und Andreas Kronenberg aus
Frankfurt am Main sowie Rüdiger Schott aus Münster gesetzt. Nachdem die Verhandlungen in dieser Reihenfolge mit den ersten beiden Bewerbern scheiterten und Rüdiger
Schott damals schon im fortgeschrittenen Alter war, empfahl das Bundesministerium
für Wissenschaft und Forschung auf Wunsch von Frau Bundesminister Dr. Hertha
Firnberg (Historikerin und Ethnologin), eine Neuausschreibung der Lehrkanzel II
nur auf „Historische Völkerkunde" ohne regionale Beschränkung durchzuführen. Auf
Grund der neuerlichen und erweiterten Ausschreibung lagen ungefähr 25 Bewerbungen vor, unter anderem auch meine, in der ich die Neuausrichtung der historischen
Ethnologie und eine inhaltliche wie regionale Erweiterung des Forschungs- und Lehrbetriebes vorschlug, wie auch eine personelle Aufstockung im wissenschaftlichen wie
administrativen Bereich forderte. Von der Kommission und der Fakultät nach Vortrag
und Hearing auf den ersten Platz gereiht, begann ich im Januar 1980 mit den Verhandlungen und wurde nach positivem Abschluß mit 1. April gleichen Jahres auf das Ordinariat II der Völkerkunde berufen.

Nun konnte die schon seit langem fällige inhaltliche Umstrukturierung unseres
Faches, die mit Dostal begonnen hatte, endlich fortgesetzt werden. Der von Hirschberg wieder in Wien eingeführte ethnohistorische Forschungsansatz wurde um die
sozialwissenschaftlich ausgerichtete Strukturgeschichte wie auch um den transkulturellen Forschungsbereich erweitert. Auch die Zusammenarbeit mit der Ur- und
Frühgeschichte wie der Archäologie im Sinne des „Konzeptes der Kulturgeschichte"
ist realisiert worden. Die thematische Erweiterung der Sachgebiete der Ethnologie in
meinem Bereich erfolgte – bei Beibehaltung von Ergologie und Technologie in Verbindung mit ethnographischen Übungen – vor allem in Form eines Neuverständnisses von
Religionsethnologie (Weiss 1987, Wernhart 2004). Die Bewußtseinsforschung, die sich
unter anderem mit schamanistischen wie auch parapsychologischen Aspekten auseinandersetzt, sowie die Cyber-Anthropologie (Kremser 1999) wurden einbezogen. Die
Rechtsanthropologie konnte neu von Werner Zips (2002, 2003a), Jurist und Ethnologe,
etabliert und die Wissenschaftsgeschichte in Verbindung mit der Universaliendiskussion von Marie-France Chevron (1998, 2004, 2011) auf Projektbasis weiterentwickelt
werden.

Im Regionalbereich blieb zunächst der Ozeanien-Schwerpunkt bestehen, von mir auf Polynesien (Wernhart 1990), von Gabriele Weiss (1990) auf Papua-Neuguinea, Polynesien und Mikronesien und in späterer Zeit von Hermann Mückler (1998, 2001) auf Melanesien, besonders auf Fiji ausgerichtet. Die Erforschung und Darstellung der afrikanischen Kulturen und Gesellschaften wurde völlig neu gestaltet, indem der nord-afrikanische Bereich (Maghreb-Länder) und vor allem die Diaspora Afrikas in der Inselwelt der Karibik (Afrokaribik), die afrikanischen Lebensbereiche in Mittel- und Südamerika, wie die des Indischen Ozeans (plurale Gesellschaften auf Réunion und Mauritius [Wernhart 2003b] mit einbezogen wurden. Diese inhaltliche Erweiterung des afrikanischen Forschungsbereiches hatte ich schon als Assistent Walter Hirsch-berg vorgeschlagen, sie war jedoch auf strikte Ablehnung gestoßen. Hirschberg wollte das kulturelle Erbe aus dem „Mutterkontinent" als Identitätsfaktor in den ehemaligen Sklavengesellschaften der Neuen Welt nicht berücksichtigen, da er meinte, die heuti-gen freien schwarzen Bürger seien keine „echten" Afrikaner mehr, sondern durch Coca Cola und Fast Food längst kulturell unbedeutsam geworden. Er hatte anscheinend vergessen, daß seine Schülerin Angelina Pollak-Eltz (1964) den „Maria Leonza-Kult" in Venezuela erforscht und bei ihm darüber dissertiert hatte. Heute ist die Karibik-Forschung am Institut stark vertreten. Vor allem unsere großen Forschungsprojekte in St. Lucia (Kremser u. Wernhart 1986, Wernhart 1992b), Jamaica (Zips 2003b) und Cuba (Wernhart u. Zips 1997) haben Hirschberg noch im hohen Alter zu einem Umdenken bewegen können.

In letzter Zeit habe ich mich neben theoretischen Fragestellungen auf die bereits erwähnte Universalienthematik spezialisiert, die ich mit den „universalen Elementen des Religiösen" in Beziehung stehen sehe (Wernhart 2004, 2013), wobei an speziellen Themen (zum Beispiel Alter und Altern) auch die kulturelle Entwicklung betrachtet wurde. In der Regionalethnologie habe ich meine Forschungsinteressen auf die tro-pischen Inselwelten (Polynesien, Karibik, Indischer Ozean) gelegt und dabei sowohl ökologische wie soziokulturelle und spirituelle Universalien erarbeitet und historische Fallbeispiele analysiert (Wernhart 2003b, 2012a).

AKADEMISCHE FUNKTIONEN

Mein Engagement am Institut und in der Professorenkurie der Fakultät brachte mir großes Vertrauen der Professorenkolleginnen und -kollegen wie des Mittelbaus (Assi-stenten, Lehrbeauftragte) ein, und so wurde ich trotz meines Forschungsfreisemesters in der Südsee (Sommersemester 1985) ab dem Herbst gleichen Jahres zum Dekan der Grund- und Integrativwissenschaftlichen Fakultät (GRUWI) bestellt und nach einer Arbeitsperiode von zwei Jahren, bei Beibehaltung der vollen Lehrverpflichtungen am

Institut, als Dekan wiedergewählt.[5] Meine klare Zielsetzung war es, aus den gesellschaftspolitisch differenten, in alle Richtungen auseinanderdriftenden Fachvertretern der vier Kurien (Professoren, Mittelbau, Studierende und Verwaltungspersonal) eine Fakultätsidentität zu schaffen, die in der „Fakultät der Wissenschaften vom Menschen" ihr Selbstverständnis findet. Meine offene Haltung im Akademischen Senat allen Fakultätsmitgliedern und auch den Instituten gegenüber haben mich plötzlich als Rektorskandidat erscheinen lassen. In der Universitätsversammlung wurde ich von über 700 Wahlpersonen (Frauen und Männern) mit absoluter Mehrheit im Juni 1988 zum Rektor der Universität Wien gewählt.

In meine Rektoratszeit der Studienjahre 1989/90 und 1990/91 fiel das 625jährige Jubiläum der Universität Wien, das ich ganz im Sinne meiner Intentionen als Öffnung der Universität Wien für die Stadt und das Land Wien sah. Das bedeutete, die Leistungen der Wiener Universität für die Bevölkerung der Stadt und damit auch für den Staat offen zu legen, unter anderem mit Ausstellungen und Vorträgen in der Volkshalle des Rathauses. Ebenso fand in dieser Zeit die politische Umgestaltung Europas nach dem Fall des „Eisernen Vorhangs" statt und damit die neuerliche Verbindung der ehemaligen Oststaaten mit Mitteleuropa. Daher war es mein Anliegen, das nur sechzig Kilometer entfernte Bratislava (Preßburg) wieder in die Nähe Wiens zu bringen: Ein Partnerschaftsvertrag mit der Comenius-Universität wurde abgeschlossen, Verträge mit den alten Partnern wie Berlin (Humboldt-Universität) oder Prag wurden erneuert und ein weiteres Abkommen mit Brünn wurde angedacht. Diese neue wissenschaftspolitische Ausrichtung führte dazu, daß ich das einseitig auf die USA und Westeuropa ausgerichtete Universitätsbüro für internationale Zusammenarbeit mit dem von mir ins Leben gerufenen Büro für Ostkontakte zu einem neuen „Außeninstitut" der Universität Wien umgestaltete. Im Rahmen der Jubiläumsfeiern wurde die Öffentlichkeitsarbeit verstärkt und die Forschungsergebnisse und -leistungen wurden durch eine neugeschaffene Pressestelle bekannt gemacht. Diese beiden Institutionen existieren, trotz vieler Neuerungen an der Universität Wien, bis heute (Mühlberger 2011). Im Rahmen meiner Mitarbeit als Rektor im Präsidium der Österreichischen Rektorenkonferenz wurde auch die Etablierung der Fachhochschulen vorangebracht und damit eine neue Schiene im tertiären Ausbildungsbereich in Österreich geschaffen (Wernhart 1992c).

Nach ersten Anzeichen von Gesundheitsproblemen durch die gewaltige Doppelbelastung von Dekanat und Rektorat, neben der vollen Lehr- und Forschungstätigkeit am Institut, verzichtete ich auf eine Kandidatur zur Wiederwahl als Rektor, war dann aber doch noch auf Wunsch des neuen Rektors und des Akademischen Senates weitere vier Jahre Prorektor und schließlich, nach Emeritierung von Walter Dostal im

---

[5]   Durch das Inkrafttreten des Universitätsorganisationsgesetzes (UOG) 1975 wurde eine der neu gegründeten Nachfolgefakultäten der Philosophischen Fakultät zur „Grund- und Integrativwissenschaftlichen Fakultät". Dieser gehörten die Fächer Philosophie, Wissenschaftstheorie, Psychologie, Erziehungswissenschaften, Politikwissenschaft, Soziologie, Kommunikationswissenschaft, Geographie, Ethnologie, Theaterwissenschaft und Sportwissenschaften an.

Jahre 1996, Institutsvorstand bis zum Jahre 2000. Nach zwei Herzinfarkten und grossen gesundheitlichen Problemen im Sommersemester 2002 trat ich am 30. September gleichen Jahres in den Ruhestand und seither widme ich mich der wissenschaftlichen Aufarbeitung meiner Forschungsmaterialien, wie auch der positiven, aber kritischen Auseinandersetzung mit unserer Wissenschaft und der Wissenschaftsgeschichte. In „entschleunigter" Form kann ich mich in innerer Harmonie mit mir selbst, meiner familiären Umwelt und auch mit dem Fach Ethnologie vor allem mit den Grundstrukturen ethnischer wie universeller Glaubensvorstellungen auseinandersetzen.

ETHNOLOGIE, DIE WISSENSCHAFT VOM MENSCHEN FÜR DEN MENSCHEN

Walter Dostal hat bis zu seiner Emeritierung im Juni 1996 an dem Begriff „Völkerkunde" als Fach- und Institutsbezeichnung festgehalten, wobei er mit dem Begriffsinhalt auch eine traditionelle Sichtweise vertrat und sich anscheinend mit einer Kunde, die von den Völkern lehrt, abfand; hingegen wurde von ihm als wirklichem Mitglied der Österreichischen Akademie der Wissenschaften die „Ethnologische Kommission" zum „Institut für Sozialanthropologie" umgestaltet und inhaltlich erweitert. Vielleicht wollte er damit die Fortschrittlichkeit der Akademie gegenüber der Universität aus seiner Sicht klar gestellt sehen. Auch sein Nachfolger am Lehrstuhl und in der Akademie, Andre Gingrich (geb. 1952), versteht sich als Sozialanthropologe – mit Ausrichtung auf den arabischen Raum und die Wissenschaftsgeschichte. Ab 1997 konnten wir beide, Gingrich und ich, an eine Neuorientierung und -benennung des Wiener Instituts herangehen. Auf Grund der neuerlichen Umstrukturierung der Universitätslandschaft in Österreich (Universitätsgesetz 2002) und der Neugestaltung der Fakultäten war die Zeit dafür günstig. Unser Institut wurde auf Wunsch des Mittelbaus und der Studierenden nun den Sozialwissenschaften zugerechnet und ist bis heute Mitglied dieser Fakultät. Das Ergebnis unserer Diskussion war mit einem klar zeitgemäßen Selbstverständnis des Faches der Name „Institut für Kultur- und Sozialanthropologie".

Wurde anfänglich noch „Ethnologie" als erster Begriff vorangesetzt, blieb dieser in weiterer Folge weg, da die Volkskunde „Europäische Ethnologie" als Bezeichnung führen wollte. Die Bezeichnung Kultur- und Sozialanthropologie bietet aus meiner Sicht das größere, weitere und offenere Wissenschaftskonzept und vereint in sich sowohl den vergleichenden wie den historischen Aspekt, sie schließt also die Universalienfrage wie die Kultur- und Sozialgeschichte mit ein. Für mich vermittelt der Wissenschaftsbereich der Kulturanthropologie das umfassendere Konzept, da es alle Bereiche der Gesellschaften oder Ethnien umfaßt, während Sozialanthropologie auch als eine „Sektorwissenschaft" mißverstanden werden könnte. Die Entwicklung unserer Wissenschaft von der Völkerkunde zur Kultur- und Sozialanthropologie schätze ich sehr positiv ein; sie eröffnet neue Möglichkeiten, als eine Universalwissenschaft angesehen zu werden.

Im methodischen Bereich muß zusätzlich die kommunikative Komponente im Vordergrund stehen, und zwar sowohl bei der Feldforschung im traditionellen Sinne wie auch bei der Arbeit mit historischen Dokumenten und Quellen; kommunikative Interaktionen zwischen Forscher und dem zu Erforschenden sind nötig, um zu Ergebnissen gelangen zu können. Ebenso gewinnen die neuen Medien (*cyber anthropology*) weltweit an Bedeutung für die Wissenschaftskommunikation, wobei aber im Umgang mit Daten und deren Übersetzung (Translationswissenschaft) die wissenschaftliche Redlichkeit und Korrektheit immer vorausgesetzt werden muß.

Es bleibt daher für mich die Frage nach dem gesellschaftspolitischen Anspruch des Faches und seiner Leistung als Maß der Akzeptanz in der Bevölkerung bestehen. Wir Wissenschaftler bieten Forschungsergebnisse und -erkenntnisse von verschiedenen Kulturen und Gesellschaften oder Ethnien in allen Lebensbereichen in Geschichte und Gegenwart an, analysieren daraus Universalien beziehungsweise Trends oder zeichnen bedeutende Entwicklungen von historischen und gegenwärtigen Gesellschaften nach. Dazu gehören auch Untersuchungen zu Fragen der Globalisierung (Kreff, Knoll u. Gingrich 2011) und der Integration. Daher sind wir mit unserem Wissen und Forschungsmaterial „Bringer" wie „kritische Analytiker" von Informationen zum Verständnis der Gesellschaften und Kulturen, und wir können so Entwicklungen und Umbrüche in Gemeinschaften interpretieren und erklären. Die gesellschaftspolitische Umsetzung liegt allerdings außerhalb unseres Forschungs- und Lehrbereiches in der Verantwortung der Politik. Die Ethnologie ist daher im gegenwärtigen Selbstverständnis „die Wissenschaft vom Menschen für den Menschen" (Wernhart 1999, 2001), was sich auch im Wiener Institutslogo manifestiert, das einen stilisierten Menschen zeigt. Zu Recht hat unser Fach an der Universität Wien aktuell einen starken Zustrom von zukunftsorientierten Studierenden (zur Zeit etwa 3 000 inskribierte Hörer), die die kulturelle wie gesellschaftspolitische Bedeutung der Kultur- und Sozialanthropologie erkannt haben.

LITERATURVERZEICHNIS

ANTWEILER, Christoph
2007   *Was ist den Menschen gemeinsam?* Über Kultur und Kulturen. Darmstadt: Wissenschaftliche Buchgesellschaft

BORNEMANN, Fritz, P. SVD
1938   *Die Urkultur in der kulturhistorischen Ethnologie.* Eine Grundsatzstudie. Mödling bei Wien: St. Gabriel

CHEVRON, Marie-France
1998   „Man's special position in nature: the relationship between biological and cultural de-
        velopment", *Evolution and Cognition* 4(2):173–184
2004   *Anpassung und Entwicklung in Evolution und Kulturwandel.* Erkenntnisse aus der Wis-
        senschaftsgeschichte für die Forschung der Gegenwart und eine Erinnerung an das
        Werk A. Bastians. Münster: Lit
2008a   „Braudels Geschichte der ‚langen Dauer' als ‚Theorie des Wandels' und ihre Bedeutung
        für die historische Ethnologie am Beispiel der Wiener Ethnohistorie und Kulturge-
        schichte", in: Marie-France Chevron (Hrsg.), Erscheinungsformen des Wandels, 7–30.
        Wiener Ethnohistorische Blätter 47/48.
2008b   Rezension „Christoph Antweiler: Was ist den Menschen gemeinsam? Darmstadt 2007",
        Anthropos 103(2):573–575
2011   „Die Ethnologie in der Wiener Anthropologischen Gesellschaft von den 1950er Jahren
        bis heute", *Mitteilungen der Anthropologischen Gesellschaft in Wien* 141:177–193

CHEVRON, Marie-France und Karl R. WERNHART
2001   „Ethnologische Reflexion über die universellen Grundlagen gesellschaftlicher Phäno-
        mene. Der kultur- und sozialwissenschaftliche Forschungszugang", *Archaeologia Au-
        striaca* 84/85:15–22

FEEST, Christian F. und Alfred JANATA
1999   *Technologie und Ergologie in der Völkerkunde.* Band 2. Berlin: Reimer (¹1989)

HAEKEL, Josef
1956   „Zum heutigen Forschungsstand der historischen Ethnologie", in: Josef Haekel, Anna
        Hohenwart-Gerlachstein und Alexander Slawik (Hrsg.), *Die Wiener Schule der Völker-
        kunde.* Festschrift zum 25jährigen Bestand (1929–1954), 17–90. Horn und Wien: Berger
1971   „Religion", in: Hermann Trimborn (Hrsg.), *Lehrbuch der Völkerkunde*, 72–141. Stutt-
        gart: Enke

HIRSCHBERG, Walter
1971   „Bemerkungen zu einer in Vergessenheit geratenen terminologischen Synthese von
        Fritz Röck", *Hamburger Beiträge zur Afrika-Kunde* 14:353–357
1974   „Josef Haekel † (1907–1973). Nachruf", *Mitteilungen der Anthropologischen Gesellschaft
        in Wien* 104:153–156

HIRSCHBERG, Walter und Alfred JANATA
1980   *Technologie und Ergologie in der Völkerkunde.* Berlin: Reimer (¹1966)

HUSMANN, Rolf
1984   „Transkulturation bei den Nuba. Ethnohistorische Aspekte des kulturellen Wandels im
        19. und 20. Jahrhundert", *Arbeiten aus dem Institut für Völkerkunde der Georg-August-
        Universität Göttingen* 18.

ILG, Karl
1949   *Die Walser in Vorarlberg.* 1.Teil: Verbundenheit mit dem Boden, Siedlung und Wirt-
        schaft als volkskundliche Grundlagen. Dornbirn: Vorarlberger Verlagsanstalt (Schrif-
        ten zur Vorarlberger Landeskunde 3.)
1956   *Die Walser in Vorarlberg.* 2. Teil: Ihr Wesen, Sitte und Brauch als Kräfte der Erhaltung
        ihrer Gemeinschaft. Dornbirn: Vorarlberger Verlagsanstalt (Schriften zur Vorarlberger
        Landeskunde 6.)
1971   „Volk, Volkskunde, Europäische Ethnologie", *Innsbrucker Beiträge zur Kulturwissen-
        schaft* 16:445–455
1972   *Pioniere in Brasilien.* Innsbruck, Wien und München: Tyrolia
1982   *Heimat Südamerika, Brasilien und Peru.* Leistung und Schicksal deutschsprachiger
        Siedler. Innsbruck und Wien: Tyrolia

KREFF, Fernand, Eva-Maria KNOLL und Andre GINGRICH (Hrsg.)
2011   *Lexikon der Globalisierung.* Bielefeld: transcript

KREMSER Manfred
1999   „Cyber Anthropology und die neuen Räume des Wissens", *Mitteilungen der Anthropo-
        logischen Gesellschaft in Wien* 129:275–290

KREMSER, Manfred und Karl R. WERNHART (Hrsg.)
1986   *Research in ethnography and ethnohistory of St. Lucia: a preliminary report.* Horn und
        Wien: Berger (Vienna Contributions to Ethnology and Anthropology 3.)

MARSCHALL, Wolfgang (Hrsg.)
1990   *Klassiker der Kulturanthropologie.* Von Montaigne bis Margaret Mead. München: Beck

MÜCKLER, Hermann
1998   *Fidschi.* Zwischen Tradition und Transformation. Frankfurt: IKO
2000   „30 Jahre Wiener Ethnohistorische Blätter 1970–2000. Ein Rückblick", in: Hermann
        Mückler, Melanesien in der Krise. Ethnische Konflikte, Fragmentierung und Neuori-
        entierung, 139–145. *Wiener Ethnohistorische Blätter* 46.
2001   *Fidschi.* Das Ende eines Südseeparadieses. Wien: ProMedia

MÜHLBERGER, Kurt
2011   „Gratwanderung zwischen Traum und Realität. Karl Rudolf Wernhart als Rektor der
        Universität Wien in den Studienjahren 1989/90 und 1990/91", *Mitteilungen der Anthro-
        pologischen Gesellschaft in Wien* 141:9–26

MÜHLMANN, Wilhelm Emil
1962   *Homo creator.* Abhandlungen zur Soziologie, Anthropologie und Ethnologie. Wiesba-
        den: Harrassowitz

MÜHLMANN, Wilhelm Emil und Ernst W. MÜLLER (Hrsg.)
1966   *Kulturanthropologie.* Köln und Berlin: Kiepenheuer & Witsch

POLLAK-ELTZ, Angelina
1964   *Afrikanische Relikte in der Volkskultur Venezuelas.* Wien (Phil. Dissertation, Universität
        Wien)

RÖCK, Fritz
1932   „Versuch einer terminologischen Synthese der menschheitsgeschichtlichen Wissens-
        zweige: Rassenforschung, Kulturforschung (Urgeschichte, Völkerkunde, Volkskunde,
        Geschichte) und Sprachforschung", *Mitteilungen der Anthropologischen Gesellschaft in
        Wien* 62:295–304

SALAT, Josef
1974   „„Historical particularism' und Wiener Ethnohistorie. Bemerkungen zu wissenschafts-
        geschichtlichen Parallelen", in: Aus Theorie und Praxis der Ethnohistorie. Festgabe
        zum 70. Geburtstag von Walter Hirschberg, 21–31. *Wiener Ethnohistorische Blätter.* Bei-
        heft 3.

SCHMIDT, Wilhelm, P. SVD
1912–1955 *Der Ursprung der Gottesidee.* 12 Bände. Mödling bei Wien: St. Gabriel

TOKAREV, Sergei Alexandrowitsch
1967   „Das Prinzip des Historismus in der sowjetischen Ethnologie", *Ethnologia Europaea*
        1(2):117–124

WEINGARTNER, Christina
1997   *Der Glaube an den Totengeist oder Tupapau auf Tahiti und den Gesellschaftsinseln Zen-
        tralpolynesiens.* Ein tragendes Element der tahitischen Volksreligion im Wandlungspro-
        zeß. Wien (Diplomarbeit, Universität Wien)

WEISS, Gabriele
1987   *Elementarreligionen.* Eine Einführung in die Religionsethnologie. Wien und New York:
        Springer
1990   „Kurzbericht zum Forschungsprojekt Religion und Politik in Ozeanien. Analyse der
        kulturellen Umstrukturierungsprozesse pazifischer Gesellschaftssysteme – Papua-
        Neuguinea und Belau", *Wiener völkerkundliche Mitteilungen* 32:29–34

WERNHART, Karl R.
1967   *Pedro Fernandez de Quiros.* Der letzte große spanische Entdecker im Stillen Ozean.
        Wien (Phil. Dissertation, Universität Wien)
1971   „Zum Struktur- und Funktionsbegriff in der Ethnohistorie", *Wiener Ethnohistorische
        Blätter* 3:23–35
1974a   „Kulturhistorie – Ethnohistorie – Kulturgeschichte", in: Aus Theorie und Praxis der
        Ethnohistorie. Festgabe zum 70. Geburtstag von Walter Hirschberg, 39–68. *Wiener
        Ethnohistorische Blätter.* Beiheft 3.
1974b   *Mensch und Kultur auf den Inseln unter den Winden in Geschichte und Gegenwart.* Ein
        Beitrag zur Ethnohistorie der Gesellschaftsinseln, Zentralpolynesien. Horn und Wien:
        Berger (Anthropologische Gesellschaft in Wien, Völkerkundliche Veröffentlichungen
        1.)

1976   *Fatafee Paulaho, der 36. Tui Tonga (1740–1784)*. Gesellschaftspolitisches Porträt eines
        tonganischen Herrschers am Ende des 18. Jahrhunderts. Horn und Wien: Berger (Wie-
        ner Beiträge zur Kulturgeschichte und Linguistik 19.)

1977   „Konzept einer Kulturgeschichte", *Mitteilungen der Anthropologischen Gesellschaft in
        Wien* 107:259–275

1978   „Überlegungen zum Konzept einer Kulturgeschichte", *Mitteilungen der Anthropologi-
        schen Gesellschaft in Wien* 108:169–177

1979   „Die Bedeutung des sozialwissenschaftlichen Ansatzes für Geschichtswissenschaft
        und Ethnohistorie. Eine wissenschaftsgeschichtliche Skizze", *Wiener Ethnohistorische
        Blätter* 18:39–76

1981   „Kulturgeschichte und Ethnohistorie als Strukturgeschichte", in: Wolfdietrich Schmied-
        Kowarzik und Justin Stagl (Hrsg.), *Grundfragen der Ethnologie*, 233–252. Berlin: Reimer

1983   „Zur Frage der Zusammenarbeit von Archäologie und Ethnohistorie im ozeani-
        schen Raum. Entwurf einer Kulturgeschichte Polynesiens", *Zeitschrift für Ethnologie*
        108(1):35–51

1986   „'Religious beliefs per se': a human universality", *Anthropos* 81:648–652

1987   „Universalia humana et cultura. Zur Frage von Mensch, Kultur und Umwelt", *Mitteilun-
        gen der Anthropologischen Gesellschaft in Wien* 117:17–25

1990   „Akkulturationsstudien in Polynesien. Ein Forschungsbericht", *Wiener Völkerkundli-
        che Mitteilungen* 32:15–28

1992a   „Aspekte der Kulturgeschichte Polynesiens", in: Hanns Peter (Hrsg.), *Polynesier*. Vikin-
        ger der Südsee, 53–88. Wien: Museum für Völkerkunde

1992b   „10 Jahre St. Lucia-Projekt, 1982–1992. Afrikanisch-karibische Kulturmanifestationen
        in der Diaspora. Ein Forschungsbericht aus dem Wiener Institut für Völkerkunde",
        Mitteilungen der Anthropologischen Gesellschaft in Wien 122:39–49

1992c   „Endbericht der Arbeitsgruppe Alternativen zum Hochschulstudium, ‚Fachakademi-
        en'. Vorschläge der Österreichischen Rektorenkonferenz zur postsekundären Bildung",
        Plenum Spezial 1992:68–71

1994   „Ethnohistorie und Kulturgeschichte, Theorie und Methode. Ethnoarchäologische
        Forschungsbeispiele aus dem Institut für Völkerkunde der Universität Wien", *Ethno-
        graphisch-Archäologische Zeitschrift (EAZ)* 35(3):325–340

1995/99 „,Austria und Australien'. Ein Aspekt zur Namensgeschichte in Verbindung mit kul-
        turanthropologischen Fakten und kartographischen Kenntnissen über das Weltbild",
        Mitteilungen der Anthropologischen Gesellschaft 125/126:153–160

1997   „Polynesien im Wandel. Eine historisch vergleichende Skizze anhand sozioreligiöser
        Phänomene und materieller Objekte", in: Markus Schindlbeck (Hrsg.), *Gestern und
        Heute*. Traditionen in der Südsee. Festschrift zum 75. Geburtstag von Gerd Koch, 481–
        496. *Baessler-Archiv* N.F. 45.

1999   „Ethnologie. Wissenschaft vom Menschen für den Menschen. Dialogische Kulturwis-
        senschaft und Praxisbezug", in Walter Dostal, Helmut Niederle und Karl R. Wernhart
        (Hrsg.), Wir und die Anderen. Islam, Literatur und Migration, 23–27. *Wiener Beiträge
        zur Ethnologie und Anthropologie* 9.

2000   „Aspekte der Gründung des Institutes für Ethnologie an der Universität Wien",
        Mensch–Wissenschaft–Magie. Mitteilungen der Österreichischen Gesellschaft für Wis-
        senschaftsgeschichte 20:243–254

2001   „Die Ethnologie und ihre politische Verantwortung", in: Helmut Kletzander und Karl R. Wernhart (Hrsg.), *Minderheiten in Österreich*. Kulturelle Identitäten und die politische Verantwortung der Ethnologie, 21–40. *Wiener Beiträge zur Ethnologie und Anthropologie* 12.

2003a   „Ethnische Religionen", in: Johann Figl (Hrsg.), *Handbuch Religionswissenschaft*. Religionen und ihre zentralen Themen, 260–287. Innsbruck und Wien: Tyrolia, Göttingen: Vandenhoeck & Ruprecht

2003b   „Deportation und Zwangsmigration – Entstehung pluraler Gesellschaften", *Mitteilungen der Anthropologischen Gesellschaft in Wien* 133:111–123

2004   *Ethnische Religionen*. Universale Elemente des Religiösen. Kevelaer, Innsbruck und Wien: Topos plus

2008   „Von der Strukturgeschichte zum transkulturellen Forschungsansatz. Ethnohistorie und Kulturgeschichte im neuen Selbstverständnis", in: Karl R. Wernhart und Werner Zips (Hrsg.), *Ethnohistorie*. Dritte überarbeitete und veränderte Auflage, 41–54. Wien: ProMedia

2012a   „Die Bedeutung der Navigation für die Besiedlung, den interinsulären Kontakt und lokalen Fischfang auf den Kleinen Antillen Westindiens", *Mitteilungen der Anthropologischen Gesellschaft in Wien* 142:185–198

2012b   *Christoph Carl Fernberger*. Der erste österreichische Weltreisende 1621–1628. Völlig überarbeitete und neu kommentierte Ausgabe, mit einem ergänzenden Kommentar für Indonesien und Südostasien von Helmut Lukas. Wien und Münster: Lit

2013   „‚Altern in den Religionen' oder ‚langsamer Abschied vom Leben'. Eine Universalie?", in: Karl Baier und Franz Winter (Hrsg.), *Altern in den Religionen*, 261–280. Wien und Münster: Lit (Schriftenreihe der Österreichischen Gesellschaft für Religionswissenschaft 6.)

WERNHART, Karl R. und Maximilian WILDING
1988/89 „Zum Stand der archäologischen Erforschung der Besiedlung Polynesiens und der Aufgabe der Keramikproduktion", *Mitteilungen der Anthropologischen Gesellschaft in Wien* 118/119:381–412

WERNHART, Karl R. und Werner ZIPS
1997   „Ethnologie und Film zur Geschichte und Religion in Cuba. Ein Vorbericht zum laufenden Forschungsprojekt ‚Religionen afrikanischen Ursprungs in Cuba'", *Wissenschaftlicher Film Wien* 48/49:103–110

WERNHART, Karl R. und Werner ZIPS (Hrsg.)
2008   *Ethnohistorie*. Dritte überarbeitete und veränderte Auflage. Wien: ProMedia

ZIPS, Werner
2002   *Theorie einer gerechten Praxis oder: die Macht ist wie ein Ei*. Wien: Wiener Universitätsverlag (Wiener Beiträge zur Ethnologie und Anthropologie 11.)

2003a   *Das Stachelschwein erinnert sich*. Ethnohistorie als praxiologische Strukturgeschichte. Wien: Wiener Universitätsverlag (Anthropologie der Gerechtigkeit 1.)

2003b   *Gerechtigkeit unter dem Mangobaum*. Rechtsanthropologische Forschung zu einer Insel des Rechts, Wien: Wiener Universitätsverlag (Anthropologie der Gerechtigkeit 2.)

Paideuma 59:31–49 (2013)

„BEDÜRFNIS ZUR BEACHTUNG"
Ikonoklasmus, afrikanisches Kulturerbe und Bildökonomie
Frobenius-Vortrag 2012

Peter Probst

ABSTRACT. Taking its lead from Frobenius' remarks on the cult of ruins in early twentieth Germany, the paper argues for a mix of constructivist and substantivist views in the understanding of cultural heritage in Africa and beyond. While the institutionalisation and global proliferation of heritage sites certainly have a European origin, the forces driving this development are rooted in the dynamics of symbolic exchange between the dead and the living. Focusing particularly on the role of images as memorial media the paper shows that conceiving heritage as exchange not only allows for a better understanding of the contractual nature of heritage – including its iconoclastic rejection. The approach also sharpens the interest in the media of exchange and the question of their control.

EINLEITUNG

Als im Herbst des Jahres 1903 die Studie des österreichischen Kunsthistorikers Alois Riegl „Der moderne Denkmalkultus" (1903) erschien, deutete noch nichts darauf hin, daß rund ein viertel Jahrhundert später Leo Frobenius einmal zu einem prominenten Kritiker dieses Kultes werden würde. Frobenius war damals gerade dabei, seine erste Forschungsreise nach Afrika zu organisieren, die ihn in das Flußgebiet des Kasai im Kongo führen sollte. Das Ziel war „Gelände- und Völkerkunde", was hieß: Märsche und häufige Stationswechsel unterbrochen von Zeichnen, Fotografieren und Schreiben (Frobenius 1907).

Im Jahre 1929, neun Reisen später, hatte sich die Perspektive verändert. In „Monumenta Africana" lieferte Frobenius nicht nur eine vehemente Kritik an dem vom Denkmalkult erstarrten Lebensgefühl der deutschen Kultur. Das Buch selbst ist eine Denkschrift. Es zeigt den vorläufigen Ertrag eines kulturmorphologischen Zugangs zum Verständnis des afrikanischen Kulturerbes oder genauer zum Verständnis seiner dominanten Kulturstile. Ähnlich wie Riegl, dessen Idee der Stilgeschichte er zu einer Gestaltgeschichte umgeändert hatte, wendet sich Frobenius gegen den Historismus seiner Zeit, was auch bedeutete, gegen die Sehnsucht, am Alten festzuhalten und sich damit dem Wandel entgegenzustemmen. Gegen die damals populäre Restaurierungswelle hatte Riegl für einen offenen Umgang mit Relikten aus der Vergangenheit plädiert. Das Vergängliche als Ausdruck des ewigen Kreislaufs von Werden und Vergehen des Weltganzen sollte erfahrbar bleiben und nicht in der künstlichen Fixierung des Alten verschwinden.

Anders freilich die Argumentation bei Frobenius. Denkmäler, Monumente, Urkunden, fungierten als „Balken-, Träger- und Gerüstwerk" (Frobenius 1929:11), mittels derer die Gesellschaft auf die permanente Erneuerung reagiere.[1] Der ikonoklastische Furor der Moderne habe jedoch nicht nur zu einer kulturellen Erstarrung, sondern auch zu einer kulturellen Ermüdung geführt. Und eben hier liege eine Chance für die Ethnologie, denn das deutsche Lebensgefühl sei bereit, von der „Erstarrung" in die afrikanische „Lebensgebahrung" der Bewegung zu wechseln. Die Kulturmorphologie stelle die hierfür erforderliche visuelle Werkstatt bereit.

> Das Bedürfnis zur Beachtung des in der Umwelt gebotenen Anderen mündet in ein solches, welches das Andere im Du fremder Kulturen erblickt. Die hingabevolle Untersuchung von lebendiger Natur, chemischen Körpern, Atomen und Formeln, Möglichkeiten zur Maschine hat die erdumspannende Weltwirtschaft ins Leben gerufen. Das deutsche Lebensgefühl ist aber müde geworden, die Unterdrückung durch allzu schwere Verstandeslast noch länger zu dulden […]. Solchem Drängen Werkzeug und Werkstatt zu bieten ist unsere Aufgabe. Der Weg von meinem Zweck zum Stil des Du führt direkt in die Kulturmorphologie hinein, die jetzt eine andere ist als die von 1898 (Frobenius 1929:19).

Nun ist es hinlänglich bekannt, in welche Richtung dieses Drängen geführt hat. Von der Kulturmorphologie ist außer der Erinnerung an sie nichts übrig geblieben. Wohl aber von dem Denkmalkultus. Was Riegl zu Beginn des 20 Jahrhunderts allein für Europa feststellte, hat sich in einen globalen Kult verwandelt, der mittlerweile auch auf dem afrikanischen Kontinent Fuß gefaßt hat. Im Laufe der letzten zwanzig Jahre ist die Feier des kulturellen Erbes zu einem der wichtigsten Faktoren in den kulturellen Ökonomien Afrikas geworden. Zusätzlich ventiliert durch supranationale Institutionen wie UNESCO und WHF, ist ein regelrechtes Erbefieber ausgebrochen (Probst 2006). Von kleinen Dorfmuseen bis hin zu großen, globale Aufmerksamkeit erheischenden Monumenten reicht es bis in die hintersten Winkel des Kontinents.

Die Gründe dafür sind vielfältig. Sicherlich schulden sie sich der Erfahrung der Moderne im Sinne des hieraus resultierenden Wunsches am Alten festzuhalten. Sie sind aber auch Ausdruck jenes „Bedürfnis zur Beachtung", wie es Frobenius notiert hatte. Freilich nicht im Sinne der Aufhebung von Alterität, sondern eher als Drängen auf Anerkennung derselben. Indes lohnt es sich, der visuellen Spur zu folgen, die Frobenius' Wendung vorgibt. „Beachtung" beinhaltet ja neben Anerkennung, Wertschätzung, Respekt und Interesse auch Aufmerksamkeit. Es ist eine Frage des Blicks und des Sehens und damit eine Frage der Bilder. Die Arbeit und Dynamik des Erbes, so läßt sich denn im Anschluß an Frobenius argumentieren, ist immer auch eine Arbeit der Bilder des Erbes.

---

[1]   Die entsprechende Stelle lautet: „Mit Hilfe von Denkmälern und Urkunden hat die Menschheit – besonders im Laufe des 19. Jahrhunderts – sich ein Balken-, Träger- und Gerüstwerk geschaffen, das als Feststehendes seinerseits zum Dokument eines starren Untergrund beanspruchenden Lebensgefühls wurde" (Frobenius 1929:11–12).

Im Folgenden möchte ich dieses Argument in seiner Bedeutung für die seit einiger Zeit in Afrika festzustellende Zunahme an Denkmälern und Kulturerbestätten diskutieren und komplizieren. Im zweiten Teil gehe ich dafür zunächst der Frage nach, woher die Bilder des Erbes eigentlich kommen. Das Ergebnis führt mich zu dem in den Kulturwissenschaften lebhaft diskutierten Verhältnis von Tod und Tausch, dem ich mich im dritten Teil widme. Im vierten Teil schließlich erörtere ich einige der allgemeinen Argumente am Beispiel meiner eigenen Forschung in Nigeria. Den Schluß bilden einige Überlegungen zu Erbe und Welterbe.

IKONOKLASMUS UND ERBEFIEBER

Mit 49 Metern und innerem Aufzug hinauf zum Aussichtsrondell im Kopf der männlichen Figur des Ensembles ist das „Denkmal der afrikanischen Renaissance" in Dakar (Senegal) sicherlich der bislang monumentalste Ausdruck für das derzeit in Afrika grassierende Denkmal- und Erbefieber (Abb. 1). Anläßlich des 50. Jahrestags der Unabhängigkeit Senegals wurde es im April 2010 unter Anwesenheit zahlreicher Staatsgäste aus dem In- und Ausland von Senegals damaligem Präsident Abdouaye Wade feierlich eingeweiht.[2]

Schon vor der Einweihung hatte das Denkmal eine landesweite Debatte ausgelöst. Fast alle gesellschaftlichen Gruppen übten Kritik (De Jong u. Foucher 2010). Führer verschiedener muslimischer Gruppierungen beanstandeten die weibliche Figur als unziemlich und unafrikanisch. Die Opposition sprach angesichts der Baukosten von über 22 Millionen Dollar von einem „ökonomischen Monster" und beanstandete die offenkundige ästhetische Nähe zu totalitären Staaten wie Nordkorea, dessen Staatsfirma Mansudae durchaus passend den Bauauftrag erhalten hatte. Führende Künstler des Landes empfanden die Aneignung des sozialistischen Realismus als banal und peinlich. Durch alle Fraktionen hindurch den meisten Zorn erregte hingegen die Nachricht, daß sich Präsident Wade zum Chefdesigner erklärt und 35 Prozent der erhofften Einnahmen aus Eintritt und Besuch des angrenzenden Museums gesichert hatte.

Es liegt nahe, den Disput um das Denkmal in Dakar aus der Perspektive postkolonialer Studien zu Gedächtnis und Erinnerung zu verstehen.[3] Jenseits der hagiographischen Selbstinszenierung Wades ließe sich die Monumentalität des Denkmals danach als Versuch interpretieren, die fragile Natur des postkolonialen afrikanischen Staates zu kaschieren und kompensieren. Die darüber geführten Auseinandersetzungen erschienen in dieser Weise als Ringen um die Kontrolle über das kulturelle Archiv – ein Ringen, das die Nutzung und Kontrolle um die Bilder des Archivs mit einschließt.

---

[2]   Vergleiche für einen komparativen Überblick der Feiern zum 50. Jahrestag der Unabhängigkeit in Afrika Lentz und Kornes (2011).
[3]   Siehe Werbner (1998), Mbembe (2001) und Marschall (2010).

Abb. 1: Statue Afrikanische Renaissance, Dakar   Abb. 2: Statue Industriearbeiter und Kolchosebäue-
2010 (Foto: Thielemanns)   rin, Moskau 2008 (Foto: RoBe)

Ich will die Relevanz der entsprechenden Studien hier nicht in Abrede stellen. Mir geht
es jedoch um die Visualisierung des Gedenkens als solchem. Bilder des kulturellen
Erbes sind heute allgegenwärtig geworden. Wir sehen sie als Touristenziele in Büchern,
im Internet, auf Plakaten oder als Werbelogos auf Kaffee- und Teetassen.[4] Angesichts
dieser aggressiven Prominenz und Vermarktung des Erbes frage ich: Woher kommen
die Bilder des Erbes eigentlich?

Im Falle des Denkmals von Dakar ist die Antwort umstritten. Verschiedene Per-
sonen sind involviert. Senegals Expräsident Wade erhebt Anspruch sowohl auf die Ur-
heberschaft der Idee wie auch auf deren visuellen Ausdruck. Beteiligt war aber auch
Pierre Goudiaby Atepa, Senegals bekanntester Architekt und bis zu Wades Abwahl im
März 2012 verantwortlich für die Realisierung von dessen architektonischen Fantasien.
Und dann sind da noch die verstorbene russische Bildhauerin Wera Muchina und der
Architekt Boris Iofan, deren Plastik „Industriearbeiter und Kolchosebäuerin" aus dem
Jahr 1937 offensichtlich Pate für das Denkmal in Dakar gestanden hat (Abb. 2).

Klarer als die Frage nach Urheberschaft und Ikonographie scheint die Antwort
auf die Frage nach dem Ort der Erfahrung, aus dem sich die Bilder speisen. Ein Leitmo-

---

[4]   Siehe zur Vermarktung des ethnischen Erbes auch Comaroff und Comaroff (2009).

Abb. 3: Hüftmaske der Königinmutter Idia, Königreich Benin, Nigeria (Foto: British Museum)

Abb. 4: Textile Remedialisierung der Idia-Maske,
Baltimore 2011 (Foto: LaToya D)

tiv der zahlreichen Reden, die bei der Einweihung des Denkmals gehalten wurden, war
das der Zuversicht, im neuen Jahrtausend das eigene Schicksal endlich selbst bestim-
men zu können. Die „Renaissance Afrikas" definierte sich in dieser Weise durch die
Folgen von Kolonialismus und Sklaverei – historische Erfahrungen, die bis heute von
Tod, Verlust und Zerstörung geprägt sind. Mit anderen Worten: Die in Dakar gebaute
Ikone des Erbes stammt aus einer ikonoklastischen Leere.

Nehmen wir zwei andere Ikonen des Erbes, die schon lange bekannt sind: Die
Hüftmaske der Königinmutter Idia aus dem Königreich Benin und die große Moschee
im malischen Djenne. Beide sind vielfach reproduziert und auf Leinwand, Fotografien
und Film remedialisiert. Die Hüftmaske, Symbol des legendären panafrikanischen Kul-
turfestivals FESTAC in Nigeria, findet sich heute auf T-Shirts und als Tätowiermotiv
auf der Haut amerikanischer Collegestudenten (Abb. 3–4). Bilder der großen Moschee
im malischen Djenne haben ihren Weg in Computerspiele gefunden.

Doch woher kommt das Bild der Moschee? Historisch belegt ist, daß im frühen
14. Jahrhundert der damalige Herrscher Malis Kanboro als Zeichen seines Wechsels
zum Islam den Bau einer großen Lehmmoschee in Auftrag gab (Bourgeois 1986). Die
damit erhoffte Belebung des Handels und der Wirtschaft hatte Erfolg und die nächsten Jahrhunderte florierte Djenne als überregionales Handelszentrum. In der Folge

jedoch erlebte die Stadt einen Niedergang. Anfang des 19. Jahrhunderts geriet Djenne unter Fulbe-Herrschaft. Die neuen Machthaber strebten einen reineren Islam an. An die Stelle der alten Gotteshäuser traten neue, weniger geschmückte Bauwerke. Die alte Moschee wurde als Friedhof genutzt und verfiel nach und nach. Als 1893 französische Truppen Djenne einnahmen, fanden sie nur noch Ruinen vor. 1907, rund 15 Jahre später, beauftragte die französische Verwaltung den Chef der lokalen Maurergilde in Djenne mit dem Bau einer neuen Moschee im Stil der alten traditionellen Bauweise. Inwieweit das Ergebnis wirklich der sogenannten „klassischen" mittelalterlichen Lehmarchitektur entspricht, ist bis heute eine offene Frage (Joy 2012).

Eine Variation dieses Befundes bildet auch die Geschichte der Idia-Maske aus Benin. Auch ihre Popularität wurzelt in der Erfahrung von Abwesenheit, diesmal indes als räumliche. Das Vorbild für die Reproduktionen findet sich bekanntermaßen nicht in Benin, sondern im British Museum in London. Der Ursprung und Erwerb ist hinlänglich bekannt: Im 16. Jahrhundert hatte der damalige König von Benin, Esigie, das Amt der Königinmutter eingeführt und seinen Hofkünstlern den Auftrag gegeben, ein Elfenbeinportrait in Gedenken an seine Mutter Idia herzustellen, die ihm bei der Erweiterung des Reiches hilfreich zur Seite gestanden hatte. Die Maske wurde in der Folge zu einem wichtigen Bestandteil der Ahnengedenkfeiern. Mehrere Versionen davon existierten. Als 1897 britische Truppen Benin eroberten und den Palast plünderten, endeten die künstlerisch gelungensten Arbeiten in England. Der Großteil der Objekte wurde auktioniert, um mit dem eingenommenen Geld die Kosten der sogenannten „Strafexpedition" zu finanzieren. Der Rest verblieb in britischen Museen, darunter die legendäre Idia-Maske (Plankensteiner 2007).

Die Antworten auf die Frage nach der Herkunft der Bilder des Erbes verweisen auf ein Paradoxon des Ikonoklasmus. Dieser will zwar, um im griechischen Wortsinn zu bleiben, „Bilder brechen". Tatsächlich aber ist die Wirkung oftmals eine gegenteilige: Statt der Einstellung der Bildproduktion kommt es zu deren Steigerung. Ikonoklasmus verursacht also keine Ab-, sondern eine Zunahme von Bildern: Bilder von Bildern, die einst zerstört und geschunden wurden, wie auch Bilder, die von anderen hegemonialen Kulturen übernommen wurden. Das Ergebnis ist oftmals ein Aufeinandertreffen unterschiedlicher und nicht selten rivalisierender visueller Kulturen, was erklären mag, warum kulturelles Erbe in postkolonialen und sogenannten „postconflict societies" von Mitgliedern dieser Gesellschaften oft als ambivalentes Erbe (Chadha 2006) gesehen wird, als eine Art von *iconoclash* im Sinne Bruno Latours (2002), voll von Zweifeln und Unsicherheit bezüglich der Bedeutung der Bilder und ihrer Fähigkeit zur Vermittlung.[5]

Aber zurück zum Konzept von Kulturerbe. Der Hinweis auf Ikonoklasmus ist nicht zufällig, denn tatsächlich gehen beide zusammen. Bis ins späte 18. Jahrhundert

---

[5]   Siehe für konkrete Beispiele dieser Form von *iconoclash* die Aufsätze in Probst (2012). Um Mißverständnissen vorzubeugen, erscheint es sinnvoll, darauf hinzuweisen, daß sich entsprechende Beispiele zur Ambivalenz des Erbes freilich auch in der euroamerikanischen Geschichte finden.

bezeichnete der Begriff Ikonoklasmus fast durchweg die religiös motivierte Zerstörung von Bildwerken. Als Referenzpunkt fungierte dabei der sogenannte byzantinische Bilderstreit über die Frage, inwieweit Bilder göttliche Macht gegenwärtig machen können. Um 1790 herum beginnt sich jedoch die Wortbedeutung auszuweiten (Gamboni 1997, 2005). Ikonoklasmus bedeutet nun auch den Angriff auf Institutionen und historisch wertvolle Gegenstände. Grund dafür bildeten die Geschehnisse im Zuge der französischen Revolution und hier vor allem die Geschehnisse im Louvre. Einst von französischen Königen als Residenz genutzt, war der Gebäudekomplex während der Revolution zum ersten öffentlichen Museum umfunktioniert und waren seine Sammlungen schon bald darauf geplündert worden. Die Kirche geißelte die Vorfälle und verwies auf die Bedeutung der Sammlung als *héritage*, also als Kulturerbe, das es anzunehmen und für künftige Generationen zu bewahren gelte (McClellan 1999, Choay 2001:63ff.).

Seither ist nicht nur die Sorge um die Bewahrung und Pflege des Erbes ungebrochen. Auch die Sorge um die Sorge hat mittlerweile Tradition. Erinnert sei nur an Nietzsches spöttische Diagnose vom „historischen Fieber" (1874), an Riegls bereits erwähnten „modernen Denkmalkult" oder eben an Frobenius' Appell, den negativen Folgen des Fiebers durch die Hinwendung zu Afrika zu begegnen.[6]

Ungeachtet dessen ist freilich die Sorge nicht geringer geworden. Im Gegenteil: Die Bereiche der Sorge haben sich multipliziert. Längst ist sie international und damit in ihrer Sprache englisch geworden. Neben *cultural heritage* und *natural heritage* gibt es mittlerweile zahlreiche neue, rechtlich kodifizierte Bereiche wie *living heritage*, *intangible heritage*, *genetic heritage* oder *ethical heritage*. Dabei ist auch der Appell an Identität, jenes ubiquitäre Instrument, mittels dessen man in den 1980er Jahren sein Erbe reklamierte, fragwürdig geworden – so jedenfalls der französische Historiker François Hartog. In einem Band zum Thema *cultural diversity and heritage* der von der UNESCO herausgegebenen Zeitschrift Museum International schreibt er:

> In this new configuration, heritage is […] less a question of an obvious, assertive identity but more a question of an uneasy identity that risks disappearing or is already forgotten, obliterated, or repressed: an identity in search of itself, to be exhumed, assembled, or even invented. In this way, heritage comes to define less that which one possesses, what one h a s, than circumscribing what one i s, without having known, or even be capable of knowing. Heritage thus becomes an invitation for collective anamnesis. The 'ardent obligation' of heritage, with its requirement for conservation, renovation, and commemoration is added to the 'duty' of memory, with its recent public translation of repentance (Hartog 2006:12; Hervorhebungen im Original).

Erbe also als Suche nach Identität, als Einladung zur kollektiven Erinnerung. Die Aufgabe des Bewahrens wird der Pflicht des Gedenkens hinzugefügt.

---

6   Tatsächlich verdankt sich Frobenius' Begriff der „kulturellen Ermüdung" Nietzsches Befund der „kulturellen Erstarrung" (1874).

Freilich, die hier skizzierte Geschichte des Erbes ist eine westliche. Und auch der Hinweis auf Ikonoklasmus trifft nur auf einen kleinen Teil der afrikanischen Erbestätten zu. Allenfalls handelt es sich um eine erahnte, gleichsam in die Zukunft antizipierte Zerstörung und Vernachlässigung. Was also läßt sich über das Erbe in allgemein vergleichender Hinsicht sagen? Gibt es einen anthropologischen Befund?

Erben und Sterben

Spätestens seit Marcel Mauss' einflußreicher Studie über die Gabe (1973) gehört das Thema Tod und Tausch zu den prominentesten Gegenständen der Kulturwissenschaften (Baudrillard 1976). Das Verhältnis von Erben und Sterben bildet eine Variation davon. Beide Begriffe bilden über die phonetische Verwandtschaft hinaus eine inhaltliche Beziehung, die im Verhältnis von Tod und Tausch begründet liegt (Goody 1962). Die Weitergabe von Gütern bedarf schließlich des Hinscheidens ihrer Besitzer. Was wiederum heißt: Erbe ist durch den Tod definiert. Ersteres vollzieht sich durch letzteren. Als solcher liefert der Tod auch die Form für einen sich im und über das Erbe vollziehenden Tausch zwischen Lebenden und Toten.[7]

Über die besondere Gestalt dieses Tausches ist viel geschrieben worden, gerade auch und vor allem mit Blick auf die Rolle der Bilder.[8] Bilder fungieren ja als Medien des Tausches zwischen Lebenden und Toten. Als solche aber sind sie auch Erbe. Beide wurzeln im gleichen Bereich. Wie die Bilder etwas zeigen können, das selbst nicht anwesend ist, beruht ja auch das Erbe auf der Erfahrung der Abwesenheit. Bilder, mentale wie materielle, füllen daher nicht nur die Lücke und Abwesenheit, die die Toten hinterlassen haben. Sie sind als solche auch die Gabe der Lebenden an die Toten, um ihrer zu gedenken und mit ihnen in Verbindung zu bleiben. Vermögen gegen bildhaftes Gedenken, so also kann man die auch von der Ethnologie vielfach belegte Logik dieses Tauschs auf den Begriff bringen.

Freilich, die kulturelle Gestalt dieses Tausches ist variabel. Das Verhältnis im Umgang mit den Bildern als Gegenstand des Tausches unterscheidet sich. Dies betrifft nicht zuletzt die Frage der Dauerhaftigkeit der Bilder. In unserer Kultur gilt es als eine Frage der Pietät und des Respekts, Bilder der Verstorbenen aufzubewahren. Sie wegzuwerfen und zu entsorgen, empfinden wir als anstößig. Andernorts freilich bestehen diese Schranken nicht. Oftmals haben die Bildwerke nur einen ephemeren Status. Vielfach werden die bei Bestattungs- und Totenkulten verwendeten Bildwerke nach Abschluß der Zeremonien verbrannt oder dem Verfall anheim gegeben. Der Begriff der „Entsorgung" ist dabei durchaus treffend. Zur Verhandlung steht die Sorge um die richtige

---

[7] Eine anregende literaturwissenschaftliche Diskussion dieses Verhältnisses findet sich bei Vedder (2007).
[8] Siehe zum Beispiel Debray (1995), Därmann (1996) und Belting (2001).

Form der Erinnerung – ein Bereich der oft mit komplexen Vorstellungen von Transsubstantiation, Personenstatus und Seelenwanderungen gefüllt ist.[9]

Aber auch dort, wo eine explizit auf Dauerhaftigkeit ausgerichtete Kunstform besteht, geht diese nicht selten mit ephemeren Bildern einher. Um ein Beispiel aus dem Süden Nigerias zu geben: Neben den berühmten Gedenkköpfen aus Elfenbein und Bronze existierte in Benin und den westlichen Yorubastädten bis in die fünfziger Jahre des letzten Jahrhunderts hinein auch die Herstellung von dezidiert für den Verfall gedachten Effigien. Beim Tod hochrangiger Personen gaben die Hinterbliebenen die Anfertigung von Stoffen und lebensechten Holzpuppen (ako) in Auftrag (Abiodun 1975, Poyner 1987). In sitzender Position, die Augen weit geöffnet, wurde die so reich eingekleidete Figur zuerst vor dem Haus des Verstorbenen ausgestellt, um danach in einer feierlichen Prozession durch die Straßen getragen zu werden, so daß auch die weitere Öffentlichkeit Abschied von dem Toten nehmen konnte. Erst mit dem Abschluß der Prozession, so hieß es, würde der Verstorbene vor dem Auge der Hinterbliebenen verschwinden. Am Ende verbrannte man die Puppen oder ließ sie schlicht im Gehöft des Verstorbenen verrotten.

Wie gesagt: Die Praxis hielt sich bis in die 1950er Jahre. Danach wurde sie durch die Nutzung von Fotografien und Gemälden abgelöst. Der Wandel der Medien wirft Fragen auf. Aus der europäischen Mediengeschichte wissen wir, daß alte Medien nicht verschwinden, sondern in neuen Medien weiterleben: die Zeichnung in der Malerei, die Malerei in der Fotografie und die Fotografie im Film. Übersetzt in das Verhältnis zwischen Erbe und Bild ergibt sich daraus die Frage: Wenn Bilder des Erinnerns gleichsam die Gaben sind, die im Tausch gegen das Erbe gegeben werden, was bedeuten dann Änderungen im Bereich der Bilder für den Bereich des Verständnisses von Erbe?

Was sich abstrakt anhört, hat einen konkreten Hintergrund. Gehen wir noch einmal nach Djenne in Mali zurück. Postkarten von den Ruinen der Moschee gab es bereits kurz nach Einnahme der Stadt im späten 19. Jahrhundert (Gardi 1994). Es ist kein Zufall, daß der zu dieser Zeit aufkommende nationale Erbe- und Denkmalkult mit der Verbreitung der Fotografie zusammenfällt. Beide gehören auf Grund der oben skizzierten Logik zusammen. 1853, nur zwei Jahrzehnte nach der Erfindung der Fotografie, begann die französische Regierung mit einer groß angelegten Dokumentation ihres Kulturerbes durch die fotografische Erfassung ihrer Baudenkmäler (Boyer 2005). Es war ein Projekt, das sich alsbald nicht nur die Reiseführer zu nutze machten, sondern eben auch die kolonialen Erbe- und Andenkenindustrien.[10]

Verglichen mit der heutigen visuellen Vermessung des Erbes muten damalige Bemühungen mehr als bescheiden an. An die Stelle der analogen Dokumentation ist

---

[9]   Das klassische Beispiel sind die Malanggan-Figuren auf Neuirland. Siehe Küchler (2002).
[10]   In dieser Traditionslinie steht auch Malraux' berühmte Idee eines i m a g i n ä r e n M u s e u m s. Vergleiche Malraux' eigene Überlegungen bezüglich der Verwaltung und Überlieferung des kulturellen Erbes (1938).

die digitale getreten und statt des Nationalstaats und seiner Kolonien agieren heute supranationale Institutionen wie die UNESCO mit ihren breit gefächerten Welterbeprogrammen. Mittels Projekten wie dem Global Memory Net und dem World Heritage Net sind die frühen kolonialen Fotografien und Postkarten heute Teil von visuellen Datenbanken.[11]

Es lohnt sich an dieser Stelle kurz innezuhalten und zu fragen: Kann es angesichts dieser Dynamik sein, daß Hartogs oben zitierte Diagnose der Unsicherheit gegenüber dem eigenen Erbe eine Folge der Zunahme der Bilder des Erbes ist? Bilder, so habe ich festgestellt, sind ja die Gabe der Lebenden an die Toten für das von ihnen erhaltene Erbe. Das heißt, sie erwidern das Erbe und sind damit im wahrsten Sinne des Wortes eine W i e d e r - G a b e. Die Unsicherheit ob des Status des Bildes ist diesem damit immanent. Handelt es sich um eine Gabe oder Ware, um Tausch oder Täuschung?

Im vierten und vorletzten Teil des Aufsatzes möchte ich diese Unsicherheit am Beispiel meiner eigenen Forschung in Nigeria diskutieren. Im Hinblick auf die Debatten, die mein nigerianisches Fallbeispiel einst ausgelöst hat, ist es durchaus vergleichbar mit dem eingangs erwähnten Streit um das Denkmal in Dakar. Doch im Unterschied zu dem anhaltenden Disput im Senegal haben sich die Wogen in Nigeria geglättet. Was einst als Kitsch abgetan wurde, trägt heute den Titel „Weltkulturerbe".

Osogbo und die Kunst des Erbes

Die Erbestätte, um die es mir geht, besteht aus einem 75 Hektar großen Wald- und Flußgelände am Rande der Stadt Osogbo rund 200 Kilometer nördlich von Lagos.[12] Es ist die Heimstatt von Osogbos Schutzgottheit Osun und Schauplatz des jährlichen Osun-Festes. Mit jährlich rund 50 000 Besuchern aus aller Welt sind beide – Osun-Hain und Osun-Fest – nicht nur zentrales identitätsstiftendes Merkmal von Osogbo. Sie bilden auch ein vom nigerianischen Staat und der UNESCO erklärtes National- beziehungsweise Weltkulturerbe, das von der nigerianischen Firma Infogem weltweit als *ecotourism destination* vermarktet wird.

Bilder spielen auch hier eine große Rolle. In Büchern, auf CDs, Fotos und Videos werden nicht nur Bilder des Festes angeboten. Auch Bilder der Darstellungen von Osun im Hain gehören dazu. Die Idee eines im Tode wurzelnden Erbes hat hier jedoch keine Resonanz. Im Gegenteil: Für die Mitglieder des Osun-Kultes steht es außer Frage, daß Osun lebt und daß sich die Prominenz von Hain und Fest der Gottheit verdanken.

Aufgrund eines Paktes, den der Gründer der Stadt mit der Gottheit eingegangen ist, schützt der König den Hain der Gottheit, wofür diese im Gegenzug über das

---

[11]   Vergleiche zur Diskussion um *digital heritage* Cameron und Kenderdine (2007).
[12]   Die folgenden Ausführungen basieren auf meiner detaillierten Studie zur Transformation des Osun-Hains in Osogbo (Probst 2011).

Wohlergehen der Stadt wacht – das wirtschaftliche Wohlergehen miteingeschlossen. Das Jahresfest zu Ehren von Osun bestätigt diesen Pakt nicht nur regelmäßig aufs Neue. Vermittels der im Hain stehenden Bildwerke bietet es auch Gelegenheit zur Kommunikation mit der Gottheit.

Der Zugang zur Gottheit, das Bedürfnis zu ihrer Beachtung, um Frobenius' Wendung aufzugreifen, ist visueller Art.[13] Das religiöse Vokabular der Yoruba belegt diesen Zugang auf vielfache Weise. Das Yoruba-Wort für „Schrein" etwa, „ojúbo", leitet sich von „òju" (Augen) ab, das wiederum mit dem Wort für „Schauen" und „Betrachten", „wò", verwandt ist. Religiöses Schauen ist dabei vom einfachen Schauen zu unterscheiden. Es handelt sich um zwei verschiedene Dinge, was sich auch sprachlich in der Differenzierung zwischen „inneren" und „äußeren" Augen ausdrückt. Religi

Abb. 5: Zementskulptur Alajere, von Susanne Wenger, Osun-Hain, Osogbo, Nigeria 2007 (Foto: Probst)

öses Schauen, aber auch Tätigkeiten wie Erinnern und Träumen sind nur mit inneren Augen möglich. Nur sie erlauben die für die religiöse Erfahrung konstitutive Dialogizität. Das heißt, ebenso wie der Gläubige auf ein religiöses Objekt schaut, schaut dieses auch auf ihn zurück. Das Yoruba-Wort für „Bild" lautet dementsprechend ,àwóràn', wörtlich: „das, was ich betrachte und was zurückschaut und erinnert". Der so zustande gekommene Kontakt muß zwar nicht visueller Natur sein. Akustische, gustatorische, taktile oder andere körperlich erfahrbare Formen der Kommunikation sind ebenso möglich. Gleichwohl dominiert ein visueller Zugang.

Innerhalb dieses Registers herrschen bestimmte ästhetische Konventionen, die wiederum einer Ökonomie der Aufmerksamkeit unterliegen. Skulpturale und piktorale Mittel wie Form, Fläche, Farbe und Ausdruck müssen so beschaffen sein, daß der Sinn auf möglichst effektive Weise zwischen ihnen zirkulieren und damit vom Betrachter erkannt werden kann. Balance, Symmetrie, Kontrolle, Kühle, Ruhe und Strenge des Ausdrucks gelten in dieser Weise als prominente Merkmale von traditioneller Yoruba-Kunst (Thompson 1977).

---

[13]   Siehe die Studie von Lawal (2001).

Verglichen damit sind die im Osun-Hain stehenden Bauten und Bildwerke von einer vielfach provozierenden Differenz (Abb. 5). Die überwiegende Zahl wurde während der 1960er und 1970er Jahre von einer lokalen Künstlergruppe unter der Leitung der österreichischen Künstlerin Susanne Wenger geschaffen. Alle verstehen sich gleichsam als Gesten der Evidenz für die Anwesenheit der im Hain weilenden Gottheiten. Allen gemeinsam sind große, hervortretende Augen – Zeichen für die bereits vermerkte visuelle Kommunikation mit den Gottheiten. Ansonsten reflektieren sie den individuellen Stil der Künstler: von ekstatisch, expressiv im Falle von Wenger über zurückhaltend und gedrungen in Falle von Buraimoh Gbadamosi bis zu schlank und stilisiert im Falle von Adeyemi Oseni.

Auch die Geschichte dieser Bilder ist eine Geschichte der Leere und des Ikonoklasmus. Als solche beginnt sie im Jahr 1959, als eine Delegation von Mitgliedern des Osun-Kultes aus Osogbo in die nahegelegene Stadt Ilobu fährt, um dort bei Wenger Hilfe für die Restaurierung des Tempels im Osun-Hain zu suchen. Zusammen mit ihrem damaligen Mann Ulli Beier war Wenger bereits 1950 in Nigeria eingetroffen. Mittlerweile hatten sich die Wege der beiden getrennt. Beier war in der zeitgenössischen nigerianischen Kunst- und Literaturszene aktiv, Wenger in der Szene der traditionellen Yoruba-Religion. Selbst in einen der Kulte um die Gottheiten initiiert, hatte sie angefangen, alte verfallene Schreine und Tempel in der Gegend zu restaurieren. Die Kunde davon verbreitete sich rasch und erreichte auch die Mitglieder des Osun-Kultes in Osogbo.

Im Zuge der Einbettung in die christlich-koloniale Lebenswelt waren auch in Osogbo die traditionellen Gebote zum Schutz des Hains der Ortsgottheit zunehmend aufgegeben worden. Bevölkerungszuwachs und kapitalistische Wirtschaftspraxis hatten ihn den Begehrlichkeiten von Holzfirmen, Bauern und Fischern preisgegeben. Auf Seiten der Mitglieder des Kultes verfiel man daher auf den Plan, den Bestand des Hains durch das Eingehen einer Allianz mit einer Vertreterin aus der Welt der Weißen zu sichern.

Doch so kalkuliert und absichtsvoll die Kontaktaufnahme mit Wenger war, die Dynamik, die dieser Schritt verursachte, war es nicht. Zum einen blieb es nicht bei der Restaurierung des Tempels. Einmal begonnen, löste diese Arbeit gleichsam eine ikonische Flutwelle aus und veränderte damit den vormals weitgehend anikonischen Charakter des Hains. Zum anderen entfaltete sich über die neuen Werke eine heftige Debatte über Fragen des Zugangs und der Sichtbarkeit von Osun.

Für Wenger bestätigte die Bitte der Kultoffiziellen aus Osogbo die damals weitverbreitete Ansicht, daß die traditionelle afrikanische Kunst unwiderruflich verloren sei: eine Folge der christlich-kolonialen-kapitalistischen Expansion. Bedauerlich und beklagenswert, aber nicht aufzuhalten. Die Konsequenz daraus konnte daher nur ebenso radikal sein. Dem Ikonoklasmus des Kolonialismus mußte mit dem Ikonoklasmus der modernen Kunst geantwortet werden. Alte Bilder mußten durch neue, zeitgemäßere

Bilder ersetzt werden, die der veränderten politischen und gesellschaftlichen Situation und damit auch den veränderten ästhetischen Aufmerksamkeitsmustern entsprachen.

Die neue bildökonomische Agenda verfehlte ihre Wirkung nicht: Die Arbeiten erzeugten Aufmerksamkeit. Im Sinne Benjamins könnte man sagen: Sie appellierten vor allem an den Augenwert und die Dialogizität der Aura. In seinem Baudelaire-Aufsatz hatte Benjamin rund zwanzig Jahre vor den Ereignissen in Osogbo notiert: „Die Aura einer Erscheinung erfahren, heißt sie mit dem Vermögen zu belehnen, den Blick aufzuschlagen" (1977:223). Und tatsächlich: In der Begegnung mit den „neuen Bildern" Osogbos kommt es zu einer Wechselwirkung zwischen Bild und Betrachter, im Zuge derer auch der Hain wieder an Bedeutung und Wertschätzung gewinnt. Westliche Journalisten feierten den neugestalteten Hain als Sieg der Kunst über das Übel des Kolonialismus, der nigerianische Staat erklärte ihn zum Nationaldenkmal und das Königshaus in Osogbo errichtete ein sogenanntes *heritage committee*, zu deren Mitgliedern heute auch die bereits erwähnte Marketingfirma Infogem gehört.

Nicht überall jedoch war die Reaktion auf die Arbeiten im Hain positiv. Neben muslimischen und christlichen Hardlinern gab und gibt es Kritik auch unter den Anhängern des Osun-Kultes. So lautet eine bis heute vielfach zu hörende Klage, daß sich die Gottheit im Laufe der letzten Jahrzehnte zurückgezogen habe. Früher hätte sie sich noch regelmäßig am Ende des Festes gezeigt. Doch seien solche Ereignisse selten geworden. Angesichts von Schönheitswettbewerb, Fußballturnier, Kunstausstellung sowie den zahlreichen im Hain situierten Logos der Sponsoren des Festes hätte sich Osun rar gemacht. Je erfolgreicher also die Bildwerke im Hain der Gottheit, desto unsichtbarer wurde sie selbst.

Allerdings gab es solche Klagen auch schon vor der künstlerischen Umgestaltung des Osun-Hains. Örtliche Erinnerungen legen den Beginn der Klagen in die 1940er Jahre, als ausländische Touristen begannen, Fotos vom Osun-Fest zu machen. Wie also ist die Sichtbarkeitskrise Osuns zu verstehen?

Der Verweis auf die Fotografie legt es nahe, die Antwort im Bereich der Medientheorie zu suchen. Tatsächlich lassen sich viele Begriffe und Ideen traditioneller Yoruba-Ästhetik als indigene Medientheorie verstehen. Wie ich gezeigt habe, ist der Bildbegriff der Yoruba dialogisch konzipiert. Ganz im Sinne Benjamins erwidert das rituell wirksame Objekt den Blick des Schauenden. Grundlegend dafür ist die Unterscheidung zwischen Innerem und Äußerem, wozu neben der Unterscheidung zwischen inneren und äußeren Augen und Kopf auch die Unterscheidung zwischen Bild und Medium gehört. Letzteres fungiert lediglich als Träger oder Speicher von ersterem. Für die Vorstellung religiöser Kommunikation ist die Differenz zentral. Denn Kommunikation beinhaltet die Aktivierung des Bildes i n n e r h a l b des Mediums. Erst die Aktivierung bewirkt den Dialog. Dies heißt aber nicht, daß das Medium selbst gänzlich sekundär wäre. Im Gegenteil. Die zentrale Frage lautet nämlich: Wer spricht, oder genauer: Wer darf kommunizieren? Was wiederum bedeutet: Welche Medien sind zulässig und welche nicht? – Es liegt auf der Hand, daß die Kontrolle über die Kommunikation mit dem

Transzendenten auch eine Machtressource ist. Die Geschichte des Bilderstreits von Byzanz bis Luther war ja auch und vor allem ein Ringen um Kontrolle über die Gültigkeit der Medien und ihrer Effekte, die für die Kommunikation benutzt wurden.

In ähnlicher Weise gilt dies auch für Osogbo. Die Kontrolle über die Medien liegt hier in den Händen des Stadtoberhaupts. Als Nachfolger der Ahnen, die die Stadt einst gegründet und die mit der Gottheit einen Pakt zur gegenseitigen Hilfe geschlossen haben, gilt der König als Besitzer des Osun-Kultes. In dieser Rolle zeichnet er für die Kontrolle und daneben für die Modellierung und eventuelle Hinzufügung neuer Medien verantwortlich. Tatsächlich zeigt ein Blick auf die Geschichte, daß im Laufe der letzten hundert Jahre immer wieder neue mediale Anpassungen vorgenommen worden sind. Auch die von Wenger und den Mitgliedern ihrer Künstlergruppe gefertigten Schreine und Skulpturen innerhalb des Osun-Hains lassen sich als Teil dieser beständigen medialen Modifikation verstehen. Da die Umgestaltung unter Aufsicht und damit auch mit Einverständnis des Königshauses stattfand, läßt sich argumentieren, daß Wengers Plädoyer für neue Bilder mit dem Kalkül stattgegeben wurde, damit die medialen Ressourcen der Macht zu erweitern.

Die hierdurch initiierte Dynamik war freilich ebenso wenig vorhersehbar wie die Konflikte und internen Differenzierungen, die sie geschaffen hat. Die Klagen um den Rückzug von Osun zeigen sich in dieser Weise als Klagen um einen dreifachen Kontrollverlust.

Erstens: der Verlust von Kontrolle über die den Zugang zu Osun vermittelnden Medien. Die im Hain stehenden Bildwerke gehören zwar nach wie vor dem Königshaus von Osogbo. Aber im Unterschied zu den herkömmlichen rituellen Bildwerken sind sie öffentlich und jederzeit frei zugänglich. Ihr Status ist der eines Nationaldenkmals und Weltkulturerbes. Sie sind damit auch im Besitz des nigerianischen States der sich wiederum der UNESCO gegenüber zu ihrem Schutz verpflichtet hat. Was wiederum heißt: Sie sind auch im Besitz der Welt.

Zweitens: der Verlust der Kontrolle um die Bedeutung der Bilder, die in der Kommunikation mit der Gottheit aufscheinen. Durch die Öffentlichkeit der Medien ist nicht nur die Zahl der Bilder gestiegen, sondern auch die Nachfrage nach der Bedeutung dessen, was sie vermitteln. Die Folge ist eine Veränderung des religiösen Marktes. Hatten die lokalen Mitglieder des Osun-Kultes früher quasi ein Monopol der Decodierung, so teilen sie sich diese Dienstleistung heute mit vielen anderen Anbietern.

Drittens: der Verlust der Kontrolle um die Wertschöpfung der Bilder. Die wachsende Nachfrage nach Decodierung ist eine Folge der wachsenden Besucherzahlen, die wiederum eine Folge der wachsenden Popularität von Hain und Fest ist. Die Kausalität folgt der Logik der Zirkulation und Umtauschbarkeit unterschiedlicher Formen von Kapital. Tatsächlich wirbt das UNESCO-Welterbeprogramm ganz offen mit dieser soziologischen Einsicht. Der Titel schafft kulturelles Kapital, das in soziales und ökonomisches Kapital umgewandelt werden kann. In Osogbo hat man diese Lektion schnell

gelernt. Offen und strittig ist indes die Frage, wer von den Prozessen der Wertschöpfung und Kapitalumwandlung profitiert.

In Osogbo ist es darüber zu einer regelrechten Lähmung des politischen und rituellen Lebens gekommen. Im Zentrum steht der Disput um das Königsamt. Der alte
König war 2010 gestorben und ein Nachfolger gewählt. Die Wahl wurde jedoch an-
gefochten und die Angelegenheit kam vor Gericht. Dieses erklärte in zweiter Instanz
die Wahl für unrechtmäßig und forderte den Nachfolger auf zurückzutreten. Dessen
Weigerung, dem Gerichtsbeschluß Folge zu leisten veranlaßte ihrerseits die Priester des
Osun-Kultes damit zu drohen, nicht am Osun-Fest teilzunehmen. Dies wiederum rief
die Regierung und die Marketingfirma Infogem auf den Plan. Die Marke Osun mußte
schließlich Bestand haben.

Bis heute ist keine Lösung in Sicht. Die Situation ist verfahren. Die Bilder des
Erbes, so scheint es, haben sich verselbstständigt. Die ihnen eigene Frage – Gabe oder
Ware? – hat ein Loch in die Gesellschaft gerissen, das zu füllen Zeit brauchen wird.

SCHLUSS

Von Frobenius' Kritik am Denkmalkult des frühen 20. Jahrhunderts in Deutschland
führten mich meine Überlegungen zu dem zeitgenössischen Konzept von Welterbe in
Nigeria. Der ethnographische Befund zeigte beides, sowohl den Konstrukt- als den
Tauschcharakter des Erbes. Tatsächlich geht beides ja zusammen. Die nationale In-
stitutionalisierung und globale Ausbreitung des Erbes hat zweifelsohne ihren historischen Ort, doch fußt dieser in der von Mauss herausgearbeiteten Praxis des Tauschs
als Gründungsakt des Sozialen. Im asymmetrischen Prozeß des Gebens und Nehmens
und Erwiderns werden soziale Beziehungen nicht nur gestiftet, sondern auch auf Dauer
gestellt.

Die aus dieser Wechselseitigkeit entstehende Schaffung von Gesellschaftlichkeit
läßt sich als Basis für die von der UNESCO propagierte und erfolgreich institutiona-
lisierte Idee des „Welterbes" verstehen im Sinne der Ausweitung der Regeln der Re-
ziprozität auf einer globalen Ebene. Jenseits der Idee des schlichten Bewahrens von
Kulturgütern hat die Idee eine explizit politische Dimension, soll doch das Unterschrei-
ben der UN-Konvention – und damit das sich Einlassen auf die Regeln der Reziprozi-
tät – Weltfrieden schaffen und militärische Konflikte verhindern. Welterbe erscheint
mithin als „meta-kulturelles" (Kirshenblatt-Gimblett 2006) und damit auch m e t a - r e l i -
g i ö s e s Projekt zur Schaffung von Welt.

Doch was ist, wenn die Bildwerke des Gedenkens, die in diesem Tausch benutzt
werden, als illegitim erscheinen? Wenn sie entgegen den ungeschriebenen Regeln des
Vertrags vom Glauben vereinnahmt werden, wie jüngst im Fall der Zerstörung von Sufi-
Schreinen durch die islamistische Gruppe Ansar Dine („Verteidiger des Glaubens") im
malischen Timbuktu. „Was ist die UNESCO?" hatte der Sprecher der Gruppe provo-

kativ die Vertreter der westlichen Medien gefragt und stattdessen auf Gott als alleinige moralische Instanz verwiesen.[14] Ikonoklasmus also als Verweigerung gegenüber der
Pflicht der Erwiderung, als Aufkündigung des von der UNESCO gestifteten globalen
Gesellschaftsvertrages und als Verneinung des von der UNESCO reklamierten Besitzanspruches. Oder um Frobenius' Formel abzuwandeln: das „Verlangen nach Beachtung" als demonstrativer Ausdruck des Nicht-Beachtens.

Angesichts des krisengetränkten Befundes könnte man versucht sein, Bruno Latours bereits erwähnte Formel von *iconoclash* abzuwandeln in die eines *iconocrash*. Keine Zweifel und Fragen also bezüglich der Bedeutung von Bildern, sondern Kollaps und
Zusammenbruch der durch und über die Bilder vermittelten Beziehungen. Doch wäre
dies ein Urteil auf der Basis einer Momentaufnahme. Es widerspräche auch der hier
vorgeschlagenen Perspektive. Wie eingangs notiert, bedeutet das Studium der Arbeit
und der Dynamik des Erbes auch immer ein Studium der Bilder des Erbes. Ihr „Verlangen nach Beachtung" bedeutet, offen zu sein für die Vielfalt der Blicke, die sie auf sich
ziehen, auch wenn diese uns nicht immer gefallen mögen.

Literaturverzeichnis

ABIODUN, Rowland
1975   „A reconsideration of the function of Ako, second burial effigy", *Africa* 66(1):4–20

BAUDRILLARD, Jean
1976   *L'échange symbolique et la mort*. Paris: Gallimard

BELTING, Hans
2001   *Bildanthropologie*. München: Fink

BENJAMIN, Walter
1977   „Das Kunstwerk im Zeitalter seiner technischen Reproduzierbarkeit", in: Walter Benjamin, *Illuminationen*, 136–169. Frankfurt am Main: Suhrkamp ([1]1936)

BOURGEOIS, Jean Louis
1986   „The history of the great mosques in Djenne", *African Arts* 20(3):54–63, 90–92

---

14   Das entsprechende, in den Medien verbreitete Zitat lautet: „Gott ist einzig. All dies ist Sünde. Wir
      sind alle Muslime. Was ist die Unesco?" Siehe http://www.spiegel.de/politik/ausland/islamisten-in-
      mali-zerstoeren-noch-mehr-weltkulturerbe-staetten-a-841967.h (zuletzt konsultiert am 9. Juli 2012).

BOYER, Christine
2005   „La mission heliographique. Architectural photography, collective memory and the patrimony of France 1851", in: Joan Schwartz und James Ryan (Hrsg.), *Photography and the geographical imagination*, 21–54. London: I.B. Tauris

CAMERON, Fiona und Sarah KENDERDINE (Hrsg.)
2007   *Theorizing digital cultural heritage: a critical discourse*. Cambridge: MIT Press

CHADHA, Ashish
2006   „Ambivalent heritage: between affect and ideology in a colonial cemetery", *Journal of Material Culture* 11(3):339–363

CHOAY, Françoise
2001   *The invention of the historic monument*. Cambridge: Cambridge University Press (¹1992)

COMAROFF, John und Jean COMAROFF
2009   *Ethnicity, Inc*. Chicago: Chicago University Press

DÄRMANN, Iris
1996   *Bild und Tod*. München: Fink

DEBRAY, Regis
1995   *Vie et Mort de l'image*. Paris: Gallimard

DE JONG, Ferdinand und Vincent FOUCHER
2010   „La tragédie du roi Abdoulaye? Néomodernisme et Renaissance africaine dans le Sénégal contemporain", *Politique Africaine* 118:187–204

FROBENIUS, Leo
1907   *Im Schatten des Kongostaates*. Berlin: Reimer
1929   *Monumenta Africana*. Der Geist eines Erdteils. Frankfurt am Main: Frankfurter Sozietätsdruckerei

GAMBONI, Daro
1997   *The destruction of art: iconoclasm and vandalism since the French revolution*. New Haven: Yale University Press
2005   „Preservation and destruction, oblivion and memory", in: Anne McClanan und Jeffrey Johnson (Hrsg.), *Negating the image: case studies in iconoclasm*, 163–178. Aldershot: Ashgate

GARDI, Rene
1994   „Djenne at the turn of the century: postcards from the Museum für Völkerkunde Basel", *African Arts* 92(2):70–75, 95–97

GOODY, Jack
1962   *Death, property and the ancestors*. Stanford: Stanford University Press

HARTOG, Francois
2006   „Time and heritage", *Museum International* 227:7–18

JOY, Charolotte
2012   *The politics of heritage management in Mali: from UNESCO to Djenne.* Walnut Creek,
         CA: Left Coast Press

KIRSHENBLATT-GIMBLETT, Barbara
2006   „World heritage and cultural economics", in: Ivan Karp *et al.* (Hrsg.), *Museum frictions:
         public cultures/global transformations*, 161–202. Durham: Duke University Press

KÜCHLER, Susanne
2002   *Malanggan: art, memory and sacrifice.* Oxford: Berg

LATOUR, Bruno
2002   „What is iconoclash? Or is there a world beyond image wars?", in: Bruno Latour und
         Peter Weibel (Hrsg.), *Iconoclash*, 14–37. Cambridge, MA: MIT Press

LAWAL, Babatunde
2001   „Aworan: representing the self and its metaphysical other in Yoruba art", *Art Bulletin*
         83(3):498–526

LENTZ, Carola und Godwin KORNES (Hrsg.)
2011   *Staatsinszenierung, Erinnerungsmarathon und Volksfest.* Afrika feiert 50 Jahre Unabhän-
         gigkeit. Frankfurt am Main: Brandes & Apsel

MALRAUX, André
1936   „Sur l'heritage culturel", *Commune.* Revue littéraire francaise pour a défense de la cul-
         ture 37(Septembre):1–9

MARSCHALL, Sabine
2010   *Landscape of memory: commemorative monuments, memorials, and public statuary in
         post-apartheid South Africa.* Leiden: Brill

MAUSS, Marcel
1973   „Essai sur le don: forme et raison de l'échange dans les sociétés archaïques", in: Marcel
         Mauss, *Sociologie et Anthropologie,* 149–279. Paris: PUF Collection Quadrige ([1]1924/25)

MBEMBE, Achille
2001   *On the postcolony.* Berkeley: University of California Press

MCCLELLAN, Andrew
1999   *Inventing the Louvre: art, politics, and the origins of the modern museum in eighteenth
         century Paris.* Berkeley: University of California Press

NIETZSCHE, Friedrich
1874   *Unzeitgemässe Betrachtungen*. Zweites Stück. Vom Nutzen und Nachtheil der Historie.
         Leipzig: E.W. Fritsch

PLANKENSTEINER, Barbara
2007   „The Benin affair and its consequences", in: Barbara Plankensteiner (Hrsg.), *Benin
         kings and rituals: courts arts from Nigeria*, 102–111. Gent: Snoeck

POYNER, Robin
1987   „Ako figures of Owo and second burials in Southern Nigeria", *African Arts* 21(1):61–63,
         81–83, 86–87

PROBST, Peter
2006   „Verkaufsschlager Welterbe", *Lettre International* Herbst:124–125
2011   *Osogbo and the art of heritage: monuments, deities, and money*. Bloomington: Indiana
         University Press

PROBST, Peter (Hrsg.)
2012   *Iconoclash in the age of heritage*. African Arts 45(3)

RIEGL, Alois
1903   *Der moderne Denkmalkultus*. Sein Wesen und seine Entstehung. Wien: W. Braunmüller

THOMPSON, Robert
1977   „An aesthetics of the cool", *African Arts* 7(1):40–43, 64–67, 89–91

VEDDER, Ulrike
2007   „Gegenwart und Wiederkehr der Toten. Sterben, Erben, Musealisieren vor und nach
         der Moderne", *Zeitschrift für Germanistik* 17(2):389–397

WERBNER, Richard (Hrsg.)
1998   *Memory and the postcolony: African anthropology and the critique of power*. London: Zed
         Books

Paideuma 59:51–75 (2013)

OLD CALABAR MERCHANTS AND THE OFF-SHORE BRITISH COMMUNITY, 1650–1750*

David Lishilinimle Imbua

ABSTRACT. This study examines and analyses the character and dynamics of interactions between Old Calabar merchants and off-shore British slavers as trading partners in the Atlantic economy from the mid-seventeenth to the mid-eighteenth century. A re-reading of foundational texts and a critical interrogation of oral testimonies in Calabar and its hinterland reveals the great exchanges that took place in the Atlantic world among populations that were radically different in language, culture and physique. The enormous economic and social benefits that Efik middlemen grossed from their collaboration with British slavers take us beyond the stereotypes that the native auxiliaries of the slave trade were merely helpless victims, left with no choice but to play the role assigned to them in the infamous trade. The best way to preserve and honour the memory of the slave trade in Old Calabar is to emphasize the place of local agents.

INTRODUCTION

Britain and Old Calabar (now Calabar), a seaport in West Africa situated in the lower reaches of the Cross River and mostly inhabited by the Efik, the Qua and the Efut, have records of historical connections through waterways. The indigenous inhabitants of Old Calabar took advantage of their geographical location on the Calabar River near the estuary of the Cross River and their proximity to the Atlantic Ocean to cultivate important 'Atlantic contacts' which enabled them to completely overshadow their hinterland neighbours in the affairs of south-east Nigeria in the pre-colonial period, especially with the onset of the trade across the Atlantic. I have argued elsewhere that, 'between the middle of the seventeenth and opening years of the twentieth centuries, Calabar may have had greater affinities with Britain than some of her current immediate neighbours' (Imbua 2009:88).

A.J.H. Latham asserted that 'buying and selling between the Europeans and the chieftains of Calabar brought about cultural contacts, ethnic mingling, and exchange of ideas which resulted in political complications, conflict and change' (1973:145). Kannan K. Nair agreed that Old Calabar had over the years maintained uninterrupted contact with the people from the interior in particular and from the fifteenth century the external world in general (1972:xiii). Offshore British merchants provided the enabling

*   I wish to thank Okon Uya, Paul Lovejoy, David Northrup, Joseph Ushie, Ivor Miller and the anonymous reviewers for Paideuma for careful reading of and insightful comments on an earlier version of this paper.

environment for greater intercourse between Calabar and Britain. The development of the slave trade created the initial economic link that endeared the British to the people of Calabar. More than any other community in the Bight of Biafra, Old Calabar used its links with the British and its access to their capital to move from the margins of the Atlantic economy to a much more important position. Prominent figures in the early history of Old Calabar lifted themselves from relative obscurity into respectability by acting as middlemen in the Calabar trade (Imbua 2009:4). The main commodity in the era of the slave trade came from the interior, while the manufactured goods for which the slaves were exchanged came via the Atlantic. The same dynamics continued after the external slave trade was extinguished in favour of so-called legitimate trade, since the main trade goods – palm produce, ivory and the like – still came from the interior, while the foreign goods for which they were exchanged still came from Europe. The Nigerian historian, Adiele Afigbo, argued that the high profile that the Efik of Old Calabar enjoyed in the affairs of the Bight of Biafra and its hinterland, between the seventeenth century and the end of the nineteenth century was owed to the strategic position the Efik occupied in the transatlantic trade as middlemen between the visiting Europeans and the people of the hinterland (Afigbo 2005:155).

THE CONCEPT OF OLD CALABAR

For a proper understanding of some of the issues discussed in this article, it is important that one has a clear picture of the delimitated area of study. From available records, it appears that Old Calabar (later renamed Calabar in 1904) has been used in three different geographical contexts over the years. The earliest usage confined the term to the city states, namely, Creek Town, Old Town and Duke Town, the latter including Archibong Town, Cobham Town, Henshaw Town and Eyamba Town.[1] A second usage of Old Calabar regards it as synonymous with the Efik, the most assertive of the indigenous groups in Calabar between the sixteenth and the first half of the twentieth centuries (Uya 1990:195). This usage was already evident at the time of the diarist Antera Duke in the late eighteenth century.[2] Defined in this way, Old Calabar would include all the Efik settlements in the Lower Cross River Basin and exclude the non-Efik people in the re-

---

[1]   This is the sense in which Old Calabar is used in Effiong U. Aye's "Old Calabar through the centuries" (1967).

[2]   Antera Duke (Ntiero Edem Effiom) was a leader and slave merchant in Old Calabar. The importance of his remarkable diary for the years 1785 to 1787 has recently been aptly captured: 'Antera Duke's diary, written in his own hand and for his own use, is a candid account of daily life in an African community during a period of great historical interest. Antera wrote his thoughts at a peak of trade when Efik merchants, over a three year period, sold Europeans 15,000 slaves, 500,000 yams and 100 tons of ivory, palm oil, dyewood, and pepper […] Antera's voice is that of a major businessman from an important commercial centre in eighteenth-century Atlantic world' (Behrendt, Latham, and Northrup 2010:3–4).

gion. Lastly, following Efik influences through trade, missionary activities and cultural contacts within the lower Cross River region, the concept of Old Calabar came to be extended to include most of the inhabitants of the Lower Cross River Basin, namely the Efik, Efut, Qua, Ibibio, Annang and Oron (Uya 1990:195). In this article, Old Calabar will be used in the second sense, since almost all the local merchants in Old Calabar were of Efik extraction. It was they who made Old Calabar a major centre of the Atlantic slave trade on the West African coast.

Under present-day political arrangement in Nigeria, the area of study falls within the confines of the Calabar Municipal and Calabar South Local Government Areas in Cross River State. Calabar is geographically located at latitude 04⁰57' North and longitude 08⁰20' East. It is situated about 48 kilometres from the estuary where the Calabar River and the Cross River converge before pouring into the Bight of Bonny. To the north are the upper reaches of the Cross River, Oban and Ogoja, while to the west are the lands inhabited by the Ibibio and Igbo peoples. Calabar is bordered on the east by Cameroon and to the south by the estuary of the Cross River (map).

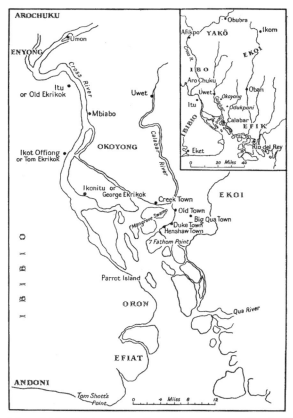

Map of Old Calabar at the Cross River Estuary (Forde 1956:vi)

RATIONALE OF STUDY AND METHODOLOGY

This study is partly based on Christopher Krantz's observation that

> the study of specific areas and time periods in history often takes a cyclical form, whereby, after a period of initial interest and the publishing of so-called foundational texts, certain topics often lay fallow for a number of years until it is judged that a reappraisal is necessary (2005:206).

Krantz observes correctly that Old Calabar history has entered a new cycle of interest and that it is time to offer a reappraisal of the foundational texts, many written over a generation ago (2005:207).

Based on the arguments in some of the foundational texts, unwary historians have painted a negative image of Old Calabar's interaction with European slavers, describing it as parasitism rather than symbiosis. Conversely, promoters of defensive history argue that their ancestors did not play an enabling role in the infamous slave trade. A respected and often quoted scholar of Efik extraction recently argued angrily that 'the Efik of Old Calabar did not sell slaves. People brought unwanted people from the hinterland and the Europeans carried them away'.[3] As this article demonstrates, ancestors on all sides of the Atlantic were involved. The claim that the Efik did not sell slaves or that British slavers used economic and military coercion to intimidate Efik merchants into supplying slaves willy-nilly shows unfaithfulness to the evidence.

Perhaps influenced by the above claim, the Calabar Slave History Museum has been created with glaring missing gaps, which suggest that it is a project of propaganda.[4] Overlooking the Cross River that flows into the Bight of Biafra and that facilitated the exportation of slaves from the region, the Calabar Slave History Museum has fourteen divisions. Each division addresses an aspect of the slave trade, with some emphasis on what being captured, chained and sold meant for the Africans and what the trade meant for the European merchants. The building of the Calabar Slave History Museum has a history of slavery behind it; it is situated in a former slave trading depot, known to many people as 'the point of no return', and its walls are decorated with scenes of numerous slaves chained together. The first section of the interior of the museum is a hall to whose walls are attached metal plaques carrying various inscriptions and images that provide glimpses into the era of the slave trade and slavery. Section two is a cinema hall that presents a pre-Atlantic slavery and slave trading society that was peaceful, altruistic and lived a communal lifestyle. This documentary is entitled "Chains of captivity". Section

---

[3]   Chief Effiong U. Aye of Creek Town said this in 2010 when Claudine Boothe, a Ph.D. candidate at the University of Bristol, insisted with vented anger that the Efik of Old Calabar should pay reparations to her hinterland communities and to African-Americans for enabling the slave trade.

[4]   The Calabar Slave History Museum was established in May 2007 to commemorate the two hundredth anniversary of the abolition of the transatlantic slave trade. It is a specialised museum which tells the story of slavery as witnessed in Old Calabar and its environs.

three has a big boat loaded with black slaves who are systematically arranged in such a way that rebellion is made impossible. In this section, there are also wooden barrels that were used for storing palm oil, one of the items carried on board the ships, as well as wooden boxes, which were reportedly used to carry spices and ivory.

Section four has three interesting features. The first is the pictorial dramatization of slaves who were thrown off the ships for various reasons. The second are adverts that were placed for the sale of slaves. The third and last unit of this section gives the names of slaves who were exported through Calabar port. Section five contains items given in exchange for slaves, most conspicuously spirits. Section six represents an auctioning suite where the slaves were sold to the highest bidder. Section seven represents the branding of slaves acquired from the auctioning room. Section eight comprises images of slaves employed in various occupations in the Americas. Section nine demonstrates the creation of African cultures in the New World. The Ekpe society stands out clearly as one of the primary Calabar institutions during the days of slavery. It should be remembered that it played an important role during the slave trade era. As an effective institution of debt recovery, Ekpe society regulated European shipping, serving as a collective means of imposing sanctions, boycotting specific ships, and protecting the interests of traders in their credit arrangements.

Using a variety of means, section ten reconstructs the resistance to slavery. This is immediately followed by section eleven, which is a re-creation of various kinds of punishment meted out to those who revolted against slavery in the Americas. Sections twelve and thirteen deal directly with the abolitionist movement. In this section, plaques carrying the images of some prominent abolitionists are shown. Section fourteen is used to display books and documentaries dealing with slavery and the slave trade. These materials are sold to visitors.

In the foreword to the "Guide to the Slave History Museum", Yusuf Abdulah Usman, the Director-General of the National Commission for Museums and Monuments, asserts that 'the museum exhibition is meant to give an insight into the circumstances of slave trade in Calabar and its environ from the 15th century to the late 19th century and how it moulded the society' (n.d.:ii). The guide states further that 'the Slave History Museum is a unique destination for lovers of history. The artistic impressions in human forms with sound effect bring to life the past, making visitors experience the era of the slave trade in the 21st century [...]' (Adaka n.d.:6).

The Calabar Slave History Museum is famous in Nigeria and has attracted visitors from various walks of life. Less than five years after being commissioned, it has become more popular than slave monuments that have existed for many years.[5] Though appreciated by the public, however, there are problems with the Calabar Slave History

---

[5]   Such slave monuments in Nigeria include the Badagry slave monuments, the Mobee Family Slave Trade Museum in Badagry, the slave section of Kasuwa Kurmi in Kano and the Arochukwu underground slave route.

Museum. One conspicuous gap in the exhibitions is the role played by Efik chiefs, kings and other royal personages in the slave trade. Those who built the Museum have not been interested in telling visitors that Old Calabar merchants played an enthusiastic role in the enslaving of their hinterland neighbours.

This article seeks to go beyond the stereotype that Africans were merely helpless victims who had no choice. It aspires to shed some light on the recent calls for the Efik and Aro to pay reparations to societies that were plundered by their ancestors.[6] It is no longer tenable to externalise the slave trade as merely a European enterprise. Being a major departure from earlier attempts to reconstruct an important aspect of Calabar's past, this study aims to stimulate a reappraisal of the place of local auxiliaries in the slave trade.

In order to avoid the charge of excessive dependence on written records, I have interrogated African voices through the large-scale collection and use of oral evidences. Interviews were conducted in Calabar as well as in the communities from which slaves were recruited by the Efik. Those with good knowledge of what happened in the past and who could use their best endeavours to relate the past to the present were consulted. Informants varying in age, occupation, religion and status were interviewed, sometimes individually and at other times in a group. Among those who were interviewed were traditional rulers who are versed in the traditions of the people, elders in the society, leaders of traditional institutions and those who are knowledgeable about the slave trade and slavery. Two means of communication were used for the collection of oral evidence: the tonal changes and pitches in voice were captured by the tape-recorder, while note-taking recorded important comments by informants. Informants shared their knowledge with me enthusiastically because to be identified as an agent or victim of the slave trade is no longer seen as a social stigma to be concealed in Calabar. The cautious use of oral sources in collaboration with written documents is aimed at producing a glimpse of the history of the slave trade in Old Calabar from a new perspective.

THE ADVENT OF THE OFFSHORE BRITISH COMMUNITY IN CALABAR

There are many accounts of how Africans in Old Calabar had their first sight of non-black people. Much has been written by scholars of various disciplines and backgrounds on this subject, the majority of whom support the claim that Africans on the Calabar River first saw Europeans in the fifteenth century, when a number of Portuguese and Spanish explorers sailed into view. Some of those often mentioned are Ruy de Sequeira

---

6   Uya (2010:112). This position is increasingly gaining momentum, which explains why the Efik are beginning to argue that their ancestors were not really active enablers in the slave trade and should therefore not be held responsible for whatever the slave trade did to their hinterland.

in 1472, Fernando in 1472, Windham and Pinteado in 1490, Diego Cam in 1490, Pinteado in 1530 and Alfonso D'Aviero in 1530 (Fuller 1996:2).

While Portuguese and Spanish explorers were only occasionally present in Old Calabar, intercourse with British merchants heralded profound and irreversible economic and socio-cultural transformations in pre-colonial Old Calabar. Most informants in Calabar seem to disregard the arguments in academic circles by ignoring the era of the Portuguese presence in Calabar in their testimonies.[7] Most Calabar informants, including Asuquo Effiong and Edet Archibong, no longer remember what transpired between their ancestors and the Portuguese and Spaniards before the middle of the seventeenth century. Some, however, speak of their forebears' interaction with British traders in the period preceding their onshore commercial activities and settlement as if the events happened yesterday. Viewing the past from the perspective of Calabar informants, Latham suggests that:

> It has been said that the Portuguese were the first Europeans to come to Calabar, but of this there is no proof. The first information about the economy of the Lower Cross River comes from the visit of John Watts, an English sailor who spent several months ashore at Old Calabar in 1668 […] and as the purpose of the voyage was to buy slaves for Barbados, it is clear that the slave trade had begun. Another ship had been there about a year earlier (Latham 1990:70).

According to Monday Noah, 'the period between 1600 and 1842 forms a separate historical epoch in the lower Cross region. It was the period that witnessed the peak and the decline of the Atlantic slave trade in the area' (1990:93). The online Voyages Database reveals that the slaves taken from Old Calabar before the abolition were mostly conveyed in British ships.[8] Matt D. Childs asserts that 'merchants from Bristol and Liverpool dominated the trade from Old Calabar, and approximately 85 per cent of the 1.2 million slaves exported from the area in the eighteenth century left on English ships' (Childs 2004:5).

Even so, every encounter has its own unique aspects. Historian David Northrup is of the view that most of the inhabitants of sub-Saharan Africa were clearly astounded by their first encounters with Europeans (2009:11). This was the situation in Calabar, where the sight of pale skinned people in unfamiliar clothing arriving on ships of un-

---

[7]   None of the people I interviewed accepted that the Portuguese and Spaniards were in Calabar before the English. While they could mention names of the British in the Calabar trade with admirable accuracy, only Effiong U. Aye knew any names of nationals of other European countries in Calabar before my period of study. It is probable that Aye compiled his list from secondary sources.

[8]   The Voyages Database constructed by David Eltis, David Richardson, Stephen Behrendt, and their associates contains records of nearly 35,000 separate slaving voyages between 1514 and 1866. It has become an invaluable tool in assessing the scale of migration and continues to be updated online as new documents are discovered (Eltis *et al.* n.d.). This website was produced from the Voyages Database, originally published as the "Trans-Atlantic slave trade: a database on CD-ROM" by Cambridge University Press (Eltis *et al.* 1999).

known design startled the people. Henry Nicholls left us with the following account of his experience in one of the Old Calabar villages on 29 January 1805: 'When I arrived there the people seemed all very much surprised, never having seen a White man before. They examined my hair, opened my shirt breast to look at my skin […] I was amusing myself at their innocent curiosity' (Anonymous 1964:201).

Informants claim that, for a long time in Calabar, it was common practice for men and women to gather around white men to examine their supposedly 'burnt skin'. After initial scepticism of the intentions of their uninvited visitors from across the ocean, the people of Calabar, especially the Efik merchants, came to the conclusion that their fortunes would improve if they befriended these men, who were perceived as the purveyors of resources and skills (Imbua 2009:89). With this cursory deal started what later developed into a 'monstrous' affair with an unprecedented human traffic in this region of Nigeria. Steadily what started in trickles and was seen by some people as an abomination became a huge profit-making concern.

It is clear from the testimonies of informants that, without the promise and prospect of improved economic fortunes, merchants in Calabar would not have enthusiastically agreed to mediate in the trade between the offshore British traders, who anchored their 'monstrous' ships on the river, and their hinterland communities. The sight of valuable goods in the British ships was an important reason for the evidently hospitable disposition of Calabar merchants towards their British counterparts, who were instructed not to by-pass the Efik by going into the interior (Uya 2001:5). Because of the nature of their business, British merchants never settled permanently in Calabar, but lived on their ships while coming and going. Based on the nature of the trade, British merchants cultivated relations with the local agents. These cordial relationships were moulded through the presentation of 'dashes' (free gifts) and the recognition of indigenous authority. Mohammed S. Bashir's assertion that 'throughout the period of the Atlantic slave trade ports located in what became Nigeria remained under indigenous sovereignty', and that 'the local political authorities usually regulated European trading activities' (2005:451–452), applies with equal force to the situation in the Old Calabar port.

It was the interplay of factors in Old Calabar and Britain that catapulted Old Calabar from the margins of the Atlantic economy to a much more prominent position. Apart from the availability of slaves, an important local factor was the acceptance of British goods in the area. On this, the historian Kalu Ume writes:

> Old Calabar […] developed high value for European goods – which in effect meant an upward bound of the slave trade in her area of influence. The neighbouring coastal societies also became involved […]. The influence of the slave mart extended to the ports of the Cross River, which shared in the traffic through acceptance of European goods (Ume 1980:82).

The goods included linen, iron bars, bracelets, glass beads, copper and rum, all of which steadily gained acceptance in Old Calabar, in turn filling the European barracoons with slaves.[9] Ume concludes that 'the situation probably could have been different if the coastal residents had not valued these European goods' (1980:81).

On the British side of the Atlantic there was a change from Britain's slave-trading monopoly to open trade as Parliament passed the Africa Trade Act in 1698, which opened the slave trade to all English citizens (Pettigrew 2007:5). The individual merchants traded faster, beating the company's ships across the Atlantic to the extent that, in the century after 1660, the annual volume of the English slave trade increased from approximately seven thousand to more than forty thousand (Pettigrew 2007:4). This tremendously effected the Calabar trade, as records indicate that 'throughout the peak years of the slave trade a large proportion of the slaves reaching the Americas came from ports in the Bight of Biafra' (Northrup 1978:50), including Old Calabar, where in 1672 the English traders found that slaves and ivory were available 'in great plenty' (quoted in Northrup 1978:53). The establishment of sugar plantations in the West Indies in the mid-seventeenth century greatly added to the volume of the slave trade and occasioned the entry of the Dutch, English and French into the Bight of Biafra on a regular basis. Development in the Atlantic world in the mid-seventeenth century therefore brought about a considerable trade in slaves at Old Calabar on the part of the British.

Besides the above factors, recognition should be given to the attractiveness of the Old Calabar sea port. John Barbot, in comparing Old Calabar to other ports in the Bight of Benin and Biafra, reported that its estuary is 'easy to navigate even for large ships (unlike the Rio Real, which had a treacherous bar at its mouth) and provisions readily available. Above all the inhabitants of the area are good civilized people' (Barbot 1732:383). With these advantages, a large number of men and women were involuntarily taken across the Atlantic to the Americas. Subsequently, the famous port at Old Calabar processed and exported slaves from the Igbo, Ibibio, Ejagham, Cameroons and Benue Valley hinterlands, among other places to the Americas and the Caribbean (Uya 2005a:3). Most merchants in Calabar achieved their vision of prominence and prosperity by benefiting from the Atlantic traffic before they were compelled to give in to the pressure of the abolitionist movement.

CALABAR AND THE SLAVE TRADE

By 1650 Old Calabar's interaction with offshore British agents bred a group of merchants who had institutionalised themselves as slave dealers. Once the local appetite for the traffic had been whetted, the stage was set for the evolution of a new society, with

---

[9]   Ume (1980:81). A barracoon was a kind of building where slaves were kept on the African coast as they awaited the arrival of the ship that transported them to the Americas.

the modification of indigenous institutions to handle the exigencies of the expanding capitalist system. Most of the slavers in Old Calabar came from Liverpool, London and Bristol.[10] The activities of these merchants made the years between 1660 and 1810 of tremendous economic importance on the coast of Old Calabar and their hinterland, as British trading hulks eclipsed the commercial life of the region.

As plantation agriculture and mineral mines expanded in the Americas, so the interaction between Calabar chieftains and offshore British merchants boomed. Indeed '[t]he emergence of the English from 1650 onwards as the dominant Europeans in the slave trade, particularly in the Bight of Biafra, until the second decade of the nineteenth century when the Spanish and Nantes traders replaced them' (Bashir 2005:449), would not have been achieved without the enthusiastic cooperation of Calabar middlemen and the positive response from their interior districts. Northrup demonstrated that 'as the volume of trade along the Bight of Biafra grew substantially from the middle of the seventeenth century, Bonny and Old Calabar rivalled and then displaced Elem Kalabari as the coast's premier trading posts' (2000:8).

Our knowledge of the number of slaves taken from Old Calabar comes from the works of historians including Barbot (1732), Latham (1973), Noah (1980), Northrup (1978), Ume (1980) and Uya (2001), but none is as informative and revealing as the recent Voyages Database, already mentioned. Available evidence indicates that John Watts, an English sailor, spent several months at Old Calabar in 1668 buying slaves for Barbados (Latham 1990:70). Latham posits further that

> the English are known to have continued trading at Old Calabar in the 1670s and on his voyage to Guinea in 1678/9 Jean Barbot met an English ship which had taken ten months at Calabar to purchase 300 slaves, of which between 125 and 130 had died, together with the captain and 10–12 of the crew. A French manuscript edition of Barbot's subsequent book in the Admiralty library, dated 1683–8 states that the English did their main trade at Old Calabar, taking 5–600 slaves a year, which was more than any other country (Latham 1990:71).

In 1679, John Elliot, captain of the ship Welcome, shipped 210 slaves from Calabar to Barbados. This was followed closely by the shipment of 278 slaves from Calabar to Jamaica by Captain Branfill in 1680 (Uya 2001:4). Latham (1990:71) and Northrup (1978:53) testify to the visit of the ship Dragon to Old Calabar in 1698, purchasing 212 slaves (102 men, 53 women, 43 boys and 14 girls). The Eagle Galley of London obtained a cargo of 400 from Old Calabar in 1704 (Northrup 1978:53). Additional slaving voyages to Old Calabar in the seventeenth century are cited by Latham (1973:17–18). With vari-

---

10   They included Ambrose Lace, Edward Forbes, Hugh Crow, James Laroche, James Rogers, John Barbot, John Elliot, John Watts, Thomas Jones, Thomas William Earle, William Davenport, William Gregson and William Whaley (Imbua 2009:98). Those active on the Calabar side included Ambo Robin John, Antera Duke, Duke Abashy, Duke Ephraim, Edem Effiom, Edem Ekpo, Egbo Young Eyamba, Ekpenyong Offiong, Ephraim Robin John, Eyo Nsa, Tommy Henshaw and Willy Honesty (Imbua 2009:98).

ous ships, British merchants provided the bulk of the credit advances that fostered the large expansion of slave shipments from Old Calabar.[11]

It is difficult to use available data to establish a precise and generally acceptable figure for the number of people who became victims of misfortune and adversity in the Atlantic as a result of the profit motives of Calabar and British merchants. Though statistics cannot on their own re-create the repercussions of people leaving Old Calabar on its society and economy, one can nevertheless rely on Bashir's findings in buttressing the significance of Old Calabar in respect of the number of slaves exported from Nigeria. According to him

> [m]ore than 64 per cent of the enslaved people from within the boundaries of Nigeria were shipped out from the eastern parts of the region. Between 1651 and 1725, the dominant slave ports were at Bonny, Old Calabar, and New Calabar. Initially most slaves left from Old Calabar but by 1726, Bonny took over as the leading slave exporting port until it was replaced by Lagos in the closing decades of the transatlantic slave trade (Bashir 2005:451).

Bashir also argues that a further breakdown of the number of people leaving the 'Nigerian ports' reveals that 'Bonny, Calabar, and Old Calabar accounted for 1,329,100 of the enslaved and that this is 89 per cent of all the people shipped out of the Bight alone between 1651 and 1865' (2005:451).

The slaves leaving the Calabar Port were recruited from various hinterland communities. Based on this, Uya states that 'the prosperity and viability of the Old Calabar Port were totally dependent on her productive hinterland' (2001:6). Uya also argues that many of the raw materials for the boat-building industry for which Calabar became famous came principally from the heavy forests of Umon, Cameroon and Oron. These boats played an extremely important role in the trade of the Cross River region (Uya 2005b:106). Though there is as yet no generally accepted and firm data on the origin of the slaves shipped to the Americas through Calabar port, Northrup reported that among the 150 captives taken aboard an English ship at Old Calabar in 1790, 'fourteen tribes or nations' were represented (2000:8). This finds affirmation in Uya's estimation that

> in the 1820s, 56 per cent of the slaves exported from Calabar were Igbo; 42 per cent were Ibibio; while the others, mainly Ejagham, Cameroons and those from the Benue Valley and beyond, including Igala, Nupe, Kakanda and Hausa made up the remaining 2 per cent (Uya 2001:6).

The ethnic heterogeneity of slave cargoes from Old Calabar was observed by the Church Missionary Society Missionary Sigismund W. Koelle, who collected and classified the

---

[11]   The names of these ships include, but are not limited to, Dalrymple Canterbury, Dragon, Duke of Queen, Duke of York, Eagle Galley, Edgar, Enterprise, Finn, Fortune, Gascoigne, Indian Queen, Jupiter, Lord Venus, Lottery, Maltida, Nancy, Oxford, Peach Tree and Welcome (Imbua 2009:94–95).

languages spoken by liberated Africans resettled in Sierra Leone through the efforts of the British patrols (see also Northrup 2000).

The Efik of Old Calabar exploited the opportunities afforded by their location to fraternise with British traders at Calabar port, and over time they achieved an elevated profile in the slave trade to the detriment of their neighbours. Latham has shown that the Efik 'excluded all other peoples from direct access to the European, establishing and maintaining a position of monopolistic middlemen' (1973:181). In essence, while merchants in Calabar recruited people from their productive hinterlands to sell them overseas, they and their offspring benefited tremendously from such ties with the British merchants. Ugo Nwokeji's assertion that '[t]he King of Old Calabar was a partner with the man-stealers of other countries, while punishing a man stealer with death in his own [country]' is instructive (2010:128).

The Efik did not enslave their own kith and kin. Indeed, Paul Lovejoy and David Richardson maintain that the seizure and shipping of free persons in Calabar to the Americas provoked 'retaliatory seizure of goods or people, and perhaps most unusual, the poisoning of ship captains by Old Calabar traders'. Furthermore, quoting John Ashley Hall, they claim that 'two ship captains from Liverpool were imprisoned and poisoned in 1773' (Lovejoy and Richardson 1999:344). In early 1763, traders from Old Town seized the master of the Dalrymple of Liverpool, held him captive and confiscated some of his goods. Later in 1789, Duke Ephraim informed James Rogers and Sir James Laroche that two of his canoe men, both of whom were 'freemen', had been seized by the captain of their ship, the Jupiter. In cases of the enslavement of freemen of Calabar origin, merchants in Britain assisted in the attempt to make sure that such people were set free. In a letter written by William Earle of Liverpool to Duke Abashy of Old Calabar on 10 February 1761, we read:

> You know very well I love all Calabar; I do not want to wrong. Nor I never did wrong any man one copper & if your two Boys from St. Thomas be living I will get them for you & sent them to you […] I Remains Duke Abashys Friend (quoted in Lovejoy and Richardson 2001:99).

There was also the sensational case in which two Old Calabar princes returned to their homeland in 1774 after years of enslavement in the Caribbean and a short spell of freedom in England. They had been illegally seized and taken away as slaves on a British ship in the aftermath of the massacre of 1767, in which European slave-traders had actively participated. 'The princes were able to secure their freedom and to return to Old Calabar on the strength of the transatlantic network they had become part of while growing up in the Bight of Biafra'.[12]

---

[12]   Nwokeji (2010:139). The full story of the princes is told in Sparks (2004).

The diary entries by Antera Duke name several sources of slaves.[13] Toyin Falola and Matthew Heaton suggest that the lack of centralised states in the Bight of Bia-fra meant that slaves tended not to be procured through wars to the extent that they were in the Bight of Benin. In their view, 'enslavement in the Bight of Biafra was much more commonly the result of judicial rulings, orders by oracles, and, above all, kidnap-ping' (Falola and Heaton 2008:56). By contrast, Latham (1990:70) and Noah (1980:74, 1990:94) have written convincingly that warfare was a major source of slaves in Old Calabar. Noah argues that

> [w]hat has not been generally realized even among most Africanists is that anarchy and inter-tribal wars were not indigenous to the area; rather they were by-products of the Eu-ropean slave trade [...]. The trade in slave was a special type of trade which defied every normal trade ethics [...] slaves could mostly be captured whenever there was warfare, strife and instability.[14]

In his seminal book, "The slave trade and culture in the Bight of Biafra", Nwokeji writes:

> Without question, therefore, warfare was an important source of captives everywhere [...] Parker testified in 1790 that Dick Ebro [of New Town in Old Calabar] organised routine captive raids on unsuspecting communities, in which Parker had participated [...]. Wars remained an important source of captives until the end of the overseas slave trade in the mid-nineteenth century (Nwokeji 2010:126).

Of the two views highlighted above, the latter is better supported by evidence. Inform-ants in Calabar are unanimous that wars were resorted to when the precarious peace between communities broke down.

Sometimes, those found committing adultery were sold into slavery, either by the family which had been wronged or by members of their own family desiring to avoid future embarrassment (Uya 2010:115). People who were often quarrelsome, disobedient children or those who did not conform, suspected witches, chronic debtors and thieves were generally victims. The other class of victims included persons who were consid-ered abnormal, including girls who started menstruating before reaching an age which the community considered 'proper', children whose upper teeth appeared before their lower ones, or those children who walked or talked rather prematurely (Noah 1980:75). The presence of this class of persons was considered productive of misfortune for the community because these 'abnormalities' were portentous of anger from the deities (Harris 1942:42). The sources of slaves kept expanding in response to the demands of the Atlantic system. On this, Ume claims that 'the slavocrats at the coasts who had been

---

[13]   Cf. Adiele Afigbo (1971), Aye (2000), Toyin Falola and Matthew Heaton (2008), Latham (1973), Love-joy and Richardson (1999), Noah (1980), Northrup (1978), Ukorebi (1978:30–33), Umeh (1980) and Uya (2001) who, among other scholars, have taken Duke's records further.

[14]   Noah (1990:94). See also Uya (2006:14–17).

advanced supercargoes would struggle through thick and thin to meet their quotas'
(1980:91). Nwokeji sums it up as follows:

> The interaction of politics, economic practices, and legal and belief systems in African
> societies suggests that ideas of law and order would have been central in enslavement. Sale
> into Atlantic slavery was widely deemed an extreme form of punishment in Atlantic Africa,
> and so was – at least in theory – reserved for those who committed serious offences or who
> challenged the existing political and social order (Nwokeji 2010:132).

In many instances, justice was perverted to meet the need for labour in the New World.
For instance, on 9 August 1786, the Old Calabar chiefs put one gentleman from neighbouring Bakasi on board a slaver on the apparently baseless suspicion that he had killed
their ruler, Duke Ephraim, presumably by witchcraft.[15]

On rare occasions, the European dealers tried another technique called 'panyaring' (or 'boating'), whereby Africans were enslaved when they were offered a passage
from port to port by Europeans. *Panyaring* was a term used by European slave-traders
in the Bight of Biafra to describe the seizure of persons, often to recoup debts from
their Biafra suppliers. The people who were *panyared* were free coastal citizens who in
some instances overpowered the slave-trading crew and held them for ransom (Ume
1980:87). Ume concludes that, despite the cordial relationship that had existed between
the coastal chiefs and the European dealers, the majority of the coastal population developed a mistrust of European traders because of their involvement in *panyaring*. The
historian Elizabeth Donnan portrayed the possible dangers of *panyaring*, particularly
when it was organised without local support (1965:84). A Dr Curie, who was known for
boating ventures, wrote in 1788 that it was rife with many dangers and that Europeans
who pursued it often fell victims to the Africans whom they tried to hoodwink into
slavery (Mackenzie 1941:123).

In addition, Calabar and British merchants sometimes acquired slaves through
robbery and slave-catching expeditions. Thomas Clarkson's essay on the abolition of
the slave trade, which detailed the wanton ills that attended the acquisition of slaves by
robbery, has revealing information on what happened in Duke Town in Old Calabar in
the 1770s:

> I had two opportunities of seeing how slaves were procured in the River of Old Calabar. I
> resided with the king of New Town for four months, and he allowed me to go up the river
> with him to trade for slaves. I went with him twice within that time. In the first expedition,
> there was a fleet consisting of from ten to twelve canoes, which were properly manned and
> armed [...]. In the day time we called at the villages as we passed, and purchased our slaves
> fairly; but in the night we made several excursions to the bank of the river. The canoes were
> usually left with an armed force: The rest, when landed, broke into villages, and, rushing

---

15   Duke (1956). This incident is reconstructed by Nwokeji (2010:136).

into the huts of the inhabitants, seized men, women and children promiscuously. We obtained about fifty Negroes in this manner, in our first expedition.[16]

Coinciding with this information are the accounts of various English seamen included in the enquiry into the slave trade made by a British House of Commons Committee covering the years 1763 to 1778. Isaac Parker of the Latham spent several months in Calabar in 1765 and went on a slave-catching expedition whilst there with an Efik Chief (Latham 1990:73, Noah 1990:95). On the first expedition they paddled up the river until they came to a village, hid in the bush until night, then seized everyone they could see. At another village they took 45 slaves. About a fortnight later they made a similar expedition.[17]

The Aro of Arochukwu played an extremely important role in the capture of slaves in Old Calabar. Moving out from their hometown of Arochukwu near the Cross River, the Aro traded and settled throughout the Bight of Biafra, buying and selling slaves. Scholars who have examined the Aro factor in the recruitment of slaves in the Bight of Biafra hinterland are in agreement that most of the slaves sold in Old Calabar and Bonny were recruited by the Aro from the hinterland.[18] Described by Northrup as 'the God-Men of the Slave Trade' (1978:114), the Aro were believed to have control over the activities of everyone in the hinterland and were able to obtain great numbers of slaves through a variety of ways. Some people in the hinterland sold some of their family members to the Aro out of greed for money and guns. Unredeemed children pledged as settlement for debt were also sold. Some important personages in the hinterland sold some of their victims to acquire the resources to buy higher grades in the Ekpo, Ekpe and Idiong societies. Children left unattended at play were kidnapped by the Aro (Uya 2010:117–118).

In recounting the manner in which slaves were acquired by Rev. Hope Waddell, King Eyo II of Creek Town admitted that people sold as slaves were obtained in various objectionable ways:

> They came from different countries and were sold for different reasons – some as prisoners of war, some for debt, some for breaking their country's laws and some by great men who hated them. The king of a town sells whom he dislikes or fears, his wives and children are sold by his successors in return (Waddell 1863:429).

The major goods and currencies for which slaves were exchanged in Old Calabar included beads, belts, clothes, Manillas copper brass wristlets, copper rods, copper wires, cowries, fabricated wooden and cast-iron houses, fancy clocks, gin, guns, imported salt,

---

[16]   Quoted in Northrup (1978:66). See also Noah (1990:95) and Ume (1980:93–94).
[17]   Latham (1990:73). See the same account in Noah (1990:95).
[18]   The work of reconstructing the Aro trade in slaves in the Bight of Biafra owes much to Afigbo (1971), Dike and Ekejiuba (1980), Northrup (1978) and Nwokeji (2010). This is not an exhaustive list.

iron bars, iron money, knives, locks, mirrors, paintings, pewter basins, powder, rum
and other spirits, swords and tankards (Uya 2010:121). Some of these goods and currencies have become important items in the Old Residency Museum and the Slave History Museum in Calabar. Commenting on these imports, Uya asserts that 'among these,
the Cumber Beach bell imported by King Effiwat in 1799; [and] Great Duke's chair
presented by Sir John Tobin in 1826 and still in the custody of the family, and King
Eyamba's iron palace, have become prized antiquities' (2001:12).

Information on the prices of slaves during the period under study is scanty. The
only record available was kept by John Barbot, who quoted the price of a male slave at
between 38 and 48 coppers in 1698, while the price of a female slave fluctuated between
28 and 38 coppers (Barbot 1732:303). By 1767, the price of 'a slave was approximately 100
cowries' (Noah 1980:77). The value of the cowrie fluctuated through the centuries depending on how difficult it was to obtain. In the eighteenth century, traders paid 5,000
to 6,000 cowries for one eighth ounce of gold (Noah 1980:80). Noah writes further that

> in the nineteenth-century, a bag of cowries which weighed between four and six hundred-
> weight fetched five Maria Theresa dollars, which was equal to four shillings and six pence
> in British currency, while a Head of 2,000 cowries was equal to six pence (British) (Noah
> 1980:80).

BEYOND THE BUYING AND SELLING OF SLAVES

Interaction between Old Calabar and offshore British merchants from 1650 to 1750
involved more than the commoditisation of people. Their intercourse generated cur-
rents that had sweeping implications for the social, economic and political history of
Old Calabar. The economic links with Britain had a significant impact on the social relationships, which were inseparable from the smooth conduct of trade. Lovejoy and Richardson (1999) explore how the British merchant investors interacted with local agents
in Old Calabar to work out mutually advantageous conditions for trade and social life.
Christopher Brown argued that 'British traders placed a priority on cultivating peaceful
relations with local merchants and sovereigns in the hope of keeping commerce open
and on favourable terms' (2006:304). Likewise, in a letter to a Liverpool merchant, dated
23 July 1783, Ekpenyong Offiong 'wished that England should no longer be involved in
war because she needed peace to prosper her trade with him' (Aye 2000:141).

Relations between residents of Old Calabar and merchants from Britain enhanced
the process of using the English language in Calabar. Uya has written that 'the Efik
took advantage of their early contact with the Europeans to acquire skills in the speak-
ing and writing of English and accounting which stood them extremely well in the
expanding European trade' (2001:6). John Adams visited Old Calabar in 1789, when
people in Calabar were already proficient in English. He observed that '[t]he natives [of

Old Calabar] write English, an art first acquired by some traders' sons, who had visited England, and which they had the sagacity to retain up to the present period'.[19] Lovejoy and Richardson found 'signs that the leading traders in Old Calabar were literate and relatively fluent in English (Pidgin version) as early as the 1750s' (1999:341). The twelve letters written by Old Calabar merchants in the eighteenth century and published by Lovejoy and Richardson in 2001 bear testimony to the fact that writing and reading had become popular among the people of Calabar at a time when orality was the norm in the coastal communities of western Africa. The authors cite several sources which indicate that the English traders encouraged the pursuit of literacy by the trading elite at Old Calabar and offered financial and boarding support for their education in England. It is thus hardly surprising that the most extensive surviving text from pre-colonial Africa with great insight into the organisation of the slave trade in the eighteenth century is Antera Duke's diary, which has already been mentioned.

'In the Bight of Biafra', Nwokeji maintains, 'Old Calabar merchants were in per-sonal contact with correspondents in Europe by the 1770s at the latest' (2010:193). Knowledge of English helped Calabar merchants record their daily experiences on paper. They communicated across the sea through letters that could prove invaluable evidence in British judicial proceedings.[20] Thus, on 20 March 1783, Otto Ephraim asked Ambrose Lace of Liverpool to 'send me some writing papers and 1 Bureaus to Buy' (Lovejoy and Richardson 1999; letter 13).

At the same time that merchants in Calabar were plucking people from other families for sale, they and their offspring were benefiting from their ties with British merchants. One way through which this was achieved was by sending their children to Britain for an education.[21] For example, in 1767, Ambrose Lace took young Ephraim to Liverpool for schooling at his own expense. Ephraim spent two years before returning to Old Calabar with great potential. Archibald Dalzel informed the African Association that 'there is rarely a period that there are not at Liverpool, Calabar Negroes sent there expressly to learn English' (Hallet 1964:195). As I have argued elsewhere, 'the educa-tion of prominent youths in trading families was suggested, encouraged and financed by British traders, who hoped that by doing so they would establish personal ties and gain an advantage in the protection of their investment' (Imbua 2009:30). Northrup found that 'long before the establishment of Old Calabar's first mission school in 1846, such European-educated scholars had been tutoring the children of elite families in spoken and written English' (Northrup 2009:67–68). Indeed, Ekei E. Oku asserts that

---

[19]   Adams (1822:40). See also Adams (1966:144).
[20]   For example, in 1773 a letter dated 16 June 1769, from Ephraim Robin John to Thomas Jones of Bristol, was submitted in a British court as evidence of violence on the African coast (Lovejoy and Richardson 1999:342).
[21]   Cf. Brown (2006), Lovejoy and Richardson (1999), Northrup (2009), Uya (2001).

[i]t is now well known that Old Calabar had schools perhaps before the 17th century. There is today, an ancient writing school slate in the form of a folio which dates back to the 17th century and belonged to EBRERO NOWAN (Ukorebi Neneng of Ikoneto) who was the King EBRERO IN BARBOT's list of 1698 (Oku 1989:12).

When Hope Waddell and his team arrived at Calabar, they were surprised to find that King Eyo of Creek Town and his son were already literate in English and well versed in reading, writing and arithmetic. Waddell realised that neither the teacher nor the carpenter he brought along with him could match the competence of the royal couple in the three R's (Akoda 2002:198–199).

Some merchants in Liverpool, Bristol and London left records of the warm receptions they had in Calabar. In his diary, Duke referred to the house of Captain Potter's 'mother' and 'father' in Enyong Creek, Old Calabar (Duke 1956:39). When Potter welcomed Duke to his 'father's house, he killed a goat in accordance with local custom' (Duke 1956:39, 64). Greater generosity was done to Henry Nicholls. He mentioned various kings of Old Calabar, including Duke Ephraim, Egbo Young Eyamba and Eyo Honesty, among others, who 'received me very friendly and with the greatest warmth [...] When I departed he presented me with a goat as a mark of his friendly disposition towards me' (Hallet 1964:199–200).

Commercial relations generated other kinds of mutual associations that brought the parties involved closer than one would ever have thought. For instance, captains regularly attended dinner parties given by Calabar merchants. The captains reciprocated by hosting Old Calabar merchants on board their ships (Duke 1956:41–42, 52, 63). Duke asserts further that they went on fishing trips together (1956:37). On such occasions they used terms and expressions of endearment and familiarity in consolidating peaceful commercial interactions. Indeed, in Duke's assessment Calabar's interactions with offshore British merchant-investors were 'humane, cordial and normal' (Ukorebi 1978:51). With some rendering by the historian Asuquo Ukorebi, Duke's entry on 13 December 1785 presents the following picture:

> The social interaction of Efik gentlemen with slave ship captains was cordial, formal and generally civilized and they always had Christmas, New Year Eve, and New Year parties together by arranging dinners for all in one of the Efik gentlemen's houses or in the Captain's ship (Ukorebi 1978:51).

King Eyo II said to a French commodore in 1847 that 'English and we be friend long long long time, before my father and grandfather live' (Waddell 1863:352). This bold and proud confession by an Old Calabar king can only be understood in historical perspective and attributed to the ubiquity of English slave-ship sailors in Old Calabar.

Compelled by the evidence of cooperation between Old Calabar and British merchants, Brown asserts that 'long-standing personal relationships between merchants in Bristol and Liverpool and the Ekpe of Old Calabar facilitated the expansion of the British slave trade in the Bight of Biafra in the late eighteenth century' (2006:304). Again, Brown reminds us that 'the Ekpe traders sent their children to Liverpool to reside temporarily with British merchants so that they could build and strengthen connections with prominent families in the trade'.[22]

It is also interesting to note that several offshore British merchants became members of Ekpe society and were entitled to the corresponding rights and privileges. Such expatriates could appeal to the fraternity to recover debts due to them from indigenous traders. They were also free from Ekpe restrictions and could move about freely to oversee their business even on such days when the Grand Ekpe was on display, when non-Ekpe were compelled to be indoors.[23] Besides, as members of Ekpe society, they stood the best chance of avoiding a possible embargo, which the Ekpe might impose on any trader (Noah 1980:68). Indeed, Ekpe sometimes ordered Efik traders to 'settle' disputes with exporters or to replace pawns who had absconded from European ships (Lovejoy and Richardson 2011:29). It is on record that Captain Burrell of the ship Haywood of Liverpool held the rank of Nyamkpe or Grand Ekpe and that Harry Hartye of Liverpool bought Ekpe titles from King Eyamba VIII up to the rank of Nyamkpe (Hart 1964:167). Hart writes that Hartye was granted all the rights, claims and immunities which membership vested in him as well as in other members 'except the Chief Officer of Ekpe of Old Calabar', and he was bound not to reveal 'any of the secrets which are now [disclosed] to him to those who have no connection with the Old Calabar Ekpe' (Hart 1904:167). In addition, J. H. White, George Watt and Capt. J. B. Walker were all members of the Ekpe fraternity in the nineteenth century (Aye 2000:75).

One should recall that Ekpe society was used as an instrument of government. Its indigenous members sat in council to settle disputes among persons in Calabar including the recovery of debt and the protection of individual property. Ekpe society did not respect persons, and breakers of its laws were punished, irrespective of who was involved (Bassey 2001:34). Effiong Bassey asserts that membership of the Ekpe fraternity was much sought after and that people were willing to pay for it with blood (Bassey 2001:33). Its advantages were so compelling that many European traders purchased its membership. But the white merchants did not have authority in local matters except for trading interests (cf. Miller 2009:134–135).

The offshore British community also played a big role in the architectural landscape of Old Calabar. One of my enthusiastic informants, Asuquo Effiong, argued that Calabar intercourse with Britain in the post-Columbian era brought new materials, technology and skills for construction purposes. The wealthy Calabar chiefs displayed their economic and socio-political positions by replacing their 'mud-plastered, palm

---

[22]   Brown (2006:304). Matt Childs vehemently supports this claim (2004:5).
[23]   Described by Effiong Bassey as the Jupiter of Ekpe (2001:66), Grand Ekpe was the Nyamkpe grade of the Ekpe fraternity. When members of Grand Ekpe were on display, non-members were stopped from moving about freely. The pioneer missionaries in Old Calabar hated it and had it stopped. It is now a forgotten tradition.

thatched and poorly ventilated houses' with 'prefabricated wood and iron houses (Nwa-ka 1990:64), and the brick and cement structures' (Braide and Ekpo 1990:137). Indeed, British-made 'frame houses' became important as luxury imports, symbols of wealth and evidence of social prestige in Old Calabar. One of the prefabricated houses, belonging to Egbo Young, which dates back to 1785, was called 'Liverpool Hall'. The African Association explorer Henry Nichols, who resided in Duke Ephraim's house at Duke Town, remarked that the principal traders' houses were built of wood, brought out by the different captains from Liverpool. Duke Ephraim's house, which Captain Grant described as 'finished and ornamented in a manner which in Africa is considered complex, sumptuous and extraordinary', was brought by Captain Patrick Fairweather in 1785 (Braide and Ekpo 1990:143). Braide and Ekpo assert that prefabricated houses 'were ordered through the British trading ships and paid for in slaves or palm oil' (1990:144).

CONCLUSION

In this historical meditation, I have attempted to reconstruct the character of interaction between Old Calabar merchants and the off-shore British community as trading partners in the Atlantic world from the mid-seventeenth to the mid-eighteenth century. I have demonstrated how the exposure of Calabar to Britain via the Atlantic Ocean made Calabar a busy centre of the Atlantic slave trade on the west coast of Africa. It is clear from my analysis that merchants residing in Bristol, Liverpool and London provided the bulk of credit advances that fostered the large expansion in slave shipments from Old Calabar to the Americas. The slave trade, which was carried out in Calabar on mutually agreed terms, promoted friendly interactions and proved lucrative for both Calabar and British merchants. It was part of the cooperation that underpinned the slave trade business that Old Calabar merchants entrusted their children to their British counterparts at a time when travel outside Africa by blacks could potentially result in their enslavement. Whenever there were cases of the enslavement of 'freemen', merchants in Britain often assisted in the attempt to set them free. I also noted that several off-shore British merchants became members of the Old Calabar Ekpe society and were entitled to the corresponding rights and privileges. The point has also been made that it was the need to bring the distant memories of the slave trade and slavery in Calabar to a larger audience that has culminated in the establishment of the Calabar Slave History Museum. I have argued here that one conspicuous limitation of the Museum is the role played by local agents in the trade. This needs to be emphasized if a holistic picture of the slave trade and slavery in Old Calabar is to be obtained.

References

ADAKA, Sunday S.
n.d   *Man as an object of trade: 15ᵗʰ–19ᵗʰ century experience: a guide to the Slave History Museum at the Marina Resort, Calabar, Nigeria.* Calabar: Presby Press

ADAMS, John
1822   *Sketches taken during ten years' voyages to Africa between the years 1786–1800.* London: G. Whittaker & W.B. Whittaker
1966   *Remarks on the country extending from Cape Palmas to the River Congo.* London: Frank Cass

AFIGBO, Adiele E.
1971   "The Aro of Southern Nigeria: a socio historical analysis of legends of their origin", *African Notes* VI(2):31–46
2005   "Igbo-Efik relations in historical perspective", in: Okon E. Uya, Effiong U. Aye, Emmanuel N. Nsan, and Ekpenyong Ndiyo (eds.), *The Efik and their neighbours: historical perspectives*, 140–170. Calabar: Clear Lines

AKODA, Winifred E.
2002   *Calabar: a Cross River metropolis, 1600–1960.* Calabar (Ph.D. thesis, Department of History and International Studies, University of Calabar)

ANONYMOUS
1964   "Nicholls, 1804–1805," in Robin Hallet (ed.), *Records of the African association: 1788–1831*, 191–210. London: Thomas Nelson and Sons

AYE, Effiong U.
1967   *Old Calabar through the centuries.* Calabar: Hope Waddell Training Institution's Press
2000   *The Efik people.* Calabar: Glad Tidings

BARBOT John
1732   *A description of the coast of North and South Guinea; and of Ethiopia inferior vulgarly Angola.* London: Churchill

BASHIR, Mohammed S.
2005   "The Atlantic slave trade and the impact on the Nigeria hinterland, 1500–1900", in: Akinwuni Ogundiran (ed.), *Pre-colonial Nigeria: essays in honour of Toyin Falola*, 447–470. Tenton: African World Press

BASSEY, Effiong B.
2011   *Ekpe Efik: a theosophical perspective.* Victoria: Trafford

BEHRENDT, Stephen D., A.J.H. LATHAM, and David NORTHRUP
2010   *The diary of Antera Duke: an eighteenth-century African slave trade.* Oxford: Oxford
        University Press

BRAIDE, Tonye and Voilette EKPO
1990   "Notes on the preservation of the vanishing monuments of Old Calabar", in: Solomon
        O. Jaja, Erim O. Erim, and Bassey W. Andah (eds.), *Old Calabar revisited*, 137–168.
        Enugu: Harris

BROWN, Christopher L.
2006   *Moral capital: foundations of British abolitionism.* Chapel Hill: University of North Caro-
        lina Press

CHILDS, Matt D.
2004   Book Review "Randy J. Sparks: The two princes of Calabar: an eighteenth-century At-
        lantic odyssey". *www.common-place.org.vol.5.no.1* [last accessed 7 May 2009]

DIKE, Kenneth O. and Felicia I. EKEJIUBA
1980   *The Aro of southeastern Nigeria.* Ibadan: University Press

DONNAN, Elizabeth
1965   *Documents illustrative of history of slave trade to America.* New Edition. New York:
        Octagon Books

DUKE, Antera
1956   "The diary (1785–8) of Antera Duke", in: Daryll Forde (ed.), *Efik traders of Old Calabar*,
        27–68. London: Oxford University Press

ELTIS David, Stephen D. BEHRENDT, David RICHARDSON, and Herbert S. KLEIN (eds.)
1999   *The trans-Atlantic slave trade: a database on CD-ROM.* Cambridge: Cambridge Univer-
        sity Press
n.d.   *Voyages: the trans-Atlantic slave trade database.* www.slavevoyages.org [last accessed 4
        April 2009]

FALOLA, Toyin and Mathew M. HEATON
2008   *A history of Nigeria.* Cambridge: Cambridge University Press

FORDE, Daryll (ed.)
1956   *Efik traders of Old Calabar.* London: Oxford University Press

FULLER, Effiong
1996   *Calabar: the concept and its evolution.* Calabar: University Press

HARRIS, J.S.
1942   "Some aspects of slavery in Southeastern Nigeria", *Negro History* 27(1):37–54

HART, Kalada A.
1964   *Report of inquiry into the disputes over the Obongship of Calabar.* Enugu: Government
        Printers

IMBUA, David Lishilinimle
2009   *Intercourse and crosscurrents in the Atlantic world: Calabar-British experience, 1650–
        1960.* Calabar (Ph.D. Thesis, Department of History and International Studies, Univer-
        sity of Calabar)

KRANTZ, Christopher
2005   "Recently published sources for Old Calabar history", in: Ikechukwu Amadi, Ini Udoka,
        and Yakubu Ochefu (eds.), *History and citizenship: essays in honour of Okon Edet Uya*,
        206–223. Calabar: Clear Lines

LATHAM, A.J.H.
1973   *Old Calabar 1600–1891.* London: Clarendon Press
1990   "The pre-colonial economy: the Lower Cross region", in: Monday B. Abasiattai (ed.), *A
        history of the Cross River region of Nigeria*, 70–89. Enugu: Harris

LOVEJOY, Paul E.
1983   *Transformations in slavery: a history of slavery in Africa.* Cambridge: Cambridge Univer-
        sity Press

LOVEJOY, Paul E. and David RICHARDSON
1999   "Trust, pawnship, and Atlantic history: the institutional foundations of the Old Calabar
        slave trade", *American Historical Review* 104:333–355
2001   "Letters of the Old Calabar slave trade, 1760–1789", in: Vincent Caretta (ed.), *Genius in
        bondage: literature of the early Black Atlantic.* Louisville, KY.
2011   "The slave ports of the Bight of Biafra in the eighteenth century", in: Carolyn A. Brown
        and Paul E. Lovejoy (eds.), *Repercussions of the Atlantic slave trade: the interior of the
        Bight of Biafra and the African diaspora*, 19–56. New Jersey: Africa World Press

MACKENZIE, G.P.
1941   *The last years of English slave trade.* Liverpool: Putnam & Co

MILLER, Ivor L.
2009   *Voice of the leopard: African secret societies and Cuba.* Mississippi: University Press

NAIR, Kannan K.
1972   *Politics and society in Southeastern Nigeria, 1841–1906.* London: Frank Cass

NOAH, Monday E.
1980   *Old Calabar: the city states and the Europeans, 1800–1885.* Uyo: Scholar Press
1990   "Social and political developments: the lower Cross River region, 1600–1910", in: Mon-
        day Abasiattai (ed.), *A history of the Cross River region of Nigeria*, 90–108. Enugu: Har-
        ris

NORTHRUP, David
1978   *Trade without rulers: precolonial economic development in south-eastern Nigeria.* Oxford:
         Oxford University Press
2000   "Igbo and myth Igbo: culture and ethnicity in the Atlantic world, 1600–1850", *Slavery
         and Abolition* 21:1–20
2009²   *Africa's discovery of Europe, 1450–1850.* Oxford: Oxford University Press

NWAKA, Geoffrey
1990   "Colonial Calabar: its administration and development", in: Solomon O. Jaja, Erim O.
         Erim, and Bassey W. Andah (eds.), *Old Calabar revisited,* 63–93. Enugu: Harris

NWOKEJI, Ugo G.
2010   *The slave trade and culture in the Bight of Biafra: an African society in the Atlantic world.*
         Cambridge: University Press

OKU, Ekei E.
1989   *The kings and chiefs of Old Calabar, 1785–1925.* Calabar: Glad Tidings Press

PETTIGREW, William A.
2007   "Free to enslave: politics and the escalation of Britain's transatlantic slave trade, 1688–
         1714", *William and Mary Quarterly: A Magazine of Early American History and Culture*
         LXIV(1):3–38

SPARKS, Randy.
2004   *The two princes of Calabar: an eighteenth-century Atlantic odyssey.* Cambridge: Harvard
         University Press

UKOREBI, Asuquo U.
1978   "The diary of Antera Duke of Old Calabar", *Calabar Historical Journal* 2:32–54

UME, Kalu E.
1980   *The rise of British colonialism in southern Nigeria, 1700–1900.* New York: Exposition
         Press

USMAN, Yusuf Abdulah
n.d.   "Foreword", in: Sunday S. Adaka, *Man as an object of trade: 15th–19th century experience:
         a guide to the Slave History Museum at the Marina Resort, Calabar, Nigeria*, i–ii. Calabar:
         Presby Press

UYA, Okon E.
1990   "Old Calabar studies: an overview", in Solomon O. Jaja, Erim O. Erim, and Bassey W.
         Andah (eds.), *Old Calabar revisited,* 194–208. Enugu: Harris Publishers
2001   *Slave routes of the lower Cross River region.* Unpublished paper, presented at the Old
         Residency Museum, Calabar, 18 May 2001

2005a   *Slave trade, slavery, diaspora and African development in the 21st century.* Unpublished
        paper, presented at the inauguration of the Akwa Ibom State Committee on the Slave
        Routes Project, 23 August 2005
2005b   "Efik-Oron relations: an historical perspective", in: Okon E. Uya, Effiong U. Aye, Em-
        manuel N. Nsan, and Ekpenyong Ndiyo (eds.), *The Efik and their neighbours: historical
        perspectives*, 94–124 Calabar: Clear Lines
2006   *Slave trade and slavery in Africa: Akwa Ibom state experience.* Calabar: CATS
2010   "Indigenous slavery and slave trade in the Cross River region", in: J.F. Ade Ajayi and
        Okon E. Uya (eds.), *Slavery and slave trade in Nigeria from earliest times to the nineteenth
        century*, 101–132. Ibadan: Safari

WADDELL, Hope M.
1863   *Twenty-nine years in the West Indies and the Central Africa: a review of missionary work
        and adventure.* London: Frank Cass

Paideuma 59:77–101 (2013)

THE WEST AFRICAN SPORTS OFFICIAL
An insider's view of sports administration

Walter E.A. van Beek

ABSTRACT. Using my own experience as a sports administrator, I describe and analyse the organisational culture of West African sports. As a cultural anthropologist and draughts player, I have been President of the Fédération Mondiale du Jeu de Dames for eleven years, followed by four years as Executive Vice-President of the Confédération Africaine du Jeu de Dames. Using a series of first hand cases, five major principles of 'management culture' or 'board-room culture' are discerned and analysed that seem to inform the way power is handled in West African sports. These are: personal presence, the primacy of the official, the importance of board positions, the personalisation of power and finally the use of the past to legitimise the present. In all of them, the small world of draughts offers an insider's view of the relationship between notions of power, the politicisation of sports and the processes of neo-patrimonialism that inform African politics more generally. The article ends with some thoughts on the cultural specificity of these processes in West Africa and on the position of sports in the wider African society.

MEETING IN THE MIDDLE OF THE NIGHT

It must have been one of the strangest meetings of any sports body. It was the night of 11 to 12 June 2006, and we were in a small hotel in Yaoundé, the capital of Cameroon. We started at 2 a.m., well after midnight, and after three hours of intense discussion and debate, the meeting was adjourned at 5 a.m. There were no hotel personnel around, there was nothing to drink and no minutes were taken, even though this was the official first session of the Confédération Africaine du Jeu de Dames (CAJD).[1] Some of the delegates were lying on couches snoring, others were trying to stay awake, some were talking, and everyone else was yawning. The reason for the meeting not being held at a more civilised time was actually my travel schedule. After adjourning the meeting I

---

[1] 'Jeu de Dames' or draughts is a board game played with twenty white and twenty black men on a board with 100 cases (10x10). The small version, on a 8x8 board (like the chess board), is played in many countries as a household game, the rules varying from country to country. The 10x10 international version is standardised, and is a recognised mind sport. The sport is lightly professionalised, with full-time players in European countries like the Netherlands, Russia, Ukraine, Latvia, in Africa mainly in Senegal and Cameroon, as well as in Brazil. The Fédération Mondiale du Jeu de Dames (World Draughts Federation, FMJD) unites some fifty national federations dedicated to draughts, including the major 8x8 versions, and is responsible for a full roster of world championships. The four continental confederations are represented on the board of the FMJD, including the CAJD. The FMJD is a member of SportAccord, the general sports body uniting all recognised sports and a founding member of the International Mind Sports Association (IMSA), together with Chess, Bridge and Go, since 2003.

left for the airport, as my wife and I had to fly from Yaoundé to Maroua, then take a *taxi brousse* to Mokolo to get to my 'bush village' of Mogode, a Kapsiki village in the Mandara Mountains, far to the north on the border with Nigeria. Research was the real reason why I was in Cameroon, not the meeting, but the new CAJD president had been kind enough to schedule the meeting so that I could attend. He and his formidable retinue had arrived from Senegal much later than expected, and I had feared that we would not meet at all. This was why the only window of opportunity for the meeting was the middle of the night. Our meeting in fact was just the first session of the general assembly of the CAJD. Malick N'Diaye conducted the second part of the assembly ten days later, in my absence of course.

One might wonder how a Dutchman has become so involved in an African sports federation that its general assembly is prepared to fix its meetings to suit his schedule. From 1992 until 2003 I was President of the Fédération Mondiale du Jeu de Dames (World Draughts Federation, FMJD). As an anthropologist working in Cameroon and Mali since 1972, I have deep links with Africa. This showed in my sports administration, as throughout I have tried to develop the organisation of the sport of draughts on that continent. The many strong players in West Africa are poorly organised, but they form a huge potential for the game. When I stepped down in 2003, the FMJD, well aware of the benefits they had enjoyed with a president who was very close to Africa, did not consent to my leaving and decided that I would continue to represent them, but now as a vice-presidential delegate from the African continent, in fact chairing the CAJD. I had the usual problem about saying 'no' to Africa, so at the very meeting when I took my leave of the FMJD presidency, I returned, through the back door, as it were, as Vice-President for Africa, representing the CAJD.

I chaired the CAJD for almost four years and took my final farewell from African draughts officialdom in December 2006, during the largest draughts event ever organised in Africa, the World Cup for National Teams in Dakar. Yet, my links with Africa, draughts and especially African draughts remain strong. One of the major draughts clubs in Bamako is still called after me, and as I am still the FMJD's Président d'honneur (president-for-life), African draughts players still call me 'Président'. This is, therefore, the database on which I draw in this article: a general knowledge of Africa, an intimate knowledge of two African countries, Cameroon and Mali, an insider's experience of sports administration and a practitioner's insight into the wheeling and dealing of African sports administration.

The meeting described above took place during my last year in the CAJD, and in draughts administration in general. In fact, this early-hour meeting was exceptional only in its timing; its specific agenda was to hand over the CAJD chairmanship to its new leader. I had been busy organising the Championship of Africa as part of my vice-presidency of the FMJD. I had chosen not to be named President of the CAJD, but Executive Vice-President – without a formal president – in order to make room for some political or Maecenas patron as president, i.e. someone with money. The Director of Tournaments, Ndongo Fall, and I ran the CAJD between us, but we felt that it would be good to have an official president, someone with real political clout or serious capital. And we found such a figure in Malick N'Diaye, a political and economic advisor to the Senegalese president who had agreed to take on the leadership of the CAJD. At that time, I was in Cameroon for research and was able to finalise the preparations for the Third African Individual Draughts Championship.

AN AFRICAN CHAMPIONSHIP

The start of that particular African championship was planned for early June 2006. It proved to be not at all easy to organise and provides my first case. The president of the Cameroonian Draughts Federation, Marc Mbolo, an inventive and hard-working official, had the organisation of the tournament lined up. Or so he thought. However, it turned out that the Minister of Sport, Philippe Mboa, was either not aware of the plans or did not want to acknowledge the arrangements that had already been made. Cameroon had just lost an important football match because of a missed penalty against Egypt. Though the player in question was the national scapegoat in Cameroon, in Africa football results have political implications.[2] Minister Mboa had lost political capital over this and was having to re-establish his authority by showing his organisational acumen. Draughts offered him a chance to do so to some extent, but only if he could pre-empt the organisation completely and do it on the cheap. So in the first meetings Mboa severely criticised Mbolo for not getting in touch with him, or in African parlance 'for not confiding' in him. The poor Mbolo could not say much as he depended on the minister of sport, or at least could never organise an event without the minister's prior consent, while departmental politics dictated that he could ill afford to cite other ministers or officials with whom he had been in contact. Even his contact with the wife of Cameroon's President Paul Mbiya was viewed with suspicion, as if he had tried to circumnavigate the Minister of Sport – which he probably had.

Apart from Mbolo and myself, the Senegalese Director of Tournaments, two European referees and Cameroon's two main grandmasters all took part in our first encounter with Mboa on 5 June 2006. The whole set-up of this encounter was one of impression management. Coming from an old-established family and with a palatial mansion in the centre of Yaoundé, Mboa is a rich man. He made us wait for quite some time in his antechamber, a room so beautiful, spacious and richly furnished that we assumed it was his official reception room. The white leather couches my wife and I had grown used to seeing in ministers' offices were everywhere. However, the official hall for receiving visitors was even more sumptuous, with at least four huge leather couches and two large

---

2   For an in-depth analysis of the intricate relationship between money, politics and football in Africa, see the University of Tilburg dissertation of Arnold Pannenborg (2012).

flat-screen televisions which made it possible to follow all the official competitions from any angle. Mboa came in late, limping as he had just sprained his ankle while practising shooting hoops in the garden. He is an avid basketball player, and would later fly to France to have his ankle seen to. He made it abundantly clear that he was in charge, that Mbolo's preparations amounted to nothing and that any chance of the championships being held at all lay with him and nobody else. Mbolo was hurt but undaunted. For the other participants the situation was not completely new, but they also saw this as more serious than normal. I had expected some trouble, as no organisation of tournaments in Africa ever runs smoothly, but this was more than I had reckoned with, and I started to have some doubts about whether we would pull it off. However, my experience of Africa told me that preparation is nothing, improvisation everything. And ultimately that was to be the case.

A week later the players arrived, and the tournament took off, about a month later than planned, on 13 June 2006. At that time my wife and I were in northern Cameroon; we were back just in time to witness the closing ceremony on 23 June 2006. I spoke at length with the referees – who had their own 'African stories' to add from the tournament itself – participated in the prize-giving ceremony and greeted the minister of sport with all the cordiality I could muster, and we all flew home.

Mboa did make the tournament possible, but he cut the budget as far he could and showed himself to be quite proficient at doing so. One factor in the tournament going ahead, after all, seems to have been the European presence in the form of myself as the official Vice-President of the FMJD plus the two referees and my wife, but even more significant was the arrival of Malick N'Diaye as the new CAJD President in Yaoundé. After all, N'Diaye was – and still is – a major political figure in Senegal and has never been someone to be slighted. He was experiencing some problems in getting his connection; in fact he was stranded in Abidjan with his party of Senegalese officials, waiting for a flight to Yaoundé. This period in limbo seems to have helped us. It was absolutely clear that the delegation was coming and that they had to be received well, especially in view of the discomfort they had experienced while travelling. Their delay gave us time to finalise the proceedings, Mboa the time to find some funds, and the whole endeavour the urgency it needed. Thus, Mboa could increase political momentum while impressing us with our complete and total dependence on him. While in continuous contact with Mboa about finances, Mark Mbolo managed to pull the organisation of the tournament together, found another – cheaper – hotel, and was ready when the Senegalese delegation arrived at last. It was just before midnight on 11 June that Malick and his colleagues checked into the hotel, and we immediately started with our 'meeting in the middle of the night'.

A week later the players arrived, and the tournament took off, about a month later than planned, on 13 June 2006. At that time my wife and I were in northern Cameroon; we were back just in time to witness the closing ceremony on 23 June 2006. I spoke at length with the referees – who had their own 'African stories' to add from the tournament itself – participated in the prize-giving ceremony and greeted the minister of sport with all the cordiality I could muster, and we all flew home.

This story illustrates my main points about the culture of West African sports administration. The fact that my experiences situate all these activities in West Africa does not mean that this area is unique or that there is a uniquely 'African' organisational culture, since similar processes are found in other regions and continents, but they seem to be especially clear in Africa.

PRINCIPLES OF WEST AFRICAN SPORTS ORGANISATION

'Being there': personal presence

The first principle of West African sports organisation is one's personal presence. Very little gets done by letter, and any previous file or written information is of little importance. Organising is done on the spot, and the success of an organisation depends on the relationships the organiser can muster. This made the Third African Individual Draughts Championship into an instant organisation, with an immediacy of implementation that was only matched by the organisers' enthusiasm and determination. Arrangements beforehand are in themselves not crucial for the organisation itself; yet, preparations are needed, not so much to be implemented, as to give the event political credibility.

The 1980 World Championship in Bamako (Mali) had its own history, and in fact formed the reason why I entered the FMJD scenery. The main player in the story is Mamina N'Diaye,[3] at the time the strongest player from Africa; he was well-known and respected in Europe, having participated in several international tournaments. At the 1978 General Assembly of the FMJD in Arco (Italy), Mamina had secured Mali organisational rights for the 1980 World Championship Tournament, to be held in Bamako. But when in 1979 the FMJD President Piet Roozenburg, himself a former Draughts World Champion, tried to contact Mali, he got little response. In fact, he got none. When I learned about his problems in contacting Mali, I offered to act as a go-between; I was going to Mali anyway for my second major research, among the Dogon of central Mali, and knew the country from an earlier field trip.

Armed with FMJD credentials, I contacted Mamina N'Diaye in Bamako in June 1979, and, with him at my side, all the officials. Together we made all the necessary arrangements in advance with the main sponsor Agence Aigle (an import-export firm that had close ties with the Netherlands), with the Ministry of Sports and with the Grand Hotel, the intended venue of the event. I had also finalised these arrangements with the then President of the Malian Federation and Minister of Planning Dionke Gakou. I reported everything to Roozenburg and left for Dogon country to carry out my research. Later, from the Netherlands, the FMJD confirmed my arrangements by letter to all concerned. In January 1980 I came from central Mali to put my family on the plane

---

[3]   He has no family ties with Malick N'Diaye; the name is common in Senegal, which is also Mamina's country of origin.

in Bamako, and participated in a small practice tournament that was being held at the Grand Hotel. This ran smoothly, a good sign.

So this championship was well prepared, and I thought I had done a good job, but when in December 1980 the first players and officials arrived at the Grand Hotel, the manager was taken by surprise: 'A tournament?' The FMJD officials did have correspondence to prove that Mali was involved and that all the arrangements had been made; the hotel manager was indeed able to find some copies of letters in the hotel's 'archives'. 'Yes, a tournament'. So, all the Malian guests at the hotel were summoned and told to leave that very evening, as their rooms were needed. The FMJD delegates slept well, but the next day they were called to the reception area to hear that the hotel was in line for a total makeover that would be starting the following morning. The hotel manager helped them find a new hotel, which was quite easy, as all the hotels were still state-owned at the time. The whole of the World Championships was put up in the Motel, another hotel on the outskirts of Bamako, and although it was less central, it had a beautiful pool. I heard the story some weeks later, on my way through Bamako and back to the Dogon area. By then the tournament was well under way, in the Motel, of course.

Having written letters and done preparations beforehand did make a difference because there was a definite lack of excuses due to the undeniable evidence of the correspondence (drawn up in situ at the time and in the presence of all concerned). This made improvisation urgent and reduced the Malians' room for negotiation, that of the hotel owners first of all, but also of the government officials. The Malian officials understood that we would never have come without prior correspondence. In short, while one needs preparations and documents, effective organisation starts on arrival. The only arrangement that was in place, luckily, was the main sponsor, the import-export firm.

Draughts is, of course, not an isolated example here, as the same reliance on personal presence has also been noted in other situations.[4] Any arrangement in Africa is an arrangement between people, not between systems, companies or federations – and also definitely not between principles. I had laid the groundwork with Mamina N'Diaye, and he had been instrumental when the FMJD delegation arrived as well. His contacts with the Malian government, with the main sponsor and with the FMJD itself were crucial. Networking has to be done in person, through one's very presence on the spot, though these days the mobile telephone backs this up.[5] Africa is a continent of networks, which are continuously being activated, entertained and strengthened through regular contact. And that can only be done when one is really on the spot.

Though this immediacy makes planning difficult, it has its advantages. If people are there, they can be met and things can move quickly. By being there, one can arrange things quite well; sometimes much more can be realised than would be possible in the

---

[4]   For instance, immediate presence is a theme running though various definitions of power in Africa, especially in its intricate relations with religion. See Ellis and ter Haar (2004).

[5]   See, for instance, van Beek (2009).

same amount of time in the bureaucratic north. During the World Championships for Women and Juniors in Bamako in 1995 it became clear that nothing had been planned for the prize-giving ceremony. This emerged just a few days before the last round when I asked the organisers about their plans. They said: 'A prize-giving ceremony? What a good idea!', and put someone on to it. Without any real problem that person arranged a performance by the National Ballet of Mali that was given in the presence of two ministers (for sports and culture) plus a host of other dignitaries, and it was all broadcast on national television. The prizes were works of art of Malian cultural heritage, and we had a great ceremony.

At the 1996 World Championships in Abidjan, one of the economic and industrial hubs of West Africa, the prize money for the players was not 'fully ready', in fact there was none. No problem: the main organiser, the President of the Ivorian Draughts Federation and also the General Auditor of Ivory Coast took us – the FMJD delegation – in his car on a tour of some major industries. We easily gained entry, spoke with four captains of industry and came home with a reasonable purse for the players – reasonable for draughts, that is. The fact of being there, of presence and immediacy, was crucial.

The official first

The second principle is the pre-eminence of officials over players or athletes. In the West the sportsmen are the major figures, especially in widely televised sports. Only the presidents of the IOC, FIFA and UEFA (Jacques Rogge, Joseph Blatter and Michel Platini) have solid media appeal; most other officials are almost invisible. Only when conflicts mar the federation are the officials called before the camera, and then not very positively. The press and especially sports journalists are completely focused on the champions and tend to ignore officialdom. In fact, they view officials as sportsmen who have failed to achieve success in sport and are now clothing themselves in a garb of fame which really belongs to the champions. Officials are seen as people with a penchant for basking in someone else's glory. My experience is that only officials who were champions themselves are treated with velvet gloves. In short, it is the sporting achievement that counts for the press, which is also much easier to measure than elusive managerial qualities.

When returning to the Netherlands from the World Championships in Abidjan in 1996, I travelled with the Dutch grandmaster Rob Clerc, who had tied with the Russian Alexei Tchizhov for first place. (Later Tchizhov would win the deciding match.) Clerc was met by reporters from a regional TV station who interviewed him on his success, and rightly so. The interviewer then asked whether there were any other people from the tournament with him. I was pointed out as FMJD president, but the journalist just shrugged and put his equipment away. I was amused, as I had already grown used to the Dutch press's studied neglect of officials.

In Africa, however, things are quite different. Ivory Coast national television had interviewed me on my both arriving and leaving, and the journalists routinely started with quotes from the president or the main organiser before going into the day's events. In Senegal, Mali, Ivory Coast, Guinea and Burkina Faso (which was not even a member of the FMJD at the time), I routinely gave radio and television interviews. Of course, these countries have state broadcasting, and the audiences are used to talking heads, but the point is one of primacy. For the African press, as well as for African governments, it is the official who comes first, not the player. The story goes that at one of the first cycling tours in Burkina Faso, officials of the Union Cycliste Internationale (World Cycling Federation, UCI) were given a warm reception at the ministry, while the cyclists were still waiting for transportation at the airport. They had been forgotten amid all the press activities.

In this respect, the former Soviet states stand halfway between Europe and Africa. In my experience, countries such as Russia, Belarus and Ukraine, for instance, always receive officials very well, entertaining, wining and dining, and showering them with the usual ceremonial gifts (quite ostentatious gifts, actually, which I was often hard pressed to reciprocate). But in these countries the player is a hero as well. And many officials are former players and accrue a considerable part of their political clout from their sporting achievements. Viatcheslav Fetisov, the Russian Minister of Sport I had to deal with, used to be a famous NHL ice-hockey player and still carried the prestige attached to it, which facilitated combining his position as Minister of Sport with that of Chairman of the Olympic Committee, a highly respected position in the countries mentioned. Eastern Europe is fiercely medal-prone, more so than any other cultural area I know. Medals and diplomas are at the heart of these countries' sports cultures, but this glory falls on both the athlete and the official. By contrast, the fact that Erika Terpstra was once an Olympic medallist in swimming was mentioned in the Dutch press when she ran for the chair of the Dutch Olympic Committee (and National Sports Federation), but this did not play a major role in her election to the position. Her past performances in Parliament were of much greater relevance.

Even the Russians, however, were astonished by the deference paid to officials in Africa. For the World Team Championships, programmed for December 2006, it had been decided that the competition itself would be held in the Méridien Président, a superb hotel at the end of the Dakar peninsula and well outside the congested city. The organisers would have liked to house all the players and officials in the same hotel, but financially this was not viable. So they decided that only the officials would stay at the Méridien and that the players would remain at the Hotel de l'Indépendance in the centre of Dakar.

When the teams arrived, they were not impressed by the latter hotel, which had indeed become somewhat run-down, having long been the flagship hotel of Dakar. A small riot followed. Several players from eastern Europe, Russians, Estonians and Ukrainians with an occasional Latvian, walked out of the Hotel Indépendence and sat down in front of the hotel on the pavement in the Place de l'Indépendence. They refused to go back into the hotel and demanded a room in the Méridien Président: 'The officials in luxury and the players in an ordinary hotel, was this how Africa worked?' The answer was clearly 'yes'. My own attempts to intervene and change places with players, as I had a whole suite to myself in the Méridien Président, were ignored by the Senegalese, as this would be unthinkable. The organisers were very angry with the players in question and never quite forgave them, at least not before the prize-giving ceremony. The players calmed down a bit the next morning when they saw that their transport to the Méridien Président was well organised: their bus was escorted by police outriders with sirens and blue lights and flew through the chaotic Dakar traffic at dazzling speed in a show of supreme power that was totally new to them. And they loved it. In fact, it was the only way in which the bus could possibly negotiate Dakar's traffic and still be on time. When extra money became available towards the end of the tournament, a group of players moved into the conference venue. These were not the rebels from the first day but the players who had 'behaved' and who understood what kind of people should come first, namely the officials; Malick, who dealt out the rooms, was very clear about this.

The importance of job titles

As mentioned earlier, I did not attend the second part of the 2006 CAJD assembly in Yaoundé, which took place during a rest day in the middle of the competition. Most African players attended. Unlike European players, who usually have little enthusiasm for federation politics, African players are quite politicised. On my return I saw the results, not in the form of minutes but as an organisational chart. The meeting had mainly involved putting together a large organisation with new positions that had not previously existed, involving a propaganda committee, a materials committee and even a political committee, while the CAJD board expanded from being a small group with a president, an executive vice-president and a director of tournaments into a board with sixteen members. What remained to be done, the newly appointed officials explained, was the staffing of the bureau. The Senegalese government, thanks to the new president's good connections, had promised the CAJD a *permanence* (an office) in Dakar. Who exactly would staff it was not mentioned, as an early decision would discourage the board members from doing anything, the tournament director felt.

I was not convinced that this would really work out, having had my share of official promises when President of the FMJD, both from West Africa and from countries of the former Soviet Union. Indeed, the promised office still has to materialise. Though West Africa is quite different from eastern Europe, in both areas promises are easily made. In the organisational culture of eastern Europe promises are expressions of intent, to be realised if all conditions cooperate, while excuses not to follow up on one's promises are easily made and considered legitimate.[6] In West Africa making promises is a normal political act, while keeping promises is a matter of saving face when confronted with them, but only in direct interaction. This fragility of promises has to do with the nature of board positions in Africa.

African sports federations have large boards. For instance, the board of the draughts federation in Mali is the largest in the World Draughts Federation, with committees for every conceivable activity, with adjuncts and adjunct-assistants for the secretary, a treasurer and a huge committee of controllers. Nobody does anything and nobody even expects a job holder to do anything. If there is work to be done, it is done by one person, regardless of his position. For the 1980 World Championships in Bamako, the main contact was, as said, Mamina N'Diaye. A charismatic man, he was the real reason the FMJD awarded Mali the World Championships and, for me, the mainstay of the event's organisation, as I saw in his easy contact with sponsors, the federation and the Ministry of Sport. Of course, also in event organisations in Europe there are people who are central and those who are more peripheral, and of course in the north we know people who like the title more than the job. It is a matter of degree, but in my experience West African organisational culture acquiesces much more easily in that fact. Board members in Europe (including in eastern Europe) are confronted at some time or other with the realization that they have to do something to validate their position. In Mali, for instance, this is not the case. The position is just something 'to be'. In this way, promises are small things one hands out to get the job: a typical political syndrome. And there is little accounting for them afterwards, a perennial West African problem.[7]

One might wonder why anyone would want a position in a draughts federation. With other big sports, like football, the answer could be economic, but there is no money in draughts. In fact there are only two possible perks. First, it is a means of being invited abroad, mainly to Europe and especially to the Netherlands; where money can be earned in tournaments.[8] But that only holds for the top few players, not for the large body of administrators. The second reason is more apt, and more African. A position is, after all, accompanied by a title, and it serves as a means of identity construction. Titles are extremely important in West Africa, and any position brings with it a title. The lower the rank the longer the title, if only by the addition of the words 'Assistant' or 'Adjunct'. Of course, the title of 'president' is the coveted one, but that is only for men with political clout. For the rank and file, a lesser position does very well indeed, serving as a social definition of self at their echelon. Identity construction in Africa is almost purely relational, and beyond the family structures that are at the basis of African social organisation, these relations have to be structured by other principles. Thus the titles of

---

[6]   See van Beek (2003) for examples.
[7]   See van Beek (2011).
[8]   For officials from Eastern Europe and West Asia, such invitations can also present an opportunity to make money through currency exchange.

board positions become an organising principle, a model that complements the family structure. Board positions are there in order that those that hold them can 'be someone'.

If identity construction is indeed at the basis of the formation of sports boards, then it follows that the position is crucial, not the job, just as the title is important, not the work. For a European raised on Weberian notions of bureaucratic efficiency and viewing boards as a way of organising, developing or creating something, this is like putting the cart before the horse. Such a large board is hard put to accomplish any of its management goals. The point, however, is that the board has already achieved its major goal. It is not work-efficient but socially efficient, as it constructs identities and links people up in a clear formal structure. In short, it produces relations. The sociologist Pierre Bourdieu defines the various forms of capital as economic, financial, social and symbolic.[9] Sport in itself is strongly based on symbolic capital, on access to and control of symbols. Titles, medals and cups are prototypes of symbolic capital.[10] Some logos, such as the Olympic rings, embody huge symbolic capital as well and are strongly protected. Social capital consists of the networks one can muster and the totality of the people one can address and use as a resource. For Africans, symbolic capital does not seem to be of particular importance. One Ghanaian owner of a football club reportedly said that he was 'not into the collection of silverware',[11] a statement by which he defined himself out of sports and into economics. In draughts, the 'silverware' is only supplemented by relations: there is very little money. Also, sports brands are not as jealously guarded as they are by European federations. Compared to the former Soviet states that crave medals, diplomas and cups, Africans are pretty matter of fact about such symbols.[12] Inside the FMJD board our Russian draughts officials continuously pressed for more medals, diplomas and titles, while the Europeans were wary of inflating titles, and in this respect they found the Africans to be on their side. For Africans it is the social capital that counts, the networks they can belong to and the people they come into contact with.

A few years ago a Malian official was elected executive vice-president of the FMJD, a crucial position that really is executive. The FMJD president, a Dutchman, asked me after this election what he could expect of this official, and I explained to him that henceforth he would have very good contacts with the Malian government. But that would be about all, and the job of organising tournaments he would have to do himself. Indeed, the new official managed to host one meeting of the FMJD board in Bamako, but never organised a sporting event. Once he took me to the office of the sports minister and explained his plans for draughts competitions, using my presence as Président d'honneur as leverage. But all of these plans concerned Africa, none of them

---

9   Bourdieu (1977). See also Anheier, Gerhards, and Romo (1995) and Grischow and McKnight (2008).
10   See van Beek (2007).
11   Cf. Pannenborg (2012:261).
12   For a similar observation, see Pannenborg (2012).

the whole FMJD, and I still have to see the first results. In a typical Western European reaction, the current president of the World Draughts Federation is now changing the FMJD structure back to the earlier format in which the president was the major executive post, among other reasons in order to sidestep this official.

A large board is therefore not a working instrument but a form of social capital. Whenever something has to be done, the task falls to one person only, and in West Africa it is always a man. All the organisations or tournaments I have assisted at have been one-man shows as far as the work was concerned. Mamina N'Diaye was the man responsible for the World Championships in 1980, and if the president of the Malian Draughts Federation made arrangements when N'Diaye was playing abroad, the latter simply changed them back again later, when he returned. And nobody ever challenged Mamina. If tasks have to be delegated, as during a tournament when no one person can carry the whole organisational load, this division of labour is done at the board meeting and can be the subject of heated debate. As positions are not defined as responsibilities with circumscribed mandates, each task has to be renegotiated. The position itself may be one argument in the debate, but present contacts, chance meetings and changed minds are arguments as well. During the combined World Championships for Women and Juniors in 1995 in Bamako, the organising committee was never seen: they were always in a meeting. The officers were busy designating their own turf, staking out their claims and redefining their positions on the board. Very few of them saw any games, though they were all players as well and genuinely interested in the game. As board members, however, first things came first: first the position, the official.

As positions are tools for identity construction, and thus crucial for self-definition, the job and the title become entangled with the personality of the one holding the position. One 'is' that title, which means that one 'owns' the position as well. This fits in with the more general African notion of power positions as personal property and power as part of one's inherent personality.[13] This cultural definition of power has been analysed for 'real' power positions, but it holds as well for the minute positions a draughts board can furnish: whoever has the position 'is' the position, and the title attached to it is part of his social 'persona'. Inevitably, this also implies that there cannot really be a conflict of interest when one has multiple positions.

A Senegalese sports journalist I knew well, who headed the CAJD's promotions committee (*propaganda*), was prominent in the discussions in the CAJD assembly of December 2003, but at a certain point he found himself confronted with a conflict of interests when, as a board member, he was party to decisions, discussions and texts that were definitely not for publication. His reply was that he could not imagine that being a problem, as he always reported faithfully and positively about the sport. He did not promise to remain silent in his paper about inside knowledge, as his journalism came first. And he himself was both journalist and board member. The others acquiesced and

---

[13]   For an extensive treatment of this notion, see Schatzberg (2003) and van Beek (2011).

the meeting moved on, while I was left thinking about a chairman of the FMJD's techni-cal committee who was also a journalist. But that Dutchman clearly made a distinction between what he learnt as a board member and what was for publication. Characteristi-cally, that distinction is never made in West Africa, as it is not a question of 'duties', but of ownership. The distinction between 'different caps' does not hold in Africa, as the official wears two caps at the same time. How can there be a conflict of interest if he 'owns' both?

A position as personal property also implies that one has a right to any perks that belong to the position. At the 2007 World Championship in the Netherlands, the same Senegalese journalist asked me for cash because he was supposed to write good things about the tournament: surely the organisation was interested in a positive press. Of course, I was no longer an FMJD official at all, but for him I was still 'Président', espe-cially when it came to money. I knew that this was – and still is – the way sports journal-ism works in West Africa and that one has to pay for favourable reports, the perks of the profession. But I also knew that the Dutch organisation of the tournament would not be interested at all in the kind of reports that were written in Dakar, in fact they could not care less about them. I told him so, explained how it worked in the Netherlands and then, acting as a cultural broker, gave him some pocket money. He was slightly shocked, but content.

Personalised power

'La Fédération, c'est un monsieur', a Malian player explained to me: the federation is a patron, as I learned in several ways. In 1986, long before I was elected FMJD presi-dent – I was the liaison officer for Africa at that time – I passed through Yaoundé, Cameroon, on my way home from the field and decided to gather together the draughts players in the few days I had left. Finding them was standard anthropological fieldwork: I just went out into the street to look for people playing draughts. After a few blocks I found them, and – just as typically – started to play. The level of street draughts in Africa is quite good, so the players are always astonished when a European manages to beat them. My opponent looked at me, said nothing, turned the board round and said 'Allez retour', the return match. After the second game we could talk. It turned out that there was no federation as yet, so I decided to call a meeting of players. This succeeded, and by the next evening my hotel room was full of Cameroonian players. In typical European fashion, I started to explain the advantages of organisation, using as well the very African argument of draughts opening a door to Europe. I tried to lay down the groundwork for a federation at that very meeting. We organised a board on the spot, with a provisional president, a vice-president, a secretary and a treasurer, exchanging all the addresses and data that we could manage. They promised to remain in contact with me and with the FMJD too, so I left feeling that I had laid the groundwork for a

The author playing draughts, Cameroon 2006 (photo: Martina Bom)

new federation. It never materialised. They never contacted me or the FMJD. And my letters remained unanswered.

A decade passed, and then came the World Championship in Abidjan in 1996. Suddenly, a group of Cameroonians asked for me in the lobby of the hotel, as two of the delegation knew me. They had been at the meeting ten years ago in my hotel room and told me what had happened. For a long time nothing had been done, as they could find no one who would take on the federation. Then Judge Ngon à Bidas (his family name) arrived and wanted to be the patron of the Cameroonian Draughts Federation (FeCaDames). So the federation started. Ngon à Bidas died in 1995, and FeCaDames was left looking for a new president, so they contacted us in Abidjan. Eventually, they found a replacement in a man who was the good friend and 'village brother' of the director of sport at the ministry. Later, with a change in power at the ministry – indeed, with Mboa's arrival – the presidency was transferred to Marc Mbolo. I think this was an excellent change, but my point here is that a federation needs a patron. It is the patron who provides the money or directs other money flows into draughts, and it is he who is the contact with power. The federation is a client: my first attempt lacked a patron and thus remained dormant until a real *monsieur* came along.

I once made a huge mistake by neglecting the principles of presence and patronage. From Burkina Faso, in fact from the same Mamina N'Diaye who was living there at the time, came the idea of organising a Europe vs. Africa team match, each with ten grandmasters, a female player and a junior. The idea caught the imagination, as the European and African grandmasters could field top teams of approximately equal strength, and the Europeans started to prepare for a trip to Africa. The preparations seemed to be progressing smoothly according to my many telephone conversations with N'Diaye, and, given his track record of organisation, I had full confidence in him. Then a few months before the event, I started to hear rumours from Burkina Faso. Though N'Diaye was still full of enthusiasm, it seemed that the other Burkinabe were having some doubts. I was not there on the ground, so after meeting the Burkina president, who seemed to be deliberately vague, I arranged a telephone conference with all concerned, and the problem then became clear: we had too few money guarantees to ensure the financing of the event. So I called it off. For the Africans this was a normal occurrence, but some of the European players had already spent money on vaccinations, and I received some criticism over it. And rightly so.

Afterwards, the Burkinabe, who have a culture with a large courtesy bias, explained that they did not want to *désavouer* N'Diaye, that they had deliberated about how to warn me but that nobody wanted to be the harbinger of bad news. So they let it leak out, as it were. The trouble was, in retrospect, that I was not on the spot (the principle of presence), but neither was N'Diaye. He lived in the capital Ouagadougou, but had few contacts with those who mattered, quite unlike his situation in Mali. 'How could he do anything if he did not really know anyone there?', the draughts secretary asked me, with 'not knowing' meaning having no family, but in this case not having a real patron.

I had thought he would have built up his network in the years he had lived in Ougadougou, but it seemed he had not. In Mali, where he had also been an immigrant (he is of Senegalese origin), he had the right contacts. For instance, when he needed a plane ticket or an *ordre de mission*, he just went straight to Mali's vice-president. With a draughts board under his arm, he easily got past the guards, as the vice-president was well known as a draughts aficionado. N'Diaye then played with the vice-president, careful to win just a few games but lose more (no mean feat, as the vice-president was not one of Mali's strongest players). Then the vice-president would ask why he came, and N'Diaye got his wish.

A problem arose in the 1980 World Championships. The vice-president of Mali wanted to participate in the competition, as he considered himself, after all, one of the best players in the world: he always won, even against grandmasters! N'Diaye had a problem dissuading him: 'It would not suit your dignity', he argued, and eventually the vice-president agreed just to take part in the opening ceremony. When earlier that year Ton Sijbrands, the legendary grandmaster from the Netherlands, participated in the practice tournament I mentioned above, he was invited by this political boss. Mamina carefully instructed Sijbrands on how to proceed, and they agreed that Ton would win

a few more than he would lose, also to help convince the vice-president that the tournament was not really for him. Afterwards, Ton happily demonstrated the games they
played, showing how he had been careful not to completely wipe the authority that Allah had installed from the board.

In Africa sports organisations and organisations in general are networks of client-
patron relations, and this has deep cultural roots.[14] Many local cultures are traditionally
quite hierarchical, shot through with a gentle but pervasive notion of difference between
people, often in the form of a layered society in which endogamous artisan groups have
a lower status. Local political systems are characterised by an unequal power relationship between rulers and ruled, one where the two echelons remain dependent on each
other. Local power is not seen as a mandate from the subjects to the chief, but as the
intrinsic property of a headman or chief. He 'owns' the power, in fact he i s the power.
Power is thus seen as an intrinsic attribute of the personality. At the local level, power
is often associated with notions of sacredness, while the discourse on power is part and
parcel of the kinship idiom. Kinship provides an idiom for differences between people
(age, generation, lineage), while stressing the interdependence of all concerned: we are
all family, with full responsibility for our territory, our kinsmen.[15]

In my view the kinship discourse and especially the ownership of power are the
keys to understanding African political processes and, in our case, the small tsars of
the sports boards. What is in common is that power is bound to a person, an attribute
of personality, first through the occupation of a position: one acquires a position and
pre-empts the charisma of the post and the social capital of the relations that go with it.
Using a kinship idiom and defining people as unequal but related and focusing on social
capital, the neo-patrimonial model is well suited for organisations beyond the confines
of the family. Throughout, African neo-patrimonialism runs on a kinship discourse that
links local definitions of power to national systems of power and offers a means of keeping the unequal exchange in power relations within bounds.[16]

The habitus of the 'African official' is rooted in African neo-patrimonial relations.
People like to define themselves as clients to influential foreigners as well. When dealing with me, Senegalese often used the expression, 'Everything depends on you now'
('Tout depend de vous maintenant'), implying that both the success of our joint work
as well as their own well-being lay in my hands. I did not like that, as I did not want
to be in a patron-client relationship with them, but it was hard to avoid. When I tried
to explain to the members of the CAJD that when they dealt with European officials

---

[14]   There is a growing body of literature on modern African neo-patrimonialism, including, for example,
         Médard (1996), Hansen (2003), van der Veen (2004), Aidoo (2006), and Taylor and Williams (2008).
         Euphemisms still abound for corruption itself, like 'goal displacement' (Bongyu 2003) though some
         do call it simply 'corruption' (Ellis 2005, Lawson 2009, speaking about Nigeria and Kenya respec-
         tively).
[15]   Here the work of Michael Schatzberg (1993, 2003) is crucial, linking kinship and power.
[16]   See van Beek (2011).

this expression did not work well, they tried hard to understand what I was saying, but I often wondered if they really got the message. Both as FMJD President and as EVP for Africa I tried to avoid these tangled obligations, although it was not always easy. Africans expect a president to be wealthy. And they accept this as long as he is generous: money should not be a problem for him. When I came back from the field in December 1996 to the World Championships in Abidjan the last rounds were in progress, with a very tense finish between the Dutchman Rob Clerc and the Russians Alexander Schwartsman and Alexei Tchizhov. The usual calm that is observed during a draughts game evaporated as photographers swarmed around the players. Their photographs were for sale at the prize-giving ceremony, but the players were not very interested and the photographers complained to us, the organisers and the FMJD, that they would make a loss financially. This was not our responsibility, but throughout the photographers presented themselves as clients of the organisation, not as independent entrepreneurs. To cut the discussions short, I bought the whole lot. One of the organisers beamed: 'A real president' ('Un vrai président').

Putting oneself up as a client creates a patron and with this the reciprocity a patron has to live up to. In exchange for the support and dependence of the client, the patron has to take care of his client and keep his well-being in mind. And this patrons do, often to serve the interests of their clients, but in such a way that they do not become independent. For instance, when Ramos Cissoko was President of the Malian Draughts Federation, he was a real patron. He was Director of Customs and thus very rich, and as a brother-in-law of President Moussa Traore, he was important. So the draughts players flocked to him, playing in his mansion, feeding off the tournaments he financed. Another 'big man' once asked him to provide the players with lower-level government jobs such as drivers, receptionists or postmen. Cissoko did not do this, probably because he did not see the point of them becoming independent.

In development aid, complaints are often voiced about African organisations being detached from any Weberian concept of efficient bureaucracy: there seems to be little *Zweckrationalität* in African organisations, and the focus on relations would seem to be perpendicular to efficiency (van der Veen 2004). Indeed, in their neo-patrimonialism, sports organisations reflect politics, which also consist of networks around a central personage, each of the many subaltern office holders having his own particular – and sometimes peculiar – relationship with the central figure, usually the president. Patronage involves a vertical relationship of two persons characterised by an unequal exchange of goods and services. The relationship is traditionally many-stranded, that is, the two parties not only share one sphere of life, such as sport, but also meet each other in other capacities, either as kinsmen, in-laws, political partners or just friends, or around the draughts board. In the West African sports boards, the president hands out positions and gives tangible presents in the form of money for tournaments or plane tickets and expects political support in return. Federation boards thus have a political role in the capital, not just a sporting one. Sport in Africa is part of the political economy and is often a microcosm of national politics.

The Malian Draughts Federation is a good example. The socialist regime of the founder of the post-colonial Republic of Mali, Modibo Keita, lasted from 1961 until it was toppled in 1968 and replaced by the military regime of Moussa Traoré, a former army general. In 1979, when I first became involved in the Malian Draughts Federation, its president was the new regime's minister of planning. After a turbulent period, Moussa Traoré was ousted in 1991 and free democratic elections led to new governments headed firstly by Konare and then by Toumare. Draughts moved with the change of regimes but still retained important figures from past governments in its cadres. One of these from the old Modibo days was a grand old man who was the first leader of the federation, 'Monsieur Sarr'.[17] He was the brother-in-law of none other than Modibo Keita himself and was then the great ideologist of the Keita regime. A staunch Marxist, he was very pleasant company but never shy about voicing his political opinions. Out of the whole cadre of the former regime he was the last to be released from prison, but for his draughts friends he was still very important, though the new cadres avoided being seen with him in public. I visited him whenever I was in Bamako, till his death in 2004.

When the Traore regime fell in 1991, Ramos Cissoko, Traore's brother-in-law, was president of the federation. He had even moved on to higher realms, becoming the FMJD's secretary-general. After all, he never had a problem getting a visa or tickets for Europe. My treasurer, Bernard van Dongen, told me about the FMJD board meetings with Cissoko before 'my days'. He was an able politician and a well-educated lawyer, and the meetings were conducted in French. But it was the traditional dinners after the meeting that made an impact. For these, Cissoko would be dressed in a resplendent gown and be flanked by two wives. As a good husband, he had taken them both to Europe so as to avoid any feelings of jealousy! I still vividly remember the ill-concealed envy with which Bernard van Dongen told me about this large African and his two gorgeous wives.

When I came to the FMJD in 1992 all that had ended. The 1991 'troubles', as the road to democracy is called in Mali, had been far from bloodless, and Cissoko was involved in some of the bloody clashes, siding with his brother-in-law Traoré. He received a stiff prison sentence, which was then changed to house arrest, and of all Traoré's cronies he was (again) the very last to be set free. Now the problem was what to do with a *grand type*, for he was still a person to be reckoned with, even if politically suspect, and some of his old charisma still clung to him. At that time the Malian Draughts Federation did not have a sufficiently prominent president, so some power-brokers gave the presidency to Cissoko as a fitting position for someone of his stature. However, this was not a unanimous decision, and opposition from the Bamako Draughts League never ceased.

---

[17]   I never heard his first name mentioned; also, when we became good friends, he addressed me as 'Monsieur le Président', and I called him 'Monsieur Sarr'. He was that kind of person.

The old president's followers have never really acquiesced, and the situation remains precarious. Thus, the whole political history of Mali is still very present within the Malian Draughts Federation, with people from all the three major phases of the political landscape active and visible. Some of the politically active are still opposing Cissoko, as he does not represent the current configuration of power. At this very moment, after the coup of March 2012, the political situation in Mali is very unclear, as is the future of the federation.

Thus, African sports bodies are reflections of wider political struggles in the country. Sport in Africa knows no splendid isolation but is fully and completely part of a country's political and economic life, even a small non-monetary sport such as draughts.

History is present politics: the use of the past to legitimise the present

Most of the principles mentioned above are to be found in other continents and sports, and neo-patrimonialism is no stranger to international sports bodies.[18] For most of these principles the differences between organisational cultures are more matters of degree rather than of kind. The fifth principle, however, is more specifically African in my view and is best illustrated by my last meeting with the CAJD in December 2006 in Dakar. This was the scene of the World National Team Championships, and this assembly of the CAJD took place in my suite in the Hotel Méridien Président, mentioned earlier. Malick N'Diaye, the CAJD President, was in charge.

The Director of Tournaments, Ndongo Fall, handed out the minutes of the previous meeting, held in Yaoundé in June 2006 (the one mentioned in the beginning of this article). Actually, I did not know they existed at all, and it seems Fall had drawn them up just before the Dakar assembly. Something surprising then happened: everyone started to discuss them line by line. At first Fall was slightly embarrassed and on the defensive, but that soon changed when he saw what was really the issue. N'Diaye, who had been at the previous meeting, changed nearly every sentence, and in one direction only. The intention was not to reconstruct what had been said in Yaoundé – half a year earlier – that was of no importance at all. When I asked whether the minutes did indeed reflect what had been said at the previous meeting, my question was waived aside as unimportant. In fact, the rewriting of the minutes had a completely different goal, namely to produce a text that fitted the present meeting, the actual political situation. It was the present that dictated the past, not the reverse. Once it dawned on me what was happening, I listened with fascination. Each of the new statements was discussed in great detail by all concerned, and they all had to agree that that was the definition of the situation within the CAJD as they would like it to be now, in December 2006.

During my term as president I had been used to bickering over minutes during FMJD meetings. In Western European and USA organisational culture the minutes

---

[18] FIFA would be one major example, according to Pannenborg (2012) and a hosts of sports journalists.

are either quickly dealt with as points of the past or taken as a basis for accountability, checking whether everyone has done his appointed duty. But there are other uses for minutes. Eastern European delegates in the FMJD board still used the former Soviet style of dealing with minutes. In that board-room culture, minutes are an arena, the actual wording of all the documents being used as a weapon to gain ascendancy in the meeting itself. Theirs is a culture of 'coup counting', of stressing one's own achievements and belittling those of one's opponent. In this board-room culture the documents lead the process of decision-making, instead of following it. Any decision or new proposal has to be introduced by citing the existing documents on which this new proposal is being based: minutes, regulations and – best of all! – the statutes and by-laws. This process happened both in the FMJD board meetings themselves and especially in the general assemblies: minutes were used as weapons in the political struggle, and for them any general assembly was a battle-field. It certainly made for long meetings.

In West Africa the minutes do serve the present as well, but in a completely different way. Decisions of the past are completely subservient to the concerns of the present, and the meeting or assembly serves as a supporting body for the president. Dissent should not be voiced, at least not inside the meeting. That does not mean that the meetings are quick – on the contrary. Voicing support and lauding the *président patron* for his endeavours do take a long time. And nobody knows the statutes or by-laws, as these are not considered relevant information at all; they were decided long ago, long before the present day, so citing them would not carry any weight anyway.

The whole two and half hours of the Dakar assembly were devoted to rewriting the minutes, and when I casually remarked to N'Diaye how much we now benefited from his government experience, he smiled and nodded. My own contribution consisted of removing one stray Dutchman from the scene. This was a very 'un-African' gesture, but he was a Dutch player who also dabbled in journalism, and he just wandered into the meeting while it was in progress; his report would surely have given a wrong impression.

In the final round of questions I remarked that we still had a tournament schedule to organise: the African Championship, the Junior Championship, the National Team Championship and maybe a Women's Championship too. N'Diaye dealt with this in just ten minutes, and the meeting was adjourned. It was a revealing evening and also a revealing meeting, whose main goal had never been to move forward. The whole endeavour was to create a new written reality in order to recreate the present position of the CAJD. The future and the competition schedule were afterthoughts, brought up by me. They would have been dealt with by N'Diaye and Fall later anyway, as the support of the assembly was of no importance, at least not beforehand. Quite a few changes to the Yaoundé minutes involved positions that had been filled at the previous meeting. Some had to be changed, as these individuals had migrated or had fallen from political grace, and, as we were in Senegal, new candidates had presented themselves. These changes were simply inserted into the minutes of a meeting held half a year earlier. So what was finally in the Yaoundé minutes was not a report of the past but a report of what the present body of people would have decided if they were now in Yaoundé. The past was rewritten to represent the present, or in other words the present was represented by using the authority of the past. So, clearly with the approval – and complete rewriting – of the minutes the assembly had done its job, and in effect the meeting was over.

I was reminded of the processes of oral transmission of traditions that we as anthropologists have been studying at length in West Africa. This part of Africa knows an endogamous group of specialists called *jeli* ('bards' or *griots* in French), whose work consists of recounting the deeds of the legendary ancestor of Sunjata Keita, the founder of the Mali Empire (which included Senegal). The text in question, called the Sunjata Epic, is a topic of intense research, and the processes of oral transmission in it have been well documented.[19] One of these dynamics is the continuous change of the text, adapting it to new circumstances and new power configurations. The text has a fixed structure to some extent, but oral transmission makes it possible, even inevitable, that it be changed over time. One reason for changing it is the audience, as the supposedly old text is often used in praise-singing, and the important men present want to hear their ancestors praised. Major changes have taken place, and the text deals with the founding of a realm from the thirteenth century, although research has shown that the relations depicted are not from that period at all but clearly reflect the political realities of the nineteenth century.[20]

The conclusion of this research on the epic is that a tale of the past is meant to create the present, to represent the here and now by using a discourse on the past. History is present politics! Or, as the bards themselves say: 'In Mandé [the Sunjata realm] we create our society with words'. And that is just what N'Diaye did: he created the CAJD again in words, namely the minutes. He thus gave the present situation an authority and legitimacy associated with the past. The minutes of the previous meeting were not history, but the actualised and authenticated present.

CONCLUSION

After this personal history, interspersed with broad generalisations based on my lifelong involvement in Africa, my conclusion is short, more in the form of an afterword with some concluding thoughts. I have described my experiences here in terms of 'the West African sports official', fully realising that they are just based on a few countries in West Africa, on just one sport by just one observer. But on the other hand a witness is a witness, and few outsiders have had the opportunity of working not only with West African sports officials but of actually being one. I fully realise that my comments are personal

---

19   See for an overview Jansen (2000).
20   This is Jansen's main point (1995).

generalisations, but they do tie in with scholarly debates on neo-patrimonialism, the culture definitions of power in Africa and oral dynamics.

When comparing sport with religion, a comparison which is becoming more and more crucial,[21] I once characterised the two as virtual worlds.[22] According to the Olympic creed sport should just be about competing, fair play and possibly winning. But winning is, in itself, an empty concept: one wins a competition, but in principle the competition has no spoils. All competitors return to the same home they left. The classic prize in Greece was the laurel wreath, and now the quintessential prize is the medal or the cup, all of which are examples of purely symbolic capital that lack any intrinsic economic value. Sport can be defined as a gentle, regulated and supervised competition of limited time-span in a circumscribed arena by well-defined competitors who are distinguished from non-competitors.[23] In anthropological terms, a sports game or match is a liminal event (Turner 1982), a time out of time, just like a ritual. A sports match is also a 'place out of place' through its clear demarcation of the playing field, the timing of the completion and the meticulous timekeeping during the encounter. As such, it constitutes a virtual world one can access, enjoy and leave at will, a world which only exists for the duration of the event.

This is the ideal type, a corollary of the human proclivity to play, part of our genetic heritage. What has happened to sport in Africa, as elsewhere, is that this virtual world has grown all kinds of links with the 'real world'. Many sports have become professionalised, a tendency the Dutch historian Jan Huizinga in his famous work on human play deeply deplored (1938:167). Sport is no longer the leisurely cricket match on the village green on a sunny Sunday afternoon but has become businesses, politics and part of the wider economy. Sport forms one of the most successful of all colonial endeavours, and African countries have taken it up as part of their national agenda. Adoption means adapting, and the links between the virtual world of sport and daily realities, links that have become very intense and very African, testify to this process of adaptation. Sport has become de-virtualised. This liminal activity of gently regulated competition has proved a fertile ground for growing the social products of Africa: relations, power and patrons. This means that African sports bodies form an excellent study terrain for the links between culture, power and politics. Whether sport in Africa has become more embedded in politics than elsewhere is hard to say, but it is definitely my impression. From my own experience, I can only compare West Africa with western Europe and the former Soviet Union. I found the politicisation of sport to be more evident in Africa than elsewhere, though the eastern European countries sometimes come close, albeit with a different strain of politicisation. At all events, African sport has developed strong

---

[21]   Aitken (1993), Hyland (1990), van Bottenburg (2001)
[22]   Van Beek (2007:87). See also Baker (2007).
[23]   The scholarly literature on sport is growing. See Guttmann (1978), Hyland (1990), van Bottenburg (2001), Jarvie (2006) and Baker (2007).

links between the 'virtual' and the 'real'. By its very nature sports administration is quite real and non-virtual and – at least in West Africa – thoroughly political, including in the minor sport of draughts, thus offering us a glimpse of the way these West Africans view and construct their own reality.

REFERENCES

AIDOO, Thomas M.
2006   "Political involvement in a democratizing neopatrimonial polity: the case of Ghana, 1992–2000", *Research Review Institute of African Studies* 22(2):13–36

AITKEN, Bertrand W.W.
1993   "The emergence of born-again sport", in: Charles S. Prebisch (ed.), *Religion and sport: the meeting of the sacred and the profane*, 197–214. Westport: Greenwood Press

ANHEIER, Helmut K., Jürgen GERHARDS, and Franz P. ROMO
1995   "Forms of capital and social structure in cultural fields: examining Bourdieu's social topography", *American Journal of Sociology* 100(4):859–903

BAKER, William J.
2007   *Playing with God: religion and modern sport.* Cambridge, Ms.: Harvard University Press

BONGYU, Moye G.
2003   "Goal displacement in African administration: a preliminary Investigation", *Cahiers Africaines d'administration publique* 60(1):19–33

BOURDIEU, Pierre
1977   *Outline of a theory of practice.* Cambridge: Cambridge University Press

ELLIS, Stephen
2005   "The roots of African corruption", *Current History* 105(691):203–208

ELLIS, Stephen and Gerrie TER HAAR
2004   *Worlds of power: religious thought and political practice in Africa.* London: Hurst

GRISCHOW, Jeff D. and Glenn H. MCKNIGHT
2008   "The power of social capital: historical studies from colonial Uganda and the Gold Coast", *Canadian Journal of African Studies* 42(1):98–128

GUTTMANN, Allen
1978   *From ritual to record: the nature of modern sports.* New York: Columbia University Press

HANSEN, Ketil F.
2003   "The politics of personal relations: beyond neopatrimonial practices in Northern Cam-
        eroon", *Africa* 73(2):121

HUIZINGA, Johan
1938   *Homo Ludens*. Proeve eener bepaling van het speelelement der cultuur. Haarlem:
        Tjeenk Willink

HYLAND, Drew A.
1990   *Philosophy of sport*. St. Paul: Paragon Press

JANSEN, Jan A.M.M.
1995   *De Draaiende put*. Een studie naar de relatie tussen het Sunjata-epos en de samenleving
        in de Haut-Niger (Mali). Leiden: CNWS
2000   "Masking Sunjata: a hermeneutical critique", *History in Africa* 27:131–141

JARVIE, Grant
2006   *Sport, culture and society: an introduction*. London: Routledge

MÉDARD, Jean-François
1996   *Patrimonialism, neo-patrimonialism and the study of the post-colonial state in sub-Saharan
        Africa*. Roskilde: Institute of International Development Studies

LAWSON, Letitia
2009   "The politics of anti-corruption reform in Africa", *The Journal of Modern African Stud-
        ies* 47(1):73–100

PANNENBORG, Arnold
2012   *Big men playing ball: politics, money and foul play in African football*. Leiden: Brill

SCHATZBERG, Michael G.
1993   "Power, legitimacy and 'democratization' in Africa", *Africa* 63(4):445–461
2003   *Political legitimacy in Middle Africa: father, family, food*. Bloomington: Indiana Univer-
        sity Press

TAYLOR, Ian and Paul D. WILLIAMS
2008   "Political culture, state elites and regional security in West Africa", *Journal of Contem-
        porary African Studies* 26(2):137–149

TURNER, Victor W.
1982   *From ritual to theatre and back: the human seriousness of play*. Ithaca: Cornell University
        Press

VAN BEEK, Walter E.A.

2003   "Meeting culture in meetings: experiences from an international sports arena", in: Walter E.A. van Beek, Wil Pansters, and Mario Fumerton (eds.), *Meeting culture: essays in honour of Arie de Ruijter*, 275–293. Maastricht: Shaker Publications

2007   *De rite is rond.* Betekenis en boodschap van het ongewone. Tilburg: Tilburg University Press

2009   "The healer and his phone: medicinal dynamics among the Kapsiki of North Cameroon", in: Mirjam de Bruijn, Francis Nyamnyoh, and Inge Brinkman (eds.), *Mobile phones: the new talking drums of everyday Africa*, 212–231. Leiden: Langaa & African Studies Centre

2011   "Cultural models of power in Africa", in: Jon Abbink and Mirjam de Bruijn (eds.), *Land, law and politics in Africa: mediating conflict and reshaping the state*, 25–48. Leiden: Brill (African Dynamics 11.)

VAN BOTTENBURG, Maarten

2001   *Global games.* Urbana and Chicago: University of Illinois Press

VAN DER VEEN, Roel

2004   *What went wrong with Africa?* A contemporary history. Amsterdam: KIT Publishers

Paideuma 59:103–126 (2013)

AUTHENTIZITÄT ALS AKTANT
Schamanismus aus Sicht einer symmetrischen Anthropologie[*]

Ehler Voss

ABSTRACT. This paper explores shamanism as an object of dispute and identifies authenticity as the controversy's central category, which forces anyone who enters the field of shamanism to adopt a special stance concerning it. Furthermore this paper shows how detecting authenticity in shamanism generally means asymmetrically distinguishing real from sham shamanism (a matter of cultural purity as well as efficacy); the paper also shows how in this field academic and shamanic practices are inseparably interwoven and how this results in different ways of understanding authenticity, both currently and historically. Commonly the history of shamanism appears as a history of Western imaginations, of a pure counterculture or of primitivism, as well as appearing as a history of symbolic struggles for different types of capital. In addition and indeed primarily, by applying a symmetrical perspective, the history of shamanism turns out to be a history of mutual mirroring and mimetic practices. Thus, the figure of the shaman, which is usually conceptualised as a medium of different spheres, allows one to understand the central role of authenticity as an inevitable, irritating and partly bodily tangible actant in the field of shamanism.

Schamanismus ist Gegenstand einer Kontroverse, die sich als Streit um Authentizität verstehen läßt. Es geht dabei um den Unterschied von Echtem und Unechtem, Natürlichem und Künstlichem, von Original und Kopie, Ernst und Spiel, das heißt von *shamanism* und *sham*. Der Streit drängt sich auf, ist allgegenwärtig und unumgänglich, die Diskussion oft, wenn nicht meistens, polemisch und in dem Sinne authentisch, daß sie oft sehr ernst ist, selbst wenn es um den Spaß geht, daß es um alles zu gehen scheint, manchmal sogar um Leben und Tod. Der Streit führt zu Stabilisierungen und Destabilisierungen ritueller Praxis und wird sowohl im akademischen Kontext geführt als auch in dem, was aus ethnologischer Perspektive „das Feld" genannt wird. In dessen Genese sind akademische und nicht akademische Theoriebildung sowie akademische und nicht akademische schamanische Praxis durch ihre globalen und wechselseitigen Rückkoppelungseffekte unwiderruflich miteinander verwoben. Der Eintritt in dieses Feld gleicht daher dem Eintritt in ein Spiegellabyrinth.[1]

---

[*] Dieser Aufsatz geht zurück auf einen Vortrag, gehalten im September 2011 auf einer Tagung der Deutschen Gesellschaft für Völkerkunde in Wien zum Thema „Wa(h)re Kultur. Kulturelles Erbe, Revitalisierung und die Renaissance der Idee Kultur" im Rahmen des Workshops „Interferenzen zwischen Ethnologie und Religion. Kulturalisierungen und Kommodifizierungen religiöser Praxis". Ich danke den Mitausrichtern und Teilnehmenden dieses Workshops sowie denen des medienwissenschaftlichen Forschungskolloquiums der Universität Siegen und besonders Erhard Schüttpelz für zahlreiche Hinweise, Anregungen und Einsichten.

[1] In Anlehnung an Michael Taussig, der in Bezug auf seine „eigenwillige Geschichte der Sinne" auch von einem „Spiegelkabinett" mimetischer Aneignungen spricht (1997:236).

Im Folgenden geht es um die Frage, wie es möglich ist, sich in diesem Labyrinth gegenseitiger Spiegelungen und Nachahmungen zu bewegen, ohne sich dabei durch die Suche nach einer Definition von Authentischem oder einem Feiern des Unauthentischen an dem Streit zu beteiligen. Dies erfolgt durch einen Rückgriff auf das, was heutzutage in Anlehnung an David Bloor (1976) als Symmetriepostulat der sogenannten Akteur-Netzwerk-Theorie bekannt geworden ist und in ihrer spezifischen Art an die ethnologische Tradition einer Relativierung des Eigenen anknüpft. Zu diesem Postulat gehört die gleichwertige Betrachtung wahrer und falscher, das heißt erfolgreicher und nicht erfolgreicher Erklärungsweisen unter Einbezug sozialer Faktoren sowie unter Anlegung gleicher Kategorien, auch an die Wissenschaft selbst. Dies geht mit einer Ablehnung eschatologischer Modernisierungstheorien und einer Verabschiedung der eindeutigen Unterscheidung von Moderne und Archaik einher sowie mit einer Neuinterpretation der Trennung von menschlichen und nicht menschlichen Akteuren und damit von Subjekt und Objekt sowie von Natur und Gesellschaft. Bruno Latour versucht mit seiner These, wir seien nie modern gewesen (1998), die genannten Dichotomien durch die Begriffe unter anderem des Kollektivs sowie der menschlichen und nicht menschlichen Akteure zu ersetzen: „[W]ir leben in einer Hybridwelt, die gleichzeitig aus Göttern, Menschen, Sternen, Elektronen, Atomkraftwerken und Märkten besteht" (2000:27). Für Latour besitzen auch nicht menschliche Akteure, die er, um einen Unterschied zum Menschen bestehen zu lassen, als Aktanten bezeichnet, eine Handlungsmacht. Wissen entsteht durch ein Zusammenspiel dieses Kollektives von menschlichen und nicht menschlichen Akteuren, und die modernen Dichotomien sind als das Produkt einer Reinigung der ursprünglichen Vermischungen zu verstehen, wobei diese allerdings selbst wiederum ständig neue Hybride hervorrufen. In dieser Perspektive wird der konstruktivistische Ansatz Bloors ergänzt, indem auch Theorien und Kategorien zu einflußreichen und zum Teil körperlich erfahrbaren Aktanten werden können, die sich – wie die Idee der Authentizität im Falle des Schamanismus – einer ethnographischen Betrachtung unterziehen lassen.

I.

Ausgangspunkt der folgenden Überlegungen ist eine ethnologische Feldforschung, bei der ich überwiegend in den Jahren von 2005 bis 2007 der Metapher des medialen Heilens in Deutschland gefolgt bin und mich auf die Suche nach Menschen gemacht habe, die sich als vermittelnde Medien gewöhnlich unsichtbarer, nicht menschlicher und zu Heilung fähiger Wesenheiten verstehen. Dabei bin ich auch auf Menschen gestoßen, die den Begriff des Schamanismus auf sich und ihre Praktiken in unterschiedlicher Weise anwenden, was, wie sich schnell zeigte, nicht ganz unproblematisch ist. Dazu zunächst das Zitat aus einem Interview mit einer Frau, die ihre Dienste als Schamanin anbietet:

Und diese ganzen Zeremonien in der katholischen Kirche, das ist wirklich reiner Schamanismus, nur mit katholischem Häubchen. Allein von den ganzen Farben her, von der
Farbsymbolik. Jedenfalls wurde es mir da in diesem Zusammenhang bewusst, dass es ganz
wichtig ist, das Ritual darum zu pflegen, wenn man dahin kommen möchte, es authentisch
zu machen und nicht so, wie es der Core-Schamanismus vermittelt: So, jetzt bin ich Polizist
oder Buchhalter oder irgendwas. Und dann geh ich hin und mach mir meine Trommel-
CD an, und dann mach ich irgendwie so eine schamanische Reise. Ich sag nichts gegen
solche Berufe, aber das ist irgendwie, ja, von da will ich wegkommen. Ich will von meiner
persönlichen Entwicklung mehr hin zu diesem Authentischen. Ich will authentisch sein!
Und für mich als Person, als Persönlichkeit, gehören rituelle Handlungen einfach dazu.
[…] Durch das Ritual kommst du in diesen Zustand, der dich hinführt zur Authentizität.
Das wirklich zu leben und nicht nur zu spielen. Es ist ein Unterschied, Schamanismus zu
spielen oder dahin zu kommen, zu sagen: Ich bin ein Schamane! Weil wir in unserer Gesellschaft eigentlich keine Schamanen sein können. Leute, die sich hier hinstellen und sagen: Ich bin Schamane, denen glaub ich das erstmal nicht. Um Schamane zu sein, brauchst
du einen Einweihungsweg, der durch die Gesellschaft, durch die indigene Gesellschaft
vorgegeben ist. Bis dahin, dass du einen Lehrer haben musst, also, einen schamanischen
Lehrer, der dich über viele Jahre hinweg in die Lehre nimmt. Und das ist ja hier in unserer
Gesellschaft gar nicht gegeben. Nur weil man fünf Kurse bei Paul Uccusic gemacht hat,
ist man noch kein Schamane. Dann benutzt man schamanische Techniken, um irgendwas
zu erreichen, aber das ist ja nicht wirklich authentisch. Im Core-Schamanismus wird das
Ritual weggenommen und damit der Weg, um das authentisch zu sein und zu leben (Voss
2011a:157–158).

Judith, so der Name dieser Frau,[2] ist die Initiatorin einer sogenannten Trommelgruppe,
in der sich Menschen zusammenfinden, um nach der von dem US-amerikanischen Ethnologen Michael Harner unter dem Begriff „core shamanism" beziehungsweise „Kernschamanismus" entwickelten und 1980 in seinem Buch „The way of the shaman: a guide
to power and healing" dargelegten Methode auf schamanische Reisen zu gehen, um
dadurch Kontakt zu ihren „Krafttieren" und „spirituellen Lehrerinnen und Lehrern"
aufzunehmen. Nachdem ich bereits etwa ein Jahr an monatlichen Treffen in ihren Räumen teilgenommen hatte, begründete Judith kurze Zeit nach dem erwähnten Interview
ihren Austritt aus dieser Gruppe mit ihrer auch in dem Zitat benannten Abneigung
gegen den Kernschamanismus.

　　Judiths formuliertes Ziel ist es demnach, „authentisch" zu sein und der Kernschamanismus ist ihrer Meinung nach „nicht wirklich authentisch". Authentisch zu sein,
bedeutet für sie, den Schamanismus „zu leben" und nicht nur „zu spielen". Ersteres
assoziiert sie mit dem Begriff „Ritual", letzteres mit „Technik" – eine Reduktion, bei
der „das Ritual weggenommen" ist. Ein Unterscheidungskriterium dieser beiden Be-

---

2　　Bei diesem Namen handelt sich um ein Pseudonym aus der Ethnographie „Mediales Heilen in
　　　Deutschland" (Voss 2011a). Dort finden sich auch detailliertere Beschreibungen der entsprechenden
　　　Personen und des Kontextes der Aussagen. Dies gilt für alle, die in diesem Aufsatz nur mit ihrem
　　　Vornamen genannt werden.

griffe ist dabei der Faktor Zeit: Das Ritual erfordert davon viel, die Technik wenig. Authentischer Schamanismus ist gekennzeichnet durch einen „Einweihungsweg" und einen „schamanischen Lehrer, der dich über viele Jahre hinweg in die Lehre nimmt", nicht authentischer Schamanismus dagegen durch das Einlegen einer „Trommel-CD" und den Besuch von „fünf Kurse[n] bei Paul Uccusic".[3] Neben dem Faktor Zeit spricht Judith auch den des Ortes zur Unterscheidung von Authentischem und Nicht-Authentischem an. Das Authentische findet man demzufolge in „indigenen Gesellschaften", die, obwohl im Plural, als einheitliches Gegenbild zu „unserer Gesellschaft" entworfen werden, in der es reinen Schamanismus nur ummantelt, „mit katholischem Häubchen" gibt.

Trotz ihrer Ablehnung teilt Judith wesentliche Grundannahmen des Harnerschen Kernschamanismus. Eine davon besteht in der für die Ethnologie klassisch und als *great divide* bekannt gewordenen, synchronen wie diachronen Dichotomisierung von „Archaische[m], Primitive[m], Heidnische[m]" (Streck 1997:39) und „Modernem", das heißt, was früher auf der ganzen Welt allgegenwärtig war, ist durch Christianisierung, Aufklärung und Industrialisierung abhanden gekommen, hat aber – je nach Perspektive leider oder glücklicherweise – bis heute in vielen nicht westlichen Kulturen überlebt. Archaik ist demnach das Zeitlose, Unveränderte, Traditionelle, Rurale; das Moderne dagegen ist das sich fortschreitend Entwickelnde, sich Verändernde, Traditionslose, Urbane. Damit geht bei Judith wie bei Harner die Idee einher, es gebe einen authentischen Schamanismus, der sich auf der Seite der Archaik finden lasse – eine Ansicht, deren Durchsetzung zumeist auf den Religionshistoriker Mircea Eliade zurückgeführt wird, der 1951 den Schamanen als archaischen Ekstasespezialisten im Kontakt mit dem Heiligen idealisiert und damit die Ausweitung und Transformation des Begriffes vorangetrieben hatte. Dieser Begriff etablierte sich seit dem Ende des 17. Jahrhunderts, besonders aber im 18. und 19. Jahrhundert, zunächst als Kategorie europäischer, vor allem deutscher (Forschungs-)Reisender zur Beschreibung religiöser Praktiken im sibirischen Raum und wurde seit dem Ende des 19. und dem Beginn des 20. Jahrhunderts zunehmend auch in anderen Teilen der Welt angewendet.

Durch Eliades spezifische Verknüpfung des Schamanismus mit der Frage nach einer universalen archaischen Urreligion änderte sich der Diskurs über den Schamanismus entscheidend und bis heute wirksam. Die Reisebeschreibungen vom 17. bis zum 19. Jahrhundert führten häufig zu einer vor allem spekulativen aufklärerischen oder romantisierenden Verwendung der Begriffe Schamane und Schamanismus, die sich jedoch in ihrer Vielfältigkeit nicht einfach in das Schema eines Gegensatzes von Moderne und Anti-Moderne einfügen lassen (Boekhoven 2011:31–64). In den europäischen und amerikanischen ethnologischen Debatten des 19. und frühen 20. Jahrhun-

---

[3]   Dabei handelt es sich um einen österreichischen Journalisten, der in den 1980er Jahren zusammen mit anderen die Verbreitung der Harner-Methode in Europa vorangetrieben hat, der diese bis heute lehrt und bei dem auch Judith selbst Kurse besucht hat.

derts über Archaik, Primitivismus, Animismus, Totemismus oder Fetischismus spielte der Schamanismus nur eine periphere Rolle. Der Schamanismus galt in der Regel nicht als Religion, die Betrachtung konzentrierte sich statt dessen auf die Figur des Schamanen, jedoch weniger als „primärer", denn als „sekundärer Komplex". Und wenn diese Figur zum Teil universalisiert wurde, dann vor allem in Bezug auf ihre soziale Stellung und Funktion (vgl. Johansen 1987). Auch eine idealisierende und archaisierende Interpretation des Schamanismus – meist im Kontext von Theologie und Religionswissenschaft – bezog sich vor allem auf die Figur des Schamanen, die elitär mit der Figur des Künstlers gleichgesetzt wurde. Dabei ging es aber weniger um die soziale Eingebundenheit und Rolle dieser Figur, als um ihre besonderen Fähigkeiten, und nicht selten wurde sie zum Versuch der Schaffung einer nationalen Identität herangezogen (Boekhoven 2011:65–128). Auf seiten der Ethnologie überwogen in der Zwischenkriegszeit des 20. Jahrhunderts ethnographische und psychologische Einzelstudien, wie etwa die von Sergej Michailovic Shirokogoroff (1999) aus dem Jahr 1935 über den „Psychomental complex of the Tungus" in Sibirien, in der die lokalen schamanischen Kollektive und deren Handlungsinitiativen sehr detailliert nachvollzogen werden, ohne damit eine allgemeine Theorie des Schamanismus zu verknüpfen. Shirokogoroff lehnte Universalisierungen sogar explizit ab. Statt dessen tendierten auch andere Schriften zur Ausarbeitung regionaler Unterschiede, zur Betonung synkretistischer Elemente und zur Skepsis gegenüber archaisierenden Ursprungshypothesen.

Die Geschichte des Schamanismus war also weder schon immer eine Geschichte des Primitivismus, noch eine der reinen Verehrung, wie es Andrei Znamenski mit der Wahl des Titels „The beauty of the primitive" (2007) für sein Buch über diese Geschichte suggeriert. Dieser erweist sich eher als Spiegelung einer Eliadeschen Sicht auf die Zeit vor dessen Archaisierung des Schamanismus. Eliade macht aus seinen Studien zum Schamanismus ein esoterisches Projekt – eine Suche nach einer *philosophia perennis,* kombiniert mit einer anti-modernen Haltung und teilweise verbunden mit nationalistischer Identitätssuche (vgl. Turcanu 2006). Mit seiner Diagnose, der moderne *homo faber* leide an einer „furchtbaren Krise der Spiritualität" und dem Anspruch, zu dessen Heilung beitragen zu können, stieß er auf positive Resonanz, unter anderem im sogenannten Eranos-Kreis – einem losen Netzwerk von Wissenschaftlerinnen und Wissenschaftlern, das sich seit 1933 jährlich zu mehrtägigen Treffen in der Schweiz zusammenfindet und an dem Eliade von 1950 bis 1963 regelmäßig teilnahm (Hakl 2001:273–284). Dessen Mitglieder verstanden sich teilweise als eine Art Laien-Priester, die Religion und Wissenschaft als einheitliches Projekt betreiben wollten.

Eine Verbindung von akademischer und religiöser Haltung fand sich zunächst auch bei Michael Harner und Carlos Castaneda – zwei Protagonisten bei der Erfindung des später sogenannten Neo-Schamanismus, der sich einer vielleicht einmaligen historischen Konstellation ab Ende der 1960er Jahre verdankt, in der kalifornische Freak-, Drogen- und Konsumkultur und beginnender Neoliberalismus zusammentrafen und die traditionell eher bürgerliche und elitäre Esoterik in ein popkulturelles Phänomen überführten. Die dabei zunächst häufig mit einem Interesse am Schamanismus verbundene anti-moderne Haltung, die sich unter anderem in der Figur des tölpelhaften und aufgrund seiner modernen Auffassungen und Lebensweise immer wieder scheiternden Ich-Erzählers in Castanedas ersten Büchern über seine Lehrzeit bei dem Zauberer (*brujo*) Don Juan zeigt, veränderte sich seit Anfang der 1980er Jahre zunehmend zu einer positiveren Einstellung zu moderner Kultur. Diese Entwicklung ging gleichzeitig mit einer Abkehr von der Universität und der Etablierung einer neuen Institution und Praktik einher: Michael Harner, der zunächst gegen Ende der 1960er Jahre durch seine teilnehmend beobachtenden und drogenbegleiteten anthropologischen Feldforschungen bei den Shuar im Amazonasgebiet bekannt wurde, gab 1987 seine Professorentätigkeit an der Universität Berkeley zugunsten seiner Tätigkeit in der von ihm schon 1979 zunächst als Center gegründeten und dann umbenannten Foundation for Shamanic Studies auf, die seine Idee von Schamanismus in sogenannten Workshops und Seminaren verbreiten sollte. Harner propagiert die universelle Schamanismuskonzeption von Eliade, auf den er sich auch explizit bezieht. Die Vorstellung einer zeit- und kulturlosen Archaik ermöglicht es Harner, seinen Schamanismus als eine drogenfreie „Technik" zu konzipieren, die – daher der Name Kernschamanismus – auf den behaupteten universalen, von ihm herausdestillierten Kernelementen des Schamanismus beruhen soll und die sich verschiedenen Kulturen – darunter auch der „modernen" – anpassen könne. Zudem erleichtert die Konzeption des Schamanismus als eine reduzier- und theoretisch von allen Menschen erlernbare archaische Technik die Kommodifizierung, Übernahme und Akzeptanz schamanischer Praktiken in der „westlichen Welt".

II.

„Das paßt doch aber irgendwie nicht hierher", ist eine Aussage, die ich dennoch oft als erste Reaktion zu hören bekam und bekomme, wenn ich von meiner Feldforschung und von Schamanen in und vor allem aus Deutschland erzähle. Kommt der Eindruck des Unauthentischen auf, äußert sich dies häufig in Form von Empfindungen von Peinlichkeit und Aggression – sowohl bei Beobachtenden als auch bei Praktizierenden. So erzählte beispielsweise eine Teilnehmerin an einem Basisseminar der Foundation for Shamanic Studies: „Am Anfang, als ich das das erste Mal gesehen habe, dieses Trommeln und so, fand ich das alles total albern und peinlich". Und dementsprechend war es nicht nur mir peinlich, auch noch selbst aktiv teilzunehmen und etwa der Aufforderung nachzukommen, mein Krafttier zu tanzen, andere Akteure in dem Feld berichten ebenfalls von Anflügen dieses Gefühls beim Ausführen derartiger Handlungen sowie von der Sorge um ihren Ruf, falls Freunde oder Bekannte von ihren schamanischen Aktivitäten erfahren sollten. Ein anderer Akteur in diesem Feld, der seine Techniken nicht in Kursen der Foundation gelernt hat, meinte, es sei ihm in den ersten zwei Jahren zu peinlich gewesen, außerhalb seiner Familie über seine Tag- und Nachtvisionen zu sprechen, in denen ihm seine Geister Anweisungen geben würden. Eine Teilnehmerin der bereits erwähnten Trommelgruppe, die überlegte, sich eine Trommel anzuschaffen, meinte, von ihren Eltern würde sie sich das auf keinen Fall wünschen, denn es sei indiskutabel, diese über ihre schamanischen Aktivitäten zu informieren. Und als wir in dieser Gruppe einmal einen Ausweichort für eines der Treffen suchten, die ansonsten regelmäßig in den von Judith für ihre schamanischen Dienste angemieteten Räumen stattfanden, wurde deutlich, daß alle aus Sorge um ihren Ruf lieber vermeiden wollten, daß irgend jemand aus ihrer Nachbarschaft davon mitbekomme. Als wir uns schließlich für den Stadtpark entschieden hatten, versteckten wir unsere Trommeln beim Gang dorthin lieber in Plastiktüten, und beim anschließenden auffälligen Trommeln wünschte allem Anschein nach nicht nur ich, daß die umstehenden Büsche schon ein paar Jahre früher gepflanzt worden wären (vgl. Voss 2011a:292–293).

Konnte ich meine aktive Teilnahme vor mir selbst und vor anderen immer noch mit der Besonderheit und Notwendigkeit ethnologischen Forschens rechtfertigen, gelingt bei anderen Auffassungen von Wissenschaftlichkeit diese Art der peinlichkeitsvermeidenden Distanzierung nicht immer. Für Wissenschaftlerinnen und Wissenschaftler kann es peinlich werden, wenn sie oder die zu ihnen Gerechneten zu wenig Distanz zu schamanischen Praktiken zeigen und dadurch auf andere weder authentisch schamanisch noch authentisch wissenschaftlich wirken. So berichtet die Ethnologin Galina Lindquist von der Betrachtung einiger Filmaufnahmen, die sie während einer von der Ethnologin Valentina Ivanovna Kharitonova und deren Mann organisierten Reise mit Schamanismusforschenden und -praktizierenden nach Sibirien bei einer Trance zeigten:

> The sight of myself and all of us in trance was truly disconcerting. When I watched this video, I only hoped that Valentina cuts it all out when montaging the film, and that these images would never reach my own university department [...] For the Khakasian media, we represented 'the international science', and the scientists, in Russian understanding, must be objective and dispassionate. The sight of the foreign guests in trance effectively undermined our images as 'Western scholars', and discredited Valentina who repeatedly introduced us as such to the local colleagues and the media alike (Lindquist 2006:58).

Daher wurden alle Mitreisenden vor unvorsichtigen Äußerungen gegenüber Journalisten gewarnt, deren Anwesenheit jedoch nicht immer ausreichend bedacht wurde:

> [A] leading journalist there, a good Russian Orthodox, made a program where he inserted recordings of our words, with his comments. This radio program apparently caused much embarrassment in the local scientific circles: the 'Russian Orthodox journalist' made all of us ('especially you, Galina', as Valentina acrimoniously pointed out to me) look like a bunch of stoned junkies, hunting flaky experiences, with blurred vision, devoid of objectivity; the soft-minded space-outs who, in the words of the journalist, 'confused spirits and spirituality'. Valentina was worried that if this program reached the administration of her own institute, she would have no money allocated to the studies of shamanism ever again (Lindquist 2006:59).

Aggressivität, die neben Peinlichkeit andere Reaktion auf die Wahrnehmung von Un-
authentischem, führt im Ergebnis oft zu Ausschließung und Abwertung. So war schon
Judiths Ablehnung des Kernschamanismus als „gespieltem" Schamanismus in unserem
Interview mit einem aggressiven Unterton vorgetragen, der dann noch stärker zum Vor-
schein kam, als sie kurz darauf genau aus diesem Grund ihr Ausscheiden aus der be-
sagten Trommelgruppe bekannt gab (vgl. Voss 2011a:162). Anja Dreschke (im Druck a)
erwähnt die aggressive Reaktion eines Zuschauers auf ihren Dokumentarfilm über die
„Kölner Stämme".[4] In einer Szene während eines sogenannten Sommerlagers der „Kölner Stämme", bei dem deren Mitglieder kostümiert sind und in Jurten wohnen, sieht
man im Hintergrund einen Bierwagen. Die Frage des Zuschauers nach diesem Bierwagen führte im Anschluß zu einer aggressiv vorgetragenen Abwertung der agierenden
Protagonisten und einer Infragestellung des Wertes einer diesbezüglichen Berichterstattung: Das sei doch alles völlig unauthentisch und nicht ernst zu nehmen.[5]

Menschen, die im sogenannten Westen den Begriff Schamanismus zur Selbstbe-
schreibung verwenden oder die sich einer damit verbundenen Ästhetik bedienen, laufen Gefahr, der Lächerlichkeit ausgesetzt zu werden und diese zum Teil auch selbst zu
empfinden. Einer gängigen Polemik nach sind sie als künstliche „Instant-", „Pseudo-",
oder „Plastik-Schamanen" vom „tribe called wannabee" (Green 1988) zu bewerten – als
„Stadt-", „Sofa-" oder „Wochenend-Schamanen", die glaubten, sich an einem Wochen-
ende durch oberflächliche Anleihen in fremden Kulturen das Schamane-Sein erkaufen
zu können, ohne den langen und qualvollen Weg einer Berufung und Initiation gehen
zu müssen. Doch sind nicht nur moderne westliche Schamanen mit dem Vorwurf kultureller Unauthentizität konfrontiert. Auch auf seiten als traditionell erkannter nicht
westlicher Schamanen gibt es spezifische Vorstellungen von kultureller Authentizität,
die vor allem durch den internationalen Schamanentourismus zu einer ständigen inter-
und intrakulturellen Aushandlung und Unterscheidung von neuen und alten Schamanen führen, wie etwa Veronica Davidov (2010) aus Ecuador oder Judith Schlehe (2004)
aus der Mongolei berichten. Auch andere nicht westliche Schamanen, die ihre Rituale für Touristen und das Feld moderner Esoterik öffnen und sich unter anderem das
entsprechende Vokabular und Verhalten aneignen, werden zum Teil von Puristen der
eigenen Kultur als unauthentisch angefeindet und auf schwarze Listen gesetzt, wie der
international als Sun Bear bekannt gewordene Gründer der Bear Tribe Medicine Society oder wie Harley SwiftDeer Reagan, Gründer der ebenfalls international agierenden
Deer Tribe Metis Medicine Society. Sehen sich involvierte westliche Akteure mit dem
Vorwurf der kolonialen Ausbeutung durch Stereotypisierung und Kommerzialisierung

---

[4]   Dabei handelt es sich um Menschen, die sich unter dieser Bezeichnung in Köln zusammenfinden
        und mit Bezugnahme unter anderem auf den Begriff des Schamanismus überwiegend Hunnen und
        Mongolen adaptieren.
[5]   Die entsprechenden Äußerungen erfolgten am 1. Dezember 2011 bei einer öffentlichen Vorführung
        des Films im Rahmen des ethnologischen Filmfestivals „An/Ver-Wandlungen" im Leipziger Grassi-
        Museum für Völkerkunde, bei der auch ich anwesend war.

konfrontiert, wird den nicht westlichen Akteuren vorgehalten, einen Ausverkauf der eigenen Kultur zu betreiben, und es entstehen allgemeine und konkrete Diskussionen um die moderne Idee des geistigen Eigentums sowie um ihre Anwendung und Durchsetzung etwa im Kontext „indianischer Spiritualität" (vgl. Roch 2006).

Die dem Begriff des Schamanismus seit den 1950er Jahren in der erwähnten Eliadeschen Form eingeschriebene Asymmetrie führte auch in der Ethnologie zu einer anhaltenden Diskussion um die Frage nach echtem und unechtem Schamanismus, die sich in dem immer wieder neu verhandelten und nicht selten polemischen Versuch artikuliert, authentischen traditionellen Schamanismus von dem bereits erwähnten unauthentischen modernen „Neo-Schamanismus" zu unterscheiden.[6] Die Folge ist eine ungleiche Behandlung wahrer und falscher Theorien, ein Pochen auf die eigene Definitionshoheit und das Richten über eine vermeintlich inkorrekte Begriffsverwendung. So wählt etwa Merete Jakobsen (1999) in ihrer Ethnographie über Schamanismus in Island eine der unzähligen Definitionen des Schamanismus aus, behauptet diese als allgemeingültig und bewertet aus dieser Position heraus einzelne Praktiken als nicht echt schamanisch.

Dem mit der Verwendung des Begriffes Neo-Schamanismus oft verbundenen negativen Beigeschmack versuchen akademische wie nicht akademische Autoren zum Teil mit der Verwendung neuer Begriffe zu begegnen. Doch auch die Rede von „modernem westlichen Schamanismus"[7] oder die Unterscheidung von „shamans" und „shamanists" (z.B. Boekhoven 2011:1) birgt die Gefahr, eine Zweiteilung zu suggerieren – eine Unterscheidung von Westen und Nicht-Westen, die die Eliadesche Dichotomie von Archaik und Moderne anklingen läßt. Eine Ausnahme bildet die nominalistische Rede von „Schamanismen",[8] die sich ähnlich vielen prä-Eliadeschen Ansätzen einer allgemeinen Theorie des Schamanismus verweigert.

Auch Harner übernimmt wie beschrieben eine Zweiteilung. Dabei unterscheidet er ebenfalls echten und unechten Schamanismus und erkennt das Authentische im nicht westlichen Schamanismus – eine weitere Gemeinsamkeit, die Judith mit dem von ihr abgelehnten Kernschamanismus teilt. Im Unterschied zu Judith führt dies jedoch bei Harner weder dazu, sich über das Unauthentische zu erheben, noch zu einem Bedauern der eigenen Unauthentizität und dem Ziel, selbst authentisch zu werden. Vielmehr wird die eigene Unauthentizität mit einer gewissen Demut anerkannt: Wir sind keine Schamanen, wir sind nur schamanisch tätig, lautet die offizielle Losung der Foundation for Shamanic Studies, die man auch in den Kursen zum Erlernen der Harner-Methode genannt bekommt. In den Worten von Regina, einer anderen Frau, die ich während meiner Feldforschung kennengelernt habe und die das schamanische Reisen überwiegend bei der Foundation for Shamanic Studies gelernt hat:

---

6   Siehe zum Beispiel Jakobsen (1993), Johansen (2001) und Hoppál (1994).
7   Siehe zum Beispiel Høst (2001), von Stuckrad (2003) und Voss (2008).
8   Siehe zum Beispiel Atkinson (1992), Holmberg (1983) und Oppitz (1999).

Ich finde, es gibt nur Schamanen in den alten Kulturen, die traditionell seit ewigen Zeiten so arbeiten. Ich sage von mir immer, ich bin schamanisch tätig oder ich arbeite schamanisch oder ich mache schamanische Beratung. Alle anderen bezeichnen mich immer als Schamanin, aber ich selber nicht. Ist vielleicht Haarspalterei. [...] Aber ich habe das Gefühl, dass es mir nicht zusteht, so einen Titel zu wählen. [...] es kommt mir vermessen vor, diesen Begriff zu wählen. Ich denke wirklich, das steht jemandem zu, der noch in einer alten Stammestradition steht. Ich habe Schamanen kennengelernt. Aus Tuva zum Beispiel, vor einigen Jahren. Und da würd ich sagen: Ja, das sind Schamanen, so wie ich mir das vorstelle. Die stehen in alter Tradition [...] (Voss 2011a:117).

Während Judith den Wunsch verspürt, selbst den Zustand der Authentizität zu erreichen, ist dies dem offiziellen Kernschamanismus zufolge unmöglich, zumindest aber unangemessen.

Im Mainstream heutiger ethnologischer Theoriebildung stößt diese, lange Zeit auch von der Ethnologie gepflegte Idee von Authentizität im Sinne einer kulturellen Reinheit, verbunden mit einer ambivalenten Dichotomisierung von Moderne und Tradition, zumeist auf Ablehnung. Vielmehr wird in der Regel die aktuell wie historisch allgegenwärtige Hybridität und Unabgeschlossenheit von Kultur betont, wodurch nicht mehr kohärente Kulturen, sondern vielmehr kulturelle Prozesse untersucht werden. Authentizität im Sinne kultureller Reinheit ist in dieser Perspektive immer nur Produkt einer Reinigung von ursprünglicher Vermischung. So berichtet Dreschke (im Druck b), daß sie sich beim Schneiden ihres bereits erwähntes Filmes über die „Kölner Stämme" regelmäßig gegen die Produzenten durchsetzen mußte, die versuchten, in den Ritualszenen möglichst alle Gegenstände des modernen Alltags ebenso wie die nicht kostümierten Anwesenden herausschneiden zu lassen, da diese ihrer Ansicht nach sonst nicht authentisch im Sinne der im Fernsehen üblichen Repräsentationsweisen für aussereuropäische Kulturen wirkten. James Clifford (1988) zeigt, wie in den Ausstellungen der Völkerkundemuseen die Spuren moderner Materialität oder Lebensweise wie auch die Anwesenheit der Ethnologen aus den Bildern und Objekten getilgt werden, um das Dargestellte möglichst rein und dadurch authentisch wirken zu lassen, was sich auch in der Stilisierung der Figur des Schamanen zeigt. Diese „gereinigten" Bilder wirken zum Teil auf das Feld zurück, wenn sich etwa Schamanen durch die Konsultation ethnologischer Museen oder Ethnographien ihrer eigenen Tradition vergewissern (vgl. Znamenski 2007) oder wenn wie im Fall der „Kölner Stämme" ein Buch von Erika und Manfred Taube über den Schamanismus in der Mongolei als „Bibel der Schamanen" die Vorlage für die Nachahmung fremder Kulturen bildet (vgl. Dreschke im Druck a). Diese Bilder lassen oft Stereotype entstehen, die dann etwa im touristischen Kontakt mit vermuteten echten Schamanen zu Enttäuschungen führen können, wenn sie nicht den lokalen Realitäten entsprechen. Die erwähnten Stereotype können sich aber auch gespiegelt als eine Art selbsterfüllende Prophezeiung bewahrheiten, wenn zum Beispiel, wie Peter Bolz (1994) schreibt, „das Klischee vom Indianer als Öko-Heiligen" mittlerweile auch von vielen amerikanischen Indianern selbst verbreitet werde, obwohl

es – wie er das Unauthentische entlarvend feststellt – jeder historischen Grundlage ent-
behre. Dieses Bild findet sich aufgegriffen zum Teil auch in anderen Regionen wie der
Mongolei und kann dabei zu irritierenden performativen Widersprüchen führen, wenn
sich die Handlungen der Schamanen nur schwer mit ihrer diesbezüglichen Rede in
Übereinstimmung bringen lassen.[9]

Doch sind es nicht nur ethnologische Schriften, die indirekt durch ihre Rezeption
Einfluß auf den Alltag von Nicht-Ethnologen haben. Zum Teil nehmen Ethnologen
auch direkt Einfluß – wie im beschriebenen Falle Harners und der von ihm gegründeten Foundation for Shamanic Studies. Harner, in dessen Methode sich zum Teil auch
indigene Schamanen unterweisen lassen, hat ethnologische Theorie und schamanische
Praktik so wirkmächtig und nachhaltig miteinander verbunden, daß nicht nur die Dichotomie von Archaik und Moderne, sondern auch andere Konzepte wie das der schamanischen Initiationskrankheit, welche vielfach als ein Kriterium für authentischen
Schamanismus gilt, oder die Rede von „Kultur" im Neo-Schamanismus und darüber
hinaus fest verankert sind (vgl. Voss 2008). Die Entstehung und Transformation der modernen Esoterik läßt sich dementsprechend zum Teil auf die Esoterikforschung selbst
zurückführen. Hat sie im 17. Jahrhundert durch ihre von protestantischen Gelehrten
wie Ehregott Daniel Colberg in polemischer Absicht durchgeführte Systematisierung
ihrem Gegenstand erst eine eigenständige Identität verliehen (Hanegraaff 2012), so wird
sie im 20. Jahrhundert von Esoterikern selbst betrieben, die als religiöse Protagonisten
wiederum die esoterischen Praktiken beeinflussen und wie Harner zum Teil sogar neu
erfinden.

Mit solchen Beispielen vor Augen wird Authentizität in einer konstruktivistischen
Perspektive zu einem leeren Signifikanten, zu einer bewußten oder unbewußten, individuellen oder kollektiven Konstruktion, und in den Blick gerät dadurch deren strategische Verwendung – eine „Politik der Authentizität". In diesem Sinne untersucht etwa
Michael Knipper die „traditionelle Medizin" in Ecuador als eine „strategische Ressource", bei der er zwischen ökonomischer, politischer und gesellschaftlich administrativer
unterscheidet, und „die von verschiedenen Akteuren genutzt wird, um Ziele zu erreichen, die nicht in den Bereich des Medizinischen fallen" (2010:205). Und auch das 2011
auf einer Tagung der Deutschen Gesellschaft für Völkerkunde vielleicht etwas stark
strapazierte Wortspiel „Wa(h)re Kultur" spielt auf den Zusammenhang von Konstruktion und Kommodifizierung von Authentizität an, der, wie erwähnt, im Kontext des
Neo-Schamanismus zum gängigen Vorwurf der Kommerzialisierung gewendet wird.

Von hier ist der Schritt nicht weit, das Authentische im Unauthentischen zu entdecken. So rechtfertigt der genannte, von vielen aufgrund seiner Unauthentizität kri-
tisierte Sun Bear die Öffnung seiner Rituale für Nicht-Indianer mit einer Mittlerrolle
zwischen den Kulturen, und er begründet seine besondere Eignung für diese Rolle
mit der eigenen hybriden Abstammung (Roch 2006:116). Auch der ebenfalls genannte

---

[9]   Vergleiche Schlehe (2004:293) sowie Schlehe und Weber (2001).

Harley SwiftDeer Reagan bezeichnet das Überschreiten und Verwischen von Grenzen als seine Aufgabe und Auszeichnung. Seine eigene Hybridität wird dabei zu einem Aushängeschild, wenn für eine Veranstaltung von ihm in dem „Swedish neo-shamanic magazine *Gimle*" (Lindquist 1997:22; Kursivsetzung im Original) wie folgt geworben wird:

> Harley SwiftDeer (Cherokee/metis) is a shaman, a medicine man, a Rosicrucian, a PhD in humanist psychology and comparative religion, an outstanding healer, and a master in karate and jiu jitsu.
>
> He has been an apprentice of a Navajo medicine man, Tom Two Bears Wilson, also known as Don Genaro from Carlos Castaneda's books. Another of his teachers is a Cheyenne medicine man, Hyemeyohsts Storm.
>
> SwiftDeer works, among other things, with sweat lodge, crystals, medicine pipe and medicine wheels, runes and Western magic. His three apprentices from his own institute "Native American Lodge of Ceremonial Medicine" will be helping him at the course (zit. n. Lindquist 1997:33).

Mit der Bezugnahme auf Castaneda wird Harley SwiftDeer Reagan durch jemanden authentifiziert, der unter anderem durch die Entdeckung widersprüchlicher und unrealistisch wirkender Angaben in seinen Büchern selbst Vorwürfen der Unauthentizität ausgesetzt ist – sowohl bezüglich seiner eigenen wie der von ihm beschriebenen Person (vgl. de Mille 1980). Jedoch erscheint auch Castaneda in einem anderen Licht, nachdem inner- und außerhalb der Ethnologie zunehmend die Künstlichkeit und Inszeniertheit der ethnologischen Klassiker herausgearbeitet wurde. Dabei hat man entweder, wie etwa in der dialogischen Ethnologie, nach neuer Authentizität gesucht oder aber, wie etwa bei Stephen Tyler (1986), die Idee des Authentischen gänzlich abgelehnt und statt dessen das Unauthentische und Bezuglose gefeiert. Die Frage nach *fact* oder *fiction* erschien aus letzterer Perspektive irrelevant und Castanedas Bücher wurden als Prototyp ethnologischen Schreibens interpretiert (Koepping 1977). Und wenn die „Kölner Stämme", wie Dreschke berichtet (im Druck a), von sich in der Regel als „nur Freizeitschamanen" sprechen, folgen sie dem gleichen Muster einer Anerkennung der eigenen Unauthentizität, die der Harnerschen Bescheidenheit nahekommt. Jedoch gibt es auch hier die Möglichkeit einer anderen Interpretation des eigenen und fremden Verhaltens: So wird Dreschke (im Druck b) von einer Frau, die sich ihr als hunnische Königstochter vorstellte, erklärt, so wie die Hunnen früher überall auf der Welt geplündert und sich angeeignet hätten, was ihnen gefiele, so gingen die „Kölner Stämme" heute selbst über den Flohmarkt und erbeuten Stücke, die ihnen gefielen. Indem diese Frau die „Unreinheit" der Nachgeahmten herausstellt, wird auch hier die eigene Unauthentitizität selbst wieder authentisch gemacht.

III.

Noch einmal zurück zu Judith und ihrer zunächst paradox erscheinenden Aussage, daß sie einerseits authentisch sein wolle, daß andererseits authentischer Schamanismus jedoch „in unserer Gesellschaft eigentlich" nicht möglich sei: Dies führt zu einer weiteren Facette von Authentizität, die sich nicht allein, wie bisher thematisiert, über kulturelle Reinheit und Tradition legitimiert, sondern über Erfahrung: „Durch das Ritual kommst du in diesen Zustand, der dich hinführt zur Authentizität", wie Judith sagt. Eine authentische Erfahrung kann zum einen individuell bei den Schamanen beziehungsweise schamanisch Tätigen selbst wahrgenommen werden, und zwar durch das Gefühl, tatsächlich mit einer nicht eigenen, fremden Kraft, Energie, einem Geist, Krafttier oder anderen Wesen in Kontakt zu sein. Zum anderen kann sich eine Handlung durch die auch für Patienten und die Öffentlichkeit sichtbare Erfahrung von Wirksamkeit in Form von Heilung oder Schaden als authentisch erweisen. Judith etwa nennt ihre erste schamanische Reise und beschreibt sie als eine Erfahrung des Wiedererkennens, denn sie sei dabei an einen Ort gekommen, den sie schon aus Kindheitstagen kenne und in denen sie, wie sie heute wisse, regelmäßig Trancereisen gemacht habe. Und auch, daß viele ihrer zunächst skeptischen Kunden sich von ihren Behandlungen überzeugen lassen, überzeugt auch sie selbst von der Wirksamkeit ihrer Methoden – auch wenn sie findet, daß sie den Zustand eines dauerhaft authentischen Erlebens noch nicht erreicht habe (Voss 2011a:151–161). Mit einer solchen Art der Authentifizierung schamanischer Praxis ist Judith wiederum nicht weit vom Kernschamanismus entfernt – mit dem erwähnten Unterschied jedoch, daß in diesem kulturelle Unauthentizität nicht abschätzig verhandelt wird. Harner läßt die Frage nach kultureller Authentizität in den Hintergrund treten und unwichtig werden, wenn er mittels Rückgriff auf einen Eliadeschen Universalismus Wirksamkeit und Effektivität als entscheidende Kriterien für schamanische Authentizität anführt und über die Teilnehmer seiner Workshops sagt:

> [T]hese new practitioners are not 'playing Indian', but going to the same revelatory spiritual sources that tribal shamans have traveled to from time immemorial. They are not pretending to be shamans; if they get shamanic results for themselves and others in this work, they are indeed the real thing. Their experiences are genuine and, when described, are essentially interchangeable with the accounts of shamans from nonliterate tribal cultures. The shamanic work is the same, the human mind, heart, and body are the same; only the cultures are different (Harner 1990:xiv).

Die bereits zitierte Regina berichtet von einer sie überzeugenden Entfesselung durch Geister, von Zerstückelungen, Zusammensetzungen und Gotteserfahrungen während schamanischer Trancereisen sowie von Heilungen, die sie selbst zum Teil immer wieder verblüfften (Voss 2011a:120–125). Harald, der sich als Lichtbringer und Schamane bezeichnet, erzählt, daß er sich durch die Befolgung von in Visionen erhaltenen Anwei-

sungen von einer seitens seiner Ärzte nicht diagnostizierbaren Krankheit habe heilen
können, durch die er damals berufsunfähig gewesen sei (Voss 2011a:164–168).

Doch auch diese Art der Authentizität wird immer wieder von Außenstehenden
und Patienten sowie zum Teil auch von den Schamanen selbst in Frage gestellt, und
zwar im Hinblick sowohl auf die Praktiken anderer Heiler als auch auf die eigenen.
Und auch hier löst der Verdacht des Unauthentischen nicht selten Aggression in Form
von Abwertung und Ausschluß aus. Eine gängige, oft reflexhafte Unterstellung ist die
der Täuschung, das heißt des bewußten Betrugs, meist zur individuellen Bereicherung.
Schon Hans Staden vermutete 1577 in seinem Bericht über seinen Aufenthalt bei den
Tupinambá in Brasilien hinter den Handlungen der damals noch nicht so genannten
Schamanen Täuschungen zur Verfolgung bestimmter Ziele (nach Münzel 2010:146).
War Staden stark involviert, bedroht und um ein Verständnis bemüht, beschreibt der
Soziologe Jeroen Boekhoven eine zeitgenössische und weniger auf Teilnahme beruhen-
de Reaktion nach einem Vortrag vor Kollegen: „Right after I finished the presentation
of my paper on 'Shamanism in the Netherlands' the chairman of the research group, a
renowed scholar, exclaimed: 'Charlatans!'" (2011:11). Doch Täuschung muß nicht nur
auf bewußten Betrug zurückgeführt werden: Wenn sich die vermeintlichen Scharlata-
ne, wie bei vielen Forschenden, die sich teilnehmend beobachtend auf Schamanen einlassen, bei genauerer Betrachtung als ganz offenbar ernsthaft und aufrichtig erweisen,
wird oft auf eine Selbsttäuschung geschlossen – eine pathologische Selbsttäuschung,
die den Schamanen gemäß einer verbreiteten Interpretation als nervös, hysterisch, psy-
chotisch oder schizophren kategorisiert (vgl. Ohlmarks 1939, Silverman 1967), oder
aber eine naive Selbsttäuschung, die ihn zu einem Möchtegern macht. Mit letzterer
Interpretation erhebt sich etwa Harald über Praktiken des Kernschamanismus: „Das
meiste, was dort passiert, sind Fiktionen. Wenn man etwas sehen will, dann sieht man
auch was. Und so ist das auch auf diesen Schamanenkursen: Wenn man sein Krafttier
finden soll, dann findet man das auch, man will ja kein Loser sein" (Voss 2011a:166)
– eine Einschätzung, die Harald jedoch nicht davor bewahrt, selbst wiederum als pa-
thologisch beurteilt zu werden. So zumindest tat es mir gegenüber eine in meiner Ethnographie erwähnte Schamanin, nachdem sie Haralds Portrait in der veröffentlichten
Arbeit gelesen hatte.

Auch die Frage nach authentischem Erleben und Wirksamkeit ist nicht auf eine
hiesige oder heutige Diskussion beschränkt: „I desired to learn about the shaman,
whether it is true or / whether it is made up and (whether) they pretend to be shamans".
So lautet zum Beispiel der berühmte Eingangssatz eines 1925 geschriebenen Textes, in
dem Quesalid beziehungsweise George Hunt – die hybride Hauptinformationsquelle
von Franz Boas in seinem Buch über die Religion der Kwakiutl – über seine schamanische Lehrzeit berichtet (Boas 1930:1). In dem Text wird deutlich, daß Skepsis an der
Authentizität der Schamanen bei den Kwakiutl allgegenwärtig ist – Skepsis, die sich
dem Schamanenschüler schon bald als berechtigt erweist: So lernt er unter anderem,
Federbüschel in seinem Mund zu verstecken und im entscheidenden Moment als Zei-

chen von erfolgter Heilung und seiner schamanischen Fähigkeit blutig hervorzuholen. Er entlarvt andere Schamanen und muß entdecken, daß seine Handlungen wirken: nicht nur wächst sein Charisma als Giving-Potlaches-in-the-World – so sein Name als Schamane –, seine Täuschungen führen auch zur Heilung seiner Patienten und zum Tode eines Konkurrenten. Obwohl er seine eigenen schamanischen Handlungen und die vieler seiner Kollegen als unauthentisch erkennt, gibt er die Idee der Authentizität nicht auf, zweifelt er nicht an der Möglichkeit authentischer Schamanenkraft und an der Existenz authentischer Schamanen an anderen Orten (vgl. Boas 1930:1–56, 1966:120–148). Vielleicht wäre daher auch Hunt beziehungsweise Quesalid Harners Diktum gefolgt und hätte, wenn auch in einem etwas anderen Sinne, über sich gesagt: „Ich bin kein Schamane, ich bin nur schamanisch tätig".

So wie Authentizität kann auch Nicht-Authentizität als strategische Ressource gedeutet werden – etwa die Unauthentizität bei Harner als Verkaufsstrategie. Auch das in Hunts Text beschriebene Vorgehen des Schamanen wird in einer gängigen Interpretation strategisch gedeutet: Der Schamane erweist sich dabei als Psychotherapeut mit dem Wissen um die Kraft der Suggestion (Schmidbauer 1969). In Bezug auf Hunts Skepsis erwägt Boas eine Deutung als Verteidigungsstrategie gegen die Vorurteile „der Weißen". Demnach seien die Kwakiutl eigentlich gläubig, nur wollten sie in Kenntnis des Werteschemas ihrer Gegenüber vor diesen nicht irrational erscheinen und täuschten daher in einer Art kultureller Übernahme eine skeptische Haltung nur vor (Boas 1966:121).

Wie bei der Verhandlung kultureller Authentizität gibt es auch bezüglich der Wirksamkeit den Versuch, das Authentische im Unauthentischen zu entdecken. So interpretiert Michael Taussig (2003) Hunts Bericht von 1925 vor dem Hintergrund anderer früherer Versionen des Textes, in denen er weitaus weniger skeptisch erscheint (vgl. Boas 1966:120–148). Demnach steht die skeptische Haltung nicht am Anfang, sondern am Ende seiner Laufbahn zum Schamanen: Er wandelt sich nicht vom Skeptiker zum Gläubigen, sondern vom Gläubigen zum Skeptiker. Einsicht in das Unauthentische steht am Ende des Erkenntnisweges und die Erkenntnis besagt, daß Glaube und Skepsis untrennbar zusammengehören. Nur die Ethnologen erkennen in der Regel nicht, daß sie selbst im schamanischen Spiel von Täuschung und Entlarvung oft die notwendige Rolle des Skeptikers einnehmen. Im Falle der Kwakiutl erklärt sich für Taussig die Täuschung unter Rückgriff auf die Forschung von Stanley Walens (1981) durch die emische Idee einer gespiegelten Geisterwelt: Es sind die Geister, die getäuscht werden und dann die eigentlichen Handlungen analog der Handlungen der Schamanen ausführen. Die Kopie wird wirksam, da sie als Vorlage dient: Das ist die höchste Form der Erkenntnis. Nur so können die Geister heilen und deshalb muß der Trick perfekt sein, das heißt, die Handlungen müssen fließend, ohne Stockungen ablaufen. Alles andere ist gefährlich, kann die Täuschung auffliegen lassen und wird nicht selten mit dem Tod bestraft. Damit bekommt die Täuschung in Taussigs Interpretation einen Sinn – ebenso wie bei Rane Willerslev (2012) das Lachen der Schamanen über die Geister bei den Jukagir in Sibirien: Der unauthentische Spaß und die unauthentische Täuschung werden dadurch authentisch, daß sie als notwendige Schutzmaßnahmen gegen die Dominanz der in ihrer Realität nicht angezweifelten Geister erscheinen und dadurch das eigene Leben bewahren.

Wie Taussig und Willerslev anhand des Nachvollzuges emischer Perspektiven zeigen, daß in bestimmten kulturellen Kontexten das Unauthentische, weil Mimetische, das Authentische sein kann, setzt sich auch Mark Münzel für eine Anerkennung des Unauthentischen ein. Auch er erkennt eine Gleichzeitigkeit von Glaube und Skepsis, jedoch versucht er, das Unauthentische in dem Sinne ernst zu nehmen, daß er es nicht durch den ernsthaften Sinn einzuholen versucht. Wie im erwähnten Falle der Diskussion um Castanedas Schriften einige seiner Verteidiger mit Bezug auf literaturtheoretische Fragen die kreative Rolle der Rezipienten betonen, plädiert auch Münzel dafür, bei der Frage nach Wahrheit und Fiktion im Schamanismus die literaturwissenschaftliche Diskussion in der Ethnologie zu berücksichtigen, und er schlägt vor, „den Mythos als Literatur zu verstehen und den Schamanismus als ein bestimmtes literarisches Genre, verwandt dem Theater" (Münzel 1999:100). Die Inszenierung wird zum universalen Normalfall, wenn Münzel sie nicht nur „den Modernen", sondern auch allen als Gegenbild zu ihnen entworfenen „Naturmenschen" zuschreibt. Damit leugne Münzel, wie er schreibt, „die ursprüngliche Echtheit der Naturmenschen. Sie sind falsch wie wir. Naturmenschen sind immer die anderen. Gut sind die anderen. Täuschende Schauspieler sind wir – und die vermeintlichen Wilden, wenn wir in ihnen unseresgleichen sehen" (Münzel 2010:148).

Wenn Ethnologen, die sich teilnehmend beobachtend näher auf Schamanen einlassen, genau wie die „Naturmenschen" deren täuschende Schauspielerei erkennen – was mindestens ebenso oft vorzukommen scheint, wie das Erkennen einer ungespielten Echtheit –, sind sie demnach einer von der Ethnologie geforderten Anerkennung des Fremden auf Augenhöhe viel näher, als sie vielleicht denken. Die von allen erkannte Schauspielerei authentifiziert sich dann in erster Linie über ihre Effektivität.

IV.

Die Geschichte des Schamanismus erweist sich aus symmetrischer Perspektive weder allein als Geschichte einseitiger „westlicher" Projektionen oder Imaginationen (Hutton 2001, von Stuckrad 2003), noch als Geschichte einer reinen Gegenkultur oder des Primitivismus (Znamenski 2007). Und obwohl dabei soziale Praktiken in Betracht gezogen werden, erweist sie sich auch nicht allein als ein strategischer Kampf um soziales, kulturelles und ökonomisches Kapital oder als Ausdruck sozio-ökonomischer Bedingungen (Boekhoven 2011). Vielmehr erscheint die Geschichte des Schamanismus in Anlehnung an Analysen mimetischer Praktiken etwa von Fritz Kramer (1987), Michael Taussig (1997) oder Erhard Schüttpelz (2005) auch und vor allem als eine Abfolge wechselseitiger Spiegelungen, Nachahmungen und Aneignungen, die sich aus der Figur des Schamanen selbst begründet. Denn der Schamane wird, so unterschiedlich seine Definitionen auch ausfallen, in der Regel als ein Mittler konzipiert – als ein Mittler zwischen unterschiedlichen Welten oder Sphären: einer menschlichen und einer nicht menschlichen Welt, einer alltäglichen und einer nicht alltäglichen Wirklichkeit, zwischen unterschiedlichen Kulturen oder Symbolsystemen. Dieser Mittlerrolle ist die Frage nach der Zuschreibung von Handlungsinitiative inhärent, denn bei der Vermittlung und Übersetzung zwischen beziehungsweise bei der Nachahmung, Präsentation und Verkörperung von fremden Kulturen, Menschen, Tieren, Ahnen und Geistern stellt sich allen Beteiligten, ob Ausführenden oder Zuschauenden, die Frage, welchen Einfluß das schamanische Medium auf das vermittelte Fremde hat, ob es das Fremde in reiner Form übermittelt oder dieses beeinflußt und wenn ja, in welchem Ausmaß. Oder ob das Fremde dem schamanischen Medium sogar vollständig entspringt, es das Fremde also nur vortäuscht, und wenn ja, ob es dies gewollt oder ungewollt tut und zu welchem Zweck. Und ob nicht vielleicht auch die Täuschung eine Wirkung hat und wenn ja, welche und warum.

Zudem agieren Schamanen in veränderten Bewußtseinszuständen, die nicht nur sie selbst, sondern auch alle Umstehenden erfassen und desorientieren können. Auf Krisen antworten sie mit Krisen, in die sie gestürzt werden und in die sie sich selbst und andere stürzen, um aus ihnen wieder herauszukommen. Durch Séancen der Trance können die Handlungsinitiativen und Identitäten weiter verteilt, variiert und ausgetauscht werden und so einen ständigen Wechsel der Positionen aller Beteiligten provozieren: vom Rand zur Mitte, vom Beobachter zum Beobachteten, vom Wissenschaftler zum Medium, vom Skeptiker zum Gläubigen und wieder zurück. Schüttpelz demonstriert diese Kippbewegungen anhand von Edward Burnett Tylors Teilnahme an einer spiritistischen Séance im Jahre 1872.[10] Zudem zeigt er, wie sich dieses Kippen mimetisch in Texten von Lévi-Strauss zum „magischen Atom" spiegelt, wie Schüttpelz (2008) deren Gegenstand zu nennen vorschlägt. In diesen Texten (vor allem 1956; 1967a, b; 1978) läßt Lévi-Strauss die Handlungsinitiativen in schamanischen Séancen zwischen Schamanen, Patienten und Öffentlichkeiten oszillieren und nimmt damit zumindest in einem magischen historischen Moment auf eigene Weise eine symmetrische Perspektive ein, bevor dann später doch die von Lévi-Strauss schon immer mitgedachte und präferierte Position der Entlarvung hervortritt, die Oberhand gewinnt und ein weiteres Umkippen verhindert.

Wie Tylor bei der Beobachtung spiritistischer Séancen werden auch andere ethnologische Beobachter bei der Beschäftigung mit schamanischen Séancen von diesen wie alle anderen Beteiligten in das desorientierende schamanische Spiegelkabinett hineingezogen und dabei in die Verhandlung von Authentizität involviert – sei es im direkten Kontakt bei teilnehmender Feldforschung oder wie bei Lévi-Strauss vermittelt durch

---

[10]   Vergleiche Schüttpelz (2004, 2009, 2012).

Literatur. Dabei wechseln auch sie die Positionen und Perspektiven, werden etwa wie Harner vom Beobachter zum Schamanen, wie Hunt beziehungsweise Quesalid vom Schamanen zum Ethnographen oder aber die Positionen verschmelzen wie bei Robert Wallis (2003) in der Figur des Auto-Ethnographen. Sie schreiben Handlungsinitiativen zu, entdecken authentische und entlarven nicht authentische, sind aber auch immer wieder den Interpretationen anderer ausgesetzt, werden selbst beobachtet, entlarvt, vereinnahmt und verändert. Auch eine symmetrische Sichtweise kommt darin vor und wird zu einem Teil des Spiels. Es ist eine Sichtweise, in der das Gelingen und das Scheitern von schamanischen Handlungen mit Hilfe der gleichen Kategorie, in diesem Fall der Authentizität, betrachtet wird; in der die Ethnologie nicht als Richterin über berechtige und unberechtigte Interpretationen auftritt und sich nicht als Hüterin von authentischem Schamanismus oder authentischer Ethnologie versteht; in der demnach keiner der beteiligten Positionen bei der Betrachtung eine privilegierte Stellung einnimmt oder ausgeschlossen wird, das heißt, in der Beobachtende, Beobachtete und die die Beobachter Beobachtenden auf eine Augenhöhe gestellt werden. Das bedeutet für die Betrachtung unter anderem, zunächst einmal auch die sogenannten *shamanthropologists* wie etwa Michael Harner wertneutral als Mitspieler im Feld des Schamanismus zu akzeptieren – so wie es bei Ekkehard Schröder zum Ausdruck kommt, der als Ethnologe und Psychotherapeut sowie als treibende Kraft der „Arbeitsgemeinschaft Ethnomedizin" seit langer Zeit mit den unterschiedlichsten Versuchen einer Zusammenführung ethnologischer Forschungs- und medizinischer Heilpraxis vertraut ist:

> [D]er Transfer von medizinischem Wissen [ist] schon immer offen und nie einseitig gewesen. [...] Das heißt erstmal, was Harner macht, ist stinknormal. Die Schamanen entwickeln sich ja auch. Wenn Schamanen umgekehrt Dinge aus unserer Medizin inkorporieren, oder sich aneignen, dann sind das die Schamanen des 20. Jahrhunderts und nicht Schamanen aus dem Urwald vor der Kolonialzeit. Und man kann sagen, dass Harner es geschafft hat, bestimmte schamanische Elemente, das ist dann aber nicht der klassischen Schamanismus, zu integrieren in unsere moderne breite Gesundheitslandschaft. Da kann man sagen, okay, das ist auch gelungen, durchaus. Und letztlich hat Michael Harner dadurch, dass er den Horizont für viele Menschen erweitert und geöffnet hat, auch die Schamanen verändert, da ist etwas Neues entstanden. [...] Der Austausch von Wissen ist ganz normal. Wissen wird weitergegeben und ausgetauscht, wenn es entsprechende Kundschaften gibt. Tausch als Ursituation – die Franzosen haben es gesagt. Bedürfnisse werden geweckt, das ist dann eine Geschäftsgeschichte. Von daher ist das, was Harner macht, überhaupt nicht schlimm. Eigentlich ist es nicht schlimm, und ich frag mich, warum er so heftig von Ethnologen kritisiert worden ist. [...] Aber warum soll ein Ethnologe nicht auch ein Heiler werden? (Voss 2011b:228–229)

Aus einer solchen Perspektive werden nicht nur einseitig die Adaptionen des vermeintlich reinen Traditionellen im modernen Neo-Schamanismus betrachtet, die dann als Projektionen oder unzulässige Verfälschungen erscheinen, sondern auch die Veränderungen des vermeintlich reinen klassischen Schamanismus. Durch die Berücksichtigung auch der eigenen Rolle geraten die Wechselwirkungen von Wissenschaft und Alltag in den Blick, die in der Soziologie als „Theorieeffekte" bedauert, in der Volkskunde als „Rückkoppelungseffekte" schon lange mitgedacht, innerhalb der Ethnologie aber bisher noch viel zu wenig beachtet oder gar systematisch untersucht wurden. Betrachtet wird dadurch nicht nur der durch seine oder ihre Anwesenheit bedingte Einfluß des individuellen Forschers oder der individuellen Forscherin auf sein oder ihr spezifisches Feld, sondern auch der Einfluß einer oder mehrerer Disziplinen und ihrer Theorien auf das von ihnen teilweise mit erzeugte Feld insgesamt. So hat etwa die zivilisationskritische Umdeutung des pathologisierten Schamanen zu einem archaischen Helden und die Universalisierung des Schamanismus als Urreligion Möglichkeiten geschaffen, daß auch Angehörige westlicher Gesellschaften dementsprechend Authentizität erfahren konnten – zunächst in Form der Figur des auserwählten und besonders begabten Künstlers, dann in Form einer gegenkulturellen Nachahmung fremder Schamanen und später auch in Form einer demokratisierten Technik konform der eigenen Kultur.

Der Authentizität wird in einer symmetrischen Perspektive keine Essenz zugeschrieben, sie bleibt wie in konstruktivistischen Ansätzen ein leerer Signifikant, der sich auch situativ und strategisch zur Verfolgung unterschiedlichster Ziele einsetzen läßt. Die Frage nach der Echtheit des Schamanen weicht der Frage, wer sich aus welchem Grund und auf welche Weise als Schamane bezeichnet und wer dies aus welchem Grund und auf welche Weise in Frage stellt. Jedoch läßt sich Authentizität nicht auf eine solche „politische" Dimension, nicht auf einen bloßen Kampf um die Akkumulation von Macht, Charisma und Diskurshoheit reduzieren, bei dem man frei über diese Kategorie verfügen kann. Authentizität als Aktanten zu verstehen, bedeutet, diese Kategorie in dem Sinne ernst zu nehmen, daß ihr ein gewisser Grad an Eigenständigkeit und Unverfügbarkeit zugestanden wird. Die Frage ist dann nicht mehr allein, was die Akteure im Feld mit der Kategorie Authentizität machen, sondern auch, was diese Kategorie mit ihnen macht. So wird sie wie beschrieben bei beobachtenden ebenso wie bei praktizierenden Akteuren auf historisch und individuell bedingte Weise körperlich erfahrbar: als Wunsch, als erfahrene Wirklichkeit oder – wenn sie nicht eintritt – als Ursache von eigener oder fremder Aggression oder Peinlichkeit.

Der Schlüssel zum Verständnis der speziellen Präsenz der Frage nach Authentizität im Feld des Schamanismus liegt in der Figur des Schamanen, der als mimetischer Mittler und Symmetrisierer in der schamanischen Séance und darüber hinaus alle Beteiligten in einen desorientierenden Prozeß gegenseitiger Spiegelungen und Positionswechsel verwickelt, in dem die Klärung von Authentizität einen notwendigen Halt verspricht. Somit ist die Figur des Schamanen der Schlüssel zum Verständnis der Rolle von Authentizität als allgegenwärtiger und unumgänglicher Aktant, der jede und jeden, die oder der dieses Feld betritt, zu einer Antwort nötigt und den Schamanismus in der beschriebenen Form zum Streitobjekt werden läßt. Welche Effekte unter anderem auch die Antworten einer symmetrischen Perspektive im Feld des Schamanismus entfalten, bleibt dabei weiterhin teilnehmend zu beobachten.

LITERATURVERZEICHNIS

ATKINSON, Jane Monnig
1992   „Shamanisms today", *Annual Review of Anthropology* 21:307–330

BLOOR, David
1976   *Knowledge and social imagery.* London: Routledge

BOAS, Franz
1930   *The religion of the Kwakiutl Indians.* Teil 2: Translations. New York: Columbia Univer-
         sity Press
1966   *Kwakiutl ethnography.* Chicago: Chicago University Press

BOEKHOVEN, Jeroen W.
2011   *Genealogies of shamanism: struggles for power, charisma and authority.* Groningen: Bark-
         huis

BOLZ, Peter
1994   „Indianer als Öko-Heilige? Gedanken zur Entlarvung eines neuen Klischees", in:
         Wolfgang Lindig (Hrsg.), *Indianische Realität.* Nordamerikanische Indianer in der Ge-
         genwart, 47–55. München: Deutscher Taschenbuch Verlag

CASTANEDA, Carlos
1968   *The teachings of Don Juan: a Yaqui way of knowledge.* Berkeley und Los Angeles: Univer-
         sity of California Press

CLIFFORD, James
1988   *The predicament of culture: twentieth-century ethnography, literature, and art.* Cambridge,
         MA: Harvard University Press

DAVIDOV, Veronica M.
2010   „Shamans and shams: the discursive effects of ethnotourism in Ecuador", *Journal of
         Latin American and Caribbean Anthropology* 15(2):387–410

DE MILLE, Richard
1980   *The Don Juan papers: further Castaneda controversies.* Santa Barbara: Ross-Erikson

DRESCHKE, Anja
2011   *Die Stämme von Köln.* Ethnographischer Dokumentarfilm, produziert von 58Filme in
         Kooperation mit dem WDR und mit Unterstützung der Filmstiftung NRW. Köln: Real-
         fiction Filmverleih (DVD, 90 Minuten)
Im Druck a „‚Die Bibel der Schamanen‘. Zur Aneignung und Transformation ‚fremder‘ spiritu-
         eller Praktiken bei den Kölner Stämmen", *Paideuma* 59
Im Druck b „Der hunnische Blick. Ethnografische Forschung mit und über Medien", in: Cora
         Bender und Martin Zillinger (Hrsg.), *Methoden der Medienethnografie.* Berlin: Reimer

ELIADE, Mircea
1951   *Le chamanisme et les techniques archaïques de l'extase.* Paris: Payot

GREEN, Rayna
1988   „The tribe called wannabee: playing Indian in America and Europe", *Folklore* 99(1):
        30–55

HAKL, Hans Thomas
2001   *Der verborgene Geist von Eranos.* Unbekannte Begegnungen von Wissenschaft und Eso-
        terik. Eine alternative Geistesgeschichte des 20. Jahrhunderts. Bretten: Verlag Neue
        Wissenschaft

HANEGRAAFF, Wouter J.
2012   *Esotericism and the academy: rejected knowledge in Western culture.* Cambridge: Cam-
        bridge University Press

HARNER, Michael
1990   *The way of the shaman: a guide to power and healing.* Tenth Anniversary Edition. San
        Francisco: Harper & Row ([1]1980)

HØST, Annette
2001   *Modern shamanic practice: thoughts on 'neo shamanism', 'core shamanism', 'urban sha-
        manism' and other labels.* http://www.shamanism.dk/modernshamanism.htm [zuletzt
        konsultiert am 14. Januar 2013]

HOLMBERG, David
1983   „Shamanic soundings: femaleness in the Tamang ritual structure", *Signs.* Journal of
        Women in Culture and Society 9(1):40–58

HOPPÁL, Mihály
1994   *Schamanen und Schamanismus.* Augsburg: Pattloch

HUTTON, Ronald
2001   *Shamans: Siberian spirituality and the Western imagination.* London und New York:
        Hambledon

JAKOBSEN, Merete Demand
1999   *Shamanism: traditional and contemporary approaches to the mastery of spirits and healing.*
        New York und Oxford: Berghahn Books

JOHANSEN, Ulla
1987   „Zur Geschichte des Schamanismus", in: Walther Heissig und Hans-Joachim Klimkeit
        (Hrsg.), *Synkretismus in den Religionen Zentralasiens,* 8–22. Wiesbaden: Harrassowitz
2001   „Shamanism and neoshamanism: what is the difference?", in: Henri-Paul Francfort und
        Roberte N. Hamayon (Hrsg.), *The concept of shamanism: uses and abuses,* 297–303. Bu-
        dapest: Akadémia Kiadó

KNIPPER, Michael
2010   „Traditionelle Medizin als strategische Ressource in Ecuador. Indianische Heilkunde
        im Kontext", in: Hansjörg Dilger und Bernhard Hadolt (Hrsg.), *Medizin im Kontext.*
        Krankheit und Gesundheit in einer vernetzten Welt, 193–212. Frankfurt am Main:
        Peter Lang

KOEPPING, Klaus-Peter
1977   „Castaneda and methodology in the social sciences: sorcery or genuine hermeneutics?",
        Social Alternatives 1(1):70–74

KRAMER, Fritz
1987   *Der rote Fes.* Über Besessenheit und Kunst in Afrika. Frankfurt am Main: Athenäum

LATOUR, Bruno
1998   *Wir sind nie modern gewesen.* Versuch einer symmetrischen Anthropologie. Frankfurt
        am Main: Fischer-Taschenbuch-Verlag ([1]1991)
2000   *Die Hoffnung der Pandora.* Untersuchungen zur Wirklichkeit der Wissenschaft. Frank-
        furt am Main: Suhrkamp ([1]1999)

LÉVI-STRAUSS, Claude
1956   „Sorciers et psychoanalyse", *Le Courrier de L'Unesco* Juli/August:8–11
1967a   „Der Zauberer und seine Magie", in: Claude Lévi-Strauss, *Strukturale Anthropologie.*
        Band 1, 183–203. Frankfurt am Main: Suhrkamp ([1]1949)
1967b   „Die Wirksamkeit der Symbole", in: Claude Lévi-Strauss, *Strukturale Anthropologie.*
        Band 1, 204–225. Frankfurt am Main: Suhrkamp ([1]1949)
1978   „Einleitung in das Werk von Marcel Mauss", in: Marcel Mauss (Hrsg.), *Soziologie und*
        Anthropologie. Band I, 7–41. Frankfurt am Main: Suhrkamp ([1]1950)

LINDQUIST, Galina
1997   *Shamanic performances on the urban scene: neo-shamanism in contemporary Sweden.*
        Stockholm: Almqvist and Wiksell
2006   *The quest for the authentic shaman: multiple meanings of shamanism on a Siberian jour-*
        ney. Stockholm: Almqvist and Wiksell

MÜNZEL, Mark
1999   „Lügen die Schamanen? Schauspieler im Amazonasgebiet", in: Alexandra Rosenbohm
        (Hrsg.), *Schamanismus zwischen Mythos und Moderne*, 99–102. Leipzig: Militzke
2010   „Natürlich oder gespielt? Zum Ritual der Tupinambá", in: Jan Borm, Bernard Cott-
        ret und Mark Münzel (Hrsg.), *Christentum und der natürliche Mensch.* Beiträge zur
        französisch-deutschen Tagung „Christianisme et l'homme naturel" (Journée d'études,
        Marburg, Januar 2007), 127–151. Marburg: Curupira

OHLMARKS, Åke
1939   *Studien zum Problem des Schamanismus.* Lund und Kopenhagen: Gleerup, Munksgaard

OPPITZ, Michael
1999   „From one shaman to the next", in: Amélie Schenk und Christian Rätsch (Hrsg.): *Was*

ist ein Schamane? Schamanen, Heiler, Medizinleute im Spiegel westlichen Denkens, 27–42. Berlin: VWB

ROCH, Claudia
2006   *Plastikschamanen und AIM-Krieger.* Zur Rezeption indianischer Spiritualität in der New-Age-Bewegung. Leipzig: Universitätsverlag

SCHLEHE, Judith
2004   „Shamanism in Mongolia and in new age movements", in: Gabriele Rasuly-Paleczek und Julia Katschnig (Hrsg.), *Central Asia on display.* Proceedings of the VII. conference of the European Society for Central Asian Studies, 283–295. Münster: Lit

SCHLEHE, Judith und Helmut WEBER
2001   „Schamanismus und Tourismus in der Mongolei", *Zeitschrift für Ethnologie* 126(1): 93–116

SCHMIDBAUER, Wolfgang
1969   „Schamanismus und Psychotherapie", *Psychologische Rundschau* 20:29–47

SCHÜTTPELZ, Erhard
2004   „We cannot manifest through the medium'. Der Geisterangriff auf Edward B. Tylor (London 1872) und der transatlantische Spiritismus", in: *Ästhetik und Kommunikation* 127:11–22
2005   *Die Moderne im Spiegel des Primitiven.* Weltliteratur und Ethnologie (1870–1960). München: Fink
2008   „Der magische Moment. Mit einem Beitrag von Martin Zillinger", in: Michael Kauppert und Dorett Funcke (Hrsg.), *Wirkungen des wilden Denkens.* Zur strukturalen Anthropologie von Claude Lévi-Strauss, 275–303. Frankfurt am Main: Suhrkamp
2009   „Medientechniken der Trance. Eine spiritistische Konstellation im Jahr 1872", in: Marcus Hahn und Erhard Schüttpelz (Hrsg.), *Trancemedien und neue Medien um 1900.* Ein anderer Blick auf die Moderne, 275–309. Bielefeld: transcript
2012   „Auf der Schwelle zwischen Animismus und Spiritismus. Der ‚Geisterangriff' auf Edward Tylor (London 1872)", in: Irene Albers und Anselm Franke (Hrsg.): *Animismus.* Revisionen der Moderne, 153–171. Zürich: diaphanes

SHIROKOGOROFF, Sergej Michailovic
1999   *Psychomental complex of the Tungus.* Berlin: Schletzer (¹1935)

SILVERMAN, Julian
1967   „Shamans and acute schizophrenia", *American Anthropologist* 69(1):21–31

STRECK, Bernhard
1997   *Fröhliche Wissenschaft Ethnologie.* Eine Führung. Wuppertal: Peter Hammer

TAUBE, Erika und Manfred TAUBE
1983   *Schamanen und Rhapsoden.* Die geistige Kultur der alten Mongolei. Leipzig: Koehler & Amelang

TAUSSIG, Michael
1997   *Mimesis und Alterität.* Eine eigenwillige Geschichte der Sinne. Hamburg: Europäische
        Verlagsanstalt ([1]1993)
2003   „Viscerality, faith, and skepticism: another theory of magic", in: Birgit Meyer und Peter
        Pels (Hrsg.), *Magic and modernity: interfaces of revelation and concealment,* 271–306.
        Stanford, CA: University Press ([1]1998)

TURCANU, Florin
2006   *Mircea Eliade.* Der Philosoph des Heiligen oder im Gefängnis der Geschichte. Eine
        Biographie. Schnellroda: Edition Antaios ([1]2003)

TYLER, Stephen A.
1986   „Post-modern ethnography: from documents of the occult to occult document", in:
        James Clifford und George E. Marcus (Hrsg.), *Writing culture: the poetics and politics of
        ethnography.* A School of American Research advanced seminar, 122–140. Berkeley, Los
        Angeles und London: University of California Press

VON STUCKRAD, Kocku
2003   *Schamanismus und Esoterik.* Kultur- und wissenschaftsgeschichtliche Betrachtungen.
        Leuven: Peeters

VOSS, Ehler
2008   „Von Schamanen und schamanisch Tätigen. Peinlichkeit und ihre Vermeidung im Kon-
        text des modernen westlichen Schamanismus", in: Mark Münzel und Bernhard Streck
        (Hrsg.), *Ethnologische Religionsästhetik.* Beiträge eines Workshops auf der Tagung der
        Deutschen Gesellschaft für Völkerkunde in Halle (Saale) 2005, 131–143. Marburg: Cu-
        rupira
2011a   *Mediales Heilen in Deutschland. Eine Ethnographie.* Berlin: Reimer
2011b   „Generation Ethnomedizin. Fragen an Ekkehard Schröder", *Curare* 34(3):224–229

WALENS, Stanley
1981   *Feasting with cannibals: an essay on Kwakiutl cosmology.* Princton, NJ: University Press

WALLIS, Robert J.
2003   *Shamans/neo-shamans: ecstasy, alternative archaeologies and contemporary pagans.* Lon-
        don, New York: Routledge

WILLERSLEV, Rane
2012   „Laughing at the spirits in North Siberia: is animism being taken too seriously?", *e-flux
        journal 36.* http://www.e-flux.com/journal/laughing-at-the-spirits-in-north-siberia-is-
        animism-being-taken-too-seriously/ [zuletzt konsultiert am 11. Januar 2013]

ZNAMENSKI, Andrei A.
2007   *The beauty of the primitive: shamanism and the Western imagination.* Oxford: University
        Press

Paideuma 59:127–148 (2013)

„DIE BIBEL DER SCHAMANEN"
Zur Aneignung und Transformation „fremder" spiritueller Praktiken bei den Kölner Stämmen[*]

Anja Dreschke

ABSTRACT. The Cologne Tribes (Kölner Stämme) are an association of around eighty societies from Cologne, Germany, whose members re-enact 'foreign' or ancient cultures – notably the Huns and Mongolians – as a leisure-time activity. I explore how the Cologne Tribes appropriate and transform 'foreign' spiritual practices and provide them with new meanings in the local context. Of crucial importance for these mimetic practices are various forms of globally circulating media representations of cultural difference, such as popular feature films and adventure novels, as well as historical travelogues or ethnographic resources. Following the assumption that the concept of shamanism was constructed and appropriated not least by anthropology itself, I try to investigate how it is adapted and interpreted by the Cologne Tribes. In debates on neo-shamanism (as well as urban, western or modern shamanism) non-indigenous practitioners are often criticised with regard to the possible 'authenticity' of their performances. This holds especially true for the Cologne Tribes, since their practices show a clear connection with local carnival customs. From another perspective I therefore investigate how the shamans negotiate their own scepticism and perform the transition from carnivalesque role-playing to serious ritual that also takes effect in the everyday lives of the club members.

„Ist das denn authentisch? Da sieht man doch Bierzelte", fragte ein Zuschauer nach einer Vorführung meines Dokumentarfilms „Die Stämme von Köln" auf einem Festival für ethnographischen Film.[1] Er bezog sich auf eine Filmszene, in der zwei junge Männer in selbst gestalteten Schamanengewändern trommelnd einen mit bunten Bändern behängten *ovoo* umschreiten.[2] Im Hintergrund sieht man einen Bierwagen.

---

[*] Der Artikel basiert auf einem Vortrag, den ich im September 2011 auf der Tagung der Deutschen Gesellschaft für Völkerkunde zum Thema „Wa(h)re Kultur. Kulturelles Erbe, Revitalisierung und die Renaissance der Idee Kultur" im Rahmen des Workshops „Interferenzen zwischen Ethnologie und Religion. Kulturalisierungen und Kommodifizierungen religiöser Praxis" gehalten habe. Mein Dank gilt den Organisatoren Christian Meyer, Ehler Voss und Erhard Schüttpelz für die Einladung sowie den Teilnehmenden für ihre Kommentare und Anregungen.

[1] Der Film ist ein Teil meines von Erhard Schüttpelz betreuten Dissertationsprojektes an der Universität Siegen. Nach einer Kinoauswertung, zahlreichen Festivalvorführungen und mehreren Fernsehausstrahlungen ist er bei Realfiction auf DVD erschienen (Dreschke 2011).

[2] Als *Ovoos* – in anderer Schreibweise auch *obos* – wurden in der Mongolei „Steinsetzungen an bestimmten Plätzen, meist Höhen, Pässen und Wegkreuzungen [bezeichnet, die] als Wohnsitz lokaler Schutzgötter und der Erdherren besondere Verehrung [genossen]. Der Obo-Kult ist eine typische Entwicklung des Synkretismus zwischen alten schamanischen Traditionen und lamaistischen Bestrebungen, diese zu vereinnahmen und umzubilden" (Heissig 1989:225). Auch heute findet man in der Mongolei *ovoos* in Form von Steinhaufen oder Ästen an besonderen Orten in der Natur, welche als heilig betrachtet werden. Wanderer hinterlassen kleine Gaben wie ein buntes Seidentuch (*khadhag*),

Ovoo auf dem Sommerlager der 1. Kölner Mongolenhorde 2008 (Foto: Anja Dreschke)

Der Film behandelt die Kölner Stämme: einen Zusammenschluß von rund achtzig Vereinen aus Köln, die in ihrer Freizeit die Lebenswelten „fremder" Kulturen oder historischer Epochen nachahmend darstellen.[3] Sie bilden ein ausdifferenziertes, lokales Netzwerk mit mehr als 3 000 Mitgliedern, das so unterschiedliche gesellschaftliche Bereiche vereint wie Karneval, Hobbyismus und alternative Spiritualität. Das Spektrum reicht von Western- und Indianerclubs über Gruppen, die sich auf historische Vorbilder wie Römer, Wikinger, Germanen oder Kelten beziehen, bis zu Vereinen, die sich frei aus dem Repertoire populärer Repräsentationen des kulturell Fremden, des „Exotischen" oder „Primitiven" bedienen und die sich als Barbaren oder Kannibalen bezeichnen. Am beliebtesten sind asiatische Steppennomaden wie Hunnen, Mongolen,

---

Süßigkeiten oder Geldscheine und umrunden den *ovoo* dreimal, um beispielsweise Glück für ihre Reise zu erbitten. In der Mongolei findet man *ovoos* in Form von Steinhaufen oder Ästen an besonderen Orten in der Natur, die als heilig betrachtet werden.

3   Den Begriff „Kölner Stämme" verwende ich in diesem Artikel im Sinne der Selbstbezeichnung der Vereine und nicht um ihre Form der Vergemeinschaftung zu benennen. Um eine Selbstbezeichnung handelt es sich auch bei dem in diesem Aufsatz verwendeten Begriff des beziehungsweise der „Schamanen". Einen guten Überblick über das Phänomen der Kölner Stämme bietet der gleichnamige Bildband von Petra Hartmann und Stephan Schmitz (1991), durch den ich erstmals auf die Vereine aufmerksam geworden bin.

Awaren oder Tartaren. Im Sommer veranstalten die Kölner Stämme mehrwöchige Zeltlager in Parks und Grünanlagen, um sich gemeinsam mit Familienangehörigen, Freunden oder Arbeitskollegen in die Lebenswelten der imitierten Kulturen zu versetzen. Höhepunkte dieser Sommerlager sind improvisierte Rollenspiele, die von sogenannten Schamanen angeleitet werden, die auch Initiationszeremonien für neue Mitglieder oder lebenszyklische Rituale wie Hochzeitsfeiern, Taufen und Beerdigungszeremonien durchführen. Für diese Aufführungen greifen sie auf eine Vielzahl ritueller Praktiken aus unterschiedlichen kulturellen und religiösen Kontexten zurück: vom lokalen Karnevalsbrauchtum bis zu schamanischen Trancetechniken.

Um die kreativen Verfahren der „invention of tradition" (Hobsbawm u. Ranger 1983) zu untersuchen, mit denen die Kölner Stämme Fragmente „fremder" und „eigener" Kultur(en) aneignen, transformieren und im lokalen Kontext mit neuen Bedeutungen versehen, habe ich ausgewählte Vereine im Rahmen einer medienethnologisch ausgerichteten Feldforschung über mehrere Jahre mit der Kamera begleitet.[4] Im Zentrum stand dabei die Untersuchung der Wechselwirkungen von Fremderfahrung und Nachahmung im Umgang mit kultureller Differenz. Wie Michael Taussig (1993) gezeigt hat, kann Mimesis als Kulturtechnik nicht auf ein lineares Verhältnis von Original und Kopie (oder Fälschung) reduziert werden. Gerade im Kulturkontakt sind mimetische Praktiken vielfältigen Projektionen und Rückprojektionen unterlegen, die Taussig als „colonial mirror of production" (1993:87) bezeichnet. In dieser Perspektive erscheint es wenig sinnvoll, die Aufführungen der Kölner Stämme auf den Grad ihrer „Authentizität" in bezug auf mögliche Originale hin zu überprüfen und zu bewerten. Auch geht es mir nicht darum, den offenkundigen Exotismus beziehungsweise einen (politisch) unkorrekten Rekurs auf außereuropäische Kulturen zu entlarven. Denn wie Fritz Kramer mit bezug auf die Kölner Stämme treffend bemerkt, ist Exotismus nicht nur bei Ethnologinnen und Ethnologen selbst zu beobachten (vgl. Kramer 2005:188), sondern

> Formen der Aneignung des Exotischen zur Markierung und vielleicht zur Sicherung der eigenen Individualität in ihrer wirklichen oder vermeintlichen Andersheit [sind] durchaus nicht Ausdruck einer zerfallenden, mit sich entzweiten Moderne […], die ihren Mangel an Eigenständigkeit durch symbolisches Allotria zu kompensieren versucht, sondern auch jenen anderen Kulturen selbst eigen, die unseren Exotismus ihren Stoff liefern (2005:189).

---

4   Aus dieser Forschung sind die ethnographischen Informationen hervorgegangen, auf denen dieser Artikel basiert. Auch die abgebildeten Fotografien habe ich während meiner Feldforschung aufgenommen. Neben der teilnehmenden Beobachtung mit der Kamera habe ich mit den Akteuren biografische und thematische Interviews geführt – insbesondere sogenannte Feedback-Interviews, bei denen audiovisuelle Medien wie Fotografien und Videos zum Einsatz gebracht wurden. Siehe für eine ausführliche Darstellung der Methoden meines an der Schnittstelle von audiovisueller Anthropologe und Medienethnologe angesiedelten Forschungsprojektes sowie meiner Rolle im Feld Dreschke (im Druck a). Siehe zu den Problemen des Einsatzes der Kamera im Kontext der rituellen Praktiken der Kölner Stämme Dreschke (im Druck b).

In Debatten um „klassischen" Schamanismus als Gegensatz zu Neo-Schamanismus (bzw. urbanem, modernem oder westlichem Schamanismus) wird die Adaption sogenannter indigener Formen von Spiritualität durch nicht indigene Praktizierende beispielsweise im Rahmen der Esoterik-Bewegung häufig als eine illegitime Form der Aneignung kritisiert. Nicht indigene Praktizierende werden abwertend als „plastic medicine man", „shame-on shamans" oder „culture vultures" bezeichnet und man unterstellt ihnen eine neo-kolonialistische und eurozentristische Gesinnung.[5] Doch diese vereinfachte Dichotomie zwischen „bad western alternative spiritual appropriator" und „good native victim" greift meines Erachtens zu kurz (Welch 2007:98), um die vielschichtigen Prozesse der Aneignung und Transformation von „fremden" rituellen Praktiken und deren Anbindung an die „eigenen" spirituellen Vorstellungen und Erfahrungen bei den Kölner Stämmen zu untersuchen. Tatsächlich gestaltet sich die Differenz komplexer und die Grenzen verlaufen anders, als es die genannte Gegenüberstellung unterstellt. Wie der Blick in die Geschichte des Terminus zeigt, wurde der Begriff Schamanismus von der Ethnologie und der Religionswissenschaft konstruiert und popularisiert.[6] Er bezeichnet keine homogene religiöse Praxis, sondern firmiert als Oberbegriff für eine Vielfalt unterschiedlichster spiritueller Praktiken, bei denen Nachahmung ein wesentliches Element zu sein scheint. Die Auseinandersetzung mit diesen Praktiken sowohl in der Wissenschaft als auch unter Praktizierenden bewegt sich meist zwischen Faszination und idealisierender Überhöhung auf der einen sowie Ablehnung und Scharlatanerie-Verdacht auf der anderen Seite.

Wie der eingangs beschriebene Kommentar auf meinen Film zeigt, scheinen die Aufführungen der Kölner Stämme in besonderem Maße mit dem Makel des „Inauthentischen" behaftet, und zwar nicht nur, weil es sich um Nachahmungen „fremder" Praktiken durch „westliche" Praktizierende handelt: Was sie als besonders „verdächtig" erscheinen läßt, ist ihre Nähe zum Karneval, die in (fast) allen Ritualen der Kölner Stämme spürbar ist. Was mich selbst an den Aufführungen der Kölner Stämme zu Beginn meiner Feldforschung jedoch besonders erstaunte, war das plötzliche Umkippen einer Atmosphäre von karnevalistischer Ausgelassenheit in eine andächtige Stimmung, die sich am treffendsten mit dem Begriff des *ritual commitment* beschreiben läßt. Hatte der Schamane gerade noch als Zauberkünstler mit Rauchpulver am Feuer herumhantiert, verwandelte er sich im nächsten Moment in den respektablen Kultführer eines Rituals, dessen Wirksamkeit nicht zuletzt durch die Ergriffenheit des Publikums bestätigt wurde. Wie ich im Verlauf meiner Forschung beobachten konnte, stellt sich die Frage nach der Grenze zwischen Spiel und Ernst aber nicht nur dem außenstehenden Betrachter, sie ist auch unter den Akteuren selbst Gegenstand permanenter Diskussionen. Diese Aushandlungsprozesse sowie die lokalen Authentifizierungsstrategien haben sich daher zu einem wichtigen Aspekt meiner Forschung entwickelt. In diesem Aufsatz

---

5   Vergleiche Jenkins (2004), Roch (2006) und Welch (2007:97–99).
6   Vergleiche Hutton (1999), von Stuckrad (2003), Znamenski (2007) und Voss (im Druck).

möchte ich zum einen der Frage nachgehen, wie bei den Kölner Stämmen die Übergänge zwischen Spiel und Ernst gestaltet werden. Darüber hinaus möchte ich genauer
in den Blick nehmen, wie medial zirkulierende Repräsentationen von Schamanismus
in der rituellen Praxis der Kölner Stämme performativ angeeignet und transformiert
werden. Dazu werde ich zunächst skizzieren, wie sich die Kölner Stämme im Kontext
von lokalen Karnevalstraditionen und historischem Reenactment verorten lassen, um
dann genauer auf die Bedeutung der Schamanen im Gefüge der Kölner Stämme sowie
die spezifischen Verfahren der Aneignung von rituellen und spirituellen Praktiken ein-
zugehen.[7]

KARNEVAL UND REENACTMENT

Die meisten Kölner Stämme haben ihren Ursprung im Karneval und fühlen sich dem
entsprechenden Brauchtum eng verbunden. Allerdings ist ihr Verhältnis zum organisierten Karneval der großen Traditionscorps ambivalent. Sie fühlen sich eher dem Stras-
senkarneval beziehungsweise dem alternativen Karneval verbunden und nehmen in
diesem Rahmen an zahlreichen kleineren Stadtteilumzügen teil.[8] Der Kölner Karneval
ist ein ausdifferenziertes kulturelles Ereignis, das von einer Vielzahl unterschiedlicher
zeitlicher, räumlicher, sozialer und performativer Grenzen gestaltet wird. Als Fest der
Umkehrung und Überschreitung liefert er eine Art Paradebeispiel für das von Victor
Turner beschriebene rituelle und soziale Zusammenspiel von Struktur und Anti-Struktur (2005). Im Kölner Karneval sind die Aspekte der Anti-Struktur der „communitas"
eher dem Bereich des Straßenkarnevals zuzuordnen, der im Vergleich zum organisierten Karneval als spontaner, subversiver und anarchischer gilt. Er ist offen für alle, die
kostümiert sind und „Party machen" möchten. Dementsprechend trifft man in der
Hochzeit des Karnevals zwischen Weiberfastnacht und Aschermittwoch überall in der
Stadt Kostümierte, die auf der Straße oder in Kneipen feiern. Als ein Phänomen, das
von unterschiedlichen sozialen Gruppen und Szenen appropriiert wird, eröffnet gerade
der Straßenkarneval einen liminalen Raum, in dem man das Alltagsleben verkehrt und
Autoritäten untergräbt (vgl. Niekrenz 2011). Er entspricht einer „Volkskultur als Gegenkultur" im Sinne Bachtins (1987). Einen Gegensatz dazu bildet die restriktivere Struktur der organisierten Karnevalsvereine, deren Entstehung eng mit der „Reform" des
Kölner Karnevals in der ersten Hälfte des 19. Jahrhunderts verbunden ist (vgl. Frohn
2001, Klauser 2007).

---

[7]   Auf den Begriff des Reenactment im Kontext von Hobbyismus und Freizeitkultur gehe ich weiter
        unten genauer ein. Ich verwende hier den englischen Begriff, da er sich in diesem Zusammenhang
        auch im deutschen Sprachgebrauch etabliert hat.
[8]   Siehe ausführlicher zu den Kölner Stämmen im Kontext des Karnevals Hartmann und Schmitz
        (1991), Klauser (2007) und Dreschke (2010; im Druck a, b).

Der Karneval als „kölsches Brauchtum" kann als konstitutiv für die lokale Identität betrachtet werden und entsprechend ist ein temporärer Rollenwechsel für die meisten Kölner nichts Ungewöhnliches, ebenso wie die Mitgliedschaft in einem der unzähligen „Veedels"-Vereine oder Stammtischgruppen, die sich ganzjährig den unterschiedlichen Karnevalsaktivitäten (wie etwa der Herstellung der Kostüme) widmen. Wie diese Gruppierungen sind auch die Vereine der Kölner Stämme meist über ihr jeweiliges Stadtviertel organisiert. Man findet sich in der Nachbarschaft, über das Stammlokal oder im Kollegenkreis zusammen, und nicht selten sind ganze Familien über mehrere Generationen im Verein aktiv. – Dies erscheint geradezu als eine Notwendigkeit, da es sich um ein äußerst zeitintensives Hobby handelt, das fast sämtliche Wochenenden in Anspruch nimmt, und auch den Jahresurlaub verbringt man meist in einem Sommerlager. Dementsprechend sehen die meisten Mitglieder der Kölner Stämme ihr Hobby eher als einen Lebensstil, der auch das Alltagsleben prägt.

Das Verhältnis der Vereine untereinander wird durch wechselseitige Besuche der jeweiligen Sommerlager gestaltet, wobei je nach Ausrichtung des Vereins einzelne Clubs intensivere Kontakte untereinander pflegen. Denn der Zugang zum Hobby kann sehr unterschiedlich gelagert sein, insbesondere in bezug auf das Interesse an den nachgeahmten Kulturen. Während sich manche als „reine" Karnevalsvereine betrachten, bezeichnen sich andere als „Kulturverein" oder als „Verein für Ethnologie", um deutlich zu machen, daß ihr Interesse über den karnevalistischen Spaß an Verkleidung hinausgeht. Die Mitglieder dieser Clubs verfügen über ein umfangreiches Expertenwissen sowie über entsprechende handwerkliche oder rituelle Fähigkeiten und sie sind um eine möglichst historisch genaue Rekonstruktion ihrer Vorbilder bemüht.[9]

Aufgrund dieser besonderen Orientierung können die Kölner Stämme auch als Teil eines weiter verbreiteten Phänomens der rezenten Freizeitkultur betrachtet werden, das von den Akteuren selbst als Reenactment oder als Living History bezeichnet wird. Es umfaßt eine wachsende Zahl von Hobbyisten, die sich unterschiedlichen Formen der „partizipatorischen Geschichtswiederholung" (Roselt u. Otto 2012) widmen. Ziel dieser „verkörperte[n] Vergegenwärtigung vergangener Ereignisse" (Fischer-Lichte 2012:13) ist es, in kollektiven Aufführungen Vergangenes am eigenen Leib zu erfahren, beispielsweise durch das Nachstellen von Schlachten an Originalschauplätzen oder durch das gemeinschaftliche Nachspielen historischer Lebenswelten, insbesondere des Mittelalters.[10] Besondere Parallelen zu den Kölner Stämmen weist der sogenannte In-

---

[9]   Dies gilt besonders für die Vereine, die sich der Kultur und Geschichte der Mongolei widmen und die deshalb im Zentrum meiner Forschung standen. Die Mitglieder dieser Vereine haben sich ein umfangreiches Wissen über die Mongolei angeeignet. Seit den späten 1980er Jahren reisen einige von ihnen in die Mongolei und bringen von dort Originaltrachten und Ausrüstungsgegenstände bis hin zu kompletten Jurten mit nach Köln. Darüber hinaus haben sie Kontakt zu in Deutschland lebenden mongolischen Migrantinnen und Migranten aufgenommen, so daß sich hier eine ganz besondere Form des Kulturaustausches entwickelt hat.

[10] Da sich die genannten Begriffe aus der diskursiven Praxis des Hobbyismus entwickelt haben, gibt es keine eindeutige Definition, aber es läßt sich eine grobe Unterscheidung treffen: Danach bezeich-

dianerhobbyismus auf, der sich mit der Geschichte und Kultur nordamerikanischer Indianer befaßt.[11] Beiden Gruppierungen geht es explizit um die Nachahmung einer „fremden" Kultur, was wiederum eng mit der Aneignung, Zirkulation und Popularisierung unter anderem von ethnologischem Wissen verbunden ist (vgl. Kalshoven 2012). Eine weitere wichtige Gemeinsamkeit beider Phänomene besteht in der zentralen Rolle, die die Adaption der rituellen und spirituellen Praktiken der jeweiligen Vorbilder einnimmt.

Folgt man dem Theaterwissenschaftler Ulf Otto, so übersetzen Reenactments als Aufführungspraktiken

> mediale Vorbilder in materielle Erfahrungsräume und zielen in der korporalen Aneignung dieser Erfahrungsräume wiederum selbst auf die Erzeugung medialer Nachbildungen. Als ein sowohl medial basiertes als auch medial motiviertes Ereignis werden Reenactments nicht auf Flüchtigkeit und Vergänglichkeit hin gedacht, sondern kommen überhaupt erst durch mediale Vor-, Auf- und Nachbereitung zu Stande. In Reenactments werden die Bilder des Erlebens gesetzt und das Erleben wiederum im Bild gebannt (Otto 2012:236).

Demnach läßt sich die Aufführungspraxis des Reenactments auch als eine um Formen der performativen und körperlichen Aneignung erweiterte Remediation (Bolter u. Grusin 1999) auffassen. Der Körper wird hier zu einem Medium der Alteritätserfahrung, durch das bildliche, textliche und auditive Repräsentationen in soziale oder rituelle Handlungen überführt werden. Tatsächlich spielen mediale Repräsentationen für die Praktiken der Kölner Stämme eine bedeutende Rolle, denn die Vereine kennen die Kulturen, die sie imitieren (meistens) nicht durch unmittelbaren Kontakt, sondern lediglich medial vermittelt. Sie beziehen sich auf eine Vielzahl global zirkulierender, medialer Repräsentationen des „Fremden" in Spielfilmen, Abenteuerromanen oder TV-Dokumentationen, aber auch auf weniger leicht zugänglichen Quellen wie Reisebeschreibungen, Ausstellungskataloge oder historische und ethnologische Fachliteratur. Diese Quellen

net „Reenactment" mehr oder weniger improvisierte Rollenspiele, mit denen historische Ereignisse – meistens Schlachten – an Originalschauplätzen in zeitgemäßen Kostümen nachgestellt werden. „Living History" bezeichnet zum einen eine aktuell sehr populäre Form der Geschichtsvermittlung, die insbesondere in Freilichtmuseen zu Einsatz kommt, beispielsweise durch Personifizierungen historischer Figuren, die Besucher durch Ausstellungen führen. Living History als performativer Zugang zur Vergangenheit umfaßt aber auch Praktiken der experimentellen Archäologie im wissenschaftlichen Kontext. Unter Hobbyisten wird der Begriff noch einmal anders verwendet: Hier beschreibt er Aufführungen, bei denen die Akteure sich ganz allgemein der Lebenswelt einer bestimmten Epoche widmen. Dazu zählen zum Beispiel die zahlreichen Gruppierungen, die sich gemeinschaftlich ins Mittelalter zurückversetzen, ohne dabei konkrete historische Ereignisse oder Personen nachzuspielen. Vergleiche Roselt und Otto (2012).

[11] Indianerhobbyismus erfreut sich gerade in Deutschland seit Jahrzehnten einer besonderen Beliebtheit, was auch mit der anhaltenden Popularität von Karl Mays Winnetou-Büchern und deren zahlreichen Film- und Festspiel-Adaptionen in Wechselwirkung steht. Siehe zum Indianerhobbyismus in Westdeutschland Bolz (1987), Broyles Gonzalez (1989) und Sieg (2002), in Ostdeutschland Turski (1994) sowie von Borries und Fischer (2008), in Europa Kalshoven (2004, 2005, 2012) und in den USA Deloria (1998).

werden in verschiedenen Formen der (Selbst-)Inszenierung appropriiert, zum Beispiel mit Artefakten und Kostümen, auf Internetseiten und in Vereinszeitschriften, auf Fotografien und Videos sowie in Rollenspielen und Ritualen. Eine besondere Bedeutung kommt in diesem Prozeß der performativen Medienaneignung US-amerikanischer Historienfilme aus den 1950er Jahren zu. Sie sind nicht nur als Vorbilder und ästhetische Ideale erkennbar, sondern scheinen auch über ästhetische Qualitäten zu verfügen, die ein mimetisches Begehren hervorrufen. In diesem Sinne können die Kölner Stämme auch mit dem Begriff der „aesthetic formations" gefaßt werden, den Birgit Meyer (2010) für neue Formen religiöser Gemeinschaften geprägt hat, die um massenmediale Bilder herum entstehen (vgl. Dreschke im Druck b).

HOBBY UND ALLTAG

Das erste Ritual der Kölner Stämme, das ich miterlebte, war eine Namensgebung. So bezeichnen die Vereine eine Zeremonie, mit der ein zuvor „namenloses" Mitglied offiziell in einen Club aufgenommen wird.[12] An einem Samstagnachmittag war ich mit der U-Bahn in den Kölner Vorort Dünnwald gefahren, in dem das Sommerlager einer Hunnenhorde stattfinden sollte. Der Wegbeschreibung folgend, die mir der Vereinsvorsitzende zuvor am Telefon gegeben hatte, lief ich durch ein Niemandsland aus Wohnsiedlungen, Feldern und Gewerbeanlagen an der Peripherie von Köln, bis ich eine Grünfläche neben einem Mehrfamilienhaus erreichte, auf der in einem Halbkreis mehrere mit Tierfellen, Tierschädeln und Tierknochen geschmückte Zelte errichtet worden waren. Etwas abseits standen Bierbuden, ein Grill und dazwischen bewegten sich Menschen in unterschiedlichsten historischen oder „exotischen" Kostümierungen, aber auch zahlreiche Besucherinnen und Besucher in „moderner" Kleidung. Meine Verwunderung über diese eigenartige Mischung aus Campingplatz, Karnevalsveranstaltung, Volksfest, Freilichtmuseum und Völkerschau wurde noch durch die laute Karnevalsmusik verstärkt, die ich bereits von weitem gehört hatte und die ich nun einem DJ-Pavillon am Rand des Zeltlagers zuordnen konnte. In der Mitte des Platzes befand sich die Tafel. So bezeichnen die Vereine den großen hufeisenförmigen Holztisch, an dem auf hölzernen Thronen die Fürsten der Hunnenhorde Platz genommen hatten, um befreundete Vereine zu empfangen, was nach einem ritualisierten Ablauf geschah. Begleitet von der Titelmusik des Films „Caravans" zogen zahlreiche „Stämme" nacheinander in das Lager ein, überreichten dem „Stammesoberhaupt" Tierfelle, selbstgefer-

---

12   Bei den meisten Vereinen der Kölner Stämme ist es üblich, daß ein neues Mitglied erst eine etwa zweijährige Probezeit durchläuft, bevor es einen neuen Namen verliehen bekommt, mit dem auch seine Rolle und sein Rang im Verein festgelegt wird.

tigte Urkunden oder alkoholische Getränke als Gastgeschenke und erhielten dafür als Gegengabe einen Orden.[13]

Gerade durch die Verleihung dieser Orden erinnerte das Spektakel – neben all der aufgebotenen Exotik, die zu beschreiben hier der Platz fehlt – an eine Art Karnevalssitzung unter freiem Himmel. Als Zeremonienmeister und Hofnarr zugleich fungierte ein junger Mann mit einer schwarzen Langhaarperücke und einem mit bunten Bändern, Federn, Knochen, Schlüsseln und kleinen Püppchen behängten Mantel: der Vereinsschamane. In Absprache mit dem DJ, der die Filmmusik einspielte, führte er neu ankommende Vereine an die Tafel. Bei der gegenseitigen Vorstellung war er bemüht, in die üblichen Begrüßungsfloskeln den ein oder anderen, oftmals recht derben Scherz oder eine Provokation einzustreuen, um so ein improvisiertes Rollenspiel zu evozieren.[14]

In einer Pause zwischen den Begrüßungszeremonien verkündete der Vereinsschamane, daß nun eine Namensgebung für einen jungen Krieger stattfinde. Ihm werde sein „hunnischer" Name und der damit verbundene Titel eines Fürsten verliehen. Weiter erklärte er, daß dies für den Betreffenden eine heilige Handlung sei und daß diejenigen, die dieses nicht interessiere oder die es nicht respektieren könnten, sich bitte entfernen mögen. Wenig später erschien der Initiand sichtlich aufgeregt an der Tafel, an der sich nun auch zahlreiche Besucherinnen und Besucher versammelt hatten: sowohl Mitglieder anderer Vereine in „Gewandung" als auch nicht-kostümierte Gäste und Schaulustige. Unterdessen hatte ein älterer Schamane mit den Vorbereitungen für das Ritual begonnen, indem er auf einem kleinen Altar einen Dolch sowie Gefäße mit Milch, Butter, Weihrauch sowie andere Kultgegenstände anordnete und indem er über der Feuerstelle in der Mitte der Tafel das Fell seiner Trommel erwärmte. Der Vereinsschamane wies den Initianden an, sich auf ein großes Fell neben der Feuerstelle zu legen und begann, trommelnd im Kreis um die Tafel und die Zuschauer zu gehen, um einen Schutzkreis zu ziehen, wie der ältere Schamane erklärte. Daraufhin begannen beide, gemeinsam die Gottheiten Tengri, Etügen und Trivel anzurufen und um Beistand zu bitten. Sie sollten entscheiden, ob der junge Mann in den „Stamm" aufgenommen und in den Rang eines Fürsten erhoben werden könne. Den dunklen Qualm, der daraufhin aus dem Feuer aufstieg, deuteten sie als ein Zeichen der Götter dafür, daß der Initiand zunächst geprüft werden müsse. Daraufhin begann der ältere Schamane mit einer rituellen Reinigung des Initianden, indem er mit einigen Ästen über dessen Körper strich und eine Räucherung vornahm. Nach dieser Prozedur mußte der Initiand unter lautem Gejohle aller Anwesenden verschiedene, vermutlich alkoholische Getränke zu sich

---

[13] Das Einspielen von Musik – insbesondere von Filmmusik – ist ein wichtiger Bestandteil dieser Art von Aufführungen. Dabei ist der erwähnte und von Mike Batt stammende Soundtrack des Films „Caravans" (Fargo 1978) am beliebtesten.

[14] Wie ich später erfuhr, bereiten manche Schamanen für diese Anlässe gelegentlich kleine Schauspiele vor, die sie vorab mit einzelnen eingeweihten Vereinsmitgliedern proben. Dabei werden zuweilen ganze Drehbücher mit Texten und Handlungsanweisungen für die Beteiligten verfaßt.

nehmen. Der angehende Hunnenfürst wurde danach kreidebleich und mußte sich – wie man mir später erzählte – nach der Zeremonie mehrfach übergeben. Nachdem er diese Mutprobe bestanden hatte, befragten die Schamanen abermals die Gottheiten, die nun mit weißem Rauch positiv über die Aufnahme in den Verein befanden. Dem Urteil der Götter folgend, verkündete der Vereinsschamane den neuen Namen und Rang des Initianden, der sich nun zum Zeichen seines höheren Status stolz auf einem der Fürstenthrone an der Tafel niederlassen durfte. Nachdem die Zeremonie abgeschlossen war, kamen zahlreiche Gratulanten, die ihn zu seinem Aufstieg beglückwünschten – zu meiner Verwunderung waren darunter auch Verwandte, Freunde und Arbeitskollegen, die nicht Mitglieder der Kölner Stämme waren, wie mir die Mitglieder des Vereins und der Initiand erzählten.

Im weiteren Verlauf meiner Feldforschung erfuhr ich, daß nahezu jeder der achtzig Vereine der Kölner Stämme über eine Schamanin oder einen Schamanen verfügt, die oder der Vereinsrituale wie Namensgebungen sowie lebenszyklische Rituale wie Taufen, Hochzeiten und gelegentlich auch Beerdigungszeremonien durchführt.[15] Besonders solche lebenszyklischen Rituale sind oft auch über das Vereinsleben hinaus für die Beteiligten bedeutungsvoll. So ist es beispielsweise üblich, daß Paare an die standesamtliche Eheschließung anstelle einer kirchlichen Trauung eine „hunnische" Hochzeitszeremonie anschließen. Wie mir eine „hunnische" Braut erklärte, empfindet sie dieses Gelübde sogar als bindender als das christliche Sakrament: „Wenn Du einmal hunnisch geheiratet hast, kannst Du nie wieder hunnisch heiraten. Die Kiste ist zu. Das ist schlimmer als in der katholischen Kirche" (Dreschke 2011:TC 35:00).[16]

Oft erzählten mir Informantinnen und Informanten, daß sie zwar katholisch getauft und im christlichen Glauben erzogen worden seien, sich von der Institution Kirche jedoch abgewandt hätten. Zwar fühlten sie sich dem katholischen Glauben verbunden, aber der Vereinsschamane sei für sie eine Art Priesterersatz geworden und dessen „naturreligiöse" Rituale empfänden sie im Vergleich zu den kirchlichen als individueller und authentischer. Diese Praktiken werden nicht als Widerspruch zur christlichen Glaubensausübung empfunden – eher im Gegenteil: So erklärte mir ein Schamane, daß diese Praktiken so ähnlich seien, „wie im Dom ein Kerzchen aufzustellen". Ein anderer verglich die „Kraftorte", die er im Wald aufsuchte, mit dem Besuch der Schwarzen Mutter Gottes in der Kupfergasse: einer Wallfahrtskirche im Zentrum von Köln, der im Kontext der lokalen Volksfrömmigkeit eine besondere Bedeutung zukommt.[17] In

---

[15]   Während meiner Feldforschung habe ich keine solchen Beerdigungen erlebt. Man erzählte mir aber, daß es Schamanen gäbe, die im Anschluß an die Bestattung, wenn die Beerdigungsgesellschaft sich entfernt habe, eigene Rituale am Grab durchführten. Dies scheint aber eher selten vorzukommen. Sehr verbreitet sind allerdings Rituale, die gemeinschaftlich im Verein praktiziert werden wie zum Beispiel das Verbrennen der „Gewandung" des Verstorbenen sowie individuelle Trauerrituale für die Hinterbliebenen.
[16]   Die Angabe TC verweist auf den *timecode* der DVD.
[17]   Die schwarze Mutter Gottes, die in St. Maria in der Kupfergasse verehrt wird, hat auch im Karnevalsbrauchtum eine besondere Bedeutung. So besucht der Kölner Karnevalsprinz diesen Wallfahrtsort,

Schamane bei Hochzeitszeremonie 2008 (Foto: Anja Dreschke)

diesem Grenzbereich zwischen „fremden" paganen und anbindungsfähigen „eigenen" christlichen Praktiken gestalten die Schamanen während der Sommerlager gemeinsam mit katholischen Geistlichen Kindstaufen oder Feldgottesdienste. Die „schamanischen" Praktiken werden aber auch auf den Alltag übertragen. In Analogie zur Weihe eines neuen Zeltes auf dem Sommerlager ist es beispielsweise nach einem Umzug üblich, die neue Wohnung von einem Schamanen weihen zu lassen. Darüber hinaus begeht man zu Hause jahreszyklische Rituale – beispielsweise anläßlich der Sonnenwende. Dies gilt vor allem für diejenigen Mitglieder der Kölner Stämme, die sich auch jenseits des Vereinslebens einer paganen Glaubensrichtung – wie beispielweise dem Wicca-Glauben – zugehörig fühlen.[18] Für sie bieten die Sommerlager einen Erfahrungsraum, in dem sie ihren Glauben praktizieren können, „ohne das jemand komisch guckt", wie mir eine Frau aus einem Mongolenverein erklärte, die sich als Wiccanerin bezeichnet.

Am Anfang meiner Forschung rieten mir manche meiner Informantinnen und Informanten, in die Mongolei oder nach Sibirien zu reisen: Dort gebe es „echte" Scha-

<hr />

um Segen für den Rosenmontagszug zu erbitten. Auch Spieler des 1. FC. Köln besuchen die Kirche vor wichtigen Partien.

18   Eine volkskundliche Studie über die Anhängerinnen und Anhänger dieser paganen Glaubensrichtung in Deutschland hat Kathrin Fischer (2007) vorgelegt.

manen, die solle ich erforschen. Sie jedoch spielten nur eine Rolle, um den Mitgliedern der Kölner Stämme näher zu bringen, was Schamanimus sei und wie asiatische Steppennomaden diesen in früheren Zeiten praktiziert hätten. Diese Auffassung vertraten insbesondere die Mitglieder des „Ringes der Schamanen", der 1994 von fünf Vertretern unterschiedlicher Vereine gegründet wurde, die sich bereits seit längerem intensiv mit schamanischen Praktiken und den dazugehörigen Kosmologien befaßt hatten. Seine Aufgabe beschreibt der „Ring" in einer Selbstdarstellung in erster Linie als Wissensvermittlung:

> Unser Bestreben und unsere Aufgabe sehen wir darin, sich Praktiken und Fähigkeiten anzueignen und zu lernen, die unter dem Allgemeinbegriff „Schamanismus" bekannt sind. Dies können: mongolische, tibetische, sibirische, samisch/lappische, keltische, germanische und indianische Riten und Gebräuche, Beschwörungen naturreligiöser Art sein. Diese Riten und Gebräuche versuchen wir den Kölner Stämmen auf ihren Lagern und Festen so authentisch wie möglich näher zu bringen z.B. bei Ringeiden, Geburt und Taufe, Namensgebungen, Lagerweihen, Krieger- und Fürstenweihen, Jurtenweihen und auch Schamanenweihen anderer Stämme.[19]

Diese Position begegnete mir insbesondere zu Beginn meiner Feldforschung und diente wohl nicht nur der Legitimation, sondern auch als Schutzbehauptung, um sich mir gegenüber nicht der Lächerlichkeit Preis zu geben – ist doch die Vermeidung von Peinlichkeit ein wichtiges Moment im Kontext westlicher schamanischer Praktiken (vgl. Voss 2008, im Druck). Dementsprechend bezeichnet man sich gegenüber Außenstehenden nicht als Schamane, sondern als jemand, der die Rolle eines Schamanen spielt. Erst im Laufe meiner Forschung, als wir einen vertrauteren Umgang entwickelt hatten, bekannten einige der Akteure, daß sie selbst Schamanen seien. Dabei sind sie sich bewußt, daß ihre Handlungen Widersprüche und Brüche aufweisen: „Wir sind zwar nur Freizeitschamanen, aber was wir machen, nehmen wir ziemlich ernst", versuchte mir einer meiner Gesprächspartner dieses Paradox zu erklären. Zudem verdeutlichte er mit dieser trivialisierenden Selbstbezeichnung, daß er einen Unterschied zu indigenen, religiösen Experten sieht. Zwar suchen die Kölner Schamanen keinen Kontakt zu außereuropäischen Schamanen, doch bringen sie ihnen und ihren Handlungen offenbar grossen Respekt entgegen. Dies geschieht zum einen aus Ehrfurcht und um die religiösen Gefühle der Mitglieder der Vorbildkulturen nicht zu verletzen; zum anderen scheinen die Schamanen eine unbestimmte Furcht vor möglichen negativen Auswirkungen spielerisch oder fälschlich angewandter magischer Praktiken zu haben. So erklärte mir ein Mitglied eines Mongolenvereins, das schon mehrfach in die Mongolei gereist war und dort an schamanischen Séancen teilgenommen hatte, es könne gefährlich werden, wenn man ein Ritual nicht ernst nehme und es „nur" als Schauspiel aufführe. Damit könne

---

[19]   Diese Erklärung stammt aus einem Heft, das die Kölner Stämme 2000 anläßlich ihres „Stämmelagers" herausgaben. Zum Hintergrund: Alle drei bis vier Jahre veranstalten die Kölner Stämme ein gemeinsames Zeltlager, das allen achtzig Vereinen die Möglichkeit zur Teilnahme bietet.

man einen Gott oder Geist verärgern und dies könne für den jeweiligen Schamanen „böse enden" (Dreschke 2011:TC 68:35). Auch wenn er nicht weiter ausführte, welche Konsequenzen sich daraus ergeben könnten, so zeigt sich hier, wie bestimmte „fremde" Vorstellungen von der Wirksamkeit der Rituale an „eigene" angebunden werden können.

Die Bearbeitung und gegebenenfalls Schlichtung der sich daraus ergebenden Konflikte ist auch eine Aufgabe des Schamanen. Folgt man der Ethnologin Mirjam Schultze, die sich mit Schamanismus bei ostdeutschem Indianerhobbyisten befaßt hat, so stellt der Schamane hier eine notwendige Instanz dar,

> die den Bezug zur Alltagswelt aufrechterhält, die sich problemlos zwischen den internen und externen Grenzen bewegen kann und die Vermittlung zwischen Umwelt und System übernimmt. Sie muß dafür sorgen, daß ein solches indianisches Leben nicht in der kollektiven Psychose endet, sondern die Individuen der Gemeinschaft problemlos wieder in die Identität des Alltags zurückkehren können (Schultze 1999:199).

Der Schamane, so Schultze weiter, ist im Kontext des Hobbyismus nicht Vermittler zwischen Diesseits und Jenseits, sondern zwischen Alltags- und Hobbywelt und eine seiner Aufgabe besteht darin, den Übergang zwischen diesen beiden Welten zu gestalten und zu sichern, das Gleichgewicht in der Gemeinschaft herzustellen und die Kontinuität eines harmonischen Zusammenlebens zu wahren (Schultze 1999:202–201). Diese soziale Funktion übernimmt der Schamane auch bei den Kölner Stämmen. Allerdings treten die Konflikte nicht wegen eines Gegensatzes von Hobby- und Alltagswelt auf, sondern gerade weil die Grenzen zwischen den beiden Welten fließend sind. Deshalb bedarf es zur Gestaltung der Übergänge besonderer Rituale, die von den Schamanen entwickelt und durchgeführt werden – zum Beispiel in Form von Initiationsritualen wie der bereits beschrieben Namensgebung.

BUCH UND TROMMEL

> Ja, meine Rolle im Verein. Von der Grundsätzlichkeit her eingetreten als ganz normales Nietenträgerchen.[20] Und dann wurde irgendwann mal die damals noch Rolle des Schamanen frei, die dann so aussah, daß Du irgendwie so ein Gewand aus Sackleinen an hattest und bist dann irgendwo mit einer grau gefärbten Perücke hinter den anderen her gerannt und hast ein bißchen dummes Zeug erzählt und mit Rauchpulver und so'nem Kram da was rumgemacht. So, und dann hab ich irgendwann mal die richtigen Leute kennen gelernt, hab angefangen zu lesen halt auch und bin dann mehr und mehr auch in dieses Schamanisieren reingekommen, wobei das ja hier nun mal keine große Rolle spielt, das ist ja eher was man hinter verschlossenen Türen tätigt (Dreschke 2011:TC 30:15–31:25).

---

[20]   Dieser Ausdruck bezieht sich auf die mit Nieten und Leder dekorierten Gewänder der Mitglieder der Hunnenvereine.

Diese Schilderung eines Mitglieds des „Ringes der Schamanen" ist typisch für die Art und Weise, in der auch andere Kölner Schamanen ihren Werdegang beschreiben. Die meisten erklärten mir, sie hätten die Position des Schamanen angenommen, weil diese im Verein frei gewesen sei und nicht aufgrund eines Berufungserlebnisses oder besonderer spiritueller Neigungen. Schamane sei zunächst nur ein „Job im Verein" wie Krieger, Fürst oder König (Dreschke 2011:TC 32:50). Jeder Verein müsse diese Position besetzen, um den reibungslosen Ablauf der Aufführungen zu organisieren und diese möglichst unterhaltsam zu gestalten. Dafür benötige man Improvisationstalent, Schlagfertigkeit, Kreativität, Humor und vor allen Dingen eine „große Klappe". Mit Religion oder Spiritualität habe das anfänglich nichts zu tun. Erst durch die intensivere Beschäftigung mit dem Schamanismus und das Ausüben der entsprechenden Praktiken hätten sie besondere Fähigkeiten entwickelt. Die Ethnologin Tanya Luhrmann beschreibt diesen Vorgang in ihrer Forschung über Menschen in Großbritannien, die Magie praktizieren, als „interpretive drift" und sie spricht von einem

> slow shift in someone's manner of interpreting events, making sense of experiences, and rituals and test with detachment. Nor is their practice mere poetry, a new language to express their feelings. Rather, there seems to be a slow, mutual evolution of interpretation and experience, rationalized in a manner which allows the practitioner to practise. The striking feature, I found, was how *ad hoc*, how seemingly unmotivated, this transformation became. Magicians did not deliberately change the way they thought about the world. Becoming involved in magic is exiting, and as the neophyte read about the practice and talked to other practitioners he picked up intellectual habits which made the magic seem sensible and realistic. He acquired new ways of identifying events as significant, of drawing connections between events, with new, complex knowledge in which events could be put into context (Luhrmann 1989:12; Kursivsetzung im Original).

Auch die Kölner Schamanen beschreiben ihren Werdegang als einen Prozeß des Hineinwachsens, in dessen Verlauf sie ihre eigene Biografie dahingehend umdeuten, daß sie schon immer besondere Eigenschaften und Neigungen besessen hätten, die sie für die spirituellen Aspekte der Schamanenrolle prädestinierten. Dies geschieht im Rahmen einer mehrjährigen Ausbildungszeit, während der ein Novize von einem „Schamanenvater" oder einer „Schamanenmutter" in rituellen Praktiken unterwiesen wird. Während ihrer Ausbildung assistieren die jungen Schamanen den älteren bei den Vorbereitungen von Ritualen oder Rollenspielen, bis es ihnen erlaubt ist, kleinere Abschnitte von öffentlichen Zeremonien selbst durchzuführen. Dabei imitieren sie zunächst die Gesten und Redewendungen ihres Schamanenvaters oder anderer Schamanen und sie entwickeln im Laufe der Zeit ihren eigenen Stil. Ein Großteil der Ausbildung findet im privaten Rahmen oder bei „geheimen" Treffen abseits der Sommerlager statt. Fast jeder Schamane hat einen Altar oder einen Bereich in seiner Wohnung, in dem er für sich allein oder mit seinen Schamanenbrüdern praktiziert. Hier trifft man sich zum Erfahrungsaustausch, um Kultgegenstände herzustellen und vor allem, um gemeinsam Séancen durchzuführen und mit Trancetechniken zu experimentieren. Zur Tranceinduktion werden Techniken wie Trommeln, Schütteln des Kopfes und des Oberkörpers, Hüpfen, aber auch Fasten sowie der Konsum von psychoaktiven Substanzen in Form von bestimmten Pilzen und Alkohol eingesetzt. Wie meine Informanten mir erzählten, üben die Schamanenschüler unter Anleitung eines erfahrenen Schamanen, ihr „Krafttier" zu finden oder Kontakt zu „Hilfsgeistern" aufzunehmen. Zu diesem Zweck trifft man sich auch zu gemeinsamen Ritualnächten an besonderen Orten in der Natur. Abschließend durchläuft der Novize ein „klassisches" Initiationsritual, das den symbolischen Tod durch Zerstückelung und die anschließende Wiederauferstehung beinhaltet.

Das „Training" der angehenden Schamanen basiert aber nicht nur auf den Unterweisungen sowie der Nachahmung der Praktiken der weiter fortgeschrittenen Ritualexperten: Wie meine Informanten immer wieder hervorhoben, stellt auch das Studium der Literatur über Schamanismus einen wichtigen Bestandteil der Ausbildung dar. Rezipiert werden zum Beispiel Bücher von Mihály Hoppál (1994) oder Hans Findeisen und Heino Gehrts (1996) sowie „schamanische" Literatur, wie sie in der Esoterik-Szene verbreitet ist.[21] Daraus werden Begriffe wie „Schamanenkrankheit", „Schamanenreise", „Krafttier" oder „Hilfsgeist" sowie unter anderem von Mircea Eliade (1989:499–500) erwähnte Bilder und Narrative übernommen, mit denen Visionen in der Trance wie das Reisen in die „Unterwelt" oder das Erklimmens eines Baumes, um in die „Oberwelt" zu gelangen, beschrieben werden.[22] Auch arbeitet man Gewänder, Schamanenkronen und Kultgegenstände nach, die in Fachbüchern und Ausstellungskatalogen abgebildet sind.

Dem Buch „Schamanen und Rhapsoden. Die geistige Kultur der alten Mongolei" von Erika und Manfred Taube (1983) kommt in diesem Prozeß der Adaption eine besondere Bedeutung zu. Wie ein jüngerer Schamane mir erklärte, gehört dieses Buch zur Pflichtlektüre aller Novizen. Sie verwenden es, um Rituale vorzubereiten und sie rezitieren während ihrer Zeremonien zum Teil wörtlich Gebete und Gesänge daraus. Aufgrund seiner großen Popularität wird das Buch von ihnen auch als „Bibel der Schamanen" bezeichnet. Es liefert somit ein besonders anschauliches Beispiel für die Verfahren, mit denen mediale Repräsentationen in rituelle Handlungen überführt und erfahrbar gemacht werden. Durch den metaphorischen Bezug auf die „Bibel" werden die „fremden" spirituellen Praktiken in die Logik der „eigenen", christlichen Buchreligion übersetzt und so greifbar beziehungsweise interpretierbar gemacht. Das „Fremde" – der Schamanismus – wird an das Vertraute – die Bibel – angebunden.

---

[21] Im Kontext der „New Age"- oder Esoterik-Bewegung ist in den letzten Jahrzehnten eine unüberschaubare Flut an Ratgeberliteratur erschienen, die sich auch mit Schamanismus befaßt. Vergleiche dazu beispielsweise Voss (2011:52).

[22] Wie Andrei A. Znamenski (2007) gezeigt hat, bezieht sich Eliade hier auf die Beschreibung einer schamanischen Séance zu Ehren der Gottheit Ülgen von Wilhelm Radloff, welche dieser vermutlich bei den Teleuten im Altai-Gebirge beobachtet hat. Eliade entwickelte daraus die Konstruktion einer archetypischen schamanischen Séance (Znamenski 2007:36–38).

Der Rekurs auf konkrete populärwissenschaftliche Quellen dient aber auch dazu, die Ernsthaftigkeit der eigenen Auseinandersetzung mit dem Schamanismus zu bekräftigen und so einen Expertenstatus zu etablieren. Bücher wie die „Bibel der Schamanen" werden nicht nur als Informationsquellen herangezogen, sondern gelten auch als Garanten für die Authentizität der Aufführungen. Allerdings gibt es einige Schamanen, die einen direkten Bezug auf schriftliche Quellen für ihre rituelle Praxis ablehnen und einem intuitiven Zugang zu spirituellen Praktiken den Vorzug geben. Dies gilt in besonderem Maße für ältere Schamanen, die bereits erfahren im Umgang mit Trancepraktiken sind. So erklärte mir ein Schamane, der schon seit Anfang der 1980er Jahre praktiziert und sehr intensiv mit Ekstasetechniken arbeitet, auch er habe sich zunächst „per Buch" mit dem Schamanismus befaßt, dies sei aber nur „ein Schritt auf dem Weg zum richtigen Schamanismus" gewesen, zu dem er erst gefunden habe, nachdem er sich „an eine Trommel begeben" habe (Dreschke 2011:TC:77:17). Mit dieser Formulierung bezieht er sich zum einen darauf, daß er die Trommel als Medium zur Tranceinduktion nutzt, zum anderen ist hier aber auch das Praktizieren „aus dem Bauch heraus" gemeint. Durch das Nachahmen und das Training „fremder" Praktiken werden rituelle und spirituelle Fähigkeiten ausgebildet, die eine gewisse Eigenständigkeit erlangen. Das Medium Buch wird sozusagen durch das Medium Trommel ersetzt.

Spiel und Ernst

In diesem Aufsatz habe ich darzustellen versucht, wie bei den Kölner Stämmen Wissen über Schamanismus durch Nachahmung angeeignet wird. Dabei lassen sich zwei unterschiedliche Zugänge beobachten, die sich allerdings wechselseitig bedingen: zum einen die körperliche Nachahmung von rituellen Praktiken – insbesondere Trancetechniken –, zum anderen der Rekurs auf mediale Repräsentationen – neben populären Medien, ethnologische und religionswissenschaftliche Konzepte –, die von den Akteuren in rituelle Handlungen übersetzt werden und die auf diese Weise „ins Feld" wirken. In der Ethnologie hat sich der Terminus Schamanismus zu einem nicht unumstrittenen Sammelbegriff entwickelt, der eine Vielzahl unterschiedlicher spiritueller Praktiken vereint. Der Schamane kann Medizinmann, Zauberer, Magier, Hexer, Gaukler oder Trickster sein (vgl. Znamenski 2007). Gerade die Unschärfe des Begriffs erlaubt es den Kölner Schamanen, sich aus den verschiedenen Facetten je nach Kontext die passenden auszuwählen und sie so umzudeuten, daß sie mit den „eigenen", Vorstellungen und Praktiken übereinstimmen.

In der lokalen Perspektive bedient der Schamane unterschiedliche Aufgaben: Er kann Unterhaltungskünstler, Hofnarr, Zeremonienmeister, Wissensvermittler, Priesterersatz und Ritualexperte sein. Seine Rolle läßt sich aber auch als die eines Vermittlers beschreiben: eines Vermittlers zwischen Hobby und Alltag, der den Übergang zwischen beiden Welten gestaltet und Konflikte schlichtet, damit diese Vermittlung gelingt. In

den Rollenspielen und Ritualen wird er zum Vermittler zwischen einer Vorder- und
einer Hinterbühne (Goffman 2003) beziehungsweise dem „on-stage" und „off-stage"
der Aufführung, indem er auf der Vorderbühne vorführt, wie die Vereinsmitglieder den
Transformationsprozeß zwischen angenommener Rolle und Alltagsrolle zu vollziehen
haben. Auf der Hinterbühne entwickelt er im Rückgriff auf (populär-)wissenschaftli-
che Texte die öffentlichen Rituale sowie individuelle, spirituelle Fähigkeiten durch das
Praktizieren von Körpertechniken (der Trance) und so wird er zum Vermittler zwischen einer „exoterischen", der Öffentlichkeit zugewandten und einer „esoterischen",
ins persönlich Intime gewendeten Seite. Durch die Verbindung dieser Vermittlungsauf-
gaben wird er zum Experten im unmittelbaren Rollenwechsel und im Überschreiten
der Grenze zwischen Hobbywelt und Alltag, zwischen angenommener Rolle und Alltagsrolle, zwischen spielerischer Aufführung und ernsthaftem Ritual.

    Ohne die Praktiken der Kölner Schamanen mit den Ritualen sibirischer Schama-
nen in eins setzen zu wollen, möchte ich mit dem Hinweis darauf schließen, daß auch
zeitgenössische sibirische Schamanen ihre Handlungen nicht immer Ernst nehmen und
daß sie sich gelegentlich sogar über ihre Geister lustig machen. Wie Rane Willerslev
und Morten Axel Pedersen gezeigt haben, werden auch bei den Schamanen der Jukagiren Rituale von Witzen unterbrochen, die eine ausgelassene Stimmung unter den
Beteiligten hervorrufen und die nur den Ethnologen in Angst und Schrecken versetzen,
der um die Seriosität seines Forschungsgegenstandes fürchtet (2010:270). Auch bei den
Jukagiren können schamanische Aufführungen gleichzeitig Spiel und Ernst bedeuten
und die Schamanen „maintain an ironic distance toward their official animistic cosmology along with its requirements of treating the spirits with extreme respect" (Willerslev
u. Pedersen 2010:271).

    Diese Doppeldeutigkeit verweist wiederum auf ein frühes Fallbeispiel, das Claude
Lévi-Strauss in seinem Aufsatz „Der Zauberer und seine Magie" (1978) schildert und
das zeigt, daß der Schamane

> an ein eigentümliches Schlingern zwischen Skepsis und Suggestion gebunden bleibt, das
> für aufgeklärte Beobachter immer unter Scharlatanerie-Verdacht stehen wird – daß er sich
> aber auch dann seinen eigenen Wirkungen beugen muß und auf diesem Wege zu ganz
> realen Folgen seiner eigenen Inszenierung gelangt (Schüttpelz 2008:281).

Lévi Strauss bezieht sich auf die von Franz Boas überlieferte Autobiographie eines
Kwakiutl-Indianers, der nicht an die Macht schamanischer Praktiken glaubte. Um diese
als Betrügereien zu entlarven, ließ er sich in die Praktiken der Schamanen einweisen,
die Lévi-Strauss wie folgt beschreibt:

> eine seltsame Mischung aus Pantomime, Gaukelei und empirischen Kenntnissen, darunter
> die Kunst, Ohnmachten zu heucheln, Nervenanfälle vorzutäuschen, die Lehre magischer
> Gesänge, die Technik, sich selbst zum Speien zu bringen, und ziemlich präzise Kenntnisse
> in der Praxis der Auskultation und der Geburtshilfe, die Einsetzung von „Träumern", das

heißt Spionen, die die privaten Unterhaltungen belauschen und den Schamanen Elemente der Informationen über das Herkommen und die Symptome der Krankheit verschiedener Leute berichten müssen (Lévi-Strauss 1978:192).

Insbesondere erlernte der Schamanenschüler einen Trick, der die Patienten glauben machen sollte, ein blutiger Federbüschel, den er zuvor in seinem Mund versteckt hatte, sei der „pathologische Körper", den er mit seiner Behandlung extrahiert habe (Lévi-Strauss 1978:193). Obwohl die Ausbildung seinen Betrugsverdacht bestätigte, begann er zu praktizieren, weil die Umstände ihn dazu zwangen. Seine Heilungserfolge brachten ihm bald den Ruf eines „großen Schamanen" ein, er selbst aber blieb Skeptiker.

Wie ich zu zeigen versucht habe, betrachten auch die Schamanen der Kölner Stämme die Wirksamkeit ihrer Rituale mit Skepsis, indem sie sie als Schauspiel, Unterhaltung oder Wissensvermittlung abtun. Sie ziehen die „Authentizität" ihrer rituellen Praktiken in Zweifel, indem sie sich von „echten" Schamanen, abgrenzen. Nichtsdestotrotz sind ihre Rituale für sie und die anderen Mitglieder der Kölner Stämme auf vielfältige Weise wirksam.

LITERATURVERZEICHNIS

BACHTIN, Michail
1987   *Rabelais und seine Welt*. Volkskultur als Gegenkultur. Frankfurt am Main: Suhrkamp

BOLTER, Jay David und Richard GRUSIN
2000   *Remediation: understanding new media*. Cambridge, MA: MIT Press

BOLZ, Peter
1987   „Life among the Hunkpapas: a case study in German Indian lore", in: Christian F. Feest, (Hrsg.), *Indians and Europe: an interdisciplinary collection of essays*, 475–490. Aachen: Rader

BROYLES GONZALEZ, Yolanda
1989   „Cheyennes in the Black Forest: a social drama", in: Roger Rollin (Hrsg.), *The americanization of the global village: essays in comparative popular culture*, 70–86. Bowlin Green: Bowling Green State University Popular Press

DELORIA, Philipp J.
1998   *Playing Indian*. New Haven: Yale University Press

DRESCHKE, Anja

2010   „Playing ethnology", in: Judith Schlehe, Michiko Uike Bormann, Carolyn Oesterle und
        Wolfgang Hochbruck (Hrsg.), *Staging the past: themed environments in transcultural per-
        spective*, 253–267. Bielefeld: transcript

2011   *Die Stämme von Köln*. Ethnographischer Dokumentarfilm, produziert von 58Filme in
        Kooperation mit dem WDR und mit Unterstützung der Filmstiftung NRW. Köln: Real-
        fiction Filmverleih (DVD, 90 Minuten)

Im Druck a „Der hunnische Blick'. Ethnografische Forschung mit und über Medien", in: Cora
        Bender und Martin Zillinger (Hrsg.), *Methoden der Medienethnografie*. Berlin: Reimer

Im Druck b „Possession play: on cinema, reenactment, and trance in the Cologne Tribes", in:
        Heike Behrend, Anja Dreschke und Martin Zillinger (Hrsg.), *Trance mediums and new
        media: spirit possession in the age of technical reproduction*. New York: Forham Press

ELIADE, Mircea

1989   *Schamanismus und archaische Ekstasetechnik*. Frankfurt am Main: Suhrkamp ([1]1951)

FARGO, James

1978   *Caravans*. Spielfilm. USA

FINDEISEN, Hans und Heino GEHRTS

1996   *Die Schamanen*. Jagdhelfer und Ratgeber, Seelenfahrer, Künder und Heiler. München:
        Diederichs (Diederichs Gelbe Reihe)

FISCHER, Kathrin

2007   *Das Wiccatum*. Volkskundliche Nachforschungen zu heidnischen Hexen im deutsch-
        sprachigen Raum. Würzburg: Ergon

FISCHER-LICHTE, Erika

2012   „Die Wiederholung als Ereignis. Reenactment als Aneignung von Geschichte", in: Jens
        Roselt und Ulf Otto (Hrsg.): *Theater als Zeitmaschine*. Zur performativen Praxis des
        Reenactments, 13–52. Bielefeld: transcript

FROHN, Christina

2001   *Der organisierte Narr*. Karneval in Aachen, Düsseldorf und Köln von 1823 bis 1914,
        Marburg: Jonas

GOFFMAN, Erving

2003   *Wir spielen alle nur Theater*. Die Selbstdarstellung im Alltag. Reinbek: Rowohlt ([1]1959)

HARTMANN, Petra und Stephan SCHMITZ

1991   *Kölner Stämme*. Menschen, Mythen, Maskenspiel. Köln: Vista Point

HEISSIG, Walther

1989   „Die alten Götter der Mongolei", in Walther Heissig und Claudius C. Müller (Hrsg.),
        Die Mongolen. Ausstellungkatalog Haus der Kunst München, 223–226. Innsbruck:
        Pinguin

HOBSBAWM, Eric und Terrence RANGER (Hrsg.)
1983   *The invention of tradition.* Cambridge: Cambridge University Press

HOPPÁL, Mihály
1994   *Schamanen und Schamanismus.* Augsburg: Pattloch

HUTTON, Ronald
1999   *Shamans: Siberian spirituality and the Western imagination.* London *et al.*: Hambledon

JENKINS, Philip
2004   *Dream catchers: how mainstream America discovered native spirituality.* New York: Ox-
          ford University Press

KALSHOVEN, Petra Tjitske
2004   „Play and display as knowledge-generating mechanisms in 'Indian hobbyism'", in:
          Colin G. Calloway, Gerd Gemünden und Susanne Zantop (Hrsg.), *Germans and Indi-
          ans: fantasies, encounters, projections*, 195–212. Lincoln: University of Nebraska Press
2005   „'Is this play?' Reframing metaphoric action on Indianist playgrounds", *Kroeber Anthro-
          pological Society Papers* 91:66–91
2012   *Crafting 'the Indian': knowledge, desire and play in Indianist reenactment.* New York und
          Oxford: Berg

KLAUSER, Helene
2007   *Kölner Karneval zwischen Lebensform und Uniform.* Münster: Waxmann

KRAMER, Fritz W.
2005   „Exotismen", in: Fritz W. Kramer, *Schriften zur Ethnologie*, 188–195. Frankfurt am
          Main: Suhrkamp

LÉVI-STRAUSS, Claude
1978   „Der Zauberer und seine Magie", in: Claude Lévi-Strauss, *Strukturale Anthropologie*.
          Band 1, 183–203. Frankfurt am Main: Suhrkamp (¹1958)

LUHRMANN, Tanya M.
1989   *Persuasions of the witch's craft: ritual magic in contemporary England.* Cambridge, MA:
          Harvard University Press

MEYER, Birgit
2010   *Aesthetic formations: media, religion, and the senses*, London: Palgrave Macmillan

NIEKRENZ, Yvonne
2011   *Rauschhafte Vergemeinschaftungen.* Eine Studie zum rheinischen Straßenkarneval.
          Wiesbaden: VS Verlag für Sozialwissenschaften

OTTO, Ulf
2012   „Re: Enactment. Geschichtstheater in Zeiten der Geschichtslosigkeit", in: Jens Roselt
        und Ulf Otto (Hrsg.): *Theater als Zeitmaschine*. Zur performativen Praxis des Reenact-
        ments. Bielefeld: transcript

ROCH, Claudia
2006   *Plastikschamanen und AIM-Krieger*. Zur Rezeption indianischer Spiritualität in der
        New-Age-Bewegung. Leipzig: Leipziger Universitätsverlag

ROSELT, Jens und Ulf OTTO (Hrsg.)
2012   *Theater als Zeitmaschine*. Zur performativen Praxis des Reenactments. Bielefeld: trans-
        cript

SCHÜTTPELZ, Erhard,
2008   „Der magische Moment. Mit einem Beitrag von Martin Zillinger", in Michael Kauppert
        und Dorett Funcke (Hrsg.), *Wirkungen des wilden Denkens*. Zur strukturalen Anthro-
        pologie von Claude Lévi-Strauss, 275–303. Frankfurt am Main: Suhrkamp

SCHULTZE, Miriam
1999   „Von Kriegern, Priestern und Schamanen im Wilden Osten. Neo-Schamanismus bei
        den Indianistik-Clubs", in: Alexandra Rosenbohm (Hrsg.), *Schamanen zwischen Mythos
        und Moderne*, 186–201. Leipzig: Militzke

SIEG, Katrin
2002   *Ethnic drag: performing race, nation, sexuality in West Germany*. Ann Arbor: The Univer-
        sity of Michigan Press

TAUBE, Erika und Manfred TAUBE
1983   *Schamanen und Rhapsoden*. Die geistige Kultur der alten Mongolei, Leipzig: Koehler &
        Amelang

TAUSSIG, Michael
1993   *Mimesis and alterity: a particular history of the senses,* New York: Routledge

TURNER, Victor
2005   *Das Ritual*. Struktur und Anti-Struktur. Frankfurt am Main und New York: Campus
        ([1]1969)

TURSKI, Birgit
1994   *Die Indianistikgruppen in der DDR*. Entwicklung, Probleme, Aussichten. Idstein,
        Taunus: Baum

VON BORRIES, Friedrich und Jens-Uwe FISCHER
2008   *Sozialistische Cowboys*. Der Wilde Westen Ostdeutschlands. Frankfurt am Main: Suhr-
        kamp

VON STUCKRAD, Kocku
2003   *Schamanismus und Esoterik.* Kultur- und wissenschaftsgeschichtliche Betrachtungen.
          Leuven: Peeters

VOSS, Ehler
2008   „Von Schamanen und schamanisch Tätigen. Peinlichkeit und ihre Vermeidung im Kon-
          text des modernen westlichen Schamanismus", in: Mark Münzel und Bernhard Streck
          (Hrsg.), *Ethnologische Religionsästhetik.* Beiträge eines Workshops auf der Tagung der
          Deutschen Gesellschaft für Völkerkunde in Halle (Saale) 2005, 111–142. Marburg:
          Philipps-Universität Marburg
2011   *Mediales Heilen in Deutschland.* Eine Ethnographie. Berlin: Reimer
Im Druck „Authentizität als Aktant. Schamanismus aus Sicht einer symmetrischen Anthropo-
          logie", *Paideuma* 59

WELCH, Christina
2007   „Complicating spiritual appropriation: North American Indian agency in western al-
          ternative spiritual practice", *Journal of Alternative Spiritualities and New Age Studies*
          3:97–117

WILLERSLEV, Rane und Morten Axel PEDERSEN
2010   „Proportional holism: joking the cosmos into the right shape in North Asia", in: Ton
          Otto und Nils Bubandt (Hrsg.), *Experiments in holism: theory and practice in contempo-
          rary anthropology,* 262–278. Hoboken: Wiley-Blackwell

ZNAMENSKI, Andrei A.
2007   *The beauty of the primitive: shamanism and the western imagination.* Oxford: University
          Press

Paideuma 59:149–168 (2013)

'WHAT WRITING HAS UPSET, WRITING MUST SET RIGHT'*
Colonialism and resistance in French Polynesia in Titaua Peu's novel "Mutismes"

Andrew Billing

ABSTRACT. Politically engaged indigenous French Polynesian writers have critiqued the ideological discourses used to legitimate the ongoing colonial administration of their country and its economic and political dependence on metropolitan France. However, their writings also convey the continuing appeal of French cultural norms, if not the assimilationist model of French citizenship for some colonised French Polynesians. Titaua Peu's best-selling 2003 first novel "Mutismes", dedicated to the early independence leader Pouvana'a a Oopa, presents a robust critique of the French colonial legacy in Polynesia. Nonetheless, "Mutismes" also thematises a degree of ambivalence towards the ideological discourses underpinning colonialism, as well as the familiar alternative of full political independence or an expansion of rights within a French political framework. Peu's counter-discourse emphasizes colonial wounds as well as the irreducibility of ethnic and cultural mixing in Polynesia, but does not finally choose between independence and the current model of autonomy under French tutelage, calling instead for a new politics that goes beyond the terms of the current political stalemate.

I. *Discourse and counter-discourse in contemporary Ma'ohi writing*

French Polynesian political life has been dominated for several decades by the conflict between the independence movement and the 'autonomist' parties who want to preserve political and economic ties with France. In territories in the Pacific dominated by a colonising majority culture, including Hawai'i and Aotearoa/New Zealand, indigenous peoples have sought to elaborate strategies for self-determination within the context of the existing nation state and capitalist economy.[1] In French Polynesia, with its large indigenous Ma'ohi majority,[2] the independence movement has advocated a position of sovereign nationalism and full self-governance. The strategy of a pragmatic

---

*   The title is an allusion to the quotation from Turo Raapoto that is the motto of Titaua Peu's editor, Éditions Haere Po: 'Ta te papai i faatopa, na te papai e faatia (Ce que l'écriture a renversé, l'écriture doit le redresser)'.

1   See for example O'Sullivan (2007).

2   'Ma'ohi' (also less commonly 'Mā'ohi') is the term most often used to identify the indigenous inhabitants of the island groups that comprise French Polynesia and can be compared with the cognate expressions 'Mā'ohi' and 'kānaka Maoli' in Aotearoa/New Zealand and Hawai'i, respectively. Although statistics on ethnicity are no longer officially recorded, in the 1988 census 73.5 per cent of French Polynesians identified themselves as largely unmixed ('Polynésiens non ou faiblement métissés') and 66.5 per cent as unmixed ('sans métissage') (Brami Celentano 2002:373). Furthermore, in the 2007 census 55 per cent described themselves as fluent (able to read, write, understand and speak) in a Polynesian language. (I.S.P.F. 2007), a percentage that must be combined with that of Ma'ohi of reduced fluency whose primary language is French.

accommodation with the state has been largely monopolised by the autonomist parties, traditionally dominated by members of the mixed-race 'demi' community, who have co-opted the rhetoric of autonomy as a means to defend the status quo of ultimate French rule.[3] At the same time, despite its indigenous demographic advantage, the nationalist message of the independence movement has not managed to prevail against the inertia of 170 years of French administration of the territory and the presumed benefits that association with France has provided.[4] Prospects for full political independence remain uncertain, even as the country experiences ongoing chronic instability.[5] The literary works of a number of Ma'ohi authors who have emerged in French Polynesia in recent decades help account for the impasses of this contemporary political scene.[6] Politically

3   On the history of conflicts between autonomistes and indépendantistes, see Trémon (2005).

4   The London Missionary Society began sending its representatives to Tahiti in 1797, and by 1837 its influential leader George Pritchard had been appointed British Consul and a key advisor to Queen Pomare IV. The arrival of French Admiral du Petit-Thouars in Tahiti in 1838 was ostensibly to pro-tect the interests of French Catholic missionaries and settlers on the island, but in a subsequent voyage in 1842 du Petit-Thouars obliged Pomare to grant France external sovereignty over Tahiti. A de facto French protectorate was established in 1843, and in 1880 Tahiti was officially annexed and incorporated into the French colonial Établissements français d'Océanie along with the remainder of the Society Islands and the Tuamotus, Marquesas and Austral Islands. Although some Tahitians enjoyed voting rights, most in the outer archipelagos were subject to the *code de l'indigénat*. It was not until 1946 that all Polynesians became French citizens and obtained full suffrage when the is-lands became a French Territoire d'outre-mer (T.O.M.) within the juridical framework of the Union française established under the constitution of the Fourth Republic. In 2003, as a consequence of French administrative reforms and local political struggles between *autonomistes* and *indépendan-tistes*, French Polynesia was designated a Collectivité d'outre-mer (C.O.M.) with the particular status of a Pays d'outre-mer au sein de la République, which conceded the territory a significant degree of local autonomy but also reaffirmed the ultimate authority of the French state. On the history of the French colonial presence in the South Pacific, see Aldrich (1990, 1993).

5   In the report on French Polynesia in the 2008–2009 "Polynesia in Review" section of the journal Contemporary Pacific, Lorenz Gonschor characterised the current situation of the country as one of 'chronic political instability' (2010:168) and claimed that 'with short-term coalitions now possible between each and every political party, political ideologies seem to be increasingly irrelevant, less and less masking the opportunist ambitions of politicians for power and money' (2010:169). Shift-ing political alliances between putative ideological enemies have blurred somewhat the distinction between the autonomist parties led by Gaston Flosse and Gaston Tong Sang and the independence movement organized as Tāvini Huira'atira and led by Oscar Temaru. At the same time, French policy has vacillated in recent years between attempts by President Sarkozy's Union pour un mouvement populaire (UMP) party to reassert control over its local affiliates and a detachment that has provoked 'speculation about France's decreasing commitment to the country' (Gonschor 2010:169). Given the current fluidity of the political situation in French Polynesia, it is difficult to predict the direction in which the colonial relationship with France is likely to evolve in the short term. Nonetheless, the instability and crisis of ideology referred to by Gonschor are suggestive not only of the venality of the country's political leaders, but of a deeper dynamic of colonial disengagement. Further changes to the country's political status remain possible, particularly in light of the victory of socialist candidate François Hollande in the 2012 French presidential election.

6   For a partial bibliography and access to a number of original texts online, see the excellent site Île en île (n.d.), hosted at Lehman College, CUNY. See also Nicole (2001), who documents the history of the Ma'ohi literary movements.

engaged Ma'ohi writers have exposed and critiqued not only the material relations of structural dependence but also the ideological discourses that have legitimated the colonial administration of the country since 1842. However, their writings also convey the continuing appeal of French cultural norms, if not the assimilationist model of French citizenship for some Ma'ohi, as well as a refusal of the terms of the traditional independence/autonomy binary.

As with other colonial projects in the Pacific,[7] French legitimating narratives have relied upon a dense series of literary representations of French Polynesia and its inhabitants that have incited Ma'ohi writers to practice a form of counter-writing, in which the path to cultural reassertion and eventual political self-determination begins with critique. Following Edward Saïd, Robert Nicole has characterised the function of these legitimating narratives as a Pacific version of Orientalism in which they serve to construct a myth of Tahiti and Tahitians in order to mask 'underlying relations of domination and control' (2001:7). For Nicole, Tahitian myths secure consent for the occupying power and reduce the need for overt physical repression through the internalisation of a discourse of hierarchised racial difference by colonial subjects.[8] The best known and most influential representations of Tahiti that can be understood in terms of this scheme are the narratives that emerged during the late nineteenth-century, including Pierre Loti's best-seller "Le Mariage de Loti" (1880) and Paul Gauguin's "Noa Noa".[9] Such narratives endorse colonial authority insofar as the image of the sexually liberated woman (*vahine*) willingly offering her body and cultural knowledge to the colonial male writer is combined with primitivist tropes of cultural immobility grounded in the timeless repetitions of natural cycles, theories of racial difference and the doctrine of 'fatal impact' to figure the relationship between coloniser and colonised as both consensual and paternalistic. The ongoing destructive power of this gendered and racialised myth of Tahiti as a consenting native Other is thematised in the writing of Ma'ohi author Chantal Spitz, who targets not only the complicity of literary representations such as Pierre Loti's compliant adolescent Tahitian 'bride' Rarahu with the legitimation of colonial authority, but also what she views as the internalisation of such stereotypes by colonised Tahitians: 'Rarahu tattooed on my soul on my identity on my humanity on my

---

[7]   For two literary accounts that lend support to U.S. colonial ambitions in the South Pacific, see Herman Melville's "Typee: a peep at Polynesian life" (1996), set in the Marquesas, and Mark Twain's "Letters from Hawai'i" (1966), in which Twain praises the benevolent work of the missionaries who have brought to the Sandwich Islanders 'freedom and the right to enjoy whatever the labor of their hands and brains produces' (1966:54) while calling for the 'immigration and permanent settlement' of Americans (1966:21). For New Zealand, see among other works the 'Maoriland' tales of Alfred Augustus Grace (1895, 1901) and the helpful critical discussions in Stafford and Williams (2006).

[8]   See also Fanon (1968:206–248).

[9]   Gaugin and Morice (1966). See also Victor Segalen's "Les Immémoriaux" (2001), although its attempts to reconstruct a pre-colonial Tahitian past arguably represents a more compelling attempt to write from the perspective of the other. For a good discussion of Loti and a sympathetic reading of "Noa Noa", see Edmond (1997:246–264).

difference, you precede me just as your novel immobilises our people the people of our country in their ugliness their insatisfaction their thingness'.[10]

Nonetheless, the specificity of French colonial discourse in French Polynesia is determined not only by such exoticising nineteenth-century tropes but also by an older Enlightenment tradition whose legacy is arguably a source of ambivalence for contemporary Ma'ohi authors. Although all colonised French Polynesians obtained juridical if not substantive recognition as full French citizens in 1946 with the elimination of the legal form of passive citizenship defined as the 'sujet indigène', as Robert Nicole writes, 'fiction or reality have rarely extended to Maohi the principles of "liberté, égalité, fraternité" enshrined in the French constitution' (2001:8). Yet paradoxically, these principles, which are central to the foundational French republican juridical texts, as well as to the political imaginary and self-conception of the modern French nation, can be linked to a discursive genealogy in which Tahiti itself is inscribed in a privileged role. French revolutionary ideology is the product of an Enlightenment tradition in which Denis Diderot's "Supplément au voyage de Bougainville" (2007) is only the best-known of a series of utopian eighteenth-century texts invoking an idealised pre-colonial Tahitian society as an embodiment of the Enlightenment principles of liberty, equality and property held in common, and which includes Nicolas Bricaire de la Dixmerie's "Sauvage de Taïti aux Français" (1770), Marie-Joséphine de Lescun de Monbart's "Lettres taïtiennes" (1786)[11] and even the Marquis de Sade's "Aline et Valcour" (1976).[12]

The idealisation of pre-colonial Tahiti in these Enlightenment texts is an interesting one insofar as the reference to non-western, 'primitive' or paradoxically 'natural' societies is used to support claims concerning the universality of Enlightenment values. Unlike nineteenth-century exoticism, in eighteenth-century texts the difference of the native Other is typically not foregrounded but neutralised in the name of a schematic representation of human nature that the native supposedly embodies in its purity.[13] However, this characteristic interrelation of universality and difference in French Enlightenment discourse is further complicated by the fact it is also often employed to serve parochial ideological ends. As Douthwaite notes, 'French [Enlightenment] writers incorporated exotic locales and native Others in their writings mainly to advance their own French national scripts' (1992:173). Encounter with and reflection on the Tahitian

---

[10]   'Rarahu tatouée à mon âme à mon identité à mon humanité à ma différence, tu me précèdes comme ton roman fige les gens de notre peuple de notre pays dans leur laideur leur incomplétude leur chosité' (Spitz 2003a; all translations A.B.). These themes are also pursued in Spitz's novels "Hombo" (2002) and "L'Ile des rêves écrasés" (2003b).

[11]   Julia Douthwaite (1992) provides a good analysis of these texts.

[12]   Nicholas-Edmé Rétif de la Bretonne's "Découverte australe" (1781) is written in a similar vein. For a study of the contribution of the South Seas utopias of Diderot, Sade and Rétif de la Bretonne to the development of Enlightenment moral and political ideals of transparency and egalitarianism, see Cheek (2003).

[13]   For a study of the history of French and European discourse on race in the Pacific, see Tcherkézoff (2008).

Other contributes to the formulation of a universal discourse that by the century's end has become subordinated to a French narrative of national liberation and self-founding. The tension between universal values and the local context in which they are invoked and applied surfaces in the famously aporetic relationship between man and citizen inscribed in the founding document of the 1789 Revolution, the "Déclaration des droits de l'homme et du citoyen" (Assemblée nationale n.d.). Here, enjoyment of the universal rights of man apparently requires that one first be recognised as a French citizen and thus a member of the French nation.

The earlier French discourse that conflates the image of Tahiti and the doctrine of universal rights with a powerful revolutionary nationalism offers the positive emancipatory promise of a substantive enjoyment of the universal rights enshrined in French law by its colonial subjects once they are recognised as full citizens. Its discursive history suggests that Tahitian values are compatible with French values and that French values can serve as a touchstone for an expansion of political and social justice in Polynesia. Nonetheless this expansion, as emblematised by the 1946 incorporation of French Polynesia into the Union française, seemingly comes at the price of a definitive assimilation into the French national community. Tahitian critic Kareva Mateata-Allain insists on the prejudicial consequences of this accession to French citizenship in her lament that in French Polynesia

> Ma'ohi identity and culture are squelched by French identity, citizenship and culture and school pupils are indoctrinated with French literature, French history, French government, and French language with its strict orthographical and grammatical rules. Such indoctrination pushes their own epistemological and cultural ideologies outside the margin (2008:29).

For Mateata-Allain, the assertion of the rights of the colonised as French citizens presupposes the surrender of indigenous cultural specificity and difference.[14]

II. VOICING COLONIAL SILENCES IN "MUTISMES"

Despite its dedication to the early independence leader Pouvana'a a Oopa (1895–1977) and its initial reception in some quarters in French Polynesia as a provocation,[15] Ti-

---

14 The dilemma is a familiar one. Compare with Haunani-Kay Trask's analysis of the tension between civil and human rights confronted by Kanaka Maoli in Hawai'i: 'By insisting that the American Constitution is the only instrument for the protection of rights and the assertion of obligations, the United States continues its suppression of the human rights of indigenous peoples within its borders' (1999:33).

15 Pouvana'a a Oopa, known as *metua* or leader, symbol of independentist aspirations and founder of the party Rassemblement démocratique des peuples tahitiens (RDPT), was imprisoned and sent into exile in the 1960s for allegedly inciting arson in Pape'ete after unsuccessfully advocating a rejec-

taua Peu's best-selling 2003 first novel "Mutismes" marks its distance from the uncompromising position on French colonial influence in Polynesia described by Mateata-Allain.[16] Instead, "Mutismes" thematises a degree of ambivalence towards the ideological discourses underpinning the French colonial presence in the country and the familiar alternative of full political independence or an expansion of rights within a French political framework (at the cost of further assimilation). Peu's novel is a fictionalised autobiography that narrates an unnamed adolescent girl's intellectual and political awakening and her involvement in the Tahitian independence movement during the early 1990s after her encounter and subsequent relationship with Rori, a much older Ma'ohi cultural authority, activist and political leader. Like Chantal Spitz, Peu's narrator presents her writing as a form of counter-discourse addressed to a Tahitian but also indirectly to a French colonial readership. Posing as the 'indecent chronicler of a life that had been carefully suppressed in all those books dealing with my homeland' ('chroniqueuse indécente d'une vie qu'on avait pris soin de taire dans tous ces livres qui parlaient de chez moi' [2003a:123]), Peu's narrator intends to substitute words and text for the multiple silences or 'mutismes' that have characterised Tahitians since 'discovery' and colonisation, as well as for the silencing of Tahitian voices in French discourse:

> Innumerable writers have depicted Polynesia, 'the new Cythera', etc. From Diderot to Pierre Loti, they have noted the beautiful scenery and the surprisingly gentle and sweet-natured inhabitants, whom they have ultimately disfigured since they have transformed their gentleness into naivety, and then finally into stupidity.[17]

For a Tahitian, to write is to act, challenging colonialist myths of Polynesian cultural stasis and the prejudice that the essence of Tahitian culture is an immutable orality: 'The most shocking thing today would be for a Tahitian to pick up the pen, and for this pen to become a sword, or an arrow. Shocking, since after all the Tahitian is supposedly always peaceful and languid'.[18]

In Peu's narrator's story of political awakening, her account of the Ma'ohi nationalist movement parallels that of her own developing awareness of her condition as a colonised Tahitian. The early sections of the novel before she meets Rori document the nar-

---

tion of the new constitution of the French Fifth Republic in favour of independence. See Aldrich (1993:171–180).

[16] For the reception of "Mutismes", see the exchanges between the author and a malicious 'Français de métropole', W.T., in the "Courrier des lecteurs" sections in nos. 146–148 of Tahiti-Pacifique magazine (Peu 2003b, W.T. 2003a–b), following a highly complimentary review in no. 145 by the critic Jean-Marc Tera'ituatini Pambrun, who had termed the novel 'le livre tahitien le plus bouleversant qui m'ait jamais été donné de lire' (Pambrun 2003:50).

[17] 'Des tas d'écrivains ont pensé la Polynésie, "la nouvelle Cythère" etc. De Diderot à Pierre Loti, on a vu des beaux paysages, des êtres étonnamment gentils, doux, et à la longue défigurés, car les autres ont fini par transformer cette gentillesse en naïveté, puis en imbécillité' (2003a:30).

[18] 'Le plus étonnant, aujourd'hui, serait qu'un Tahitien prenne la plume. Que celle-ci devienne lance, flèche. Etonnant car après tout, c'est un peuple pacifique et toujours endormi, n'est-ce pas?' (2003a:30).

rator's experiences of familial breakdown including her father's alcoholism, his violent domestic abuse of her mother, and finally his departure and abandonment of his family. Peu suggests here that the legacy of colonialist disenfranchisement is a rage that is the counterpart of Tahitian silences, a rage that cannot be conceptualised or verbalised and so is internalised or directed against loved ones in violence. The narrator's relationship with Rori is an attempt to find a refuge from this violence, and symbolically in the person of a father-substitute to replace mute anger with a political discourse.

After her mother's discovery and disapproval of her relationship with Rori, the narrator is exiled to a Catholic boarding school in Ra'iatea. An experience of humiliation by a French doctor whom she encounters during the flight from Pape'ete and who accuses her of the intention to steal his belongings forms in many respects the novel's centre: 'He was gripping a handbag tightly, out of fear, perhaps, that I would steal it. He really seemed afraid, I think [...] The expression in his eye was terrible, reproving, almost a look of disgust'.[19] The narrator's distress is exacerbated by her shock that she could be the object of naked racism in her own country: 'I was in my own country, and as far as I knew, apartheid did not exist here'.[20] In fact, the encounter sensitises Peu's narrator to the bad faith of the discourse of racial harmony that has served as an alibi for colonial rule in French Polynesia as elsewhere in the Pacific: 'Could it be possible, then? The numerous mixed marriages, the celebrated Polynesian *métissage* had not gotten the better of racism?'.[21] Polynesian *métissage* proves to coexist happily with a form of insular apartheid: 'Our two worlds had not learnt how to come together. In spite of friendships and sometimes love affairs, differences and even rifts seemed to persist. Intelligence, education and money were found over there, in their community, and rarely in "ours"'.[22] The experience of overt racism forces the narrator to confront the reality of the political, cultural and economic marginalisation of Tahitians under colonialism, and to begin to learn how to read the minor indignities of everyday life through a political lens: 'That day, in the plane that had taken me to Raiatea, something snapped. Perhaps as a result, I became sensitive to the slightest insults and injustices'.[23]

As in many other anti-colonial novels, the education that Peu's narrator receives in the French *lycée* in Ra'iatea ironically helps her to link these everyday experiences of racism and exclusion to the concept of a national political struggle. At school, she discovers the literature of international anti-colonial movements and the notion of a

---

[19]   'Il serrait tout contre lui un sac à main, de peur peut-être que je le lui pique. Il avait réellement peur, je crois [...] Il me lançait des regards terribles, réprobateurs, presque des regards de dégoût' (2003a:70).

[20]   'J'étais chez moi, et que je sache, l'apartheid n'existe pas' (2003a:70).

[21]   'Cela pouvait donc être possible? Les nombreux mariages franco-tahitiens, le métissage si vanté de la Polynésie n'avaient donc pas eu raison du racisme?' (2003a:71)

[22]   'Nos deux mondes n'avaient pas appris à se rapprocher. Malgré les amitiés et les amours parfois, il semblait subsister des différences, puis des fossés. L'intelligence, l'instruction et l'argent se trouvaient là-bas, chez l'autre, rarement chez "nous"' (2003a:80).

[23]   'Ce jour-là, dans cet avion qui m'avait menée à Raiatea, quelque chose s'était fêlé. Venant peut-être faire écho à cela, je traquai la moindre des blessures, des injustices' (2003a:79).

political combat centred on the fight to recover sovereignty over a lost or occupied national territory:

> Castro, Sadat [...] Arafat, Dayan, Ben-Gurion, all those foreign and strange-sounding names, I began to connect them to the idea of a land. Native, promised [...] I understood their struggles. I understood now that one could die for one's country, with all the strength of a profound and immortal conviction.[24]

Among these narratives, that of the Algerian war of independence, 'so phantasmatic in our country' ('si fantomatique sous nos cieux' [2003a:79]), has a particular, albeit foreboding resonance.[25] The experiences of other anti-colonial movements teach that the struggle to recapture a lost territory presupposes the creation or consolidation of a consciousness of national identity and a national myth that can inscribe it in historical time, as well as interpret the indignities of occupation. Before any reappropriation of its lost language, culture and land, the political liberation of Tahiti will similarly require the reconstitution, if not the invention, of a Tahitian people. Moreover, events like the humiliation in the plane in Ra'iatea can now be understood in their full political context, as shaped by but also as revealing of the dynamics of colonial oppression:

> What I felt bore no resemblance to the countless injustices that inevitably accompany childhood [...] this time, firstly, my ego was bruised, and then my sense of belonging. For the first time, I felt Tahitian, Polynesian. I was an integral part of a people, of its history and its national pride.[26]

This political understanding is soon reinforced by the narrator's reconnection with Rori and other leaders of the independence party during a political rally in Ra'iatea. Like the nationalist authors she has read, the Tahitian independence movement promises a sense of community and collective action towards a common goal of self-assertion and full national political independence: 'For the first time, I could say "we". We thought this, or that. We imagined that our country would be more "livable" in this manner. Finally, I discovered that I was not the only one to feel this way'.[27]

---

24   'Castro, Sadate [...] Arafat, Dayan, Ben Gourion, tous ces noms aux consonances étrangères et sur-
      tout étranges, je réussis à les associer à l'idée d'une terre. Natale, promise [...] je comprenais les
      combats des uns et des autres. Je comprenais maintenant que l'on puisse mourir ou tuer pour un pays
      qu'on dit sien, avec toute la force d'une conviction, profonde, immortelle' (2003a:79).
25   'Some began to talk again about the "dirty war", that war "over there", in the '60s. A war whose
      wounds continued to hurt, even today' ('Certains reparlèrent de la "sale guerre", de cette guerre de
      "là-bas", dans les années 60. Une guerre qui continuait à faire mal, aujourd'hui encore' [2003a:119]).
26   'Ce que je ressentais ne ressemblait pas aux nombreuses injustices qui jalonnent l'enfance [...] ça
      touchait l'ego tout d'abord, puis l'appartenance. Pour la première fois, je me sentais Tahitienne,
      Polynésienne. Je faisais partie intégrante d'un peuple, d'une Histoire et d'une fierté' (2003a:81).
27   'Pour la première fois, je pouvais dire "nous". Nous pensions ceci, puis cela. Nous imaginions que
      notre pays serait plus "vivable" de cette manière-là. Enfin, je découvrais que ce que je ressentais, je ne
      le ressentais pas dans la solitude' (2003a:82).

Thus far, at least, Peu's narrative invokes the familiar tropes of third-world anti-colonial movements. In "Mutismes", however, Peu's narrator's tale in the second part of the novel is one of increasing doubt with respect to the viability of a traditional nationalist prescription for colonial wounds in French Polynesia. Peu exploits the difference in perspective between the writing self and the self in the narrative to expose a certain febrility in the younger self's political rhetoric. After the rally in Ra'iatea, the narrator exclaims her faith that '[t]he dreams of equality and liberty now turned out to be shared' ('[l]es désirs d'égalité et de liberté se trouvaient maintenant partagés' [2003a:82]). However, the specific content to be assigned to these abstractions drawn ironically from the tradition of French revolutionary nationalism remains imprecise, even as the fervent, visionary tone of other of the declarations of the narrator mixes portentous revolutionary utopianism with the old eighteenth-century myths of Tahiti as an earthly paradise in which want and property are unknown:

> [I]ndependence, for me, rhymed majestically with 'equality'. Some were getting rich, profiting from the sun and the permanent advantages offered by a paradise that they believed in all sincerity to be theirs. Youth, my youth, led me to believe that a free and liberated country would allow and encourage a classless society to form, where there would be no more rich or poor.[28]

Beyond the suggestion of a certain naïveté, the effect of these declarations is to indicate the narrator's dependence – and by implication that of the independence movement itself – on a metropolitan French political conceptuality. The general terms in which the independence project is framed here, including the concepts of 'rights' and 'nationalism', are not organic Tahitian concepts but emerged largely from within the very Enlightenment discourses that underpin the authority of the colonising power. The language of contestation is couched in terms of the same principles that the French republic purports to embody and guarantee for its colonial citizens in Polynesia. Such a rhetoric serves to expose the hypocrisy of colonial discourse and could be viewed as no more than strategic. However, Peu's narrative implies that it is symptomatic of the inability of the independence movement itself to decide between its putative goal of full political independence and a preference for an assertion of rights within the framework of an attachment to the French state, the traditional position of its *autonomiste* adversaries. After her elopement from the *lycée* in Ra'iatea and her departure to live with Rori in the capital, Pape'ete, Peu's narrator documents the period leading up to the successes of the independence party in the elections of April 1994, and then in its final climactic scenes the turmoil following France's resumption of nuclear testing at Moruroa atoll

---

28   '[L]'indépendance, pour moi, rimait majestuesement avec "égalité". Certains s'enrichissaient, profit-
      ant du soleil et des avantages permanents qu'offrait un "paradis" qu'ils pensaient, en toute sincérité,
      être le leur. La jeunesse, ma jeunesse, me faisait croire qu'un pays libre et libéré permettait et encour-
      ageait enfin une société sans classe, où il n'y aurait plus ni pauvres, ni riches' (2003a:81).

after Jacques Chirac's election in 1995. The narrator observes with some disillusionment the pragmatic compromises of Rori and the party with the French state after the 1994 elections. The ideals of liberty and self-determination are now redefined in terms of a 'partnership':

> A new doctrine seemed to have been formed, called 'transparency'. It was now that I heard, for the first time, talk of a 'partnership'. A partnership between us and the French State. A partnership in education, and in health care. The concept seemed a little vague to me, but I tried my best to believe in it.[29]

The party's concession to the reality of continuing French jurisdiction over Tahiti combines with her growing doubt and ambivalence to provide Peu's narrator with the occasion for a more radical questioning of the principles of nationalism and national independence. Tahiti's dependence on French political and economic structures is tied to the assimilatory effects of French ideological and cultural institutions and discourses on Tahitian identity, even as the essentialist terms of the Tahitian national ideal now begin to seem questionable:

> Doubt, insidiously, managed to take hold of me. What if the old man who had accosted me an hour earlier had been right? What would happen to all these people who no longer knew how to fish or farm? What would become of these children to whom it had been stressed that the future could never be reached by looking 'backwards'? After all, it seemed almost certain that this is what independence would mean. A clean sweep of all comforts and commodities, a leap back into the past. The metropolis gone, how could we hope to find a way out of our predicament? And with which resources? How could we speak the language of our country again? The 'real' language, an original language, purified of all those 'bastard mixtures' that make the 'devotees' of Polynesian culture blush in shame?[30]

Certainly, in practical terms independence threatens a lucrative economic relationship between colony and metropolis based on created dependence, wealth transfer, subsidies and nepotism. But the nationalist conception of a Tahitian nation is also bound to a nostalgic myth of authenticity at odds with the complexity of both contemporary and

---

[29]   'Un nouveau crédo semblait naître et on l'appelait "transparence". C'est là que j'entendis, pour la première fois, parler de "partenariat". Un partenariat entre nous et l'Etat français. Un partenariat en matière d'éducation, de santé. Ça me paraissait un peu lointain comme concept, mais je m'efforçais d'y songer' (2003a:119).

[30]   'Le doute, insidieusement, réussit à me prendre. Et si le vieil homme qui m'avait abordée il y a une heure disait vrai? Qu'allaient devenir tous ces gens qui ne savaient plus ni pêcher, ni cultiver? Qu'allaient devenir ces enfants à qui on avait martelé que l'avenir ne se trouvait jamais en 'arrière'? Car il paraissait presque certain que l'indépendance c'était cela. Une espèce de table rase de tous les conforts, de toutes les commodités, un bond dans le passé. Et s'il avait raison? La Métropole partie, comment penser que nous pouvions nous en sortir? et avec quoi? Combien parlaient encore la langue du pays? La 'vraie', une langue d'origine, épurée de tous ces 'mélanges bâtards' qui font rougir de honte les 'tenants' de la culture polynésienne?' (2003a:116).

past realities. Independence represents a potentially impossible rupture for a society now defined by its 'mélanges bâtards' not just of language, but also of race, culture and ethnicity. Moreover, although it is true that many indigenous traditions are probably now irrevocably lost, the nationalist notion of an originary pre-colonial linguistic and cultural purity, an immutable Polynesian identity, is dubious if not complicit with the colonialist ideology it purports to dispute.

Although earlier Peu's narrator suggested that *métissage* coexists in Tahiti with forms of racism, here she indicates that it nonetheless represents the reality of a country marked by 150 years of colonial exchange and influence, if not a *sine qua non* of culture as such. For this reason, just as Peu's narrator's discovery of the independence movement had earlier helped her make sense of her own experiences of disenfranchisement, marginalisation and humiliation, the contradictions she now documents in the movement and in broader Tahitian society between the desire for independence and the recognition of the weight of colonial ties also resonate as a personal, psychological conflict:

> I wanted to fight, [...] but against whom were we actually fighting? Against the others, the foreigners, or against ourselves? Us, with our inner emptiness, our words that had become pitiful mixtures of two phantom cultures. Phantom, since one was not our own, while the other no longer existed.[31]

The space inhabited by contemporary Tahitians is the phantasmatic space of the in-between, the no longer Ma'ohi but not (yet) French. Contradictorily, however, as we have also seen, it is the space of an irreducible mixture from which to hope for an impossible return to a lost and probably mythical past that constitutes a form of disavowal and psychic violence, while to move further in the direction of assimilation presages a definitive alienation in otherness. For Titaua Peu, this dissonant and impossible space is that of the colonial condition.

III. "MUTISMES" AND THE RECONFIGURATION OF POLYNESIAN POLITICAL SPACE

The final pages of Peu's novel, which document the riots in Pape'ete following Chirac's decision to resume nuclear testing at Mururoa complicate her portrait once more. The narrator's outrage at a decision taken without consulting the inhabitants of French Polynesia reactivates the sense of national identity and difference that had seemed compelling earlier in the work: 'Since when had my people been dissolved into the French people, within the framework of the French Republic? We were "autonomous", and this

---

31   'Je désirais me battre [...] mais contre qui nous battions-nous, vraiment? Les autres, les étrangers, ou alors nous-mêmes? Nous, avec nos vides intérieurs, nos mots devenus piètres mélanges de deux cultures fantomatiques. Fantomatiques, parce que l'une n'était pas nôtre, parce que l'autre ne l'était plus' (2003a:115).

autonomy was enough to suggest all the real and definitive differences that separated us'.[32] Moreover, even as she deplores the violence of the riots, she suggests that their origin lies in part in the independence movement's failure to develop a political consciousness among the most marginalised and excluded. The blockade of Pape'ete organised by the party to force dialogue with the French government is joined by armed individuals from Pape'ete's poorest suburbs, who later cause the violent destruction of the airport at Faa'a as well as shop fronts in the capital:

> These men came from neighbourhoods that supposedly did not exist, or that we were afraid to mention. They had every reason to be there, and this roadblock represented their most legitimate desires, but misery, at a certain point, only knows how to destroy without waiting. At a certain point, it provokes an explosion of violence bottled up for far too long.[33]

For Peu's narrator, this violence, whose contagion spreads amongst the party members, including Rori, signifies the immediate failure of the independence struggle: 'But there was nothing more to understand, and perhaps nothing more to stop. Just to see. Just to witness the execution of a world, the death of the ideas for which we had fought'.[34] Once again, violence is the ultimate form of 'mutisme', marking the end of the possibility of dialogue and of the conversion of Tahitian political aspirations into words. Despite appearances, however, this conclusion is considerably more optimistic than the earlier pages in "Mutismes" that document the narrator's doubts and the compromises of the party. The sudden appearance of the immiserated indicates a path towards renewal for the independence movement. In the prose poem that concludes "Mutismes", the narrator suggests that this renewal can occur through the inclusion of the dispossessed in the community of dialogue:

> Take back your dead
> Take back your land
> Learn once more how to say, without violence
> That you suffer, that sometimes you are hungry
> Take back your words
> And then, you will take back your land.[35]

---

[32] 'Depuis quand mon peuple se confondait-il avec le peuple français, au sein de la République? Nous étions "autonomes" et cette autonomie suffisait à dire toutes les différences qui nous séparaient réellement, définitivement' (2003a:128).

[33] 'Ces hommes venaient des quartiers qui n'existent pas, ou qu'on a peur de nommer. Ils avaient toutes les raisons d'être là, ce barrage contenait leurs désirs les plus légitimes, mais la misère, à un certain point, ne sait que détruire sans attendre. À un certain point, elle fait éclater toute la violence emmagasinée durant trop de temps' (2003a:139).

[34] 'Mais il n'y avait plus rien à comprendre, peut-être plus rien à arrêter. Juste à voir. Juste à assister à l'exécution d'un monde, à la mort des idées pour lesquelles on s'était battu' (2003a:144).

[35] 'Reprends tes morts / Reprends ta terre / Sans violence, réapprends à dire / Que tu souffres, que parfois tu as faim / Reprends tes mots / Et là, tu reprendras ta terre' (2003a:147).

Yet the problem is that this conclusion occludes or simplifies the difficulties confronting the independence movement in Tahiti that Peu has exposed throughout "Mutismes". Despite her narrator's claim that 'there is nothing more terrible than doubt' ('il n'y a rien de plus terrible que le doute' [2003a:117]), doubt is the dominant tone in Peu's narrative. The conclusion to "Mutismes" provides no compelling resolution for the complex issues of Tahitian dependence, the 'mélanges bâtards' of language and ethnicity, and a split and phantasmatic sense of identity.

What is more, these issues are exacerbated by their reinscription in the literary form and the formal markers of literary genre of Peu's novel, which reiterates the dilemma of identity in its invocation of French literary models. "Mutismes" was ostensibly written in Paris two years after the events of 1995, where the narrator is completing her education at another French *lycée* to which she has once again been exiled by her mother: 'I am a boarder in a *lycée,* not far from the Panthéon [...] For a while now I have been trying to write her story, my own, Rori's, that of my country'.[36] The autobiographical writing of the self, its relationships and the history of its people symbolically takes place under the aegis of the Panthéon, resting place of French national heroes, literary geniuses and Jean-Jacques Rousseau, father of modern autobiography. In fact, beside the explicit critiques of emblematic figures such as Loti and Bougainville, French literary allusions are numerous in "Mutismes", from the reference to Rimbaud's "Dormeur du val" (2003a:12) as a metaphor for Tahitian silences to the novel's Durassian opening line: 'An entire family is having its photo taken. In the background is a passenger ship'.[37] In Paris, the narrator reveals her explicit admiration for this tradition:

> Camus and all these stories that I have made my own since I arrived hurt me a bit. Yet I can't get rid of them [...] One day I would like to write like all these great men. Many of the booksellers along the quays of the Seine sell their works, and it would be great if one day I could resemble them.[38]

---

[36] 'Je suis interne dans un lycée, pas très loin du Panthéon [...] Cela fait quelque temps que j'essaye d'écrire son histoire, la mienne, celle de Rori, celle de mon pays' (2003a:110).

[37] 'Les membres d'une famille entière se font prendre en photo. En arrière plan, un paquebot' (2003a:5). The influence of Marguerite Duras also seems legible in the narrator's experimentation with chronology: 'Perhaps my story, too, fails to respect narrative conventions, or at least those of narrative tied to the narrow expectations of chronology' ('Peut-être aussi que mon récit ne satisfait pas aux exigences de la narration, de cette narration qui s'inscrit dans le cadre étroit de la chronologie' [2003a:138]).

[38] 'Camus et toutes ces histoires que je me suis appropriées en arrivant me font un peu mal. Mais j'arrive pas à m'en débarrasser [...] J'aimerais un jour écrire comme tous ces grands messieurs. Sur les quais de la Seine, il y a plein de bouquinistes qui ont tous des livres d'eux à vendre, ce serait bien qu'un jour j'arrive à leur ressembler' (2003a:111). It is significant that Camus is referred to in both *lycée* scenes in "Mutismes". In Paris his name connotes the French literary tradition, but in the first scene in Ra'iatea he is linked to the symbolic force of the Algerian war: 'I looked for everything to do with the Algerian war, so phantasmatic in our country, its only reality and impact its name. Camus brought me the scents and flavours of an Algeria that I would never visit and that nonetheless attracted me [...]' ('Je recherchai tout ce qui concernait la guerre d'Algérie, si fantomatique sous nos cieux, ayant pour unique réalité et postérité son nom. Camus m'apportait les saveurs, les senteurs d'une Algérie

In the Catholic school in Ra'iatea the model for imitation was the story of nationalist leaders, but now it is the works of the coloniser's great literary figures. Rather than a tale of political awakening, Peu's novel invokes here another classic genre, that of the discovery of a literary vocation. At the same time, the difference between colonial discourse and counter-discourse risks disappearing.

Titaua Peu's novel is a critique of the French colonial legacy in French Polynesia that also offers a compelling account of the practical, social and political difficulties along the path toward Tahitian independence. These difficulties might be read as a sign that the assimilationist model of rights via French citizenship continues to be powerful even for some of the most politically engaged Ma'ohi voices. The uncompromising nationalist message espoused by an earlier generation of activists and emblematised by writers such as Henri Hiro has perhaps lost some of its force and influence on a new generation, even as contemporary political events suggest that ties between France and Tahiti may be weakening. Of course, the tensions in "Mutismes" may also be situated in relation to broader international trends, including the contemporary disfavour into which nationalist discourses have fallen, the perceived failures of nationalist anti-colonial revolutions as figured in "Mutismes" by the violence of France's 'sale guerre' in Algeria, and economic and cultural globalisation, all of which conceivably work to make the model of national political liberation less compelling.

In French Polynesia, as critics including Kareva Mateata-Allain, Robert Nicole and Michelle Keown have argued, strategies of resistance to French colonial narratives have in fact been shifting from the nationalism of earlier Ma'ohi writers to a contemporary transnationalism inspired by the writings of figures like Epeli Hau'ofa and that emphasizes the links between colonised and Polynesian peoples throughout the Pacific.[39] Insofar as these literary expressions of resistance reflect and influence substantive

---

que je n'aurais jamais l'occasion de connaître et qui pourtant m'attirait [...]' [2003a:79]). The narrator's choice of Camus as a literary representative for colonial Algeria echoes her own conflicted position with respect to Tahitian independence. For the ambiguities of Camus's position, see Carroll (2008).

[39]   Epeli Hau'ofa's classic essay "Our sea of islands" (1994) is not only a documentation of historical and actual exchange between Pacific peoples but a manifesto for a new transnational Pacific that is a point of reference for many of the critics and writers examined in this contribution. Mateata-Allain's article "Oceanic peoples in dialogue: French Polynesian literature as transnational link" (2005) is a study of recent French Polynesian literary voices that contribute to an 'inter-island dialogue between peoples of the Pacific' (2005:270), although she also notes the persisting barriers to this dialogue including the imperialist division of the Pacific into distinct linguistic and political spheres, the relative lack of contemporary external migration from Tahiti and the continuing predominance of the colonial relationship with France. Mateata-Allain's argument is also developed in her book-length study "Bridging our sea of islands" (2008), in which her inclusion of translations of excerpts from Ma'ohi authors into English indicates her own commitment to participating in this trans-national exchange. Like Mateata-Allain, Michelle Keown, in her essay "'Our sea of islands': migration and métissage in contemporary Polynesian writing" (2008), emphasises the ways in which contemporary Polynesian authors have drawn on Polynesian sea-faring traditions and the figures of the ocean and the *waka/ vaka* or voyaging canoe as a means to think the pre-colonial Pacific as well as contemporary migration patterns and exchange in the Pacific region. See also Keown (2007). Nicole (1999) also provides read-

transformations in French Polynesia, they point toward a recentring of the political and economic life of the islands in the geographical space of the South Pacific. The appearance of this literary transnationalism indicates that the political future of French Polynesia is linked to regional trends towards interdependence among Pacific states, as well as transnational responses to the effects of globalisation on the regional economy. To some extent, "Mutismes" participates in this trend. The novel documents various links between Tahiti and its neighbours in the Pacific; some of these connections are exploitative and opportunistic, as for example those with predominantly settler colonies that Peu documents during the controversy over the resumption of nuclear testing, while others are no more than comparisons of forms of colonial oppression.[40] At times, however, the novel explicitly draws attention to the interconnectedness between Pacific peoples, including within the narrator's own family.[41]

It remains the case, however, that the dominant political relationship in "Mutismes" is that between metropolis and colony. Yet just as the shift of some writers towards transnational Polynesian or Pacific modes of identification suggests a frustration with the alternative of continued colonialism or a narrow ethnic nationalism, it is possible to read in "Mutismes" more than a story of ambivalence and to observe signs of a nascent critique of the limitations of a political discourse that is continually framed in the terms of the binary alternative between full political independence and the assertion of rights within a French juridical framework. As we have seen, Peu's narrator insists, albeit at times reluctantly, on the irreducibility of linguistic, cultural and ethnic hybridity or *métissage* in Polynesia. In "Mutismes" this hybridity is not celebrated blithely, as it is sometimes in postcolonial criticism and theory. Peu knows all too well its potential complicity with and capacity to serve as an alibi for persistent forms of colonial domination and exclusion. *Métissage* itself is so often a sign of colonial tragedy, experienced by colonised peoples not as an invigorating syncretism but, in Peu's narrator's terms, as

---

ings of works by the 'new wave' of Ma'ohi authors, Flora Devatine, Michou Chaze and Chantal Spitz, contrasting them with those of the avant-garde of the francophone indigenous literary movement of the 1960s and 1970s. See also Nicole (2001), which provides an excellent introduction to both colonial French and European and contemporary Tahitian representations of Polynesia. Finally, see Picard (2010).

40 For example, cultural tourism is criticised as a vehicle for the prostitution of indigenous culture: 'Rori was opposed and said that one day we would end up like puppets. Like in Hawai'i' ('Rori était contre et disait qu'un jour, on ressemblerait à des pantins. Comme à Hawaii' [2003a:48]).

41 'My grandparents owned the only house from the colonial era left standing, inherited from the relatives of my grandmother who descended from a family of "demis" who had been living at Tahaa for ages. Grandmother had kept the complexion, and also the rather "formal" manners of these people who had had a hard time finding their place [...] He [grandfather] came from an old family of Samoan whalers' ('Mes grands-parents possédaient la seule maison coloniale encore sur pied, héritée des parents de ma grand-mère. Cette dernière descendait d'une famille de "Demis" implantée à Tahaa depuis des lustres. Grand-mère avait gardé le teint, mais aussi l'esprit un peu "hiérarque" de ces gens qui, au fond, avaient bien du mal à se situer [...] Lui [grand-père] venait d'une famille d'ancien baleiniers samoans' [2003a:89]).

the source of the 'vides intérieurs' produced by the 'piètres mélanges de deux cultures fantomatiques'. Nonetheless in "Mutismes", the irreducibility of this mixing is disclosed as an existential fact that must be confronted and reckoned with.[42]

Here, Titaua Peu's novel can productively be compared with that of a very different contemporary Tahitian writer, Célestine Hitiura Vaite. Unlike "Mutismes", Vaite's popular fiction, including the novels "Breadfruit" (2006a), "Frangipani" (2006b) and "Tiare in bloom" (2007), written in English after her expatriation and marriage to an Australian, is naïve in tone and ostensibly apolitical if not complacent, refusing to align itself with the independence movement or to signal a position regarding contemporary political debates over autonomy in French Polynesia. Vaite herself is recognised as a *métisse* writer, or *demie* in local parlance, who might therefore be viewed as caught ambivalently between two cultures even as she casts a nostalgic expatriate gaze on her homeland. Yet while political issues are sidestepped, Vaite's writing explicitly thematises and foregrounds the problems of social marginalisation and exclusion that confront Tahitians in their own country, including poverty, poor educational standards and weak employment opportunities. Furthermore, Vaite's focus on questions of identity and cultural, ethnic and racial hybridity or *métissage* and her manifold allusions to the realities and complexities of exchange both between France and Tahiti and across Polynesia and the Pacific, including Hawai'i, Aotearoa/New Zealand, New Caledonia and Australia, resonate with the more politically-oriented work of Peu. For both writers, the *mélanges bâtards* ironically described by Peu's narrator and who symbolise cultural exchange and intermarriage in French Polynesia problematise the discourse of ethnic nationalism, thus inevitably raising the question of an alternative to the existing political options.

Again, this is not to suggest that an emphasis on or even a celebration of the various forms of exchange that, while sustaining ties with metropolitan France, also connect Tahiti to Polynesia and to the Pacific region can alone resolve the injustices that have resulted from the French colonial presence in Polynesia, just as renewed trans-Pacific ties are no panacea for colonial wounds in still-colonised or decolonising territories elsewhere in the Pacific. More specifically, a purely cultural celebration of hybridity risks obscuring the persistent failure of French Polynesian political institutions not only to address nationalist demands for cultural recognition and self-determination, but simply to respect the principles underpinning the narrow juridical framework of French citizenship. Here, it must be remembered that the traditional alternative to independence, namely 'autonomy', has manifestly failed to address the material, social, and cultural needs of many indigenous French Polynesians. Nonetheless, whatever the specific form the political relationship between Tahiti and France assumes in the future, the work of writers such as Titaua Peu indicates the ongoing reconfiguration of a political space in which old colonial relations persist even as they are increasingly superseded. Despite the pathos of its voicing of Tahitian *mutismes,* Peu's counter-discourse ultimately does

---

[42]   For an excellent analysis of the theme of *métissage* in Pacific literature, see Keown (2008).

not choose between independence and the model of autonomy under French tutelage. However, in refusing to choose, it insists on the necessity of a new politics that goes beyond the terms of the current political stalemate. Moreover, the recent election of Titaua Peu to the municipal council of Pape'ete (Ville de Pape'ete n.d.) indicates that this might also be a politics that she intends to put personally into practice, even if it remains that for Peu the writing of colonial silences, in which the pen becomes 'a sword, or an arrow', is itself understood as a form of political action.

REFERENCES

ALDRICH, Robert
1990   *The French presence in the South Pacific, 1842–1940.* Honolulu: University of Hawai'i Press
1993   *France and the South Pacific since 1940.* Honolulu: University of Hawai'i Press

ASSEMBLÉE NATIONALE
n.d.   *Déclaration des droits de l'homme et du citoyen de 1789.* http://www.assemblee-nationale.fr/histoire/dudh/1789.asp [last accessed 23 July 2012]

BRAMI CELENTANO, Alexandrine
2002   "Frontières ethniques et redéfinition du cadre politique à Tahiti", *Hermes* 32/33:367–375

BRICAIRE DE LA DIXMERIE, Nicolas
1770   *Le Sauvage de Taïti aux Français avec un envoi au philosophe ami des sauvages.* London: Lejay

CARROLL, David
2008   *Albert Camus the Algerian: colonialism, terrorism, justice.* New York: Columbia

CHEEK, Pamela
2003   *Sexual antipodes: enlightenment, globalization and the placing of sex.* Stanford: Stanford University Press

DIDEROT, Denis
2007   *Supplément au voyage de Bougainville.* Paris: Hatier ([1]1773)

DOUTHWAITE, Julia
1992   *Exotic women: literary heroines and cultural strategies in Ancien Régime France.* Philadelphia: University of Pennsylvania Press

EDMOND, Rod
1997   *Representing the South Pacific: colonial discourse from Cook to Gauguin.* New York: Cambridge University Press

FANON, Frantz
1968   *The wretched of the earth.* Translated by Constance Farrington. New York: Grove Press

GAUGUIN, Paul and Charles MORICE.
1966   *Noa Noa.* Paris: A. Balland (Edition based on original 1893 manuscript)

GONSCHOR, Lorenz
2010   "Polynesia in review: issues and events, 1 July 2008 to 30 June 2009", *The Contemporary Pacific* 22(1):168–179

GRACE, Alfred Augustus
1895   *Maoriland stories.* Nelson: A.G. Betts
1901   *Tales of a dying race.* London: Chatto and Windus

HAU'OFA, Epeli
1994   "Our sea of islands", *The Contemporary Pacific* 6(1):147–161

ÎLE EN ÎLE
n.d.   *Lehman College, C.U.N.Y.* http://www.lehman.cuny.edu/ile.en.ile/ [last accessed 26 July 2011]

I.S.P.F. (INSTITUT DE LA STATISTIQUE DE LA POLYNÉSIE FRANÇAISE)
2007   *Recensement général de la population de la Polynésie française de 2007.* http://www.ispf.pf/bases/Recensements/2007/SynthesesLocales.aspx [last accessed 23 July 2012]

KEOWN, Michelle.
2007   *Pacific islands writing: the postcolonial literatures of Aotearoa/New Zealand and Oceania.* Oxford: Oxford University Press
2008   "'Our sea of islands': migration and métissage in contemporary Polynesian writing", *International Journal of Francophone Studies* 11(4):503–522

LOTI, Pierre
1880   *Le Mariage de Loti.* Paris: Calmann Lévy

MATEATA-ALLAIN, Kareva
2005   "Oceanic peoples in dialogue: French Polynesian literature as transnational link", *International Journal of Francophone Studies* 8(3):269–288
2008   *Bridging our sea of islands: French Polynesian literature within an Oceanic context.* Saarbrücken: VDM Verlag Dr. Müller

MELVILLE, Herman
1996   *Typee: a peep at Polynesian life.* Oxford: Penguin Classics ([1]1846)

MONBART, Marie-Joséphine de Lescun de
1786   *Lettres taïtiennes*. Brussels: LeFrancq

NICOLE, Robert
1999   "Resisting orientalism: Pacific literature in French", in: Vilsoni Hereniko and Rob Wilson (eds.), *Inside out: literature, cultural politics, and identity in the New Pacific*, 265–290. Lanham: Rowman & Littlefield Publishers
2001   *The word, the pen, and the pistol: literature and power in Tahiti*. Albany: State University of New York Press

O'SULLIVAN, Dominic
2007   *Beyond biculturalism: the politics of an indigenous minority*. Wellington: Huia

PAMBRUN, Jean-Marc Tera'ituatini
2003   "Un livre qui fait mal", *Tahiti-Pacifique magazine*, 145(May):50

PEU, Titaua
2003a   *Mutismes.* Tahiti: Éditions Haere Po
2003b   "Courrier des lecteurs", *Tahiti-Pacifique magazine*, 147(July):6

PICARD, Jean-Luc
2010   "*Mao'hi tumu* et *hotu painu*: réflexions sur la construction identitaire dans la littérature tahitienne contemporaine", in: Serge Dunis (ed.), *5000 ans de culture ultramarine pacifique*, 143–172. Tahiti: Éditions Haere Po

RÉTIF DE LA BRETONNE, Nicholas-Edmé
1988   *La Découverte australe par un homme volant*. Genève: Slatkine ([1]1781)

SADE, Donatien Alphonse François de
1976   *Aline et Valcour*. Paris: Livre de poche ([1]1795)

SEGALEN, Victor
2001   *Les Immémoriaux*. Paris: Poche ([1]1907)

SPITZ, Chantal
2002   *Hombo: Transcription d'une biographie*. Tahiti: Éditions Te Ite
2003a   *Rarahu iti e autre moi-même*. http://www.lehman.cuny.edu/ile.en.ile/ [last accessed 26 July 2011]
2003b   *L'Ile des rêves écrasés*. Tahiti: Éditions Au vent des îles

STAFFORD, Jane and Mark WILLIAMS
2006   *Maoriland: New Zealand literature, 1872–1914*. Wellington: Victoria University Press

TCHERKÉZOFF, Serge
2008   *Polynésie/Mélanésie: L'invention française des 'races' et des régions de l'Océanie (xvie–xixe siècles)*. Pape'ete: Éditions au vent des îles

TRASK, Haunani-Kay
1999   *From a native daughter: colonialism and sovereignty in Hawai'i.* Honolulu: University of
          Hawai'i Press

TRÉMON, Anne-Christine
2005   "Logiques 'autonomiste' et 'indépendantiste' en Polynésie française", *Cultures & Con-
          flit*s. Articles inédits. http://conflits.revues.org/index1709.html [last accessed 12 May
          2012]

TWAIN, Mark
1966   *Letters from Hawai'i.* Edited by Arthur Grove Day. Honolulu: University of Hawai'i
          Press ([1]1866)

VAITÉ, Célestine Hitiura
2006a   *Breadfruit.* New York: Back Bay Books/Little Brown and Co.
2006b   *Frangipani.* New York: Back Bay Books
2007   *Tiare in bloom.* New York: Little Brown and Co.

VILLE DE PAPE'ETE
n.d.   *Le conseil municipal.* http://www.ville-papeete.pf/articles.php?id=39 [last accessed 23
          July 2012]

W.T.
2003a   "Courrier des lecteurs", *Tahiti-Pacifique magazine,* 146(June):6
2003b   "Courrier des lecteurs", *Tahiti-Pacifique magazine,* 148(August):6

Paideuma 59:169–193 (2013)

„NO MAN IS AN ISLAND"
Das Dorf Atimelang auf Alor und Cora Du Bois

Christian Maier

ABSTRACT. In the village of Atimelang, on the island of Alor, I encountered a myth about the American anthropologist Cora Du Bois. According to Du Bois the villagers of Atimelang believed that people who had mysteriously disappeared were to come back as 'good beings' (*nala kang*). Based on Du Bois' work the early development of infants in Atimelang is examined. This shows that socialisation in Atimelang aims to prepare individuals for experiences of separation and loss. Moreover, the belief in the return of a person who had disappeared seems to be a consistent result of this socialisation. The fact that Cora Du Bois is being connected to or perceived as a 'good being' proves the persistent nature of traditional religious beliefs as well as their ability to integrate external influences. Ultimately, the myth of Cora Du Bois shows how the personality of an anthropologist can affect the people where he or she is conducting research.

I.

In unbestimmter Tiefe vorüberhuschende schwarzgrüne Schatten zeigten an, daß die Wolkenhülle, die uns minutenlang umfangen hatte, aufbrach und daß sich das Flugzeug mit seinem knappen Dutzend Passagiere bereits über der Insel befand. Alor, das Ziel der Reise, ist eine der Kleinen Sunda-Inseln, östlich von Flores und nördlich von Timor gelegen, auf der Ost-West-Achse gut siebzig Kilometer lang und vielleicht fünfunddreissig breit, mit einer Gesamtfläche von circa 2 800 Quadratkilometern, auf denen etwas mehr als 150 000 Menschen leben. Seit wenigen Jahren erst gab es die Möglichkeit, von Kupang auf Timor startend, Alor mit einer kleinen zweimotorigen Maschine anzufliegen. Bis dahin war man auf die Fähre von Flores angewiesen – eine an der Inselkette mit atemberaubenden Landschaften entlang führende und beschwerliche Anreise.

Zahllose, mit dichtem Buschbewuchs sattgrün überzogene Hügel fielen von ihren sanft geschwungenen Kämmen schroff ab und schoben einander tiefgefurchte Täler zu. Gelegentlich war von der Luft aus eine Hütte zu erkennen, selten eine Ansammlung von drei Hütten, kaum einmal etwas mehr. Ab und an schimmerte tief unten in einem Talgrund ein sich in seinem während der Trockenzeit viel zu breiten Bett müde schlängelnder Bach silbern auf. Wege oder gar Straßen, welche die unzähligen Täler verbunden hätten, waren nicht auszumachen. Die vielen Gruppen mit ihren mehreren Dutzend Sprachen und noch mehr Dialekten hatten noch immer nur begrenzten Kontakt untereinander. Noch immer war das Innere der Insel wenig zugänglich, während die größeren Siedlungen und die einzige Stadt, Kalabahi, mit den auf wenigen Kilometern geteerten Straßen am schmalen Küstensaum von Alor lagen. Dort war die Bevölke-

rung vorwiegend muslimisch, im Unterschied zum abgeschiedenen Innern der Inseln,
wo die Einheimischen als Christen galten. An der Küste, gegen die von weit draußen
in langen Reihen weiß aufschäumende Wellen anrollten, gingen die grün bebuschten
Berghänge in steil abfallende Klippen über, die den besiedelbaren Gebieten nur wenig
Raum ließen. Deshalb war die recht kurze Landebahn ins Meer bis nahe an die Riffkan-
te gezogen worden, was den Anflug der von unregelmäßig einfallenden Nordwestböen
geschüttelten Maschine zu einem spannenden Erlebnis werden ließ.

Als ich nach der Landung aus dem Schuppen trat, in dem man mir meinen Ruck-
sack übergeben hatte, sah ich mehrere Einheimische, die anscheinend aus reiner Neu-
gier zur Piste gekommen waren und die, als sie den Fremden sahen, auf mich zukamen.
Sie machten aber nicht, wie ich erwartet hatte, Anstalten, mir ihre Dienste als Führer
oder für Transport und Unterkunft anzubieten, sondern sie umfaßten still lächelnd
meine rechte Hand, einer nach dem anderen, dabei leise etwas murmelnd und den Kopf
wie zum Gebet neigend. Daraufhin zogen sie sich zurück, ohne mich angesprochen zu
haben, aber immer noch lächelnd.

II.

Cora Du Bois war auf dem Seeweg angereist, als sie 1938 eine Feldforschung begann,
deren Ergebnisse weit über die Ethnologie hinaus bekannt wurden. Ort der Feldforschung war Atimelang, das auf geradem Wege, „as a crow flies" (Du Bois 1960:17),
nur etwa fünfeinhalb Meilen vom Hafen von Kalabahi entfernt und damit am äußeren Rand der zentralen Hügellandschaft von Alor liegt. Auch heute erreicht man das
etwa achthundert Meter hoch gelegene Dorf erst nach drei bis fünf Stunden. Der steile
Anstieg auf dem in die Erde gestampften Weg, den die tropischen Regengüsse aus-
gewaschen haben und der dadurch in den engen Serpentinen nur allzu oft abbricht,
läßt selbst einen Allradjeep kaum schneller als einen einheimischen Fußgänger werden.
Angesichts der Vielzahl der Völker und Sprachen mag man fragen, ob der Titel von Du
Bois' Buch „The people of Alor" (1960) wirklich passend ist. Nach meinem Besuch dort
habe ich jedenfalls keinen Zweifel daran, daß die Bewohner von Atimelang eine innige
Bindung an Du Bois entwickelt haben, die bis zum heutigen Tage andauert.

Als nach mehreren Stunden strapaziöser Anfahrt der Fahrer den Jeep am Rande des großen Tanzplatzes zum Halten brachte, wurden wir sofort von einer Gruppe
von Dorfbewohnern umringt. Alle Aufmerksamkeit galt dem weißen Besucher, der,
kaum hatte er einen Fuß auf den Boden gesetzt, zu einer Stelle mit von dürrem Gras
überwucherten Steinen gezogen wurde. Erst auf den zweiten Blick erkannte ich, daß
es sich um die Überreste eines kleinen Hauses handelte, die gerade noch einen gemau-
erten Grundriß erahnen ließen. Hier habe einst das Haus eines Missionars gestanden,
übersetzte der in Kalabahi angeheuerte und von einer anderen Gruppe aus Alor stammende Dolmetscher Robert das Stimmengewirr. War es nur meiner Einbildung zuzu-

schreiben, daß ich ein vielfach wiederholtes „dübwa" herauszuhören glaubte? „Cora Du Bois?", entschloß ich mich zu fragen – ein schwacher Versuch nur, der ein vielstimmiges Echo der Begeisterung erntete. Kein Zweifel war möglich: Die Bewohner von Atimelang hatten mich als erstes zu dem vor Jahrzehnten niedergebrannten Haus von Cora Du Bois geführt, und sie zeigten mir nun an den Mauerresten, wo einstmals die Wohnräume gewesen waren, wo die Küche gestanden hatte, die Feuerstelle und die Toilette, von der man noch den Abfluß in die Sickergrube sah. So war es möglich, den Grundriß des Hauses auszumachen – die erste Spur der amerikanischen Anthropologin in Atimelang. Dieser Grundriß war auch das erste Persönliche, über das Du Bois bereits auf den ersten Seiten von „The people of Alor" geschrieben hatte (1960:x).

Der Feldforschungsaufenthalt von Du Bois auf Alor dauerte an die zwei Jahre. Die junge Ethnologin war nach ihrer vorangegangenen Arbeit im Feld bei nordamerikanischen Indianern (Du Bois 2007) davon überzeugt, daß die Untersuchung sozialer Prozesse ohne eine wissenschaftlich orientierte Psychologie nur in Sackgassen enden könne (1960:viii). Man erfährt im Vorwort ihres Buches, daß Du Bois 1936 in Seminaren der New Yorker Psychoanalytischen Vereinigung mit Abraham Kardiner zusammengearbeitet hatte, um anhand der Literatur den Einfluß gesellschaftlicher Faktoren auf die Formung des Individuums zu ergründen: lange Diskussionen, die letztlich im Spekulativen stecken blieben und die damit in eine neue Sackgasse führten, aus der allein Feldforschung herauszuführen versprach: „We had talked ourselves out, and only field work could test the procedure" (1960:viii). Während Du Bois 1938 ihre Feldforschung in Atimelang begann, arbeitete Kardiner weiter an der erwähnten Fragestellung – eine letztlich rein theoretische Forschung mit den Mitteln der Psychoanalyse, die zu dem damals einflußreichen Werk „The individual and his society" (Kardiner 1939) führte.

„The people of Alor", 1944 publiziert, erntete begeisterte Zustimmung, stieß aber auch auf vernichtende Kritik. In der Auflage von 1960 blickt Du Bois auf ihre Arbeit im Feld zurück, und sie überlegt in einem mit „Two decades later" überschriebenen Abschnitt, was sie anders machen würde, würde sie ihre Feldforschung mit ihrer inzwischen erworbenen Erfahrung von neuem beginnen: „If I were doing Alor again, I would attempt to achieve far greater methodological elegance and technical precision" (1960:xxiv) – eine Antwort, so überzeugend, daß ihr wohl jeder Feldforscher zustimmen kann, zugleich aber so allgemein, daß man zwischen den Zeilen lesen muß, um zu spüren, daß Du Bois im Rückblick mit dem Ansatz der von Kardiner vorgegebenen Psychoanalyse nicht mehr wirklich glücklich war.

In der Tat ist das psychologisch-psychoanalytische Interesse der Ethnologin dort eine der Stärken ihres Buches, wo ihr Wissen um interaktionelle Vorgänge die Wahrnehmung für die Phänomene schärft, die die Entwicklung des Kindes betreffen. Anders verhält es sich mit den in psychoanalytische Klischees auslaufenden Interpretationen, welche, gerade wenn sie der erfahrene Psychoanalytiker Kardiner beiträgt, auch dem heute wissenschaftlich tätigen Psychoanalytiker nur allzu oft nicht einleuchten. Zudem erscheint dieses psychoanalytische Verstehen als eurozentristisch, wird doch die fiktive Konstruktion eines reifen Individuums der bürgerlichen Gesellschaft zwischen den Weltkriegen als Referenzgröße für die Bewohner von Atimelang angerufen. Zwangsläufig kommen sie bei solchen Vergleichen nicht gut weg. Dies zeigt sich in Kommentaren, die bisweilen die Form von Abwertungen mit implizit moralisierenden Beurteilungen annehmen. So werden die Atimelanger aus der Perspektive von Kardiners Forschungsansatz zu typischen Vertretern einer primitiven Gesellschaftsorganisation. Gleichwohl bleibt das Wohlwollen von Du Bois für die Menschen von Atimelang stets spürbar. Wäre dieses Wohlwollen nicht gewesen, so hätten die Dorfbewohner wohl kaum über Jahrzehnte hinweg eine so positive Erinnerung an die fremde Ethnologin bewahrt.

III.

Die Forschungsergebnisse von Du Bois sind für den heutigen Leser dort am ergiebigsten, wo ihre Beobachtungen von psychoanalytischem Interesse geleitet werden und wo sie sehr anschauliche Beschreibungen liefert, ohne die von ihr beobachteten Phänomene vorschnell psychoanalytischen Klischees zuzuordnen. So schildert sie detailliert die frühe Entwicklung des Kindes im Dorf und spürt feinfühlig dem kindlichen Leid nach, dessen hauptsächliche Quellen sie in Hunger und Verlassenheit erkennt. Dieses Leid beginnt früh. Zwei Wochen nach der Geburt nimmt die Mutter wieder ihre Feldarbeit auf, und sie überläßt den Säugling tagsüber der Obhut eines Verwandten, eines Geschwisters, des Vaters oder der Großmutter. Diese kulturell vorgegebene Regel erklärt, warum man bereits eine Woche nach der Geburt vorgekaute Röstbananen und Gemüsebrei zufüttert. Abgestillt wird das Kind aber erst, wenn es laufen kann. So bleibt seine Ernährung hauptsächlich an die Mutter gebunden, was zur Folge hat, daß das Kind, hat die Mutter die Hütte am frühen Morgen verlassen, tagsüber immer wieder einmal hungrig bleibt, zumal die Babysitter der Versorgung des Kindes nicht konsequent ihre Aufmerksamkeit schenken. Du Bois erkennt in dem Verweis auf die mütterliche Feldarbeit, mit dem man diese traditionelle Regel begründet, einen Versuch, die Vernunft zu beruhigen, und sie führt andere Kulturen an, bei denen es üblich sei, daß die Mutter das Kleinkind während der Feldarbeit mit sich trägt (1960:34).

Zwar wird das Baby in Atimelang von der Mutter zurückgelassen, es bleibt jedoch nie alleine, denn man achtet sehr darauf, es sofort zu beruhigen, weil die Dorfbewohner der Überzeugung sind, es würde erkranken, ließe man es schreien. Man gibt dem Säugling nur sporadisch Nahrung, bis die Mutter von der Feldarbeit heimkehrt, um es zu stillen. Hunger und die Gewöhnung daran, dann auch das Gefühl, vergessen oder gar verlassen zu werden, bestimmen so die frühen Lebenserfahrungen des Säuglings. Diese Erfahrungen bleiben für das ganze Leben miteinander verbunden, weil das Verlassenwerden den Hunger bedingt. Dadurch schließt sich der im Verlaufe des Tages immer mächtiger werdende Hunger zwangsläufig den durch das Verlassenwerden hervorgerufenen Gefühlen des Kleinkindes an und übertönt sie schließlich. Später, wenn das

Kind das Laufen erlernt hat, nimmt die Dauer des Wartens im Hunger noch zu, weil die Betreuung durch die Verwandten wegfällt, so daß im Spiel der Kinder die phantasierte Nahrungsaufnahme eine hervorragende Rolle einnimmt. Über die Mangelerfahrung gewinnt das Hungergefühl eine immense seelische Bedeutung für die Entwicklung des Individuums: Hunger und Nahrung finden zeitlebens eine vorrangige Beachtung, gerade auch im Erleben menschlicher Beziehungen. So wird nachvollziehbar, warum praktische Belange, insbesondere um das Versorgtwerden mit Nahrung, einen so hohen Stellenwert besitzen. Diese Gegebenheiten erklären, wieso Gefühle wie Hilflosigkeit, Ohnmacht, Angst, Trauer und Wut durch Hungergefühle vertreten und über das Essen gleichsam erledigt werden können. Überhaupt sind die genannten Gefühle wechselseitigen Verschiebungen unterworfen – ein Sachverhalt, für den sich, liest man die Beschreibungen von Bois genau, mehrere Beispiele finden lassen. Du Bois macht selbst auf die häufig vorkommende Verschiebung von Angst in Ärger aufmerksam, typischerweise in Situationen, wenn Eltern um die Gesundheit ihrer Kinder fürchten (1960:68). Die Differenzierung von Gefühlen wie Angst, Ohnmacht und Ärger ist aufgrund dieser kindlichen Erfahrungen wenig ausgeprägt, das heißt, sie bleiben eng aneinander und an das Empfinden von Hunger gelehnt. Mit fortschreitender kindlicher Entwicklung wird zwar eine feinere Differenzierung der Gefühle erreicht, so daß diese weniger ungebremst oder ungerichtet zum Ausdruck gelangen, aber sie bleiben doch weiterhin der wechselseitigen Vertretung leicht zugänglich. All die genannten Empfindungen – der Hunger wie Gefühlserlebnisse von Ohnmacht, Angst, Ärger und Wut – sind bei dieser Sozialisation geeignet, traurige Gefühle zu überdecken und zu vertreten. Trauer, diese emotionale Reaktion auf Enttäuschungen, auf Verzichtenmüssen oder Verlust, muß als Gefühlserlebnis von Menschen zurückgewiesen werden, die in ihrer Kindheit übermäßige Enttäuschungen erlitten haben, weil sie in ihrem Selbst nicht die Möglichkeit entwickeln konnten, diese übermächtigen Affekterfahrungen zu bewältigen.

So erklärt es sich, daß Fantan, Du Bois' Übersetzer, als er vom Tode seines Kindes erfährt, von Trauer niedergedrückt und von Schluchzen geschüttelt wird, um dann, damit das als unmännlich geltende Wehklagen hinter sich lassend, über seinen Schwager in Zorn zu geraten, weil der eines von Fantans Schweinen für die rituell vorgesehene Schlachtung verwendet hatte, was sich Fantan offensichtlich ersparen wollte. Du Bois bemerkt dazu: „Characteristically enough, however, Fantan was able to transform his grief into anger almost immediately" (1960:33).

Donald Winnicott (1971), der große Psychologe der frühen Kindheit, schreibt, daß wir uns die früh im Leben des Säuglings auftretenden Trennungen von der Mutter – und dauert sie auch nur für Stunden – als einen Verlust vorzustellen hätten, der im Innenleben eines Kindes mit dem Tode der Mutter gleichzusetzen sei. Weil das Kind noch nicht über einen seelischen Apparat verfüge, der über seelische Repräsentanzen die Fähigkeit zum Wiederfinden der Mutter garantiere, müsse es dem Kind nach der Wiedervereinigung mit der Mutter jedes Mal aufs Neue gelingen, die Mutter in sich wiederzubeleben, um sich als aufgehoben erleben zu können. Die seelische Not, in die ein Säugling in solchen Trennungssituationen gerät, wird von Winnicott als „unthinkable anxiety" beschrieben, als ein psychisch noch nicht repräsentierter Inhalt, der deshalb noch der körperlichen Abfuhr bedarf (1989) – ein hochbedrohliches Erleben, das Wilfred Bion mit der Beschreibung „nameless dread" zu fassen versucht (1962:96) und das James Grotstein zu der Metapher einer „black hole-experience" führt (1990:260). Beim Erwachsenen kommt traumatische Angst – eine Form der Panik in Verbindung mit Vernichtungsängsten – dem Erleben des von der Mutter verlassenen Säuglings vermutlich am nächsten.

Einen späten Widerhall der Trennungserfahrungen des Säuglings in Atimelang stellten, so legt Du Bois' Forschungsbericht nahe, die Reaktionen der Erwachsenen auf körperliche Erkrankungen jeder Art dar. Dann konnte es nämlich geschehen, daß der Einzelne selbst bei einer harmlosen körperlichen Störung jede Hoffnung auf Wiedergenesung aufgab und daß in ihm jede Vorstellung von Zukunft erstarb. Auch die Angehörigen seines Clans gerieten in tiefe Hoffnungslosigkeit und stellten sich auf den Verlust des Verwandten ein. Allein während des Aufenthalts von Du Bois kam es sogar zweimal vor, daß Beerdigungen angesetzt und begonnen wurden, obwohl der Betreffende noch gar nicht gestorben war (1960:153). Nahm dann der Verlauf der Erkrankung ein erträgliches oder gar gutes Ende, wurde jede Erinnerung sowohl an das angstvolle Erleben wie auch an den gutartigen Ausgang aus dem Gedächtnis getilgt.

So zielt die Sozialisation in Atimelang darauf ab, daß ein Individuum vom ersten Tag an auf das Erleben von Verlust vorbereitet wird. Tritt ein solcher Verlust dann tatsächlich ein, betrachtet man ihn wie etwas Selbstverständliches und Unabänderliches, um das darum auch nicht viel Aufhebens zu machen sei. Wie im absoluten Widerspruch dazu nehmen es die Bewohner von Atimelang als selbstverständlich hin, daß „das Gute", in welcher Gestalt auch immer, zurückkommen werde, vielleicht sogar erst dann, wenn der Einzelne oder die gesamte Gruppe jede Hoffnung darauf schon aufgegeben habe. Während die Hoffnung bei einem drohenden Verlust oder bei Krankheit vorschnell verloren geht, taucht sie in Atimelang dann wieder auf, wenn keine realistische Aussicht mehr besteht, einen Verlust ungeschehen machen zu können. Dabei sind vor allem verschwundene Menschen dafür prädestiniert, in den Vorstellungen der Atimelanger irgendwann einmal als „good beings" (*nala kang*) zurückzukehren (1960:166).

Betrachtet man die Entwicklung menschlicher Kulturen mit einer evolutionistischen und eurozentrischen Perspektive, so kann den Bewohnern von Atimelang nur ein schlechtes Zeugnis ausgestellt werden. Mit den entsprechenden Grundannahmen eröffnet Kardiner seine Sicht auf die Forschungen von Du Bois (Du Bois 1960:6) und so gelangen auch seine Zusammenfassungen mit einem kaum verhohlenen psychoanalytischen Kopfschütteln nicht weiter, als bis zu der Feststellung einer dysfunktionalen Sozialisation, die eben deshalb als primitiv einzuschätzen sei (1960:184–185, 189–190) – gemessen an den Kategorien einer Psychologie, die sich in den ersten Jahrzehnten des vergangenen Jahrhunderts am gebildeten Bürgertum Wiens bewährt hatte. Du Bois ist sich dieser Schwäche ihrer Untersuchung im Rückblick bewußt, wenn sie im Vorwort zur Neuauflage mit spürbarem Bedauern schreibt, daß man auch in der Wissenschaft jetzt erst beginne, den Ethnozentrismus zu überwinden (1960:xxvii).

Auch wenn Du Bois von der Sinnhaftigkeit der Sozialisation auf Alor ausging, entwickelte sie doch kein wissenschaftliches Modell, um deren sinngebende Funktion für die damalige Gegenwart und für die damals noch überschaubare Vergangenheit zu erfassen. Unter dem Einfluß einer Kritik, die ihr vorwarf, sie hätte ein psychologisches Modell entworfen, das die psychische Entwicklung an die Umwelt und sogar an die ökonomischen Bedingungen knüpfte, scheute sie sich wohl, das Ausmaß der Anpassung an die Umwelt noch konsequenter als den entscheidenden Faktor für die kulturgeprägte Ausrichtung der Persönlichkeitsentwicklung heranzuziehen. Die erwähnte Kritik, gegen die sich die Ethnologin noch im Vorwort zur zweiten Auflage ihres Buches verteidigen zu müssen glaubte, kam namentlich von Géza Róheim (1945), der als den wesentlichen Faktor in der Persönlichkeitsentwicklung die Kastrationsangst ausmachte – ein Verstehensansatz, der heutzutage, zumal aufgrund der Ergebnisse der Säuglingsforschung der letzten Jahrzehnte, in einer psychoanalytischen Diskussion nicht mehr bestehen könnte.

Du Bois beschreibt ihre Gastgeber als Menschen mit einem kleinwüchsigen Erscheinungsbild – eine Schilderung, die ich noch für das Jahr 2005 bestätigen kann, denn ich erinnere mich sehr gut an meine Überraschung, als ich, der ich diese Schilderung überlesen oder vergessen und der ich nur die Nahaufnahmen aus ihrer Monographie vor Augen hatte, aus dem Jeep stieg und mich von einer Schar ganz kleiner Leute umringt fand, von Menschen, unter denen ich (mit etwas mehr als 180 cm) wie ein Mann von schier riesenhafter Größe wirkte.[1] Wenngleich die Körpergröße der Eltern einen entscheidenden Faktor für das Wachstum darstellt, so ist auch heute noch weltweit Mangelernährung, insbesondere eine proteinarme Diät in der frühen Kindheit, die häufigste Ursache für Kleinwüchsigkeit.[2] Die Kultivierung des an steilen Abhängen gelegenen Bodens ist mühevoll und wenig ergiebig. Als Du Bois in Atimelang forschte, betrug die Sterblichkeitsrate vor Erreichen des Erwachsenenalters 48 Prozent (1960:18). Zu diesem Zeitpunkt hatten sich die gesundheitlichen Bedingungen schon erheblich verbessert: Es traten keine Pockenepidemien mehr auf und nach der Inbesitznahme der Insel durch die Holländer im Jahre 1908 gab es auch eine bescheidene medizinische Versorgung. Die Sterblichkeitsrate war nicht nur für Kinder und Jugendliche, sondern sicherlich auch für Mütter im Kindbett extrem hoch – wie überall, wo es keine ausgebildeten Hebammen gibt. Generell blieb die Lebenserwartung selbst nach dem Erreichen des Erwachsenenalters gering, berücksichtigt man die praktisch generelle Durchseuchung der Bevölkerung mit Malaria, die neben Dysenterie und Atemwegserkrankungen zu

---

[1]   Mein bereits erwähnter Besuch in Atimelang fand am 29. Juli 2005 statt.
[2]   Die verbesserten Ernährungsbedingungen in den Industrieländern waren ausschlaggebend für die signifikante Zunahme der Körpergröße der Bevölkerung in den zurückliegenden 150 Jahren.

den häufigsten Krankheiten in Atimelang zählte.[3] Auch wenn sich infolge wiederholter
Infektionen mit verschiedenen Plasmodienstämmen so etwas wie eine Semiimmunität
ausbildet und wenn die Malaria deshalb nicht so häufig unmittelbar tödlich verläuft,
bedingt sie ebenso wie die damals gleichfalls endemische Framboisie zumindest eine
allgemeine Schwächung der körperlichen Widerstandskraft gegenüber anderen Erkrankungen. Versucht man, sich die Erfahrungen dieser kleinen Dorfgemeinschaft mit
tödlich verlaufenden Erkrankungen vorzustellen, dann dürfen auch die zum Zeitpunkt
der Forschungen von Du Bois noch gar nicht so lange zurückliegenden, verheerenden
Pockenepidemien nicht vergessen werden. Aufgrund der erhöhten Wahrscheinlichkeit
für den Einzelnen, durch Erkrankungen oder andere, noch zu erwähnende Ursachen
vorzeitig zu versterben, gehörte der Tod in Atimelang in einer weitaus unmittelbareren
Weise zum Alltag, als man es sich in westlichen Gesellschaften heutzutage vorstellen
kann.

Du Bois und Kardiner stellten zwar fest, daß viele Menschen in Atimelang vorzeitig verstarben, jedoch wurde diese Erfahrungstatsache bei der Auswertung der Forschungsergebnisse nicht in die psychoanalytischen Überlegungen mit einbezogen. So
gilt auch hier eine Feststellung von Renato Rosaldo, nach der „die Forscher in den
meisten anthropologischen Studien über den Tod ganz einfach die Emotionen [elimi-
nieren]" (Rosaldo 1993:392). Stellt man die psychologischen Konsequenzen der hohen
Sterblichkeit hingegen in Rechnung, erhält die Sozialisation von Atimelang, die den
Einzelnen ab der Frühzeit des kindlichen Lebens mit kaum erträglichen Verlusterleb-
nissen konfrontiert, einen Sinn, weil sie sich als vorausschauend erweist, indem sie den
Einzelnen wie die gesamte Gruppe geradezu konsequent darauf vorbereitet, daß jeden
Augenblick jemand aus dem Leben ge- und somit der Gemeinschaft entrissen werden
kann. Der Anpassungsvorteil dieses Sozialisationsergebnisses liegt in der den Atime-
langern leicht zugänglichen wechselseitigen Verschiebbarkeit aller Gefühle. Sie sind
sämtlich besonders geeignet, an die Stelle von Trauer zu treten, wobei im speziellen
Falle eines Verlusterlebnisses hinzukommt, daß die dadurch erweckten Gefühle auch
rasch in den Hintergrund treten können, um, falls es die äußeren Umstände erfordern,
praktisch notwendigem Handeln Platz zu machen (Du Bois 1960:160). Hier zeigt sich
eine große Fähigkeit des in Atimelang aufgewachsenen Individuums wie der gesamten
Gruppe, die auf den aus einer westlichen Kultur kommenden Besucher, wertet er seine
Beobachtungen vor dem Hintergrund seiner eigenen sozialen Erfahrungen, den Eindruck mangelnder seelischer Tiefe machen kann, weil ihm der Übergang von Trauer
zum Alltag als allzu fließend erscheinen mag. Die Sozialisation mit der Verknüpfung
des Erlebens von Verlassenwerden und Hunger für den Säugling schafft in ihrem Ergebnis nicht nur eine Vorbereitung auf die gar nicht so seltenen Phasen der Nahrungs-
knappheit auf einer Insel, die immer wieder von schweren Erdbeben heimgesucht wird,

---

[3]   Du Bois (1960:18). Wäre die durchschnittliche Lebenserwartung bekannt, so müßte man sicher fest-
        stellen, daß sie im Vergleich mit westlichen Ländern auch heute noch unverhältnismäßig niedrig ist.

sie gibt dem Hunger auch die wichtige Funktion, als Vertreter der zwingenden Interessen des Alltags aufzutreten.

Wie die bei jedem Verlust angestimmte ritualisierte Klageformel „mother, mother, alack, alas" (Du Bois 1960:46) erkennen läßt, werden Gefühlserlebnisse von Trauer, Hilflosigkeit und Angst an den psychologischen Vorläufer jeden Verlusts gebunden: das tägliche Verlassenwerden des Säuglings durch die Mutter. Deshalb steht das Erleben von Hunger, der, wenn er nur stark genug ist, das Erleben des Säuglings vollkommen bestimmt (und das übrige Gefühlsleben in den Hintergrund drängt), später auch psychisch in besonderer Weise für den Drang ein, leben zu wollen. Der psychologischen Wissenschaft unserer Zeit ist es bislang nicht annähernd gelungen, einen Erkenntnisstand zu erreichen, der es Säuglingsforschern, Kinderpsychologen oder Psychoanalytikern gestatten würde, hinsichtlich der Anpassung an die soziale Umwelt – und sei es auch nur für die eigene Kultur – modellhaft ähnlich weitschauend und effizient Erziehungsmethoden zu entwickeln, wie es diese kleine Gemeinschaft auf Alor über Generationen hinweg vermocht hat.

Es läßt sich keine Sozialisation, keine seelische Entwicklung mit einem Ergebnis denken, das sich, wenn die gewünschten Eigenschaften nur stark genug ausgeprägt sind, für jede Situation als ausschließlich vorteilhaft erweist, denn jede Eigenschaft hat bei bestimmten äußeren oder inneren Anforderungen auch ihre Nachteile. Einerseits wird in Atimelang jeder Einzelne davor geschützt, in lang andauernde, tiefe, vielleicht vorübergehend sogar lähmende traurige Gefühle zu fallen. Das hat jedoch andererseits die Konsequenz, daß das Verlorene nie endgültig aufgegeben werden kann, weil es zu keinem fortschreitenden Trauerprozeß kommt, der den Trauernden befähig, das verlorene Objekt, den geliebten Menschen, endgültig loszulassen, um ihn dann der Erinnerung zu übergeben und als einen Teil des eigenen Lebens zu bewahren. Dieses fast vollständige seelische Aufgeben eines verlorenen Menschen ist den Bewohnern von Atimelang nicht möglich, und deshalb gibt es die Zukunftserwartungen, nach denen der Verlorene irgendwann einmal wiederkehrt. Das hat weitreichende Auswirkungen und ist letztlich auch verantwortlich für den Glauben an „good beings", die irgendwann in menschlicher Gestalt vom Himmel oder vom Meer her zurückkommen. Ihre Ankunft wurde mit unendlicher Sehnsucht erwartet, bisweilen noch angeheizt von Prophezeiungen, die eine große Macht über das Denken der Dorfbewohner gewinnen konnten. Vor allem Menschen, die auf geheimnisvolle Weise verschwanden, oder Kinder, die verloren gingen, sind besonders geeignet, im Glauben der Menschen zu solchen „good beings" zu werden.

Darüber hinaus bedürfen auch die Anfälle von Trotz und Wut der kleinen Kinder von Atimelang besonderer Erwähnung – Anfälle, die von Du Bois, wegen ihrer generellen Häufigkeit sowie wegen ihrer Intensität und Dauer als eine ihrer ersten eindrücklichen Beobachtungen erinnert wurden und die die Ethnologin so beeindruckten, daß sie ihnen ein eigenes Kapitel widmet und sie als „one of the outstanding and striking forms of emotional expression in the early childhood of the Atimelanger" bezeichnet

(1960:51). Diese täglich beobachteten Tobsuchtsanfälle traten bevorzugt dann auf, wenn die Mutter das Kind für ihre Feldarbeit verließ, und sie weiteten sich, wenn das Kind größer wurde, zunehmend auf alle Situationen aus, die für das Kind Enttäuschungen mit sich brachten. In solchen Ausbrüchen des Zorns warf sich das Kind, kaum daß es gehen konnte, schreiend auf den Boden und war dann, oft für beträchtliche Zeit und ohne, daß es hätte beruhigt werden können, nicht fähig, irgendwie zielgerichtet zu handeln. Dieses Verhalten, das eindrücklich die Verschränkung von Angst, Hilflosigkeit und Wut beim Verlassenwerden durch die Mutter aufscheinen läßt, wiesen alle Kinder auf, und es verlor sich, wenn die Kinder ein Alter von fünf bis sechs Jahren erreicht hatten. Obgleich Du Bois beschreibt, wie die Wutanfälle mit dem Fortgehen der Mutter zusammenhängen, sieht sie – ganz Angehörige eines aus Europa stammenden Bildungsbürgertums – deren Ursache in der schwankenden Haltung der Eltern, die nicht in der Lage seien, dem Kind durch konsequente Bestrafung oder Belohnung ein klares Bild der eigenen Erziehungsvorstellungen zu vermitteln. Zwar ist es vorstellbar, daß sich die kindlichen Wutanfälle, wie es Du Bois vorschwebte, durch die Unterwerfung des Kindes unter die strafende Autorität der Erwachsenen unterdrücken ließen, das Ergebnis wäre jedoch eine Charakterhaltung, wie sie zur damaligen Zeit in Mitteleuropa, von wo Du Bois' Eltern stammten, nur allzu häufig war. Bei einer entsprechenden, oberflächlich einsichtsfähigen Persönlichkeit wären Trotz, Wut und Hilflosigkeit lediglich von einer übermäßigen Gefügigkeit verdeckt. Eine solche europäisierte Erziehung, mit einer konsistenteren Disziplin, die Du Bois offenbar als wünschenswert ansah (1960:54) und die eine Verinnerlichung der strafenden Eltern zur Folge hätte, würde jedoch nie eine frühe Rebellion in dem Maße zulassen, wie sie den Kindern in Atimelang möglich ist, wenn sie später auch motorisch selbständig geworden sind. Du Bois berichtet von einem kleinen Jungen, der jeden Morgen seiner Mutter hinterherlief, sich in seinen Trotzanfällen, die, wie Du Bois genau beobachtete, bis zu zwanzig Minuten dauerten, verzweifelt auf den Boden warf, der sich hin und her drehte und der mit der Stirn immer wieder auf die Erde schlug (1960:51). Hier und in ähnlichen Situationen wurde die Aggression im Kind gehalten, denn nie kam es zu einer gegen die Mutter oder jemand anderen gerichteten aggressiven Regung.

Weil es infolge des relativen Nicht-Einschreitens der Erziehungspersonen in Atimelang – anders als beim damaligen europäischen Kind – nicht zu einer (über den Mechanismus der „Identifikation mit dem Aggressor" laufenden) weitreichenderen Verinnerlichung der äußeren Autorität kommt, wird eine Form der Gewissensbildung gefördert, die Paul Parin als „Clangewissen" beschreibt (1983a). Dieses Gewissen ist weniger selbständig und bleibt zeitlebens in einem weit höheren Maße von der Zustimmung und den Forderungen der sozialen Umwelt – zum Beispiel des Clans oder der Dorfgemeinschaft – abhängig. Weil so die Gewissensinstanz in einem viel höheren Maße an die Gruppe gebunden bleibt, kommt es noch zu einem weiteren wichtigen Effekt, der die in jeder Gesellschaft am meisten gefürchteten Aggressionen betrifft: Aggressives, insbesondere gewalttätiges Verhalten zwischen Männern bleibt nicht allein der verinnerlichten Moral des Individuums überantwortet, sondern es greift eine kollektive moralische Kontrolle. In einer Gesellschaft mit weitergehender Verselbständigung der individuellen Gewissensinstanz („Über-Ich") wird zur kollektiven Beherrschung aggressiver Auseinandersetzungen das Strafrecht benötigt. In Atimelang setzte eine solche kollektive Kontrolle vor allem physischer Gewalt insbesondere unter Jungen schon früh ein. „On the whole", so Du Bois, „I had the impression that there were far fewer physical combats among the play groups of Atimelang than among comparable groups in our schoolyards" (1960:73).

Auch Kardiner sieht einen Zusammenhang zwischen dem Fehlen von offen aggressivem Verhalten und den Anfällen von Trotz und Wut in der frühen Kindheit. Allerdings erhält die Unterdrückung von offener Aggression bei Kardiner eine ausgesprochen negative Bewertung, so als ob körperliche Gewalt ein Zeichen höherer Kultur sei, was ihn zu folgender Aussage verleitet: „The fear of exercising overt aggression in the form of striking, killing, or even using magic is likewise traceable to the faulty ego development in childhood" (Du Bois1960:189). Für Kardiner ist diese Kontrolle der Aggression in der dörflichen Gesellschaft „purely due purely to an ego defect; they do not know how to organize their aggression" (1960:189). – In dieser psychologischen Analyse wird vergessen, daß die Atimelanger bei Bedarf durchaus fähig waren, ihre Aggressionen im Dienste der Gruppe zu organisieren, handelte es sich bei ihnen doch um Kopfjäger, die sich immer wieder einmal in Blutzoll fordernden Scharmützeln mit anderen Gruppen befanden, die ebenfalls Kopfjagd betrieben. Zwar war die Kopfjagd als ein System der begrenzenden kriegerischen Auseinandersetzung, bei der man die Köpfe verrechnen beziehungsweise ökonomisch ausgleichen konnte, auf Alor im Jahre 1918 von der holländischen Kolonialmacht verboten worden, dennoch bildete sie immer noch ein Thema in den Gesprächen der Einheimischen mit Du Bois, und man darf wohl davon ausgehen, daß sie damals nach wie vor gelegentlich vorkam.[4] In jedem Fall war in der Vorstellungswelt der Dorfbewohner die Kopfjagd noch lebendig, und so erklärten sie sich zum Beispiel das Funktionieren der von den Holländern installierten Telefonleitungen durch die These, daß die Kolonialherren die Köpfe verschwundener Kinder aus Alor für die Stimmenübertragung verwendet hätten (Du Bois 1960:69).

Die beschriebene leichte Verschiebbarkeit emotionaler Bewegungen aufgrund der Sozialisation des Atimelanger Kindes bietet im Übrigen einen psychologischen Ansatz zu einem Erklärungsversuch der Kopfjagd: Renato Rosaldo beschreibt, wie aus dem Kummer über den Verlust eines nahestehenden Menschen durch die in Wut verwandelte Trauer der Wunsch aufkommt, auf Kopfjagd zu gehen (1993). Auch wenn man die leichte Verschiebbarkeit der Emotionen – vor allem von Trauer hin zu Wut – als einen

---

[4]   Dies legen manche Passagen von „The people of Alor" nahe – zum Beispiel, wenn über den geschlechtsunabhängigen Wert erbeuteter Köpfe von Erwachsenen im Präsens gesprochen wird (1960:113). – Noch im Jahre 2006, ein halbes Jahr nach meinem Besuch in Atimelang, geriet ich auf der Alor nahe gelegenen Insel Adonara in einen kriegerischen Konflikt zwischen zwei verfeindeten Gruppen, der seinen Ausgang in einer Kopfjagdtötung genommen hatte.

zur Kopfjagd hinführenden Mechanismus in die Diskussion einbezieht, wäre die eigentliche Basis der Kopfjagd allerdings immer noch in der aufgrund der Umweltbedin-
gungen bestehenden Notwendigkeit zu suchen, länger anhaltende Beeinträchtigungen
des Alltags (beispielsweise infolge von Trauer) zu vermeiden.

Was die Ausübung von Gewalt zwischen Männern angeht, so haben wir es meiner
Ansicht nach auf Alor mit folgendem Phänomen zu tun: innerhalb der Gemeinschaft
vollständige Kontrolle von gegen andere gerichteter Gewalt und gleichzeitig – wenn
auch vorwiegend in Bezug auf die zur Zeit von Du Bois noch nicht lange zurücklie-
gende Vergangenheit – organisierte, letztlich ritualisierte Aggression gegen feindliche
Gruppen. Man kann sich unschwer vorstellen, wie wichtig dieses Sozialisationsergebnis
für das Überleben einer kleinen Dorfgemeinschaft in einer feindlichen Umwelt gewesen sein mag. Mit der zunehmenden Befriedung von Alor in den ersten beiden Jahrzehnten des letzten Jahrhunderts verlor die Kopfjagd an Bedeutung, was dazu führte,
daß die häufigen Kriegshändel an Bedeutung verloren und die erwachsenen Männer
eines ihrer wesentlichen Betätigungsfelder einbüßten. Dadurch konnte sich keine stabile männliche Identität vermitteln und so läßt sich die im Vergleich mit den Frauen
relativ blasse Stellung der Männer innerhalb der Dorfgemeinschaft erklären. Außerdem fiel mit dem Aufgeben der Kopfjagd die nach den Krankheiten wichtigste Ursache
der häufigen Todesfälle weg – ein Sachverhalt, der durch die raschen Veränderungen
der Machtverhältnisse auf Alor hervorgerufen wurde, auf die sich wiederum die traditionell etablieren Sozialisationsmethoden nicht schnell genug einzustellen vermochten.
Das ist keine Besonderheit der sozialen Organisationen auf Alor, denn in jeder Gesellschaft verändern sich die etablierten Erziehungsmethoden nur langsam, so daß sie den
gesellschaftlichen Wandlungen immer hinterherhinken (vgl. Parin 1983b). Hier liegt
eine der größten Gefahren vor allem für kleine, von einer fremden Macht übernomme-
nen Gesellschaften, denn falls ihnen kein integrativer Anschluß an die neu etablierten
Produktionsverhältnisse gewährt wird, kann es dazu kommen, daß die Sozialisation
weitgehend in den traditionellen Bahnen verharrt und damit, was aktive gesellschaftliche Gestaltung angeht, gleichsam ins Leere läuft. Versucht man, die Sozialisation in
Atimelang aus der Perspektive zu verstehen, wie der Einzelne über die mit ihr erfol-
gende Charakterformung in den Dienst des Interesses der Gesellschaft gestellt und wie
ihm darüber zugleich eine günstige Anpassung an die vorhandenen Lebensbedingun-
gen ermöglicht wird, dann erhalten die Erziehungsmethoden und ihre Resultate einen
tiefen Sinn, wohingegen eine ethnologische und psychoanalytische Forschung, die die
europäische Sozialisation zum Maßstab nimmt, den Menschen von Atimelang nicht
gerecht werden kann.

I V.

Die Nachricht, daß ein Fremder – noch dazu ein Weißer – zum Haus von Du Bois gekommen war, hatte schnell die Runde gemacht. Von allen Seiten, vom Dorf und von den Feldern her strömten die Dorfbewohner zusammen. Scheu und zugleich neugierig standen sie in einem lockeren Kreis um die grasüberwachsene Ruine und beobachteten mich, während mir in der Abui-Sprache, mühsam übersetzt von meinem Dolmetscher Robert, detailliert die Funktion der einzelnen Räume dargelegt wurde, bis hin zu dem Loch, in das der Toilettenabtritt abfloß. All das geschah in einer Weise, als handele es sich um eine religiöse Stätte. Schließlich traf auch der Dorflehrer ein, der besser Englisch sprach. Er forderte uns auf, mit ihm zum Dorfvorsteher zu gehen. Aber nicht nur wir folgten ihm, sondern auch eine lange Menschenkette, die ständig zunahm. Der Dorfvorsteher erwartete uns schon vor seinem Haus und entschied, daß wir zuerst zu einem „alten Platz", einem Tanzplatz, gingen – ganz wie eine rituelle Prozession –, um dann von dort weiter zu einem kleinen Flachbau zu ziehen, der auch als Schule diente. Die Zahl der Dorfbewohner, die gekommen waren, nur um mich anzusehen, nahm weiter zu, so daß Robert mehrmals ausrief, es sei wie im Karneval. Es waren so viele Leute gekommen, daß sie nicht alle in das Gebäude paßten und sich zu Dutzenden vor dem Eingang drängten.

Als Kaffee ausgeschenkt und die Begrüßungsrunde mit den Dorfhonoratioren beendet war, fragte ich, ob es im Dorf noch jemanden gebe, der sich an Du Bois erinnerte. „Ja, ich", meldete sich der Lehrer, der vielleicht vierzig Jahre oder etwas darüber sein mochte. „Du bist aber doch zu jung dafür", sagte ich, „denn Du warst damals sicher noch nicht geboren". „Das stimmt", erwiderte er, „aber ich habe mein Wissen von meinen Eltern und alten Leuten, die sich noch an Cora Du Bois erinnern konnten". Dann begann der Lehrer zu erzählen: Cora Du Bois war kurz nach dem Verschwinden eines Sultan Malialehi nach Atimelang gekommen. – Weil den Lehrer aber diese Geschichte so sehr erregte, wechselte er wieder vom Englischen in die Abui-Sprache, so daß ich nichts mehr verstand – bis auf die Wiederholung des Namens Malialehi. Auch Robert war wie alle anderen derart gebannt, daß er, ständig nickend, vergaß, mir etwas von dem Gesagten zu übersetzen. Endlich bot sich mir in der allgemeinen Aufregung die Gelegenheit, dem Lehrer zu sagen, daß ich den Zusammenhang zwischen Du Bois und dem Sultan Malialehi nicht verstehe. „Kannten sie sich oder was haben die beiden miteinander zu tun?" „Sultan Malialehi und Du Bois", so die Antwort, „kannten sich nicht".

Nun setzte der Lehrer seine Erzählung fort:

Kurz bevor Du Bois in Atimelang eintraf, war Sultan Malialehi von englischen Truppen auf Geheiß des Königs nach Kupang gebracht worden.[5] Seitdem war Sultan Malialehi ver-

---

[5]   Dabei handelt es sich um eine Stadt auf der Insel Timor. Tatsächlich wurde Malialehi jedoch von holländischen Soldaten dorthin gebracht.

scholl. Dem König hatte nicht gefallen, daß er so viele Anhänger hatte. Viele Menschen, ja alle Bewohner von Atimelang, waren Malialehi gefolgt. Weil der König das nicht wollte, rief er englische Truppen zu Hilfe. Sultan Malialehi war aus dem Dschungel gekommen, wahrscheinlich sogar von einem anderen Planeten, mit einem UFO womöglich, und deshalb lautete sein vollständiger Name Sultan Malialehi Manusia Planet, was bedeutet „von einem anderen Stern".[6] Sultan Malialehi ist eine Frau und hat weiße Haut wie Cora Du Bois. Als Cora Du Bois kam, dachten die Leute, Cora Du Bois wäre die Tochter von Sultan Malialehi. Cora Du Bois war, als sie kam, noch sehr jung, 15 Jahre alt; sie hatte noch keine Brüste. Sie lebte drei Jahre im Dorf und machte alle Arbeiten, die es in Atimelang zu verrichten gibt. Sie lernte hier auch unsere Sprache.

Dann wechselte der Lehrer übergangslos wieder zur Geschichte von Malialehi, so als seien die Geschichten der beiden Frauen untrennbar miteinander verbunden:

Sultan Malialehi war zuvor im Dorf gewesen und hatte vier Jahre hier gelebt. Sie war eine weiße Frau, hatte keine Ellenbogen und keine Kniescheiben, konnte sich aber trotzdem bewegen wie ein richtiger Mensch. Ein Mann aus dem Dorf, Motlehi mit Namen, hatte sie tief im Busch gefunden. Motlehi war in den Dschungel gegangen, um Fledermäuse, die auf den Bäumen schliefen, zu jagen. Er fing dann eine und sperrte sie in einen mitgebrachten Käfig. Dann ging er wieder auf die Jagd. Als er zurückkam, war der Käfig aufgebrochen und die Fledermaus verschwunden. Er fing dann noch eine Fledermaus, tat sie in den zweiten Käfig und dann geschah wieder das Gleiche: Die Fledermaus war ausgebrochen. Er fing noch eine dritte, aber es erging ihm auch jetzt wieder wie mit den beiden Fledermäusen zuvor. Nochmals raffte er sich auf, um eine weitere zu fangen. Als er nach erfolgloser Jagd zurückkam, fand er bei den zerstörten Käfigen eine schöne weiße Frau. Er nahm sie mit nach Atimelang. Man fragte sie, woher sie komme und ob sie Hunger habe. Sie aber verstand die Abui-Sprache nicht und antwortete auf jede Frage mit „nesi lalai". Man weiß bis heute nicht, was das bedeutete.[7] In den vier Jahren, die sie dann im Dorf lebte, erlernte sie die Abui-Sprache. Motlehi nahm Malialehi zur Frau. Sie hatten einen gemeinsamen Sohn, der bei der Geburt starb. Sultan Malialehi legte ihn in einem großen Bambus ins Grab. Dann fuhr der Sohn zum Himmel empor.

An dieser Stelle sagte man mir erneut, daß, als Du Bois nach Atimelang kam, alle gedacht hätten, sie sei die Tochter von Sultan Malialehi. Im Jahre 1975 habe Du Bois dann einen Brief an die Bewohner von Atimelang geschrieben. Sie habe aber das Dorf in diesem Brief nicht „Atimelang" sondern „Atengmelang" genannt. „Atimelang" bedeute „Ort des Salzes", aber es habe nie Salz in Atimelang gegeben. „Atengmelang" hingegen bedeute „Ort der Kultur". Das treffe zu und deshalb sei „Atengmelang" auch der rich-

---

[6]   Vermutlich ist die Bezeichnung Manusia Planet ein Hinweis auf die Vorstellungen der Atimelanger von der nicht-sichtbaren Welt. Das von-oben-Kommen könnte zudem auf das Ende von Malialehi deuten, denn nach einem gewaltsamen Tod sollen die Verstorbenen an einen über der Erde gelegenen unbekannten Ort gelangen.

[7]   Vermutlich handelt es sich um eine lautmalerische Darstellung des Nichtsprechenkönnens, denn auch in der Umgangssprache, dem Bahasa Indonesia, machen die genannten Worte keinen Sinn.

tige Name des Dorfes. – Als mir der Lehrer später seine Adresse aufschrieb, verwende-
te er dementsprechend auch den Namen Atengmelang. Weil ich mir, während erzählt
wurde, Notizen machte, fragte mich der Lehrer, ob ich gedächte, etwas über Sultan
Malialehi, Cora Du Bois und Atimelang zu schreiben. Das sei gut möglich, sagte ich
wahrheitsgemäß. Ich solle das auf jeden Fall machen und ihm dann das Geschriebene
zusenden. Man hoffe, so sagte er, daß die internationale Gemeinschaft auf die Dorfbewohner aufmerksam werde und ihnen helfe. Sie bräuchten dringend jemanden, der sich
um sie kümmere. Robert übersetzte mir, es gebe eine Prophezeiung, die besagte, daß
einmal sehr viele Touristen nach Atimelang kommen würden und daß das Dorf dann
wohlhabend werde.

Vom Dorfvorsteher erfuhr ich, daß er nach einem großen Erdbeben im November
2004 an die Regierung geschrieben habe. „Wir sind das Dorf von Cora Du Bois" – das
habe er in diesem Brief geschrieben, und er habe die Geschichte von Cora Du Bois und
Atimelang erzählt, weil er sich dadurch Hilfe versprochen habe. Das sei schon so viele
Monate her und bis heute habe er keine Nachricht erhalten.

Dann führten mich die Einwohner zu vielen zerstörten Häusern, um mir zu zeigen,
wie dringend sie Hilfe benötigten. „Uns kommen so viele Leute nach", sagte Robert,
„und es werden immer mehr. Sie hoffen inständig auf die nächste Cora Du Bois" („They
very very hope for the next Cora Du Bois"). Als wir dann nach Stunden zu unserem Jeep
gingen, kamen viele Dorfbewohner zu mir, umfaßten mit beiden Händen meine rechte
Hand und neigten lächelnd den Kopf – ganz so, wie man es nach meiner Landung auf
Alor getan hatte. Man fragte, ob ich denn wiederkommen würde. Eine merkwürdige
Empfindung, irgend etwas Klebriges an meiner Hand, veranlaßte mich nachzusehen:
Sie war übersät mit kleinen Kügelchen aus noch weichem Nasenschleim, die mir die
Dörfler mit auf den Weg gegeben hatten. Diese Kügelchen klebten an meiner Hand, so
wie sich die Hoffnungen der Bewohner von Atimelang an mich geheftet hatten.

V.

Im heutigen Atimelang sind mythenähnliche Vorstellungen lebendig, die die Person
der großen Ethnologin Cora Du Bois eingewoben und in die Nähe der Figur von Malialehi gerückt haben. Die Ethnologin Emilie Wellfelt, die sich etwa zwei Jahre nach
meinem Besuch in Atimelang auf Alor aufgehalten hat, schreibt dementsprechend: „It
became apparent during my research in Alor that Du Bois has, retrospectively, been
elevated to cult status" (Wellfelt 2009:185). Die Tatsache, daß Du Bois so plötzlich, wie
sie erschienen war, wieder verschwand, wurde Wellfelt zufolge als Beweis dafür angesehen, daß sie eine Person mit magischen Kräften war „or in Du Bois' own terminology a
'Good Being'" (2009:185). Wellfelt meint auch, daß die alte Religion verschwunden zu
sein scheine. Doch stellt sich gerade in Anbetracht der mythenähnlichen Geschichten

um Du Bois und Malialehi die Frage, ob nicht gerade hier alte religiöse Vorstellungen eine Fortführung fanden.

Du Bois schreibt, daß „good beings" mit dem Meer oder dem Himmel in Verbindung gebracht würden und – bisweilen als Reinkarnation der Ahnen gedacht – in menschlicher Form erschienen (1960:25). Gerade Personen, die auf geheimnisvolle Weise verschwanden, würden zu solchen „good beings" werden. Du Bois berichtet, daß es zahlreiche Berichte von zeitgenössische Propheten gebe, die die bevorstehende Ankunft von „good beings" sowie die Überwindung von Krankheit und Tod und der damit einhergehenden finanziellen Verpflichtungen vorhersagten. Du Bois wagte sogar die Prognose, daß „[t]his whole concept will undoubtedly become the center of revivalistic cults when Alorese culture crumbles as it inevitably will under the impact of foreign colonization" (1960:25).

Es ist gut möglich, daß Du Bois diese Vorhersage auf dem Hintergrund ihrer eigenen Forschungsarbeiten über die Geistertanzbewegung der nordamerikanischen Indianer von 1870 traf (Du Bois 2007). Geradezu typisch für solche Kultbewegungen ist die Prophezeiung der Wiederkehr der Ahnen oder des Eintreffens von Personen, die als Reinkarnation der Vorfahren oder als Stellvertreter von Kulturheroen oder Göttern angesehen werden. Ähnliches gilt auch für das Christentum, das auf den millenarischen Bewegungen der Essener und anderer Glaubensgemeinschaften aufbaute, die die Unterdrückung der Juden durch die Römer mit der Errichtung eines Königreiches Gottes auf Erden beenden wollten (Worsley 1973). Die Geschichte der millenarischen, von einem Goldenen Zeitalter kündenden Glaubensvorstellungen zeigt, daß zwar alle Gesellschaftsschichten von ihnen ergriffen werden können, daß jedoch vor allem die Bevölkerungsschichten, die sich unterdrückt fühlen und die sich nach Befreiung sehnen, dazu neigen, Anhänger der entsprechenden Kultbewegungen zu werden (Worsley 1973). In Stammesgesellschaften stellen millenarische Kulte eine Reaktion auf die Kolonialisierung beziehungsweise einen Versuch dar, die Kolonialerfahrung zu bewältigen, wie es Holger Jebens anhand von Cargo-Kulten in Papua-Neuguinea beschreibt:

> Befanden sich [...] viele Einflüsse der Kolonialisierung im Widerspruch zur traditionellen Kultur, so ist zu vermuten, daß es den Einheimischen angesichts solcher Einflüsse bald nicht mehr möglich war, zu einem kollektiven Konsens zu gelangen. Zieht man zusätzlich die Behinderung der Wertrealisierung und die Bildung, beziehungsweise Verstärkung von Statusunterschieden als weitere Folgen des Kulturkontaktes in Betracht, dann wird deutlich, daß es dieser „Desintegrationseffekt" der Kolonialisierung ist, auf den die Einheimischen mithilfe von Cargo-Kulten antworten. Der Versuch, in Form von Cargo-Kulten die Kolonialisierung zu bewältigen, besteht also darin, durch die Herstellung von Integration die desintegrative Wirkung der Kolonialisierung aufzuheben (Jebens 1990:92).

Auch die religiösen Vorstellungen der Atimelanger von der bevorstehenden Ankunft der „good beings" scheinen, obgleich der traditionellen Religion zugehörig, zunehmend durch die Erfahrung der Kolonialisierung geformt worden zu sein, so wie es Du

Bois bereits vermutet hatte. Daß diese religiösen Vorstellungen und die damit verbundenen Handlungen vor der Ankunft von Du Bois' weniger auf Integration, sondern unbewußt eher auf das Wiedererstarken der traditionellen Kultur abzielten, läßt sich gleichsam symbolisch aus den erhofften Effekten der Verjüngung und Gesundung ableiten. In Atimelang hatte der Glaube an die Ankunft der „good beings" weitreichende Konsequenzen: „The murder of the radjah in 1918 was precipitated by his followers' disrespectful treatment of a woman who had established herself in the minds of her fellow villagers as a Good Being" (Du Bois 1960:165). Auch 1929 führte eine Prophezeiung zu großer Aufregung. Für die erwarteten „good beings" wurden zwei kleine Häuser errichtet, man umzäunte ein Grundstück und baute zwei steinerne Basins, in die bei der Ankunft der übernatürlichen Wesen wundermächtige Ströme fließen sollten – ein Basin, in dem alte Menschen wieder verjüngt würden, und ein anderes, das bewirkte, daß man von seinen Krankheiten befreit würde, wenn man darin badete (Du Bois 1960:165). Diese Prophezeiungen fielen auf derart fruchtbaren Boden, daß Kranke sogar aus vielen benachbarten Dörfern in Erwartung der „good beings" herbeigebracht wurden. Im Zuge der allgemeinen Unruhe entsandte die Regierung Truppen, um die errichteten Bauten zu zerstören und den Propheten festzunehmen. Danach, so Du Bois, sei zwar die Skepsis gegenüber solchen Prophezeiungen gewachsen, dennoch verschwanden sie nicht völlig (1960:165, 292).

Für Atimelang bietet sich aufgrund der dortigen Sozialisation zusätzlich eine psychologische Herleitung der religiösen Vorstellungen um die „good beings" an. Folgt man nämlich der Auffassung von Du Bois und sieht diese Vorstellungen als Ausdruck eines traditionellen religiösen Systems, dann gibt es dazu in Atimelang eine besonders gut passende psychologische Basis. Sie besteht in den frühesten Erfahrungen des Kindes, das erleiden muß, daß die Mutter zur Feldarbeit entschwindet, um dann zwar spät, aber doch irgendwann auch für das Kleinkind verläßlich wiederzukehren. Die Hoffnung auf eine Rückkehr zu einem späteren Zeitpunkt, mit dem Wunsch, dann endlich genährt zu werden, so wie das Kleinkind von der Mutter gestillt wird – diese Hoffnung bildet den Boden für den Glauben an die Rückkehr verschwundener Personen in Gestalt der „good beings".

Millenarische Bewegungen üben, so schreibt Peter Worsley (1973), eine große Anziehungskraft auf diejenigen Unterdrückten aus, die sich gegen die Herrschaft einer anderen Klasse oder einer fremden Macht auflehnen, wobei ein zentraler Bestandteil die Weigerung sei, die Ideologie der Herrschenden anzunehmen. Deshalb hätten solche Bewegungen ein revolutionäres Potential, das nicht selten zu gewaltsamen Konflikten führe. Dies trifft auch auf die Prophezeiungen in Atimelang in den Jahren 1918 und 1929 zu, und deshalb hatte sich der Radscha von Alor zunächst gesträubt, als Du Bois Atimelang als Ort für ihre Feldforschung wählte. Gut zwanzig Jahre zuvor, so der Radscha, seien diese „savage mountaineers" (Du Bois 1960:x) an der Ermordung seines Vorgängers, seines Onkels, beteiligt gewesen und der Name der Einheimischen, die diesen Aufruhr aus dem Jahre 1918 verursacht habe, habe Malialehi gelautet. Du Bois schreibt: „Malialehi was a woman who was believed to have been a Good Being and who was the cause of the uprising in 1918. She was arrested and sent to Timor. No one knew what had become of her" (1960:294). Es sind diese mythischen Vorstellungen, in die Du Bois noch fast neunzig Jahre nach dem Verschwinden von Malialehi eingebunden wurde.

V I.

Um die Gemeinschaft von Atimelang psychoanalytisch zu erforschen, führte Du Bois mit einigen Frauen und Männern aus dem Dorf regelmäßig Gespräche, deren Protokolle in „The people of Alor" wiedergegeben sind. Einer ihrer Gesprächspartner war Malelaka, dem Du Bois in einer Kapitelüberschrift den Beinamen „the prophet" gab, weil er verschiedentlich die Erscheinung von „good beings" vorhergesagt hatte. Er war es auch gewesen, der mit seinen Prophezeiungen die Unruhen von 1929 heraufbeschworen hatte und deshalb zu einer längeren Gefängnisstrafe verurteilt worden war. Erst im September 1938 hatte er mit neuen Prophezeiungen wieder ein Haus für die von ihm erwarteten „good beings" errichtet. Diese waren zwar nicht erschienen, aber wenige Wochen später kam Cora Du Bois. So war es wohl auch kaum ein Zufall, daß Malelaka im ersten Gespräch, das am 30. April 1939 stattfand, von seinen „good beings" sprach, die ihm Folgendes mitgeteilt hätten: „Oh, Malialehi's mother and father want to come down and search for their child" (Du Bois 1960:294). Auch bei diesen neuerlichen Prophezeiungen Malelakas ging es demnach um Malialehi, die bei allen Gesprächen zwischen Malelaka und Du Bois im Vordergrund stand, obwohl sich die Forscherin redlich Mühe gab, ihren Informanten zu anderen Themen zu führen. Malelaka kam jedoch unbeirrt immer wieder auf seine Prophezeiung zu sprechen, und Du Bois meinte einige Male, in Malelakas monologisierenden Reden Anspielungen auf sich selbst zu entdecken (1960:294, 304, 309, 312). Einmal hatte Malelaka einen Traum gehabt, in dem ihm ein „good being" mitteilte, daß es Du Bois bereits unterrichtet habe. Malelaka berichtete Cora Du Bois Folgendes:

> Last nigth my wealth-bringing spirit came and said to me, 'My words the nonya probably knows already; my kernels I have already given her. Has she already told you or not? My words said that in eleven days this world will be dark, and if other people do not carry wood, you must'. I asked, 'What will happen?' and he answered, 'Darkness has been ordered'. I asked if it would always be dark. He said, 'No. It will be dark for five days, and then it will be light again'. I asked if we should stay here or not. Then my spirit stopped talking (1960:324).

Und Du Bois fährt wie folgt fort: „(He then sat looking confused and anxious. He looked at me as though he expected a pronouncement of some sort, probably an answer to his indirect question about my knowledge of things to come. I asked about a large area of scarred tissue on his side)" (1960:325).

Kardiner, der Malelaka anhand des Gesprächsprotokolls psychoanalytisch beurteilte, vermag in all dem nur die kindliche Einstellung des Dorfbewohners zu erkennen (1960:347). Alles deutet aber darauf hin, daß Du Bois spätestens zu diesem Zeitpunkt in eine traditionelle Mythe der Atimelanger eingewoben worden war. Diese Mythe, die den von Malialehi befeuerten Aufstand gegen die Kolonialherren weiterspann, blieb Kardiner und Du Bois verborgen. Beide hatten zwar Anzeichen für eine von Malelaka ausgehende Übertragung bemerkt, diese jedoch allein auf aus der Vergangenheit stammende Beziehungserfahrungen hin interpretiert (1960:348). Liest man die Gespräche zwischen Malelaka und Du Bois aus dieser Perspektive, so handelt es sich um Protokolle eines Mißverständnisses zwischen zwei Menschen, die einander mit sehr großen, aber gänzlich unterschiedlichen Erwartungen begegneten.

Für Malelaka sollte das Zusammentreffen mit Du Bois fatale Folgen haben. Als während des Zweiten Weltkriegs die Japaner Alor besetzten, verkündete er wieder einmal eine gegen fremde Herren gerichtete Prophezeiung: „Hamerika" würde den Krieg gewinnen. „Hamerika" hieß auch das Haus der Ethnologin, dessen Ruine für die Dorfbewohner nahezu religiöse Bedeutung erlangt hatte. Die Japaner fühlten sich herausgefordert und schlugen hart zu: In einer Strafexpedition wurden Malelaka und vier weitere Dorfbewohner geköpft. Du Bois, die durch den Brief eines Regierungsbeamten von „the story of Atimelang and the house called Hamerika" erfahren hatte, brachte die tragischen Geschehnisse mit ihrem Aufenthalt in Atimelang in Verbindung:

> Word reached the Japanese command in Kalabahi that the village leaders of Atimelang were claiming that Hamerika would win the war. This could have been nothing but the most innocent fantasy to my friends in Atimelang since they had never even heard of the United States prior to my arrival (1960:xiv).

Und sie fährt fort: „In Kalabahi they were publicly decapitated as a warning to the populace. There is no end to the intricate chain of responsibility and guilt that the pursuit of even the most arcane social research involves. No man is an island" (1960:xiv–xv).

Die Folgen des Forschungsaufenthaltes von Du Bois halten bis in die Gegenwart hinein an, wurde die Person der großen Ethnologin doch in traditionelle religiöse Vorstellungen der Atimelanger eingesponnen. Diese mythologischen Vorstellungen, die auf dem früheren Kult um Malialehi aufbauen, haben sich damit auch verändert: Sie verweisen, indem sie die weiße Forscherin in die Nähe eines „good being" (und damit der Ahnen) rücken und handfestere ökonomische Ziele ins Auge fassen, auf ein Bemühen um Integration bei veränderten gesellschaftlichen Bedingungen. Auch diese mythologisch unterfütterten Hoffnungen fanden allerdings bis heute keine Erfüllung, so daß die Dorfbewohner weiter hungrig blieben. Man kann spekulieren, ob die Darstellung von Du Bois als einem Mädchen, das noch keine Brüste hat, also nicht mit der mütterlichen Potenz zum Stillen ausgestattet ist, symbolisch für den Hunger der Atimelanger steht. Eine solche Figur würde zu der traditionellen Rolle einer unverheirateten Frau in Atimelang passen, denn, wie Du Bois schreibt, „no girl who is unmarried may make a

contribution in her own name to food displays" (1960:58). Daß der Hunger der Atimelanger noch immer existierte, erfuhr auch ich, als ich mehr als sechzig Jahre nach Du
Bois das Dorf besuchte.

VII.

Die Neigung der Atimelanger, sich gegen Autoritäten aufzulehnen, erscheint als ein
Erbe der kindlichen Trotzanfälle. Berücksichtigt man, daß sich die früheste Auflehnung
auf die eigene Mutter bezieht, so würde es nicht überraschen, wenn die entsprechende
Sozialisation zu einer patriarchalen Unterdrückung der Frau führte. Aber die Rebellion
der Dorfbewohner richtete sich nicht nach innen, sondern gegen die Kolonialmacht.
Daß dann die Erhebung gerade von einer Frau ausging, und das vor bald einhundert
Jahren, ist besonders bemerkenswert. Noch heutzutage, in einer Ausgabe der indonesischen Zeitschrift Ombay News vom 15. April 2010, wird Malialehi als die „legendäre
Heldin" von Alor bezeichnet und in einem Atemzug mit Martha Christina Tiahahu
genannt (Lathang 2010) – einer im Jahre 1800 geborenen Freiheitskämpferin von den
Molukken, die nach der Unabhängigkeit Indonesiens zur Nationalheldin erklärt wurde
und der zu Ehren man den 2. Januar als Martha Christina Tiahahu Day feiert. Eine
acht Meter hohe Statue, die sie einen Speer schwingend darstellt, blickt von den Hügeln der Stadt Karangpanjang auf die Bucht der Insel Ambon. Tiahahu und Malialehi
waren Frauen, die, so die Ombay News, mit Bambusspeeren, mit Pfeil und Bogen oder
auch nur mit Macheten bewaffnete Kämpfer gegen die mit Gewehren überlegen ausgestatteten niederländischen Unterdrücker führten. Als Tochter eines Anführers von
Molukker Freiheitskämpfern wehrte sich Martha Christina Tiahahu am Ende noch mit
Steinen gegen die Soldaten der Kolonialherren. Wie Malialehi wurde sie auf ein Schiff
verbracht, von dem sie nie mehr zurückkehrte. Es heißt, daß die tote Freiheitskämpferin ins Meer geworfen wurde, und Siti Nira, eine aus Adonara stammende Lehrerin auf
Alor, sagte mir, daß die Leute glaubten, Malialehi habe das gleiche Schicksal erlitten.

Der Aufstand von Alor bleibt untrennbar mit dem Namen von Malialehi verbunden, und es steht außer Zweifel, daß sie eine führende Rolle spielte. Die Frage nach
dem Grund dafür wird man letztlich nicht beantworten können, aber es muß sich um
eine außergewöhnliche Persönlichkeit gehandelt haben, die auch noch nach vielen Jahrzehnten die Phantasie der Menschen auf Alor zu beschäftigen vermag. Berücksichtigt
man die Forschungsergebnisse von Du Bois und deren Interpretationen durch Kardiner, dann überrascht die Tatsache, daß eine Frau zur Anführerin der Atimelanger wurde, nicht allzu sehr: Die Sozialisation von Kindern und Heranwachsenden in Atimelang
ist für die Entwicklung von Mädchen und Frauen förderlicher, weil weniger einschränkend, insbesondere im Hinblick auf aggressive Regungen. Während man aggressives
Verhalten von Mädchen und Frauen eher toleriert, wird die Aggression der Männer

untereinander viel mehr gefürchtet und deshalb in rigide gesellschaftliche Bahnen gezwungen.

Die von den Dorfbewohnern konstruierte Beziehung zwischen Malialehi und Du Bois bleibt unklar. Sicher ist allein, daß es in der lokalen Phantasie eine irgendwie geartete Nähe zwischen den beiden gibt. Dabei bin ich überzeugt, daß mir nur ein Teil der Vorstellungen von Malialehi und Du Bois mitgeteilt wurde und daß es ein „Wissen" gab, von dem ich ausgeschlossen blieb. Insbesondere die Bedeutung der Prozession zum Tanzplatz bleibt im Dunkeln, ist es doch, wie Susanne Rodemeier schreibt, „durchaus wahrscheinlich, daß der Festplatz als Mund der Ahnen angesehen wird, durch welchen sie freundlich zu den Lebenden sprechen" (1993:57). Die Tatsache, daß beim Abschied unversehens Nasenschleimkügelchen an meinen Händen klebten, darf als Beleg dafür gelten, daß es sich bei meiner Vermutung nicht um eine reine Phantasie handelt. Der Psychoanalytiker meint hier Verschmelzungswünsche zu erkennen – Wünsche also, die danach trachten, die Grenzen zwischen dem Eigenen und dem Fremden aufzuheben. Auch eine ganz vorsichtige Beurteilung wird zu dem Schluß kommen müssen, daß sich hier Wünsche nach intimer Nähe Ausdruck verschafften, was aber nur dann Sinn machen würde, wenn sich über diese Nähe eine Verbindung mit Du Bois – und darüber vielleicht auch mit Malialehi – herstellen ließe.

Mein offensichtliches Interesse an Du Bois machte mich wohl in den Augen der Dorfbewohner dafür geeignet, irgendwie in den vorhandenen Vorstellungskomplex eingebunden zu werden. Ferner steht zu vermuten, daß es Wünsche gab, die darauf abzielten, die ökonomische Notlage der Dorfbewohner auszugleichen, die unter den Auswirkungen eines großen Erdbebens zu leiden hatten und immer noch auf eine Antwort der Regierung an „das Dorf von Cora Du Bois" warteten. Immerhin gab es die Prophezeiung von nach Alor kommenden Touristen. Vielleicht ist es aber auch westliches Denken, eine Projektion meiner eigenen Vorstellungswelt, wenn ich davon ausgehe, daß die Dorfbewohner mit ihren Vorstellungen von Malialehi und Du Bois konkrete Erwartungen verbunden haben. Der Versuch einer diesbezüglich konkreten Befragung – wäre er mir überhaupt möglich gewesen – hätte es in jedem Fall riskiert, selbst zur Konkretisierung von Erwartungshaltungen beizutragen, zumal sich Selbst- und Fremdwahrnehmungen von Ethnographen und Ethnographierten immer wechselseitig beeinflussen (s. auch Jebens 2007). Es ist gut möglich, daß eine solche Konkretisierung den Zauber, der sich um Malialehi und Du Bois rankte, nur gestört hätte und daß es genügte, ja vielleicht sogar viel mehr bedeutete, wenn beide das blieben, was sie für die Dorfbewohner schon seit Jahrzehnten waren: „good beings", die mit ihnen in Verbindung bleiben und für all das Positive stehen, das irgendwann in Atimelang einziehen möge.

Sicherlich war der Zeitpunkt von Du Bois' Ankunft geeignet, die Ethnologin mit Malialehi in Verbindung zu bringen. Aber wie wahrscheinlich ist es, daß die Atimelanger ihre Erwartungen von einer sie rettenden Person auf jeden Ethnologen projiziert hätten, wenn er nur zeitnah zu Malelakas Prophezeiung ins Dorf gekommen wäre?

Oder haben die Atimelanger in Du Bois etwas erkannt, das sie zur Nachfolgerin von Malialehi als geeignet erscheinen ließ? – Aus der Praxis von Psychotherapie und Psychoanalyse weiß man, daß sich stabile Projektionen meist an tatsächlichen Eigenschaften festmachen und daß die auf bestimmte Personen gemünzten Phantasiebildungen so etwas wie einen kleinen Haken benötigen, um daran aufgehängt werden zu können. Ein solcher Haken müßte sich in den Persönlichkeitszügen von Du Bois finden lassen – in Charaktereigenschaften, durch die sich die Forscherin dazu eignete, in die Rolle einer Fürsprecherin unterdrückter Menschen hineinphantasiert zu werden.

VIII.

Als Du Bois Alor verlassen mußte, weil die Besetzung der Insel durch die Japaner drohte, trat sie in die Dienste des Office of Strategic Services (OSS), des ersten amerikanischen Geheimdienstes und Vorläufers der CIA ein, wie man auch auf der Homepage der CIA nachlesen kann (Smith 1972). Bis zum Ende des Zweiten Weltkriegs arbeitete sie für das OSS, zunächst von 1942 an als Leiterin der Sektion Indonesien und ab 1944 als Chefanalystin des Southeast Asia Command in Ceylon. Aus dieser Zeit gibt es in dem Buch „Sisterhood of spies" (McIntosh 1998) ein Foto des Mitarbeiterstabs des OSS in Kandy, auf dem neben Du Bois auch der damals ebenfalls für das OSS tätige Gregory Bateson zu sehen ist. In ihrer Arbeit für das OSS war Du Bois sehr engagiert. So setzte sie gegen den Widerstand ihres Vorgesetzten ein neues Konzept für ihre Gruppe durch. Dieser Vorgesetzte, Colonel Heppner, charakterisierte die Ethnologin in einem Bericht, aus dem man noch verletzten männlichen Stolz herauszuhören meint, wie folgt:

> Miss Du Bois is an exceedingly brilliant woman. Personally our relations with her are the best. However, she is sharp and tactless and sometimes overbearing. I think you have the usual problems with army officers being placed under a woman's command, which causes trouble (McIntosh 1998:213).

Zurück in der akademischen Welt der Vereinigten Staaten geriet Du Bois in die paranoiden Mühlen der McCarthy-Verfolgungen. Es waren, wie David Price in seiner Untersuchung zur Bedrohung der amerikanischen Ethnologie in der McCarthy-Ära vermutet, Du Bois' für die damalige Zeit progressive, dabei aber keineswegs radikale Überzeugungen, die darauf hinausliefen, politische Themen von nationalistischen und ethnozentristischen ideologischen Verzerrungen freizuhalten, welche ihr eine jahrzehntelange Überwachung durch das FBI einbrachten (Price 2004:294). J. Edgar Hoover, der legendäre Chef des FBI, gab am 25. Juni 1948 die Weisung, in Kandy und sogar auch auf Alor Nachforschungen anzustellen, ob Du Bois den Lehren der Kommunistischen Partei anhinge (Price 2004:294). Was daraus wurde, ob beispielsweise Undercoveragenten des FBI als Ethnologen getarnt nach Atimelang kamen oder aber, ob sich

Ethnologen für das FBI einspannen ließen, ist nicht bekannt, da Teile des FBI-Dossiers über die 1991 verstorbene Forscherin auch heute noch nicht zugänglich sind. In den Vereinigten Staaten jedenfalls wurden in den nachfolgenden Monaten Bekannte und Kollegen von Du Bois befragt, wahrscheinlich auch Jeanne Taylor, die Partnerin der Anthropologin. Schließlich kam es sogar dazu, daß Senator McCarthy im Senat über Du Bois als „Case 60" berichtete (Price 2004:296). Der Verdacht des FBI wurde erst richtig angeheizt, als Du Bois sich auch noch weigerte, den in Kalifornien geforderten antikommunistischen Eid zu leisten, und als sie sogar das prestigeträchtige Angebot ausschlug, in Berkeley Robert Lowie als Lehrstuhlinhaber nachzufolgen, weil sie den genannten Eid als unvereinbar mit der akademischen Freiheit ansah.[8] Du Bois' Brief an den Präsidenten der Universität von Kalifornien, Robert Gordon Sproul, in dem sie ihre Ablehnung begründete, fand sich als Kopie im Dossier des FBI (Price 2004:299–300) und ist ein bemerkenswertes Zeugnis akademischer Zivilcourage.

Kurzum: eine außergewöhnliche Frau mit gefestigten Überzeugungen und großer Zivilcourage, die sich gegen jede Form der Unterdrückung auflehnte, die aber auch fähig war, während eines Krieges eine verantwortliche Position in der Armee ihres Landes einzunehmen. Selbst wenn die Wahl der Atimelanger zufällig auf Du Bois gefallen wäre, es hätte wohl kaum eine geeignetere Nachfolgerin für Malialehi gegeben. Darüber hinaus haben die Dorfbewohner wohl auch die sexuelle Orientierung der Ethnologin erahnt, wie man aus den Interviews ableiten kann – ein Sachverhalt, der vermutlich manche Verwirrungen in der Kommunikation zwischen Ethnographin und Ethnographierten in Atimelang zu erklären vermag. Kein Ethnologe sollte jedenfalls so vermessen sein anzunehmen, sein „Forschungsgegenstand" wäre nicht in der Lage, Überzeugungen und Einstellungen, die sein Leben bestimmen, zu erraten: „No man is an island".

LITERATURVERZEICHNIS

BION, Wilfred R.
1962   *Learning from experience.* London: Tavistock Publications

DU BOIS, Cora
1960   *The people of Alor: a social-psychological study of an East Indian Island.* Cambridge, Mass.: Harvard University Press (¹1944)
2007   *The 1870 ghost dance.* Lincoln, NE: University of Nebraska Press (¹1939)

---

[8]   Price (2004:298). Du Bois wäre als Nachfolgerin von Lowie die erste Frau in einer solchen Position gewesen.

GROTSTEIN, James S.
1990   „Nothingness, meaninglessness, chaos, and the 'black hole' I: the importance of
        nothingness, meaninglessness, and chaos in psychoanalysis", *Contemporary Psycho-
        analysis* 26:257–290

JEBENS, Holger
1990   *Eine Bewältigung der Kolonialerfahrung.* Zur Interpretation von Cargo-Kulten im Nord-
        osten von Neuguinea. Bonn: Holos
2007   Kago *und* kastom. Zum Verhältnis von kultureller Fremd- und Selbstwahrnehmung in
        West New Britain. Stuttgart: Kohlhammer

KARDINER, Abraham
1939   *The individual and his society: the psychodynamics of primitive social organisation.* With a
        foreword and two ethnological reports by Ralph Linton. New York: Columbia Univer-
        sity Press

LAHTANG, Lodia
2010   „Toko emansipasi budaya perempuan Indonesia", *Ombay News Indonesia* 15. April 2010

MCINTOSH, Elisabeth P.
1998   *Sisterhood of spies: the women of the OSS.* New York: Dell Publishing

PARIN, Paul
1983a   „Das Ich und die Anpassungsmechanismen", in: Paul Parin, *Der Widerspruch im Sub-
        jekt.* Ethnopsychoanalytische Studien, 78–111. Frankfurt am Main: Syndikat ([1]1977)
1983b   „Das Mikroskop der vergleichenden Psychoanalyse und die Makrosozietät", in: Paul
        Parin, *Der Widerspruch im Subjekt.* Ethnopsychoanalytische Studien, 55–77. Frankfurt
        am Main: Syndikat ([1]1977)

PRICE, David H.
2004   *Threatening anthropology: McCarthyism and the FBI's surveillance of activist anthropolo-
        gists.* Durham: Duke University Press

RODEMEIER, Susanne
1993   *Lego-lego-Plätze und naga-Darstellungen.* Jenseitige Kräfte im Zentrum einer Quellen-
        studie über die ostindische Insel Alor. Magisterschrift (Institut für Völkerkunde und
        Afrikanistik im Fachbereich Altertumskunde und Kulturwissenschaften an der Lud-
        wig-Maximilians-Universität München)

ROSALDO, Renato
1993   „Der Kummer und die Wut eines Kopfjägers. Über die kulturelle Intensität von Emo-
        tionen", in: Eberhard Berg und Martin Fuchs (Hrsg.), *Kultur, soziale Praxis, Text,* 375–
        401, Frankfurt am Main: Suhrkamp

RÓHEIM, Géza
1945   Buchbesprechung „Cora Du Bois: The people of Alor: a social psychological study of an
         East Indian Island. With analyses by Abram Kardiner and Emil Oberholzer. Minnea-
         polis: The University of Minnesota Press 1944", *Psychoanalytic Quarterly* 14:239–242

SMITH, Richard Harris
1972   *OSS: the secret history of America's first central intelligence agency.* Berkeley: University
         of California Press

WELLFELT, Emilie
2009   „Returning to Alor: retrospective documentation of the Cora Du Bois collection at
         the Museum of World Culture, Gothenburg, Sweden", *Indonesia and the Malay World*
         37(108):183–202

WINNICOTT, Donald W.
1971   *Playing and reality.* London: Tavistock Publications
1989   „The concept of trauma in relation to the development of the individual within the fam-
         ily", in: Clare Winnicott, Ray Shepherd und Madeleine Davis (Hrsg.), *Psycho-analytic
         explorations*, 130–148. Cambridge, MA: Harvard University Press

WORSLEY, Peter
1973   *Die Posaune wird erschallen.* „Cargo"-Kulte in Melanesien. Frankfurt am Main: Suhr-
         kamp (¹1957)

Paideuma 59:195–214 (2013)

THE SPIRIT OF RABAUL AFTER THE VOLCANO[*]

Keir Martin

ABSTRACT. Rabaul Town, in Papua New Guinea, is viewed with ambiguous nostalgia by the residents of local Tolai villages such as Matupit. In this article, I examine the ways in which proximity to the town has shaped Matupi views of the role of money in shaping social relations. In particular, through a comparison between contemporary hopes and fears concerning the role of 'town-money' and those expressed half a century ago in the work of A.L. Epstein, I seek to illustrate that such ambiguity is not a recent event but reflects an on-going tension in the relationship between Matupit and the nearby town that shaped its history. Finally, I examine the ways in which resettlement after the volcanic eruption that partially destroyed Rabaul Town in 1994 has cast the town as an emblem of backward customary tendencies, contrary to expectations that the urban is the epicentre of anti-customary modernisation.

INTRODUCTION

Following the destruction of Rabaul Town by a volcano in 1994, the decision was taken to relocate the capital of East New Britain Province to the new town of Kokopo. The memory of Rabaul Town is romanticised by most inhabitants of the region, be they white expatriates, Chinese, local Tolai villagers or incomers from other areas of Papua New Guinea (cf. Neumann 1997a, b). Kokopo, by contrast, is paraged, even by those who were advocates of the relocation. For many, the memory of Rabaul represents a glorious, well-planned past in which function and style operated in perfect harmony. Kokopo is not only described as ugly, but also as dysfunctional, lacking the compactness and tree-shaded avenues that made Rabaul a pleasant place to shop. On the surface, memories of Rabaul almost seem to embody what Michael Herzfeld defines as 'structural nostalgia', in which there is a 'collective representation of an Edenic order – a time

[*] I conducted fieldwork in Matupit, Sikut and Rabaul (East New Britain Province, Papua New Guinea) between February 2002 and February 2004, with an additional month's fieldwork on a return visit from December 2004 to January 2005. I would like to acknowledge assistance from the UK Economic and Social Research Council (ESRC Research Studentship R42200134324) and the Wenner Gren Foundation for Anthropological Research (Grant Number 6860), as well as financial assistance from the Friends of the Mandeville Special Collection at University of California at San Diego Library for visits to their archived material, and an additional Overseas University Visit grant for this purpose also made by the ESRC. I made a return visit to Rabaul for follow-up data collection between December 2010 and January 2011 with the support of a grant from the Danish Research Council for Independent Research in the Humanities (FKK).

before time – in which the balanced perfection of social relations has not yet suffered the decay that affects everything human' (1997:109).

Although this narrative of nostalgia for Rabaul is widely shared, it is one that carries different and wider meanings for different groups of people. The fall from grace from Rabaul to Kokopo takes place within a wider process of social change, namely the political development of Papua New Guinea in the years following independence in 1975. Although there is widespread disillusionment with the current state of Papua New Guinea, the extent of that discontent and explanations for the widely perceived disintegration of government in recent years varies between different groups. Differences in the ways in which these different groups draw the contrast between the spirit of Rabaul and the spirit of Kokopo shed significant light on the different orientations of these groups towards the wider political situation in Papua New Guinea.

The year 2010 marked the centenary of the establishment of the new town of Rabaul as the capital of the German Territory of New Guinea. In contrast to other established towns in Papua New Guinea, such as Port Moresby and Lae, which were often disparaged as ugly, and, increasingly in the years following independence in 1975, as violent and dangerous, the so-called 'Jewel of the Pacific', as Rabaul was referred to in the years prior to its most recent devastation in a volcanic eruption in 1994, is almost universally recalled with affection by all kinds of local residents. This includes both those who were passionate supporters of its reconstruction and those who preferred the option taken by the government of relocating the main urban centre to the allegedly less vulnerable location of Kokopo. In this article, I explore one particular aspect of the nostalgia for Rabaul and argue that, from the point of view of many Matupi, it is more ambiguous than it at first appears. Whereas for white expatriates Rabaul is remembered with a seemingly uncomplicated nostalgia, for many Matupi the nostalgia, although present, is sometimes tempered with a sense that Rabaul was not an entirely positive influence. This ambiguity continued into the post-disaster era of reconstruction in which Rabaul is viewed with a mixture of feelings, from nostalgic longing to a fear that an over-attachment to it might make it difficult for Matupi to reconstruct their livelihoods. In particular, I explore the ways in which differing moral evaluations of the role of money shape both nostalgia for the past and the fears for how attachment to Rabaul might shape the future. Rather than having a singular effect, Matupi often implicitly evaluate the effect of money according to its social context. In particular, money in town is seen to circulate in very different ways than money in the village, an implicit distinction that has long provided Matupi with a language with which to dispute and evaluate their own social relations and their relations with a town that has had such an impact on their lives for generations. Rather than simply being a backward looking sentimental feeling, the nostalgia felt by Matupi for Rabaul Town is what Debora Battaglia refers to as a 'practical or active nostalgia' in which a 'nostalgic connection' can be 'imagined towards a past object without necessarily being the enemy of unformulated future relationships' (1995:78). In some contexts Matupi will characterise other Matupi's nostalgia for Rabaul as backward and counter-productive, but even this characterisation is in itself part of an attempt to shape future activity.

For all kinds of local residents – Papua New Guinean and foreign, including those with whom I am most concerned in this article, namely Tolai people from the local village of Matupit – the memory of Rabaul represents the 'good times before', whether or not they were in favour of the relocation to Kokopo. However, the 'before' referred to in this commonly repeated phrase is not always clear. Although on the surface it may appear to refer to the volcano, it is often ambiguous, sometimes carrying other referents, particularly independence in 1975, which is viewed as something of a disaster by many expatriates (and not a few nationals). The sudden disintegration that is felt to have affected other urban centres after independence was considered by many to have been largely kept at bay in Rabaul until it hit with a vengeance after the volcanic eruption of 1994.

To a very large extent, in the imaginaries of many expatriates the old Rabaul stood for a better Papua New Guinea, a place in which things worked, the government did its job, your workers did as they were told, and you could wander the streets and go to coffee bars unmolested by aggressive and violent locals. Rabaul after the eruption, in which the large houses formerly owned by Europeans were now falling into disrepair and were occupied by unemployed and presumably dangerous squatters, acted for these expatriates as a kind of metaphor for the disintegration of post-independence Papua New Guinea. Although local Tolai people were likely to have far more ambiguous feelings about the colonial past and the post-colonial present than expatriates, most villagers also felt that life was getting worse. However, they were, of course, less likely always to blame the current state of affairs on the alleged inability of Papua New Guineans to manage their own affairs properly than the expatriate residents were. Most long-term expatriate residents of Rabaul were of Australian origin, and many had a fairly low opinion of Papua New Guinean nationals in general. Their attitude towards Tolai in particular, however, was more ambiguous. On the one hand, they shared the widespread view that the Tolai were something of an indigenous elite, marked out by their superior education and sophistication. On the other hand, it was precisely these qualities that often led expatriates to label them as 'big-headed'. One expatriate hotel owner explained to me that he would happily employ Tolai in his office, where he could keep his eye on them, but not in any manual occupation, as they considered picking up a broom or spade to be beneath them. From the Tolai perspective, the white expatriate community was viewed equally ambiguously, with a great deal of respect and even affection going towards those who had made an effort to get involved in village life, combined with a degree of hostility towards those who treated the Tolai with barely disguised contempt. It would be fair to say that Tolai hostility was far more strongly directed towards the long-term resident Chinese community, who dominated much of the urban retail sector in Rabaul and Kokopo that many residents relied upon and who were accused of selling over-priced but shoddy goods. For all groups, however, Rabaul Town as it was before, contrasted with how it was now, provided a powerful imaginary tool with which to discuss the causes of the perceived disintegration of Papua New Guinea's post-independence social fabric.

For the residents of Matupit, Rabaul Town has been an integral part of their day-to-day village life ever since its establishment in 1910. It has been a source of regular wage labour, largely in skilled clerical positions (in contrast to many other Papua New Guineans from outside the province, whom many Matupi have traditionally looked down on as unskilled manual labourers) and as the commercial centre for cash cropping (largely of copra produced from coconuts grown on Matupit customary land) or trading in the town's market. Rabaul Town and the cash economy associated with it have long been a source of both excitement and anxiety for Matupit villagers.

In the years leading up to the eruption, Rabaul was also often viewed as a threat by the same local villagers who were mostly reliant on the town's economy: the town needed to expand, and Matupit customary land was about the only place that it could realistically expand into. In addition, those who feared the influence of modernisation on the young saw proximity to the town as a threat. On the whole, however, Rabaul appears to have been viewed positively. It was the source of the Matupi's wealth relative to most of the rest of Papua New Guinea and reflected a remarkable economic development that was the flipside of the fears of the disintegration of custom. Matupit was one of the first villages in Papua New Guinea to receive missions and formal schooling, to develop its own cash cropping and to be covered in permanent 'European style' housing, and this relative progress was a source of pride, just as much as the fears of the disintegration of custom were a source of trepidation.

By the time of the eruption Matupit was so tied into the cash economy of the town that it looked almost unlike a Melanesian village in many respects, even containing a couple of nightclubs to cater for the overspill from Rabaul Town on weekends. Jacob Simet, an anthropologist born and raised in Matupit, writing about the village three years before the eruption, recalls that

> Matupit, being only a small island is mostly a residential place. The islanders' traditional gardening areas were on the mainland. Today most of this traditional land has been planted with copra and cocoa. The Matupit no longer do any 'serious gardening'. [...] The shortage of land makes it difficult for the Matupit to maintain some aspects of their traditional life. For instance, much of their diet today consists of imported foods, such as rice, bread, biscuits, tinned-meat, tinned-fish. For more traditional foods such as bananas, taro and aibika (spinach), the Matupit have to depend very heavily on the town market.

> The Matupit are very much tied to the town for their livelihood. They engage in village based economic activities such as fishing, collecting megapode eggs, and preparing food for sale in town. The fish, the eggs and the food, all have to be sold in town for money.[1]

This led to the Matupi being viewed with a degree of suspicion even by their Tolai neighbours in villages a few miles out of town. Michael Lowe, who was working as a human geographer at the Tolai village of Rapitok at the time of the eruption, reports that, mixed in with sympathy, inland Tolai viewed the travails of the Matupi with a sense of satisfaction. The feeling was that people who had deserted their roots so spectacularly, in particular almost totally abandoning subsistence agriculture for the cash economy, somehow almost deserved what had happened (personal communication). This rhetoric of the culturally destructive impact of urbanisation can still be heard in many contexts today. I remember one conversation with a man from Matupit who had a leading role in the *tubuan*, a male secret society among the Tolai that centres around masked dancing figures that are invoked for particularly important customary events. This man contrasted the drunkenness and anti-social behaviour that he felt often characterised the young men involved in *tubuan* activities in Matupit with what he had observed in inland Tolai villages, ' a long way from town', where people understood the 'true meaning' of taking part and of showing a respectful demeanour. The Matupi, because of their proximity to town, he concluded, had been, 'victims of our own development'.

Town money and village money

For those interested in drawing a distinction between the modern and the pre-modern, or the radically new and the conventionally traditional, towns and cities tend to occupy a particularly important place. They are archetypally where modernity happens, or they are at the very least the spots from which the new social (dis)order sends out its shockwaves. As Marshall Berman puts it in his classic analysis of modernity, "All that is solid melts into air", 'we see the city itself as a symbolic expression of modernization' (1982:181).

Equally stereotypically, in town one lives with money, the substance that is often held more responsible than any other for the dissolution of traditional relations and that is seen as fuelling the new kinds of impersonal social relations that distinguish the modern and the urban. This is the classic folk tale of the fear (or hope) of the introduction of money: that it will act as a social acid dissolving traditional ties of custom and obligation. It is also a story often told by radical critics with an ambiguous relationship to capitalist modernity, for example, Friedrich Engels:

---

[1] Simet (1991:16–17). See also A.L. Epstein (1992:95, 97). Simet refers to the people of Matupit as 'Matupit'. T.S. Epstein refers to them as 'Matupis' (see below). I most commonly heard them referred to as 'Matupi' during my fieldwork period and it is that term that I use in this paper.

> Money forces the commodity form even on the objects which have hitherto been produced for the producer's own use; it drags them into exchange. Thereby the commodity form and money penetrate the internal economy of the community directly associated for production, they break one tie after another within the community, and dissolve the community into a mass of private producers (1934:341).

As William Maurer (2006) observes, this is also a commonly told story in anthropological discussions of money. Most famously it is the story of Paul Bohannan's analysis of the impact of money in breaking down previously discrete spheres of exchange amongst the Tiv of West Africa, his argument being that money is an idea that 'creates its own revolution' (1959:53). Variations on this story are not unknown in anthropological descriptions of the role of money in Melanesia. For example, in his discussion of millenarian movements such as Melanesian so-called 'cargo cults', Kenelm Burridge argues that 'money goes along with particular moral and social relations', and that it 'demands acceptance of the kind of social ordering adopted by those who make it' (1969:42). However, when money flows from towns to villages in Melanesia, the more commonly told story amongst anthropologists has been a counter-narrative of its 'domestication', as it is transformed into something else (e.g. Toren 1989, Gregory 1997), most usually by being incorporated into already existing gift exchange networks. Contra Engels and his assumption that money can stamp the commodity form even on those objects not produced with the intention of commodity exchange, Marilyn Strathern argues, in writing about ni-Vanuatu, that '[t]hey turn European things to their own ends rather than seek to encompass European ends; in other words they Vanuatize things derived from the European world rather than Europeanize themselves' (1988:81).

In the context of Strathern's conceptual opposition between a Western view of social relations based upon commodity logic and a Melanesian view based upon gift logic, the implication seems clear that 'custom' has the capacity to stamp the gift form upon objects produced for the purpose of commodity exchange. This even includes the ultimate object of commodity exchange, that is, money, as is most famously evidenced by the well-known photographs of bank notes fixed to wooden poles to be offered in ceremonial gift exchange cycles such as the *moka* of the Papua New Guinea Highlands.[2]

Yet, it is worth bearing in mind that Strathern's opposition between the commodity of the West and the gift of Melanesia is intended to be a deliberate fiction designed to encourage a particular kind of critical reflection upon the analytical categories of Western political theory; it is not the basis for claiming that 'Melanesian societies can be presented in a timeless, monolithic way, nor to assume some fixity in their state-of-being which renders them objects of knowledge' (Strathern 1988:16).

This is a central point that seems to have been largely overlooked both by Strathern's detractors and her disciples in pretty much equal measure. The description of how

---

[2]   See for example Merlan and Rumsey (1991).

ni-Vanuatu Vanuatize commodities may serve as part of the basis for the construction of an imaginary Melanesian social philosophy, but it is most definitely not intended as a description of how all Melanesians would behave under all imaginable circumstances. Instead it is a description of how a particular group of Melanesians, namely, 'Sa in *kastom* v i l l a g e s' (Strathern 1988:81; emphasis added) make use, and sense, of Western-derived goods.

Elsewhere, in an earlier analysis of urbanisation in Papua New Guinea, Strathern (1975) provides an extremely nuanced analysis of the role of money in creating new forms of social relations in Melanesia. This analysis in essence rests upon a distinction between money that is sent back to the village to become incorporated in the manner described above and money that stays in town that 'holds its value' as money (1975:359), that is, money that acts in a more individuating manner as is often found in accounts of money as the agent of modernisation:

> Money changes value, as it were, when it passes between town and country. The migrant cannot deploy it as men at home deploy money because of the unusual conditions under which he obtained it. It disappears by turning into something else (Strathern 1975:359).

Money sent home to the village 'may change shape', but 'town money [...] remains reasonably stable' (Strathern 1975:362). So money is fixed neither as the agent of great social transformation nor as one of the objects that are domesticated into another item of reciprocal 'custom'. Instead it can change shape according to social context. And, most crucially in this story, town money looks more like the agent of transformation version of money, while village money looks more like the version that is domesticated.

Town money and Matupit

Yet, even if anthropologists of Melanesia have long focused on the domesticating effect of the village on money, village ethnographies have also pointed to the fear (or sometimes hope) that money may continue to hold its value as it crosses into the village, particularly in those villages closest to urban centres. A.L. Epstein (1969), who worked at Matupit in the late 1950s, describes the fear of the older generation at that time that young men would abandon customary shell-wealth or *tabu* and instead spend money on goods that only money could buy and that were meant for individual consumption. Today, after a period when customary exchanges of *tabu* declined at Matupit during the 1960s and 1970s, seemingly confirming the old men's fears, more *tabu* circulates than ever before, and at bigger events than ever before. On the surface, this would seem to be a confirmation of the domestication thesis, or what Marshall Sahlins refers to as *developman* (2005:23) – a tendency to use materials introduced by Western colonialism (including money) to re-create indigenous cultures on an even bigger scale than before.

But, as has been described in detail elsewhere, this new *tabu* is *tabu* that comes from far afield, purchased in bulk with money, and leaving its moral status ambiguous in the eyes of those who do not have the money to compete with the new generation of so-called Big Shots, who now dominate customary exchanges with 'store bought' *tabu*.[3] Thus the *developman* story of the domestication of village money that acts as a counter-story to the conventional narrative of money as a social acid and harbinger of modern individualism has its own counter-narrative amongst many inhabitants of Matupit today. This is that the ritual gift exchange object (*tabu*) that was supposed to operate as a mechanism for the domestication of money has instead been turned, as one Tolai put it to me, into a 'pastiche' by the fact that it is now bought in bulk with cash. Just as money is capable of being viewed both as the acid of custom and as simply another item to be incorporated into it, it is equally the case that seemingly 'customary' items, such as *tabu*, are just as capable of being the mechanism of money's domestication into custom or of being turned into failed custom through their association with money.[4] A.L. Epstein gives a clear but brief description of the ways in which this trend had already started to emerge by the time of a return field trip in the mid-1980s, arguing that the continued interest of some members of the new elite in such customary ritual 'cannot be allowed to conceal the nature of the profound change that has taken place in the meaning and social function of tambu'.[5]

The perspective that one takes is clearly linked to a large extent to one's social position. Big Shots are on the whole likely to view the *tabu* that they bought in bulk with Australian and US dollars as being entirely legitimate and a continuation of Tolai custom. Grassroots villagers who are excluded from the possibility of taking part in custom in this manner are far more likely to view this local version of the *developman* thesis with scepticism and to claim that the monetary origin of this *tabu* somehow renders it illegitimate.[6]

It is also worth observing at this point that this fear (or hope) of the influence of the town and town money on customary relations is an on-going one. This tension should not be viewed as the outcome of the immediate 'impact' of capitalist modernity

---

[3] See Martin (2004; 2006a, b; 2007a, b; 2008a, b; 2009, 2010). See also Eves (2000) for a discussion of the denigration of store-bought shell wealth in New Ireland.

[4] See Dalsgaard (2009:28) for a discussion of how, 'competing understandings of *kastam*' shaped the evaluation of the value of customary products and practices in relation to a global political economy.

[5] A.L Epstein (1999:108–109). Whereas A.L. Epstein refers to Tolai customary shell-wealth as 'tambu', in common with my informants at Matupit, I render the word as 'tabu'.

[6] See also Martin (2008c). Richard Salisbury, based on fieldwork at the Tolai village of Vunamami in the early 1960s and extensive historical research, argues that there has been a long history of *tabu* being a tradable commodity with a fluctuating exchange rate against state currencies, dependent upon shifting patterns of supply and demand (1970:283–285). This analysis is, of course, commensurate with Salisbury's avowed economic formalist position and seems to contrast with the descriptions in both A.L. Epstein and T. Scarlett Epstein's ethnographies, in which any direct trade of *tabu* for money is limited and in which there was a largely fixed rate of exchange between the *tabu* and state currency (T.S. Epstein 1968:147–148).

upon a pure, uncorrupted customary economy. The Matupi have long been engaged in a global cash economy, and Matupit has existed cheek by jowl with Rabaul for generations. What is striking about an examination of discussions of the town in previous decades is that this same tension has expressed itself in different ways throughout this period. A.L. Epstein describes fears that were present in the late 1950s and that were in some respects similar to those I heard expressed during my own fieldwork in the early 2000s. A.L. Epstein reports that village elders often approved of young men being employed in town on short-term contracts, as opposed to permanent contracts (which would often offer better conditions), as this was seen as 'a solution to the problem of working for money without absorbing the younger men completely into the wage-earning economy of the town, with its threat to the traditional ways and craft of the village' (A.L. Epstein 1969:64).

A.L. Epstein goes on to observe that the pull of town and money often gave rise to negative opinions about customary distributions of *tabu* amongst younger men at Matupit in the late 1950s:

> Men in regular wage employment in Rabaul have in fact few opportunities for those activities which produce *tambu* [...] Some would exclaim contemptuously: What can you buy with *tambu*? You can't buy goods in a European store with shell-money, nor erect a modern style house with it (1969:242–243; italics in the original).

Although these younger, educated men with jobs in town were still tied into customary relations by virtue of their 'continued attachment to the land' (A.L. Epstein 1969:87), A.L. Epstein also observed that they were, 'a new social category' that had

> begun to emerge. Those who belong to the new category are all young, but they are above all marked out by their education, and the kind of opportunities this opens up to them outside village society. Such wealth as they possess is cash rather than *tambu*: it is put to use for personal and private ends, and not to sponsoring large feasts and ceremonies, which opened up the institutionalised paths to prestige and power in the indigenous system (A.L. Epstein 1969:87; italics in the original).

The young Matupi of A.L. Epstein's day had opportunities to make money in town by virtue of their superior education and their proximity to town, which meant that they could easily commute into town to engage in white-collar clerical work. This gave them access to a direct wage that was very different from the access to money that young men in other villages might have had from selling cash crops grown on clan land. Although there were many demands on these wages, A.L. Epstein seems to suggest that the young Matupi were relatively successful in keeping a large amount of this wealth out of customary circulation and instead letting it hold its value as money as the means for acquiring personal consumer goods.

Yet, the story A.L. Epstein tells is not quite as simple even as the story in which the potential for 'town money' to free people from 'custom' is embraced by the young and feared by the elders. Some young men are still portrayed as being interested in the accumulation of *tabu* through 'customary' routes such as the construction of fish traps, (A.L. Epstein 1992:88–89). But in other contexts this picture is seemingly reversed. Rabaul Town is hemmed in on most sides by mountains or the ocean. The only land upon which it was possible for the town to expand during the 1950s and 1960s was land that was acknowledged as being the customary land of Matupit clans or *vunatarai* (in Kuanua).[7] The attempts of the Australian colonial authorities to expand Rabaul Town on to Matupit customary land were highly controversial and often resisted by Matupit villagers. However, after initial resistance, the authorities were often able to make 'discreet approaches' to elders, who were 'finally prevailed upon to accede to the request' (A.L. Epstein 1992:54). These agreements would inevitably provoke bitter in-fighting amongst Matupi. A large part of the counter-argument against these agreements would come down to the moral obligations of the *vunatarai* with land claims (*kakelei*) to other related social groups, in particular the 'children' of the matrilineal *vunatarai*, that is, the children of the male members of the clan, who would normally expect rights to use the land in many circumstances. A.L. Epstein observes that

> [l]eases or purchases of land in the modern European sense strike at the very heart of this system, since the effect of disposing of any parcel of land in these ways is to place it under the control of those who do not recognize customary obligations and traditional encumbrances, and against whom they appear to be unenforceable. It is this aspect which so arouses the anger of many of the younger and 'landless' Matupi, and leads them to charge their elders with betrayal when the latter appear ready to acquiesce in the sale of yet another piece of land to the Administration (A.L. Epstein 1992:137).

As with the young men's wages, it is again 'easy' money that is available to Matupi as a result of their proximity to town that is the source of moral controversy and of the fears that some of them are being tempted to bypass circuits of customary obligation. But this time around the tables have been turned: it is the elders who are suspected of being lured into a betrayal of custom by the prospect of town money, while it is the young men who have an interest in opposing them. Indeed, A.L. Epstein claims, it tended to be the same young men dependent on money earned in town who put themselves at the forefront of opposition to such attempts:

> [T]he view widely heard throughout the village was that the people had been betrayed by the greed of their elders […] what is striking is that the most prominent spokesmen in the debates were frequently younger and more educated people who were in employment in Rabaul (A.L. Epstein 1992:56).

---

[7]   Kuanua is the language of the Tolai people.

This results in the apparently paradoxical position that,

> [i]n this context, younger and more educated Matupi, working for wages in town, who in other respects represent more 'progressive' opinion within the village, will sometimes emerge as spokesmen of tradition in opposition to the lineage elders whom they accuse of acting in breach of customary law (A.L. Epstein 1992:298).

In A.L. Epstein's account, proximity to town is widely feared as making the Matupi particularly susceptible to the anti-customary potential of money. From the perspective of some elders, the way in which the young educated men of Matupit earn a large proportion of their money through wage labour in town gives them access to money in a way that makes it more likely that they will live up to its stereotype as a solvent of customary relations than is the case with the money made through cash cropping on customary land that occurs in other Tolai villages. Likewise, from the perspective of some young men, proximity to town and the subsequent possibility for land sales to the Town Administration means that the elders of Matupit have an incentive to step outside customary relations that is not available to the elders of other Tolai villagers. The anti-customary potential of town money (as opposed to village money) is not a matter of fact so much as of perspective and differing moral evaluation that are dependent upon one's social position. Indeed, in some contexts, it is proximity to town and a desire to continue to take part in the town-money economy that partly prompts the defence of custom and tradition. Given that it is their residence at Matupit that enables the young men to continue to take part in the wage-labour economy of Rabaul, this is one of the factors that explains their 'continued attachment to the land', mentioned earlier. The consequence of this is that,

> [i]n many important respects these younger men are more consciously orientated towards the wider society of New Guinea and beyond. Nevertheless, they remain deeply committed to the village. And this is not a matter of mere sentiment, although this is important. The fact of the matter is that in present conditions it is only through their continued participation in village economic activities that they can take full advantage of the opportunities for employment in the urban world of Rabaul (A.L. Epstein 1969:87).

The proximity to town in the 1950s and 1960s gave Tolai villages like Matupit a particular relationship to money that is not usually found in accounts of other Tolai villages around the same period. T. Scarlett Epstein divides the Tolai region into three parts: 'those living in the coastal area near Rabaul, who in 1960 were already short of land, but are the best educated and most westernised'; an intermediate group a bit further from town who were beginning to feel land pressure; and 'the inland Tolai living at the frontier of Tolai settlement' (1968:54). T.S. Epstein observes that proximity to town created differences between the Tolai of villages like Matupit and those in the inland villages, such as Rapitok, where she conducted fieldwork in the early 1960s. In particular, their relations with money and the cash economy were different as a consequence. For example, during the early twentieth century inland Tolai were keen to work as wage labourers on plantations away from their home villages, whereas coastal Tolai were able to use their proximity to town to make money from their own customary land and as a consequence looked down on this kind of labour. T.S. Epstein observes that in the post-World War Two period Rapitok men moved the focus of their economic activities back to their own village as improved transportation made it possible for them to follow the Matupi in developing their own cash cropping (1968:62). T.S. Epstein claims that the pull of home, once it becomes economically viable, is

> a fairly general phenomenon, unless villagers do not have to make a choice between wage labour and rural activities. Some coastal Tolai, such as the Matupis who live on a small island in the vicinity of Rabaul, can readily commute between their rural homes and urban employment. In 1960 as many as 53 per cent of Matupi men between 20 and 40 were in regular employment, whereas only 4 per cent of Rapitok men in the same age group were away earning wages from sources outside their parish […] The Matupi were able to be wage labourers while at the same time remaining farmers, and were therefore still subject to stimulus from European contact whereas the Rapitoks were tending to become more inward-looking (T.S. Epstein 1968:62).

Again, we see proximity to town given as an explanation as to why the Matupi were able to become involved in the cash economy in a way that made them less 'inward-looking' than inland Tolai such as those in Rapitok. In T.S. Epstein's description, Matupit's proximity to town gave it the potential to buck general trends that prioritised cultural reproduction. Hence it is unsurprising that T.S. Epstein's fieldwork at Rapitok often yielded very different results from those of A.L. Epstein at Matupit with regard to the social effects of money. Whereas A.L. Epstein tends to emphasize the potential individuating effects of money on the young, T.S. Epstein prefers to talk about phenomena such as Tolai hoarding money as if it were *tabu* or about a stronger tendency for money to be invested in businesses, such as running a truck. These businesses were organised along clan lines, meaning that money that was invested as capital still acted to strengthen matrilineal kinship relations. Even at Rapitok, however, T.S. Epstein had observed a move 'away from corporate to individual ownership' by the early 1960s (1968:70).

While I was staying at the Matupit resettlement camp at Sikut (see below), some Matupit friends and I drove through an area inhabited by the neighbouring Baining people, who are generally regarded by Tolai with some amusement as very backward and undeveloped. We passed a small bush-material trade store with a sign nailed to it announcing that the trade store belonged to a particular clan. My Tolai friends all simultaneously burst out laughing before explaining to me that they (the Matupi) had worked out decades ago that you couldn't run a business as a clan. Clearly the Baining had not worked out that, even if money could be used to build both business relations and customary relations, from the Matupi perspective their experience seemed to suggest that it could not do both things simultaneously. This feeling of having an advanced sense of how to make and use money extended to Matupi dealings with other Tolai. I heard many stories about the ways in which, in the days immediately after the eruption, many Matupi fled to Tolai villages more distant from Rabaul. There, according to these accounts, they promptly began small trading, baking buns and selling them around the village for breakfast, to support themselves, much to the initial admiration and then envy of the local Tolai. The Matupi I talked to put this ability to make money down to their deeper involvement in the cash economy of the town. Many Matupi at Sikut claimed that it was this entrepreneurial spirit that emanated from Rabaul that meant that they would make the most of the opportunities afforded to them by the new blocks at Sikut. This further justified the Provincial Government's decision to give the land to them rather than to other groups who might use it less productively. Although an attachment to the post-disaster cash economy of Rabaul Town might be viewed as holding some Matupi back, the legacy of the Matupi's close involvement with the urban cash economy could also be viewed as one of the characteristics that made them the most suitable candidates for the task of modernising the bush.

So not only is the easy assumption of the anti-customary effect of money complicated by a distinction between town money and village money, but here we can also see that the effects of town money are themselves remarkably context-dependent. Although the widespread fear or hope is that the Matupi's proximity to town makes them particularly susceptible to money's anti-customary potential, the young men's reliance on continued access to 'customary ground' in order to continue to access wage labour makes them the defenders of custom and tradition in the context of this debate. Similar kinds of disputes emerged during my fieldwork in the early 2000s, in which different groups were inclined to see their opposites as those whose relationship to town money had led to them 'acting in breach of customary law'. So today the Big Shots of Matupit often view the alleged drunken lack of respect displayed by grassroots villagers at customary rituals as a result of the corrupting influences of the easy money generated by proximity to town. The grassroots often view the Big Shots' claims to be the protectors of custom with equally deep scepticism. From the grassroots perspective, if the Big Shots are the only ones who have access to the financial resources to put on major customary events such as the *balaguan*, it is because they have accumulated those resources by refusing to acknowledge their reciprocal customary obligations to their poorer kin in other mundane day-to-day contexts. Again, it is not the case that either of these positions is a statement of observable facts. Rather, they both reflect moral evaluations of the limits and extent of one group's obligations to others. To acknowledge this does not automatically mean validating the importance of dissolving such binary oppositions, as all these relationships embody various shades of grey (Gregory 1997:48). Quite the opposite is the case. Most often it is through starkly 'black and white' evaluations of the actions of others, using sharp oppositions such as 'custom versus business' or 'town versus village', that people not only reflect upon but also attempt to shape the limits of acceptable behaviour. An understanding of how such binary oppositions are rhetorically deployed in order to make certain kinds of social action imaginable or unimaginable is an essential part of any analysis of contemporary life in Papua New Guinea. A knee-jerk antipathy to binaries is not a useful starting point under such circumstances.[8]

RELOCATION, LAND, AND TRADITION

In some respects, then, Rabaul has appeared in the Matupit imagination as embodying fairly classic ambiguities about the effects of urban modernity. The town is the modern and anti-customary, the village is its opposite, and people exist in an anxious ambivalence regarding the extent to which a move from one to the other is desirable. Yet Rabaul since the eruption increasingly embodies more complex tensions following the disintegration and lack of reconstruction of the town in these years. In particular, the relocation of many Matupi to a resettlement camp, miles away from the town, in the 'bush' at Sikut provides the context for a new series of re-evaluations. In the years following the eruption, the East New Britain Provincial Government gave state-owned land at Sikut to villagers from two of the most badly affected villages close to Rabaul, namely Matupit and Talwat. Many villagers were given three-hectare blocks with the expectation that they would be able to rebuild livelihoods on the basis of cash cropping (in particular, cocoa farming). At the time of my fieldwork, other Matupi were living in what was referred to as the 'care centre' in the middle of the Matupit-Sikut resettlement camp, waiting for new land to be made available. In the years after the eruption there was apparently some ambiguity over the extent to which Provincial Government leaders envisaged Sikut as a permanent home for the Matupi, or merely as a 'second home' that would give the Matupi a place to flee to in the event of another eruption and that would also provide economic relief from the increasing population pressure at Matupit. This ambiguity was reflected amongst Matupi themselves, with some claiming that continued occupancy of the blocks should depend on more or less permanent resettlement from Matupit, and that largely unoccupied blocks should be handed over to those still waiting in the care centre. Others were insistent upon their right to keep a foot in both camps and to take advantage of the opportunities afforded by moving between the two sites.

The main distinction that Matupi and Sikut people draw between the two locations into which their community is split is the fact that land at Matupit is 'customary' and land at Sikut is 'non-customary'. Land at Sikut is given out to individual families, normally with a male head, and with the clear message from the government that it is

---

[8]   See Battaglia for a discussion of the ways in which Trobriand migrants living in Port Moresby conceptually separate 'working for yams' and 'working for money' as a way of organising social relations that by their nature seem to embody both activities (1995:82).

not to be treated as customary land, which in Tolai villages is held by matrilineal clans. When I first arrived at Sikut, I was struck by the number of times I was told that the land at Sikut was 'better' than the land at Matupit. After a while, it became apparent that the main reason for people volunteering the view that the land at Sikut was better than that at Matupit had nothing to do with its fertility or other physical factors, but rather because it was 'not customary ground'.

Customary ground was seen to be a problem, as the number of overlapping claims and obligations associated with any one piece of land was described as leading to a plethora of disputes, making it risky to place permanent investments on that land, such as permanent housing or cash crops like coconut trees. The land at Sikut that was secured by state license, however, was held to be 'safer' from the rapacious demands of cousins and other relatives. It is worth mentioning that there are some Matupi who either want, or predict, the gradual return of customary land tenure relations at Sikut via the back door, but in my experience they were in a minority, with the majority clearly happy with the 'freedom from custom' they hoped Sikut would afford them. In addition, it is also the case that the distinction between Sikut land as non-customary and Matupit land as customary is not always entirely clear when one looks in detail at particular cases (Martin 2006a). Nonetheless, this distinction is of great importance to the majority of Sikut residents, being one that they hope will help them secure a different future at Sikut.

TOWN AND TRADITION

It is therefore from this perspective, looking back at Matupit, that its proximity to town starts to take on a new light. Although Sikut residents make frequent jokes about the ways in which they have moved back in time, away from the town to become rainforest neighbours with people such as the Bainings, whom they often mock as bush people, the opposite view, that Sikut is the future and that Sikut residents are enterprising and dynamic pioneers, is far more common. It is in the jungle, away from the semi-urbanised village of Matupit, that Sikut residents have managed to establish themselves as being 'free from custom', at least as far as land tenure is concerned (for the time being at least). It is the peri-urban village that is presented as being more customary and, crucially from this perspective, it is their attachment to town and town living that keeps people at Matupit locked into backward-looking customary relations preventing them from moving on to a better life, as is claimed to be happening at Sikut.

Far from the town being the place that threatens custom in a negative sense (as it was often feared to do before the eruption), a new discourse has emerged in the years since. It is now the town and the related addiction to money-mediated peri-urban living that is said to keep people sucked into certain kinds of negatively evaluated customary relations, in contexts such as land tenure or the alleged tendency of young unemployed men to abuse the so-called 'wantok' system to receive hand outs for nothing. As has been observed before (e.g. Martin 2010), the term 'custom' carries a number of potentially contradictory meanings within it, and most Papua New Guineans have a profoundly ambivalent relationship towards practices and relationships that could be characterised as customary. It is not the case that Sikut residents simply view 'custom' negatively – far from it – but there are contexts in which custom is viewed as a problem. It is proximity to town that keeps this negative custom alive at Matupit when viewed from the Sikut perspective.

It is also attachment to town that encourages an attachment to customary relations, which have, in the eyes of many, been debased by this proximity, as in the example of the young men from Matupit, who, even when they try to take part in customary ritual such as the *tubuan*, are accused of doing it in a big-headed and disrespectful manner. Rather than town money threatening custom or having to be neutralised by being domesticated by it, since the eruption town money is what has both debased and strengthend custom. The town is still imagined as having a powerful pull, particularly on young men, but since the eruption that pull has been seen as a pull backwards rather than one towards an exciting if uncertain future.

All of this is not purely the result of the volcano. There were plenty of signs of rising crime in Rabaul in the years leading up to the eruption (e.g. Neumann 1988), as well as typical urban tensions, witnessed not least by the demonstrations directed against so-called *waira*, squatters from other parts of Papua New Guinea, that were organised by Tolai from villages around Rabaul, including Matupit, in the late 1980s. Matupit too was showing signs of decay well before 1994. Returning to Matupit in the late 1980s, A.L. Epstein was struck by the contrast with what he had observed in the 1960s:

> [O]ne's overall impression was of shabbiness and decay that spoke to a pervasive malaise. Most of the houses, which had been relatively new and looked well-cared for in 1960, still stood [...] but many of them were no longer properly maintained: walls were often broken and windows smashed – commonly, I was told, the result of a bout of drunkenness [...]. A number of factors undoubtedly contributed to this situation: changing economic circumstances appear to have brought increased differentiation in terms of wealth among the islanders, all, and the poorer in particular, being affected by steep rises in the cost of materials [...] Other considerations too seem to have played a part. Thus some Matupi, themselves keenly aware of the changes in the appearance of the village, spontaneously voiced their concern to me; in their view the signs of increasing neglect were pointers to a decline in communal authority and social control (A.L. Epstein 1988:26).

Here we see both sides of the problems that Matupi people often describe themselves facing as a result of their proximity to town. On the one hand there was the 'decline in communal authority' with which we are already familiar. But there was also the rising cost of materials etc., which made it harder to maintain both the material conditions and the optimism that was felt by many in the 1960s and 1970s. The relative decline in the

Papua New Guinea economy from the late 1980s onwards had its effects on a variety of factors such as the ability of villagers to maintain 'modern' facilities like permanent houses and cars, and also the ability of the post-independence government to maintain, let alone extend, the scope of government services.

CONCLUSIONS

Rabaul is viewed by present-day Matupi with a greater degree of ambiguity than the widespread discourse of nostalgic longing for the 'good times' of the past might suggest. Mixed in with the nostalgia is a degree of fear in some quarters about the extent to which this nostalgic longing might be holding Matupi back from realising new possibilities in the post-eruption era. What the ethnographic record also suggests is that the contemporary nostalgia for the good times of the past also masks the extent to which ambiguity marked the relationship to Rabaul prior to the eruption. But whereas negative feelings towards Rabaul in the pre-eruption era were largely focussed on the fear that proximity to town might fuel an anti-customary modernisation that some found problematic, in the contemporary era this fear is almost turned on its head. The concern is now that attachment to Rabaul means an attachment to customary ways of relating to others, in particular customary land tenure, that is unfavourably contrasted with the more 'modern' arrangements that are available in the 'bush' at Sikut.

Many of the shifting moral evaluations of the role of the town are tied in with shifting evaluations of the role of money and the urban cash economy in shaping social relations in different social contexts. Rabaul before the eruption is viewed nostalgically as a source of comparatively easy money that made possible a fairly unique lifestyle compared to other villages in Papua New Guinea. Yet, it is money and the town economy that fuelled fears of both anti-customary modernity in the pre-eruption years and of a damaging attachment to customary relations at Matupit in the post-eruption era. Understanding what Steffen Dalsgaard refers to as 'the competing understandings of *kastam* and history' (2009:28) is central to understanding competing visions of how Matupi would like to shape their future. Like the Hagen migrants in Port Moresby discussed by Strathern in the mid-1970s, Matupi have had a long history of distinguishing between the social effects of money in different social contexts, in particular town and village. But rather than this situation simply being one in which town money holds its value and village money is absorbed into custom, the changes in the evaluation of money over the years at Matupit suggests that changes in the wider local political economy have had a role in helping to shape these evaluations. As Battaglia argues, 'It is precisely because nostalgia has power to reposition within the present those who engage it that its positive and negative values for users must be closely monitored in their historicity' (1995:93).

In particular, the idea that attachment to Rabaul Town and what remains of its cash economy is a factor in strengthening customary relations at Matupit, as opposed to the chance to flee from that attachment in the bush at Sikut, seems neatly to reverse the kind of evaluation described by Strathern. This is despite the fact that this idea is clearly an instance of how the effects of money are contextually evaluated. What the eruption did provide, however, was a catalyst that revealed and exacerbated underlying tensions. It transformed Rabaul from a place of hope into a place that represents both a past that can never be regained and a drain on attempts to construct a new future. For some, such as many long-term expatriates, the memory of Rabaul represents a better time before independence allowed Papua New Guineans to mess their country up. For local Tolai, although there is mounting nostalgia for the colonial period, as the Papua New Guinea state increasingly fails to deliver, the memory of Rabaul, is, of course, far more ambiguous. But what is perhaps more important is the way in which, for those trying to escape its shadow today, the town has in many respects been transformed from the vision of progress into one of its most fundamental obstacles.

References

BATTAGLIA, Debora
1995   "On practical nostalgia: self-prospecting among urban Trobrianders", in: Debora Battaglia (ed.), *Rhetorics of self-making*, 77–96. Berkeley: University of California Press

BERMAN, Marshall
1982   *All that is solid melts into air: the experience of modernity.* New York: Simon and Schuster

BOHANNAN, Paul
1959   "The impact of money on an African subsistence economy", *The Journal of Economic History* 19(4):491–503

BURRIDGE, Kenelm
1969   *New heaven, new earth: a study of millenarian activities.* New York: Schocken Books

DALSGAARD, Steffen
1999   "Claiming culture: new definitions and ownership of cultural practices in Manus practice, Papua New Guinea", *The Asia Pacific Journal of Anthropology* 10(1):20–32

ENGELS, Friedrich
1934   *Herr Eugen Duhring's revolution in science (Anti-Duhring).* London. Lawrence and Wishart Limited ([1]1877)

EPSTEIN, Arnold L.
1969   *Matupit: land, politics and change among the Tolai of New Britain.* Berkeley and Los Angeles: University of California Press
1988   "Matupit revisited: local organization, change and the sense of place", *Journal de la Société des Océanistes* 86:21–40
1992   *In the midst of life: affect and ideation in the world of the Tolai.* Berkeley: University of California Press

EPSTEIN, T. Scarlett
1968   *Capitalism, primitive and modern: some aspects of Tolai economic growth.* Manchester: Manchester University Press

EVES, Richard
2000   "Sorcery's the curse: modernity, envy and the flow of sociality in a Melanesian society", *Journal of the Royal Anthropological Institute* 6(3):453–468

GREGORY, Christopher
1997   *Savage money: the anthropology and politics of commodity exchange.* Amsterdam: Harwood

HERZFELD, Michael
1997   *Cultural intimacy: social poetics in the nation-state.* New York. Routledge

MARTIN, Keir
2004   *Land, custom and conflict in East New Britain.* Canberra: Resource Management in Asia-Pacific Program. Research School of Pacific Studies, The Australian National University (Resource Management in Asia-Pacific Working Paper 53. Available online at http://rspas.anu.edu.au/rmap/workingpapers.php)
2006a   "Land, customary and non-customary in East New Britain", in: James Weiner and Kate Glaskin (eds.), *Customary land tenure and registration in Australia and Papua New Guinea: anthropological perspectives*, 39–56. Canberra: The Australian National University Press
2006b   "A fish trap for custom: how nets work at Matupit", *Paideuma* 52:73–90
2007a   "The chairman of the clan: emerging social divisions in a Melanesian social movement", *Paideuma* 53:111–125
2007b   "Your own *buai* you must buy: the contested ideology of possessive individualism in East New Britain", *Anthropological Forum* 17(3):285–298
2008a   "Tourism as social contest", *Tourism, Culture and Communication* 8(2):59–69
2008b   "Custom: the limits of reciprocity in village redevelopment", in: Karen Sykes (ed.), *Ethnographies of moral reasoning: living paradox of a global age*, 93–116. New York: Palgrave USA
2008c   "The work of tourism and the fight for a new economy: the case of the Papua New Guinea mask festival", *Tourism, Culture and Communication* 8(2):97–107
2009   "Magic and the myth of rational markets", *Financial Times* 26 August 2009
2010   "Living pasts: contested tourism authenticities", *Annals of Tourism Research* 37(2):537–554

MAURER, William
2006   "The anthropology of money", *Annual Review of Anthropology* 35:15–36

MERLAN, Francesca and Alan RUMSEY
1999   *Ku Waru: language and segmentary politics in the Western Nebilye Valley, Papua New Guinea.* Cambridge: Cambridge University Press

NEUMANN, Klaus
1988   *Not the way it really was: constructing the Tolai past.* Honolulu: University of Hawaii Press
1997a   *Rabaul yu swit moa yet: surviving the 1994 volcanic eruption.* Oxford: Oxford University Press
1997b   "Nostalgia for Rabaul", *Oceania* 67(1):177–193

SAHLINS, Marshall
2005   "The economics of develop-man in the Pacific", in: Joel Robbins and Holly Wardlow (eds.), *The making of global and local modernities in Melanesia*, 23–42. Aldershot: Ashgate

SALISBURY, Richard
1970   *Vunamami: economic transformation in a traditional society.* Berkeley: University of California Press

SIMET, Jacob
1991   *Tabu: analysis of a Tolai ritual object.* Canberra (Ph.D. thesis, Australian National University)

STRATHERN, Marilyn
1975   *No money on our skins: Hagen migrants in Port Moresby.* Port Moresby and Canberra: The Australian National University (New Guinea Research Bulletin 61.)
1988   *The gender of the gift.* Berkeley: University of California Press

TOREN, Cristina
1989   "Drinking cash: the purification of money through ceremonial exchange in Fiji", in: Maurice Bloch and Jonathan Parry (eds.), *Money and the morality of exchange*, 142–164. Cambridge: Cambridge University Press

Paideuma 59:215–236 (2013)

TRACTION
The role of executives in localising global mining and petroleum industries in Papua New Guinea*

Alex Golub and Mooweon Rhee

ABSTRACT. This article presents interview data from corporate elites in Papua New Guinea's mining and petroleum sector and other members of the business community. It describes their world view, and in particular their belief that resource extraction and business will help bring development to their country in a way that its social-democratic government has not. The article uses this data to make three contributions to the existing literature. First, it argues that globe-spanning industrial capitalism is subject to description through ethnographic fieldwork. Secondly, it demonstrates that elites in Papua New Guinea gain 'traction' and thus make corporate projects possible because of – not despite – their particularistic ties and personal biographies. Finally, it argues that it is possible to study corporate elites in a disinterested way without being co-opted by their political agenda.

'Can one gain an ethnographic purchase on global connections? Where would one locate the global in order to study it?' By the time Anna Tsing asked this question in 2005 (2005:3), anthropology's answer to it had changed. Increasingly dissatisfied with 'academic tendencies to "believe the global hype"' (Ho 2005:88), anthropologists have produced ethnographically concrete studies in order to document globalisation 'in the wild'. Studies of global capitalism (Fischer and Downey 2006) and the corporate form (Welker, Partridge and Hardin 2011) have sought to deflate excitement about the supposedly kaleidoscopic effects of global capital, while a more Foucaultian approach has examined 'globalization' not as a concrete phenomenon of global connection, but as a 'problem space' in which anthropologists can explore an anthropology of the contemporary (Collier and Ong 2005).

Tsing's ethnography of Indonesia's resource frontier exemplifies this trend. In it, she uses the concept of 'friction' to 'open [...] the possibility of an *ethnographic* account of global interconnection' (2005:6) which would render globalisation amenable to analysis. In this article, I playfully explore the conceptual space opened up by the notion of friction by rubbing the two sides of globalisation – global forces and their local instantiations – against one another. Specifically, I develop the concept of 'traction' to describe the functioning of global capitalism. Through an analysis of the life worlds of

---

* This article is the product of a joint mixed-method study carried out by Alex Golub and Mooweon Rhee and presents the ethnographic part of the study. It has thus been written mainly by Golub and uses the first person singular. Further publications from the project are forthcoming.

mining and petroleum executives in Papua New Guinea (PNG), I hope to make three original contributions to the literature.

Tsing claims that global forces are susceptible to ethnographic treatment because of the inevitability of their localisation, even as the awkward and contingent nature of that process limits anthropological aspirations. Friction 'emphasize[s] the unexpected and unstable aspects of global interaction' (Tsing 2005:3) by focusing 'on the zones of awkward engagement' (Tsing 2005:xi) which 'are transient' and 'arise out of encounters and interactions. They reappear in new places with changing events' (Tsing 2005:xi). As a result, she concludes that 'the only ways I can think of to study them are patchwork and haphazard' (Tsing 2005:xi).

In contrast to this, I argue that an ethnography of global connection needs not be carried out at the price of ethnographic ambitions of completeness and systematicity. My first claim, then, is that attending to traction enables us to undertake a truly positive ethnographic programme, one which seeks not merely to destabilise 'the global', but also to trace the hard work that systematically reveals how action is coordinated across space and time.

I make this claim through an analysis of the role of mining and petroleum executives in Papua New Guinea. Already the home to several world-class mines, Papua New Guinea is currently undergoing a major resource boom coupled with a renewed interest in the power of business, rather than government, to solve the country's problems. Some of the most educated Papua New Guineans in the country enthusiastically embrace extractive industry, not out of cynical self-interest, but in the name of national development. How, I ask, can Papua New Guinean elites allow their natural resources to be extracted by global corporations in the name of patriotism and national independence? I argue that executives provide traction for the mining and petroleum industry by serving as liaisons between their companies and the elite world of the capital, Port Moresby. Their unique biographical circumstances – their personal network of contacts – give the industry traction. At the same time, they underwrite these interventions with reference to specific notions of development, patriotism and bureaucratic rationality which stem from their education during Papua New Guinea's independence period.

By undertaking the familiar anthropological project of making their life worlds comprehensible, I demonstrate that 'globalisation' is tractable to anthropological analysis. A description of the role of elites in large-scale mining and petroleum projects can inform studies of globalisation because the complex coordination across space and time that these executives make possible exemplifies the dynamics of contemporary globalisation, and I argue that my account of the 'traction' with which they provide international corporations may be generalisable.

Exciting new studies of markets, capitalism, and finance have focused on business elites,[1] while others have documented the extractive industry's relationship with local

---

[1]   E.g. Cefkin (2009), Fisher and Downey (2006), Knorr-Cetina and Preda (2005).

communities.[2] Less well studied, however, is the role of elites in extractive industry.[3] My second contribution in this article, then, is an ethnographic rather than a theoretical one: to present one of the first ethnographic studies of mining and petroleum elites in Papua New Guinea.

My third contribution speaks to the ethical dimension of studying elites. The anthropological literature on elites has tended towards extremes: some, adopting a leftist-populist approach, insist that any anthropological study of corporate elites is by its very nature morally compromised. Others, on the other hand, have argued that anthropologists ought to embrace complicity with elites, making them partners in the research process. In contrast to these approaches, I use Richard Salisbury's concept of the 'anthropologist as ombudsman' (2004) to ground a study of corporate elites which meets our discipline's ethical imperatives. All three of these contributions, in sum, are meant to suggest that the ethical study of globalisation can be achieved using relatively orthodox anthropological methods.

TRIBOLOGIES OF GLOBALISATION

Tribology – the science of rubbing – is a mainstay of the mining and petroleum industries, where drills, mills, and pumps require properly lubricated parts to function properly. It is also an apt term to describe anthropology's three-decade examination of global forms, whose tribulations have been followed since the fall of the Berlin Wall in 1989.[4] Globalisation theory's central task was to 'understand [...] planet-wide interconnections' (Tsing 2000:330) and 'the way powerful institutions and ideas spread geographically and come to have an influence in distant places' (Tsing 2000:336) – an aspiration which, *pace* Tsing, never entirely forgot the drag created by adhesion. After all, it was often the disjunctive nature of global flows, their ability to 'precipitate various kinds of problems and frictions in different local situations', that made them seem so novel (Appadurai 2001:5).

The pressure of globalisation was originally assumed to be vertical – 'the global' was 'above' and pushed 'down' on local circumstances. This vertical diagram structures much of social thought's imaginary, where empirical particulars are always beneath the general forces (langue, structure, social organisation) which I believe subsume them. It is for this reason that so much of friction seems like a reinvention of Sahlins' "Islands of history" (1985), which makes essentially the same argument. And indeed, Tsing draws on poststructuralist thinkers such as Butler, Mouffe and Laclau in developing the con-

---

2   Ballard and Banks (2003), Sawyer (2005), Benson and Kirsch (2010)
3   Exceptions include Shever (2010) and especially Rajak (2011).
4   For overviews of this literature, see Appadurai (2001) and Inda and Rosaldo (2002).

cept of friction (Tsing 2005:274–275). The goal is to destabilise globalisation and demonstrate its contingency.

Tsing is certainly correct to emphasize the achieved and contingent nature of global interconnections, and her work is an important step forward in this regard. That said, however, a purely negative account of globalisation is 'a tacit declaration of the immutable might of corporate capitalism, unwittingly reproducing the very power it attempts to critique' (Rajak 2011:17). Accounts of global interconnection – the coordination of action across space and time – must continue the transformation begun by Tsing by shifting to a horizontal dimension: one in which social action overcomes the inertia of natural logics in order to create action. Global scope is not something assumed which must be destabilised, but a painfully achieved process whose success must be scrutinised.

In this account, global forces are not 'mediated' in local situations because they are not 'macro'-level forces which interact with 'micro'-level forces. Contemporary analysts 'flatten' social phenomena and insist that 'global' is a quality predicated of actors situated, as they always must be, in particular sites. Thus for Bruno Latour, 'the global is a form of circulation inside those sites, not what could contain them' (2009:5), and the job of the analyst is to trace networks of associations between physical locations, rather than a spectral force that is above or behind them.

After receiving corporate funding, Tsing has begun to take this tack (2009), but a continuing interest in disjuncture has led her and her colleagues to examine the start, as it were, of the supply chain of a commodity (matsutake mushrooms). Latour, in contrast, would council us to search for 'panoramas' or narratives of global scope and activity, and the 'oligopticons' or the specific influential locations in which these narratives are made and transmitted (Latour 2005:187). Such oligopticons are empirical locations where concrete actors create narratives of globalisation which have performative effect, where 'elites must reduce to human terms within the framework of their knowable communities the vastly more complex and objectified worlds which their actions, narrowly conceived, significantly affect' (Marcus 1983:51). This 'reduction of global complexity to knowable matters' (Marcus 1983:51)

> makes possible for elites a manageable perspective on the objectified institutional processes that both isolate and globally implicate them. Thus it is important that an ethnography of elites captures just how larger worlds are understood in the routine activities of an elite community (Marcus 1983:53).

Thus 'a project of tracking the global' must be 'engaged with its dynamics from their orienting point of view' (Holmes and Marcus 2006:248). Study of these sites, ritual centres of authority in Michael Silverstein's sense (2004:632), is thus key to the study of globalisation, because these are the locations where the empirically discernible assemblages of actors get traction by convincing themselves and others that they are 'the global'. As Sahlins would put it, elite actors have their agency amplified by virtual of their structural position (2005).

THE ETHICAL STUDY OF ELITES

Historically, the study of particularly efficacious people and the places where they construe globality has run afoul of ethical questions about how best to 'study up' (Nader 1972). On the one hand, contemporary inheritors of anthropology's leftist-activist tradition advocate an 'imperative to critique' (Welker, Partridge and Hardin 2011:6) corporations. 'Politically and ethically', write Welker and her co-authors, 'we find a sense of security and satisfaction in exposing corporate harm; to many anthropologists, it feels right to be critical of corporations' (Welker, Partridge and Hardin 2011:8). At its most extreme, this position considers that 'conducting fieldwork in corporate offices [...] entail risks of co-optation, because the tendency of ethnographers to empathize and identify with their subjects may limit their findings or critical stance' (Benson and Kirsch 2010:464). Ethically, these anthropologists believe they must find 'alternative modes of studying up that do not involve ethnographic placement within the corporation' (Benson and Kirsch 2010:464), such as analyses of press releases.

An alternative scholarly tradition sees this position as a 'grotesque expression of a liberal moral conscience or witnessing (with a too-easy tendency to denounce or express outrage) as the purpose or primary rhetoric of disciplinary discourse' (Marcus 2008:4). In this account, 'the fields of moral, ethical, or political valuation and activity are shifting' as a result of globalisation (Collier and Ong 2005:17), and 'appropriate avenues of political, ethical, or moral response were not immediately obvious' (Collier and Ong 2003:426). Thus Hadi Deeb and George Marcus have conducted research at the World Trade Organization in which they are not only not critical of this organisation, but seek 'a mutual shift in stance from researcher-subject to epistemic partnership' (2011:51) in which anthropologists and financial elites 'share a perspective' (2011:53). Here, corporate elites are not the enemy, but collaborators in the process of para-ethnography.

Each of these positions suffers from a partisanship which limits their ability to understand those on the other side of the corporate divide. In contrast, I will model this work on Salisbury's idea of the anthropologist as 'social ombudsman' (2004), mentioned above. Rather than decide the moral status of executives in Papua New Guinea beforehand, I seek to 'express publicly but anonymously the view of the informant even if the anthropologist does not himself agree with them' (Salisbury 2004:257). Like Salisbury, I believe that

> when an anthropologist commits himself to one side only, he nullifies many of the benefits that his professional training could give to that side. He is not able to retain any confidence from the other side and so is unlikely to make an accurate analysis of that side's point of

view, while any analysis he makes of his own side's point of view is unlikely to weigh with the other side (2004:271).

In what follows, then, I present an account of how elites and their world views become efficacious by virtue of their position, an approach which seeks neither to endorse nor denounce them, but to understand how global forces gain traction in specific and ethnographically comprehensible places.

METHODS

This research is based on two stints of ethnographic research. An initial pilot study was conducted in Port Moresby in July and August 2007. This fieldwork consisted largely of establishing whether work on elites was possible, and it grew out of my previous research in Papua New Guinea, which stretched back to 1998. This research focused on the Porgera gold mine, but I visited Port Moresby and first became aware of the existence of its business community during that time. In 2007 it seemed that it would be possible to conduct research in Port Moresby.

In 2009 I returned to Port Moresby for research from June to July. I lived with a middle class Papua New Guinean family in Hohola and attended social functions at clubs and restaurants, including meetings of civic clubs. I conducted 26 interviews with 25 individuals. One interview was done on deep background and head notes were recorded immediately after the meeting. The rest took place using a standard interview log, although topics varied based on the backgrounds and interests of the respondents. These interviews were recorded and transcribed, some fully, some only for central or salient quotes.

I originally selected respondents by contacting the heads of all those organisations that were full or supporting members of the Papua New Guinea Chamber of Mining and Petroleum, the industry association in the country. I also made a list of all civic and social clubs in the city. I then attempted to contact or interview managers or executives of all these institutions. As is typical of elite research, this proved extremely difficult. In the event, respondents included a wide cross-section of Port Moresby's business community, including both Australian and Papua New Guinean business executives, managers of local clubs and working class, low-level secretaries. This allowed for broad coverage of a wide variety of world views in Port Moresby, although it was skewed towards senior men.

There were limitations to this study. The important Malaysian business community was not studied, nor was the 'new Chinese' business community. Overall, however, I believe that this brief ethnographic research, when combined with my past experience in the country, has yielded a reasonably accurate picture of the local Port Moresby scene. I begin the next section of his article, then, with an ethnographic description of one of the key locations in that scene.

Port Moresby as oligopticon

It is 9 June 2009. I am at the Royal Papua New Guinea Yacht Club, interviewing the country manager of a large mining company over brunch. The yacht club's main building feels like an airport terminal: large, open, with structural supports visible as architectural elements which descend from the side of the room down to a long series of sliding glass doors leading to a large patio overlooking the marina. The colour scheme is teal, while much of the furniture has a blue colour palette. The waiting staff, like the large rotary fans which cool the room, circulate with a slight rustle. As we sit down with our plates of food, the executive starts talking about his struggle with an obesity-related illness, something he never encountered in the small village where he grew up. As an overweight American and practicing Jew, I am horrified by the amount of *tref* on offer at the club's Australian-style breakfast buffet and stick with toast and eggs, while my interviewee helps himself to rashers of bacon he has just told me he would do better avoiding. Throughout the course of the brunch the executive breaks off our interview to shake hands with the people who greet him as they walk past. Not just the head of an important international company, he is also related to politicians and civil servants and has a long history in the country's resource-related government offices.

Towards the end of our meal-cum-interview I ask him 'What is the role that mining and petroleum, and in particular your company – how do you see that as contributing or putting challenges to PNG's future?' His answer is articulate, well-phrased, and obviously oft-repeated. Clearly, he wants me to put it on the record:

> My view is, countries can only pay for their development through the development of their resources. There's no guy out there writing a check book for us to fund our development. We have to use the resources we have. Every country's done that. So now it's our turn to do it. All these people are sitting up, they're telling us 'No don't cut the trees down, don't dig the ground, don't use the fisheries'. I don't think that's a fair thing to say from where they are. I think the country needs to decide where we need to go and how we are going to get there. And mining companies are a very important part of that. That's the only way you can pay for your roads, your bridges, the schools, the health centres. [Foreign] aid is there, but I don't think that's enough. So we need to accept the fact that when you cut the trees down, when you dig the ground, when you take the fish, there's some trade off. That's if we decide to move forward. If we decide to stay still where we are, then fine. Let's not wake up in the morning. We'll just stay in bed. But I don't think PNG has made that call. PNG has made a call to move forward and be part of the developed world. Inherent in that decision is the need to develop the resources that we have. Yes, there are negatives that come out of development or using resources. But that's part of the management and that's why governments have laws and that's why there are benefit sharing agreements and MOAs [memorandums of agreement]. The resource sector plays a key roll in the development of any country, and particularly in small countries like ours, where it's the only way to go. There's no other way.

His response and the entire meal epitomises the life world of executives in Port Moresby which this article will seek to describe: nationalist sentiment, the reaction to first-world environmentalism, a global viewpoint, and a discrete ducking of the part of my question which suggests the mining industry might be a challenge, rather than a solution, to the country's future.

History and context

One of the oldest institutions in the city, the Royal Papua Yacht Club is an institution central to networking in Port Moresby. A relatively young town, Port Moresby was originally a collection of three villages inhabited by Motu- and Koitabu-speaking people, and was chosen as the location of an early mission station because of its prominence in regional trade networks. For more than a half century after its founding in 1872, Moresby remained a 'small, sleepy, colonial backwater' (Oram 1975:27) which served as the administrative centre of the Australian territory of Papua. By 1946, the population was still quite small: roughly four hundred expatriates and three to four thousand indigenous people (Oram 1975:27). In 1949, Papua was combined with the Trust Territory of New Guinea into a single territory, with Moresby as its capital. After Papua New Guinea achieved independence in 1975, the city grew quickly, from a population of 77 000 in 1972 (Oram 1975:84) to 254 158 in 2000 (Government of Papua New Guinea 2002).

The mining and petroleum industry has a long history in Papua New Guinea reaching back to the late nineteenth century, and revenues from mining were important to the colonial economy (Nelson 1976). Mining and petroleum became even more important after independence because Papua New Guinea counted on revenue from large-scale mines operated by foreign companies to help bankroll the development of a social-democratic state. By the early 1990s, numerous operations – including the first petroleum and natural gas developments – were underway. However, by the end of the century local dissatisfaction with mining, a worsening economy, low commodity prices and threats to political stability resulted in a steep decline in new exploration and a generally pessimistic mood throughout the country.

By the time of my breakfast at the Yacht Club, the country had changed considerably. Commodity prices rose after 9/11, and law reform worked to stabilise Papua New Guinea's parliament and the integrity of its political parties. The Morauta government began a series of neoliberal reforms in the country, partially privatising the phone system, the ports authority, and the power company. In early 2000, a stock market was created as part of the conditions for a loan from the World Bank. In 2001, tax regimes were changed to encourage more overseas investment. In 2006, a new agency, the Mineral Resources Authority, was created using funds from the World Bank and the European Union to regulate (and facilitate) mining. New private-public entities were created to hold and invest revenues from mining. The global financial crisis did little to impede growth, as few in the country had invested abroad. Although privatisation slowed under the next prime minister, Michael Somare, the political stability of his unprecedented ten-year period in office has encouraged – and, according to some, been complicit in – increased foreign investment.

Executives in the mining and petroleum industry today are thus working in the midst of a resource boom set against a backdrop of neoliberal policies – a boom epitomised by a three billion dollar liquid natural gas project operated by Exxon-Mobil which is projected to double to country's gross domestic product in the next ten years (Esso Highlands Limited 2009). Hard data on the size of the boom is difficult to come by, but documents obtained from the Department of Petroleum suggest that as of July 2009 there were 88 companies with exploration licenses registered with the department. As of August 2010, there were 98 companies with points-of-contact registered with the Mineral Resources Authority. The Papua New Guinea Chamber of Mines and Petroleum – the main lobbying group for the industry – reports that in 2008 there were 186 exploration licences, 41 renewals, and 55 applications (Anderson 2009:4) for new licences for mines.

PORT MORESBY'S SMALL WORLD

Mining and petroleum companies have always had a presence in Port Moresby because it is the administrative centre of Papua New Guinea. It is not difficult, ethnographically, to locate the portion of Papua New Guinea's mining and petroleum industry that runs through Port Moresby. The business district, or 'town' as it is called, is only three or four blocks long and three blocks wide. Most major companies are located in just a few buildings. Four of the largest resource companies – Rio Tinto, Highlands Pacific, Ok Tedi, and Lihir – all have offices in the same high-rise building: Pacific Place on the corner of Musgrave and Douglas Street. Barrick Gold, the Papua New Guinea Chamber of Mines and Petroleum, and the European Union all have offices in "The Lodge" (named after the masonic meeting hall in the basement) which is just up the street. InterOil, the Papua New Guinea Business Council, and the Port Moresby stock exchange are all located in Defence Haus, while New Guinea Energy and Eaglewood Energy are both located in the Pacific MMI building. Oil Search, Esso and Exxon Mobil all have offices at Credit Haus, and so on. Junior players and others who cannot afford office space downtown tend to cluster in a few other well-known buildings near town, such as the Pacific View Apartments in Korobosea, which has been home to Cheetah Oil, Buffalo Gold, Triple Plate Junction and Petromin.

The demographics of the men (and they are mostly men) who personify global capital in Port Moresby is elusive. The definitional issues that plague studies of elites are compounded by the fact that very little has been written about educated, urban professionals in Papua New Guinea. The national census provides no data on income levels, and most ethnography of urban Moresby is focused on the less well-off (Goddard 2005). What work has been done on the middle class has focused on regions such as the Sepik (Gewertz and Errington 1999) or New Britain (Martin 2010), areas far from the capital.

Still, it is clear that there is a strong sense of community amongst Moresby elites. As one businessman put it, 'this country works on person to person and contact to contact. All places do, but it especially works that way here because it's so small'. Indeed, although Port Moresby regularly appears at the bottom of The Economist's list of liveable cities, several executives were enthusiastic about their social lives. One expatriate described the nightlife at 'spectacular' and said his social calendar was so full he struggled to be able to stay at home in the evenings. The circles for these events are quite small. As one man said,

> if you have a function here in town, for instance a cocktail party at the Crowne Plaza, the same faces will front up every time – it will be the heads of the big banks, the heads of the mining companies, the heads of the big trading houses, the heads of the big car firms, you know, the heads of the industry bodies. They're always on the invite list.

For men like these, the social scene is dominated by institutions shaped by Moresby's past. Until the Second World War Port Moresby operated under a system of racial apartheid, and the few formal social institutions that did exist were typical of British colonial men's' clubs: the Royal Papuan Yacht Club, the Papua Club (with an exclusive, male-only rooftop clubhouse atop one of Moresby's tallest buildings), the Golf Club, the Rotary Club and the Aviat Club, which began as a club for pilots during World War II. More recently, other special-interest clubs such at the Papua New Guinea Orchid Society (for flower-fanciers) and the Badili Club (for younger executives) have also grown more popular. Papua New Guinean business leaders inherited these institutions during independence and they continue to be an important part of social life in the city.

The up-market nightlife scene in Port Moresby has also crystallised around the restaurants and bars attached to large, expensive hotels in the city which also double as venues for live music. The Davara (now the Ela Beach Hotel) was the first of these new, modern up-market locations, and was soon followed by places such as the Crowne Plaza, the Gateway, the Islander, and more recent entrants like the Airways and the Lamana. Often clubs in hotels have public and private sections, for instance, the general-admittance pub at the Lamana will feature female mud-wrestling, while its popular Gold Club draws European expatriates with weekly ballroom dance lessons. As elusive as the urban scene is in Moresby, it definitely seems coherent.

It is within this booming, small-world setting that international capital situates itself. Given the scope of the global mining and petroleum industries, one might expect their headquarters to be grand affairs. To a certain extent, this is true: national offices in Port Moresby feature wall-to-ceiling glass doors that one must be buzzed into (often with a small, handwritten sign taped to them indicating which of the doors to push when the buzzer goes off), massive wood desks and the sort of bone-chilling air conditioning that signifies power in tropical countries.

However, the impressive reception areas of these office suites often conceal a back stage that is much more modest. Moresby offices are richly appointed, but not highly staffed. National offices are just one node in a network of locations through which mining and petroleum operations pass, ranging from 'the site' where resources are extracted to logistics depots to regional and international headquarters. While details vary, many of the executives in the oil and petroleum industry are not, on the whole, directly involved with managing the day-to-day activities of exploration and operation. It is not unusual for the offices of the largest mining and petroleum companies to employ a dozen people or so: typically two or three executives and a secretarial or accounting staff. Indeed, some companies will have little to no presence in Moresby. One developer's national headquarters consists of an empty suite of offices with a single furnished room inhabited by a janitor and a chauffeur who attend to the managing director when he flies into Port Moresby from his permanent base in Australia. It is not unusual to have expatriate management living and working in Australia (typically Queensland) and commuting to Papua New Guinea only when specific issues need to be dealt with. Junior explorers who have done little more than obtain licences and begin exploration will have no office at all, but be represented by an accountant or law firm in town that receives their mail.

There are exceptions to this rule. InterOil, Papua New Guinea's vertically integrated petroleum producer and retailer, has a large series of offices to administer its business, as does Oil Search, a company that began in Papua New Guinea and still has a large administrative presence there. Junior explorers may retain specialists in Moresby to analyse data from exploration, even though much of the complex chemical and metallurgical work done on samples is handled by off-shore labs. But on the whole, national offices in Moresby are relatively small.

The jobs of executives in Port Moresby reflect this division of labour. They tend, as one man put it, to 'act as a conduit for most of the requirements in PNG' or, as another put it, to serve as the 'front' of the company in Papua New Guinea:

> I basically coordinate various activities of the company. I guess first, represent the company in PNG, coordinate its various activities in PNG, ensure the government is informed of what we are doing at various levels of government and the stakeholders get informed what

they're doing. I guess we provide the front of the company in PNG. So I get involved in various things with various government agencies, provincial governments, and the departments down to the level of ILG [incorporated land group] and communities in the areas. I'm kind of the first contact for the company in PNG.

Although there is considerable variation in the responsibilities of the Moresby offices, one of the most central tasks of executives is to deal with government offices. Petroleum companies must acquire and maintain leases, file periodic reports on their activities and submit environmental and social impact studies. Mining companies interact with the Mineral Resources Authority in a similar way. Depending on the size of an operation, companies may also have to apply for and renew water use permits with the Department of Environment and Conservation for sewage and septic systems. According to several interviewees, acquiring visas for expatriate workers in a timely fashion from the Department of Foreign Affairs and Immigration is a particularly challenging and important part of office work in Moresby.

Papua New Guinea's public service has a poor reputation throughout the business community – 'it's shit for a service' said one executive – and executives see overcoming the intransigence and inertia of public services to be a main part of their job. One particularly emotional interviewee summarised the litany of complaints I heard throughout my interviews: 'You get away with anything in the government', he said; 'nearly all semblance of discipline and structure and the way you normally run things is gone'. He called public servants 'garamut [slit drum] people' because 'they're all hollowed out – they can't produce or achieve anything'. The worst, he said, was middle management, who felt that their position higher up the hierarchy meant they could do less work, rather than more. 'You get idiots and rat bags in the top jobs', he concluded; 'It's hard to feel sorry for them'.

This cynicism about public services is matched by the academic concern with corruption and capacity-building (Aysius and May 2007, Imbun 2001) and, interestingly, by public servants themselves. 'I suppose we feel relaxed at work', said the secretary of one department. When I asked what exactly that meant, I was wold: 'We have instances where staff are very careless in their approach to work […] There are some departments where you walk into the office and there's no one there on Friday afternoon', although the officials I was talking to hastened to add that that was not the case in their department. Others pointed out that public servants were underpaid and often lived in the settlements (slums, essentially) surrounding Port Moresby. 'Morale is low […] housing is a problem. People don't feel the comfort of the house before they come in to work', said one man. In such a situation, they did the best that could be expected. This matched my own experiences with the public service. During my fieldwork in 2009, the Lands Office was closed because the government had failed to pay rent to its landlord, who cut off the electricity. In 2007, when I attempted to interview officials from one department the day after they received their pay checks, they did not show up to the office at all.

It is in this context that executives see themselves as carrying out a somewhat paradoxical task: using personal connections with bureaucrats to ensure bureaucratic rationality. When I asked one man about his connections in town, he said:

> I'm sure that is one of the big reasons why I got recruited. I've got many contacts here, not only, I mean, my involvement with NGOs, my involvement with charity organisations and business non-profit organisations. I have a lot of contact plus I have intimate knowledge of what of the government of PNG and the departments and stuff like that. So that would be probably something important when they are looking for someone to be in the Port Moresby office. I got approached and asked whether I was interested.

When I suggested that using personal connections in this way might itself be an example of corruption, executives were adamant that it was not: 'There's nothing wrong using informal contacts to get the results you want', said one; 'no big money is involved'. Another said:

> I think getting simple information or being introduced to a second layer of people and then you do your own talking, I don't think that's unethical to do. Where you want to use his position or your own position to abuse a process, then I think that is unethical.

Another major job for executives is to communicate regularly with the offshore office or regional centre for their company. Executives in Moresby e-mail their offshore offices (or the site, if they answer to the site) in the course of day-to-day business. Conference calls tend to be the most regularised form of communication, and often companies have fortnightly or monthly round-ups of outstanding issues. One executive described himself as developing 'message tracks' to issues, creating bulleted lists of issues or concerns, and then developing responses to circulate in Papua New Guinea:

> [S]everal key people will sit down, and I often go and sit with them and develop messages, general messages which you can read, you don't have to go word for word, but you understand when a question is asked: what are the advantages of [this method of mining]? You should be able to go bit by bit like that [gestures with hand as if reading cards]. Are you going to harm the fish [with tailings]? You should be able to answer this.

While the degree of latitude people have depends greatly on their situation, executives do not see themselves as the pawns of distant and powerful companies. Just as they pass official stories down to Port Moresby, they also work with companies to develop appropriate responses to events or crises that occur in the country. 'The bulk of the questions and answers and issues, trying to develop positions on issues, is actually done, for example, from the Port Moresby office', said one executive. 'So the guys from [global headquarters] depend heavily on what we provide, and that forms the basis for [a] global response'. It is their knowledge of the local scene and their ability to read the situation 'on the ground' directly that makes executives valuable and efficacious.

For some operations, quarterly calls or annual visits to corporate headquarters allow executives to compare notes with their peers on other projects and in other countries. The occasional visit of corporate or regional heads, on the other hand, is an infrequent opportunity to show off – and justify – local operations. It is also a moment when personal connections come to the fore. As one man put it,

> Port Moresby is a small town, so it really helps. I mean, it's amazing that when we have important visitors, Oh, [from] global or [regional headquarters] come, we are able to organise a meeting or dinner with different ministers or even sometimes an appointment with the PM or the police commissioner, key figures like that. In other countries I don't think it can happen like that. So we are very fortunate to be one of those countries where, because it's small enough and people know each other, you are able to build up those networks and relationships and things can happen, well beyond how they could happen in the other jurisdictions.

To outsiders, the idea of industry executives holding private meetings with politicians often evokes images of corrupt elites making decisions behind closed, sinister doors. In fact, many of the people I interviewed disliked dealing with politicians, who they viewed as corrupt, unreliable opportunists acting in their own interests rather than that of their constituents. 'Parliament', as one man said, 'is a fucking joke'. Executives reported that mining and petroleum were so central to the country that politicians required no real lobbying – they already agreed in principle to support the industry. Rather, the key issue for them was implementation. As one man said

> It's an interesting setup, Papua New Guinea, where you can get hold of members of parliament quite easy, a lot easier than you can anywhere else in the world, I would imagine. The trouble is that the minister just dictates policy, he doesn't really do any of the work. So the issue you've got then is getting through to the public servants.

Meetings with politicians were mainly, my interviewees told me, about 'the big picture', and sometimes even to remind the politicians what was legal and what was not.

> I deal with politicians. And its mainly on the basis of giving them information and clarifying what the rules are in terms of for us trying to access permits […] You've got to get to know them and you've got to talk to them. But my role has always been making sure that they see the big picture for PNG's future in the investment, and then in the details I deal mainly with public servants.

For the handful of the most influential executives in Port Moresby, this 'seeing the big picture' was the key to their position in the community. As the people responsible for creating a 'panorama' in Latour's sense, the job of seeing the 'big picture of PNG's future' involves gauging, like Marcus's elites, what was the case for the broader world in which they were centrally placed. The role of executives was thus a curious one of 'soft power' – they did not directly make decisions about operations, but had tremendous influence as the people who were responsible for producing 'panoramas': authoritative narratives describing what, at a national level, was going on with the mining industry in Papua New Guinea.

Portrayals of large-scale mining and petroleum projects are often negative, and some readers may find my depiction of mining executives as fundamentally more ethical, responsible and professional than public servants and politicians questionable. But this is in fact how executives see themselves. In fact, there is a strong sense among the people I interviewed that the larger and more globalised the company one belonged to, the more likely it was that one represented standards of rational, ethical behaviour, largely because of the increased scrutiny that international companies face. 'Smaller companies have nothing major to lose if in the event [bribery] becomes public', said one man, 'whereas for [my major developer], just imagine the public perception if something like this came up. So yes, it's [i.e. corruption] happening. But we won't go [there]'. One interviewee contrasted the fishing and forestry sectors, where 'companies just come and pay the bloody minister', to mining and petroleum: 'It sounds self-serving', he said, 'but it's only a certain sector of the business community that is the only bulwark against corruption'. Indeed, he argued that 'some of the best people we've got weren't head-hunted, they got kicked out of government because they refused to do the dirty deeds of certain politicians'.

Thus while all the executives I interviewed were, as one interviewee put it, interested in 'driv[ing] my own personal wealth to grow' most also saw their jobs as having a positive moral charge.

There is a deep biographical dimension to this moral charge. Most of the senior executives in Papua New Guinea came of age during the country's independence period, and were among the first generation to attend high school and college. Their sense of themselves, the nation and their place within it was shaped by these experiences. R.E. Young has described how the first wave of educated Papua New Guineans were influenced by Australian colonial administrators, who believed in 'the interchangeability and objectivity of professionals and their knowledge, a belief in the efficacy of the knowledge concerned for the achievement of societally important tasks, and a belief in the certification of competence through qualifications' (Young 1978:278). The educated elite were, unlike some newly independent African countries, seen not as similar to or aligned with colonial powers, but as a group whose job was to lead Papua New Guinea forward. The result was 'an elitist ideology based upon an acceptance of the efficacy of western knowledge for the overriding goals of nation-building' (Young 1978:233).

Wayne Fife has also pointed out the legacy of widespread missionary schooling in the country, which created continuity between the 'older educational goals of missionary schooling for literate salvation in the Bible and what I regard as the new morality of salvation' (1995:133). As a result, he writes, Papua New Guineans 'are often striving to fulfil their conceptions of developing modernity, [in which] the moral dimension of discourse becomes the bureaucratically defined social universe' (Fife 1995:131). While there are important differences within Port Moresby's small world, then, one can say that corporate elites often feel a sense of duty to use their education for their country's betterment, even if the result is, as Deborah Gewertz and Frederick Errington (1999:33) point out, the ontologisation of inequality.

Papua New Guinea's current resource boom is happening at a time in which these long-standing ideals are being deployed on a neoliberal playing field in which dissatisfaction with the government is widespread. While some respondents were proud of how far Papua New Guinea had come since independence, most believed that, as one expatriate told me, 'the dreams of the independence period have gone out the window'. A senior executive who remembered independence had similar opinions, citing in particular the lack of management skills amongst newly nationalised managers:

> Papua New Guineans wanted to run their own country, they thought this was how we do it, and hence started to slowly remove expatriates from key positions, but still had a demand to deliver to the big picture. I think what happened was that we lost the skills and the implementation agencies, so that while we had the big picture, we couldn't deliver against it.

Lack of capacity in the public services was thus more than just an impediment to business in Papua New Guinea: it reflected the failure of the country to achieve its aspirations of a social-democratic government in which a technocratic elite helped grassroots Papua New Guineans develop in the name of national solidarity. In such a situation, mining and petroleum are seen not as opposed to the national interest but, ironically, as the proper means to realise its ambitions, and privatisation is the solution to the nation's problems. One younger businessman spoke of 'chopping off' the hand of the government as a way to increase the quality of public services quickly:

> We still have Telikom you know, a big monopoly in telecommunications. If there were some reforms and then let's say the government was chopped off, that's it – it's going to just come out like that. It won't take long. It won't take ten years. Nasfund, it took it less than about three years just to revive. PNG Power, like, you know, electricity – there's always blackouts. It just needs reform to just chop out the government hand and then that's it.

Another respondent with extensive experience in government also argued for an extremely minimal – even minuscule – role for government in the country. 'You can't continue to kid yourself that we can do it ourselves without relying on others', he said.

> Respondent (R): You should create partnership with others who can do things more effectively than the government machinery. So there's a lot of thinking that they're [the government] living in the past. They are not caught up with the experience every-

> where in the world. The administration now has to narrow its focus to directing the traffic and allowing others to do it.
>
> Alex Golub (AG): So the role for the government should be to direct traffic, I think you said?
>
> R: Yeah, I mean you know just policy direction, looking for partners who can do it, contracting out, and your job is just to monitor what's been done.
>
> AG: Including things like infrastructure and health and education?
>
> R: Absolutely. Absolutely. The government should limit its role to those areas which nobody else can do. The policy planning, monitoring, that's the role for government. And all other things that can be done better by somebody else, give it out.

On this account the government should contract out roads, schools and hospitals to private contractors – an image directly opposed to the social-democratic expectations of independence-era PNG. For executives in the mining and petroleum industries, then, neoliberal reforms represent the fulfilment of national aspirations for development, as-pirations best achieved without the state. Independence goals are pursued with neolib-eral means, and working for international mining and petroleum companies is part of a patriotic duty to develop the country.

Conclusion: Traction

In her 2006 work, Tsing seems ambivalent about friction. At times she recognises that contact between global and local realities is an adhesive force which 'gives *grip* to uni-versal aspirations' (2005:1; italics in the original) and is 'required to keep global power in motion' (2005:6). Overall, however, her ethnographic strategy is a defamiliarising one which seeks to demonstrate that globalisation is not as inevitable as it seems by reveal-ing moments of friction when global projects become problematic. In this article, I have argued that a point of view within global capitalism can help highlight the other side of friction: To those localising global projects, it is no surprise that globalisation entails friction – indeed, all of their time is spent resisting this force. Large-scale mining and petroleum projects are complex global systems with timelines that stretch into decades, unforgivingly complex logistical requirements, tremendous amounts of capital invest-ment, and chains of authority that stretch from remote project sites to metropolitan corporate headquarters. Only those who are naively unfamiliar with the infrastructures underpinning their lives would find this fact surprising. Indeed, the fact that global action is always achieved locally makes it amenable to study – thus anthropology, like globalisation itself, need not be random or haphazard.

   In particular, I have argued that elite life in Port Moresby exhibits a dynamic I have called 'traction'. Elites reduce the potential friction created by the adhesion of global capital to the country by lubricating, as it were, these companies with their par-ticularity. Although they are required by the bureaucratic apparatus of the state and employed to insist that that apparatus conforms to its own administrative logics, executives' ability to create panoramas of globalisation in Papua New Guinea does not reside in the way globalisation flattens them out or standardises them to conform to it – their lives, unlike the lives of factory workers or standards of measurement, are not metricised by globalisation. The biographies of individual executives have a surplus particularity that exceeds the generalised structural forces that produce them. The result of this excess particularity is, however, not a poor fit between global forces and their local instantiations which results in friction. Rather, it is exactly these personal characteristics which allow executives to be successful in reducing the friction between the nodes in the network that comprise mining and petroleum projects. The fact that one executive is a minister's brother, another the former teacher of an undersecretary for the environment, is what gives them the ability to ward off irregularities and contingencies which might drag the company down. In doing so, they lubricate the pathways through which transnational capital passes and connect off-shore offices, exploration camps and full-scale operations, enabling distant forces to gain traction in Port Moresby. It is worth exploring whether this phenomenon of 'traction' is applicable only to Papua New Guinea or may be a more generalisable phenomenon useful in broader comparative studies of globalisation.

Finally, this study speaks to the methodology and ethics of elite field research. I believe the perspective and data gathered here could only have come from interviews and fieldwork with elites – something which some authors would consider 'co-optation'. At the same time, this presentation of elite views should not be read as an endorsement of, or collaboration with, mining and petroleum executives. My priciple of positioning the anthropologist as an 'ombudsman' may predate contemporary discourses of globalisation, but its utility lies in developing the concept of traction. Indeed, it may indicate that older notions of prudence, disinterestedness and impartiality may yet be vital for ethically challenging fieldwork.

This study does have limitations which circumscribe the force of its conclusions. Due to the difficulty of studying elites, little actual fieldwork was carried out shadowing executives in their daily tasks. Thus, although I have described the sort of work executives have been hired to do, I cannot provide concrete ethnographic data on which offices executives visited when, which specific e-mails they sent, and so on: that is, the actual specific tasks they have been hired to fulfil. This article has also consciously sought merely to describe, rather than evaluate, business men's self-understandings. As a result, I do not take a stance on whether the political economy of resource development in Papua New Guinea is a good thing, a bad thing, or even has the structure which these businessmen claim it has. My goal here has been mainly to elucidate their self-understanding and personal life worlds – to perform, in other words, a preliminary prosopography of Papua New Guinean elites. Much work remains to be done on Port Moresby's small world.

In conclusion, there is surely something ironic about the situation of a contemporary anthropology which sees the world as simultaneously more regimented and more contingent than ever before. The approach developed here suggests that such a picture is not entirely paradoxical, and that globalisation can be both lubricated by local particularity as well as dragged down by it. Attending to both sides of this notion of friction might lead us to a more powerful cultural tribology.

REFERENCES

ANDERSON, Greg
2009   "Chamber viewpoint", in: Greg Anderson (ed.), *Profile: mining and petroleum investment, Papua New Guinea*. Tenth Edition, 3–12. Port Moresby: Papua New Guinea Chamber of Mining and Petroleum

APPADURAI, Arjun
2001   "Globalization, anthropology of", in: Neil Smelser and Paul Baltes (eds.), *International Encyclopaedia of the Social and Behavioral Sciences*, 6266–6271. New York: Elsevier

AYIUS, Albert and R.J. MAY
2007   *Corruption in Papua New Guinea: towards an understanding of issues*. Port Moresby: National Research Institute of Papua New Guinea

BALLARD, Chris and Glenn BANKS
2003   "Resource wars: the anthropology of mining", *Annual Review of Anthropology* 32(1):287–313

BENSON, Peter and Stuart KIRSCH
2010   "Capitalism and the politics of resignation", *Current Anthropology* 51(4):459–486

CEFKIN, Melissa
2009   *Ethnography and the corporate encounter: reflections on research in and of corporations*. New York: Berghahn Books

COLLIER, Stephen J and Aihwa ONG
2005   "Global assemblages, anthropological problems", in: Stephen J Collier and Aihwa Ong (eds.), *Global assemblages: technology, politics, and ethics as anthropological problems*, 3–21. Malden: Blackwell

DEEB, Hadi and George MARCUS
2011   "In the green room: an experiment in ethnographic method at the WTO", *PoLAR* 34(1):51–76

ESSO HIGHLANDS LIMITED
2009   *Papua New Guinea Liquid Natural Gas Project environmental impact statement*. Port Mo-
         resby: Esso Highlands Limited

FIFE, Wayne
1995   "The look of rationality and the bureaucratization of consciousness in Papua New
         Guinea", *Ethnology* 34(2):129–141

FISHER, Melissa S. and Greg DOWNEY
2006   *Frontiers of capital: ethnographic reflections on the new economy*. Durham: Duke Univer-
         sity Press

GEWERTZ, Deborah and Frederick K ERRINGTON
1999   *Emerging class in Papua New Guinea: the telling of difference*. Cambridge: Cambridge
         University Press

GODDARD, Michael
2005   *The unseen city: anthropological perspectives on Port Moresby, Papua New Guinea*. Can-
         berra: Pandanus Books

GOVERNMENT OF PAPUA NEW GUINEA
2002   *Papua New Guinea National Census*. Port Moresby: National Statistics Office

HO, Karen
2005   "Situating global capitalisms: a view from Wall Street investment banks", *Cultural An-
         thropology* 20(1):68–96

HOLMES, Douglas and George MARCUS
2006   "Fast capitalism: para-ethnography and the rise of the symbolic analyst", in: Melissa
         Fischer and Greg Downey (eds.), *Frontiers of capital: ethnographic reflections on the new
         economy,* 33–57. Durham: Duke University Press

IMBUN, Ben
2001   "Multinational mining and petroleum companies' perceptions of the policy framework
         in Papua New Guinea", *Pacific Economic Bulletin* 21(1):225–242

INDA, John Xavier and Renato ROSALDO
2002   "Introduction: a world in motion", in: John Xavier Inda and Renato Rosaldo (eds.), *The
         anthropology of globalization: a reader,* 1–34. New York: Wiley Blackwell

KNORR-CETINA, Karen and Alex PREDA
2005   *The sociology of financial markets*. New York: Oxford University Press

LATOUR, Bruno
2005   *Reassembling the social: an introduction to actor-network-theory*. New York: Oxford Uni-
         versity Press

2009   "Spheres and networks: two ways to reinterpret globalization", *Harvard Design Magazine* 30:138–144

MARCUS, George
1983   "'Elite' as a concept, theory, and research tradition", in: George Marcus (ed.), *Elites: ethnographic issues,* 3–29. Albuquerque: University of New Mexico Press
2008   "The end(s) of ethnography: Social/Cultural Anthropology's signature form of producing knowledge in transition", *Cultural Anthropology* 25(1):1–5

MARTIN, Kier
2010   "The death of the Big Man: depreciation of elites in New Guinea", *Ethnos* 75(1):1–22

NADER, Laura
1972   "Up the anthropologist – perspectives gained by studying up", in: Dell Hymes (ed.), *Reinventing anthropology,* 284–311. New York: Random House

NELSON, Hank
1976   *Black, white and gold: gold mining in Papua New Guinea, 1878–1930.* Canberra: Australian National University Press

ORAM, Nigel
1975   *Colonial town to Melanesian city: Port Moresby, 1884–1974.* Canberra: Australian National University Press

RAJAK, Dinah
2011   *In good company: an anatomy of corporate social responsibility.* Stanford: Stanford University Press

SAHLINS, Marshall
1985   *Islands of history.* Chicago: The University of Chicago Press
2005   "Structural work: how microhistories become macrohistories and vice versa", *Anthropological Theory* 5(1):5–30

SALISBURY, Richard
2004   "The anthropologist as societal ombudsman", in: Marilyn Silverman (ed.): *Ethnography and development: the work of Richard F. Salisbury,* 26–270. Montreal: McGill University Libraries

SAWYER, Suzana
2005   *Crude chronicles: indigenous politics, multinational oil, and neoliberalism in Ecuador.* Durham, N.C: Duke University Press

SHEVER, Elana
2010   "Engendering the company: corporate personhood and the 'face' of an oil company in metropolitan Buenos Aires", *PoLAR* 33(1):26–46

SILVERSTEIN, Michael
2004   "'Cultural' concepts and the language-culture nexus", *Current Anthropology* 45(5):
        621–652

TSING, Anna
2000   "The global situation", *Cultural Anthropology* 15(3):327–360
2005   *Friction: an ethnography of global connection.* Princeton: Princeton University Press
2009   "Beyond economic and ecological standardisation", *The Australian Journal of Anthro-
        pology* 20(3):347–368

WELKER, Marina, Damani PARTRIDGE, and Rebecca HARDIN
2011   "Introduction", in: Marina Welker (eds.), Corporate lives: new perspectives on the so-
        cial life of the corporate form. *Current Anthropology* 52(S3): S3–S16

YOUNG, R.E.
1978   "Elite ideology in Papua New Guinea", *Commonwealth & Comparative Politics*
        16(3):272–287

Paideuma 59:237–260 (2013)

DIE ZEICHEN DER WIEDERGEBURT
Körper, Stigmata und Seelenwanderung bei den Alawiten der Südosttürkei[*]

Laila Prager[**]

ABSTRACT. Bodily stigmata, particularly among newly born infants, play an important role in Alawi cosmology, since they are intrinsically intertwined with the idea of rebirth. This essay analyses how the Alawi of Southeastern Turkey – a so-called heterodox Islamic group – conceives of such bodily marks (pigmented and vascular birth marks, henna marks, a specific colour of the skin, bodily deformations, missing limbs, blindness, palsy, etc.) as a visible proof of metempsychosis and how such phenomena are narrated and debated in everyday life. In order to understand the interrelationship between the ideas of rebirth, metempsychosis, bodily stigmata and the remembrance of former lives it is necessary to scrutinise the way in which the Alawi conceptualise the person, the latter being socially and ritually constructed from a variety of bodily substances and spiritual components ('light soul', 'blood soul', *nafs*). Moreover, the article demonstrates that there are fundamental differences between the religious elites (Sheikhs) and Alawi laymen regarding the interpretation of the meaning of rebirth and the importance of bodily stigmata. The differentiation between *dogma* and *pragma* is thus essential for the understanding of contemporary Alawi religious practice.

---

[*]   Die diesem Beitrag zugrunde liegenden ethnographischen Daten wurden im Verlauf eines zweijährigen Forschungsaufenthaltes in der Türkei (2006–2008) und im Rahmen einer Forschung unter alawitischen Migranten in Deutschland (2004–2006) erhoben. Die Deutsche Forschungsgemeinschaft (DFG) förderte im Rahmen des Projekts „Sozial-religiöse Identität und inter-religiöse Beziehungen bei den Alawiten der Türkei (Hatay/Çukurova)" den Forschungsaufenthalt in der Türkei. Die vorliegenden Daten wurden, sofern nicht anders angegeben, durch teilnehmende Beobachtung und im Rahmen von Interviews (in arabischer Sprache) erhoben. Vor meiner Feldforschung sind keine empirisch-ethnologischen Untersuchungen zu den Alawiten der Türkei und Syriens durchgeführt worden. Das Wissen über die Alawiten war daher vornehmlich durch ältere Reise-und Missionsberichte (u.a. Guyard [1877], Lyde [1853, 1860], May [1926], Mayeux [1816]), vor allem aber durch islamwissenschaftliche Textexegesen (Bar-Asher und Kofsky [2002], Friedman [2010], Halm [1978, 1981, 1982], Strothmann [1944–46, 1952, 1959]) geprägt, wobei Kenntnisse über die gegenwärtige religiöse Alltagspraxis und das Wissen der religiösen Laien stets außen vor blieben. Zudem existieren einige soziologisch-folkloristische Untersuchungen türkischsprachiger Autoren (u.a. Bulut [2003], Karasu [2005], Keser [2005], Tümkaya [2004]). Die betreffenden Studien beruhen in der Regel nicht auf empirischen Untersuchungen, sondern replizieren das Wissen aus der islamwissenschaftlichen Forschung. Zudem werden oftmals vorschnell Gemeinsamkeiten zwischen den Alawiten und den bekannteren türkischen und kurdischen Aleviten postuliert, was zur Folge hat, daß den Alawiten nicht selten religiöse Vorstellungen und rituelle Handlungen zugeschrieben werden, die jedoch allein für die Aleviten spezifisch sind. Siehe für eine ausführliche Diskussion der Quellenlage zu den Alawiten Prager (2010a:9–14).

[**]   Die Autorin wurde mit dem Frobenius-Forschungsförderungspreis 2010 ausgezeichnet.

Die im Südosten der Türkei (Hatay-, Çukurova-Region) lebenden Alawiten – in der älteren und islamwissenschaftlichen Forschungsliteratur auch als Nusairier bekannt – zeichnen sich gegenüber den anderen so genannten „islamisch heterodoxen Gruppen", denen sie gewöhnlich zugerechnet werden, durch eine charakteristische Idee aus, wonach die Seelen der Verstorbenen nicht nur in Menschen, sondern auch in Tieren sowie in Form von Materialien wie Holz, Eisen und Stein wiedergeboren werden können.[1] Vor allem jüngere Menschen geben an, oft über Jahre von Erinnerungen an ein vorheriges Leben heimgesucht zu werden und berichten hierbei im Detail auch über die Umstände ihres früheren Todes. Unter den türkischen Alawiten gelten solche Erinnerungen an ein früheres Leben als alltägliche Manifestationen eines kosmischen Kreislaufs, der das Schicksal der menschlichen Seele weitgehend bestimmt. Den religiösen Lehren der Alawiten zufolge verfügen Menschen über eine „Lebensseele" beziehungsweise „Lichtseele", die von Körper zu Körper, von einem Leben zum nächsten wandert und hierbei die Erinnerung an ihr jeweils vorangegangenes Leben und die damit verbundene Identität behält und diese auf das Neugeborene – in das sie einkehrt – überträgt, so daß der Empfänger dieser Lichtseele sowohl in körperlicher als auch psychischer Hinsicht von deren charakteristischen Merkmalen gekennzeichnet ist. Körperliche Stigmata und Male werden daher als selbstverständliche Attribute einer neugeborenen Person verstanden. Unter den geläufigen Stigmata beziehungsweise Malen finden sich bei Neugeborenen zum Beispiel Pigment-Male, Henna-Male, eine spezielle Hauttönung, körperliche Deformationen, fehlende Gliedmaßen und Behinderungen wie Blindheit oder Lähmungen. Aus dem Typus der Stigmata, die von der Lichtseele auf den neuen Körper übertragen wurden, glauben die Alawiten dechiffrieren zu können, wie sich der frühere Träger der Lichtseele in religiöser Hinsicht verhalten hat, ob er ein moralisch integres Leben führte oder ob er sich Gott und den religiösen Geboten widersetzte.

Angesichts solcher Vorstellungen, die im deutlichen Kontrast zur sunnitisch-orthodoxen Sichtweise über den Tod und das Schicksal der Seele stehen, nimmt es kein Wunder, daß für den außen stehenden Beobachter die alawitische Konzeption der Wiedergeburt enigmatisch beziehungsweise esoterisch anmutet und auf den ersten Blick an vergleichbare hindu-buddhistische Reinkarnations-Ideen zu erinnern scheint. In der Forschungsgeschichte zum Alawitentum ist dem betreffenden Phänomen dann

---

[1]   Auch unter den islamisch-heterodoxen Drusen (Syrien, Libanon, Israel/Palästina) existieren Vorstellungen zur Wiedergeburt, die sich von denen der Alawiten jedoch unter anderem dadurch unterscheiden, daß die Seelen von Verstorbenen allein in Menschen wiederkehren. Vergleiche Bar-Asher und Kofsky (2002:160–161) sowie Bennett (2006).

auch ein hohes Maß an Aufmerksamkeit zugekommen,[2] aber auch von journalistischer und parapsychologischer Seite wurde das Thema der alawitischen Wiedergeburt wiederholt aufgegriffen.[3] So berichtete unter anderem die Süddeutsche Zeitung im Jahre 1999 über Kinder aus der Hatay-Region, die sich an ihr früheres Leben erinnern konnten und unterschiedliche Formen von Stigmata aufwiesen (Saller und Westrich 1999); auch in den türkischen Medien sind in den letzten Jahren kontinuierlich Berichte über Wiedergeburtsereignisse in dieser Region veröffentlicht worden.[4] Nicht zuletzt wurde dieser Themenkomplex auch in dem rezenten Dokumentarfilm „Zwei halbe Leben sind kein Ganzes" des aus Antakya stammenden Regisseurs und Produzenten Ahmet Golbol (2008) verarbeitet, in dem mehrere wiedergeborene Alawiten mit Erinnerungen aus ihrem vorherigen Leben ringen und den Versuch unternehmen, ihr vorangehendes und ihr jetziges Leben auf sinnvolle Weise in Einklang zu bringen. Golbol versucht hierbei die Zwiespältigkeit der Protagonisten zu erfassen, die aus der Vorstellung einer parallelen Existenz verschiedener Identitäten in ein und demselben Körper resultiert.

Auch der vorliegende Beitrag setzt sich mit der Frage nach den Ursachen und Auswirkungen der gleichzeitigen Präsenz verschiedener Identitäten in ein und derselben Person auseinander. Dabei stehen die Vorstellungen und Erklärungen der Alawiten im Vordergrund, mit denen das Phänomen der Übertragung von körperlichen Malen beziehungsweise Stigmata gewöhnlich begründet wird. Während sich in den genannten Zeitungsberichten, in der filmischen Dokumentation, in der älteren Forschung und in den parapsychologischen Untersuchungen die Darstellung in einer bloßen Beschreibung des Phänomens der Wiedergeburt als solcher erschöpft, soll im Folgenden aufgezeigt werden, daß die Idee der Wiedergeburt und die damit verbundenen Narrative als Teil eines komplexen Ideensystems verstanden werden müssen, in dem sowohl Vorstellungen über die Natur des Körpers und der Transmission von Substanzen, als auch moralisch-religiöse Verhaltensvorgaben und die mythisch proklamierte Entstehungsgeschichte der Welt und des Menschen eine zentrale Rolle spielen. Durch die Entfaltung dieser miteinander verwobenen sozial-religiösen Konzepte verliert die Wiedergeburt ihren scheinbar esoterisch anmutenden Charakter und erweist sich als logische wie auch notwendige Konsequenz der alawitischen Kosmologie als Ganzer.

---

[2]   Vergleiche Bar-Asher und Kofsky (2002), Freitag (1985), Guyard (1877), Halm (1978, 1981, 1982), Khuri (1990), Lyde (1853, 1860), May (1926), Mayeux (1816), Strothmann (1944–46, 1952, 1959), Uluçay (2003).

[3]   Siehe zum Journalismus Mitternacht (2005), Rende (2007) und Saller und Westrich (1999) sowie zur parapsychologischen Forschung Keil und Stevenson (1999), Keil und Tucker (2005) und Stevenson (1980).

[4]   Aktuğ (2012), Devrim (2005), Vatan (2009)

Der Ursprungsmythos und die Verdammnis zur Wiedergeburt

Seit dem 10. Jahrhundert leben die Alawiten in der Region des sogenannten Jebel Ansayri-Gebirges, das heißt in einer Region, die sich über die heutigen Nationalstaaten Syriens, der Türkei und des Libanons erstreckt. Die Provinz von Hatay, das ehemalige Sanjak von Alexandretta, stellt bis heute das zentrale Siedlungsgebiet der türkischen Alawiten dar,[5] die vor Ort auch als Arap Alevileri (Arabische Aleviten) oder Nusayriler bezeichnet werden. Darüber hinaus siedeln die Alawiten der Türkei seit dem 19. Jahrhundert auch in den Provinzen von Adana, Mersin und Tarsus. Seit den 1960er Jahren sind die Alawiten als Migranten in mehreren europäischen Nationalstaaten präsent, während der letzten zwei Jahrzehnte vermehrt auch als Arbeitsmigranten in den arabischen Golfstaaten. In Syrien machen sie nach offiziellen Angaben 10 bis 13 Prozent der Gesamtbevölkerung aus (Engin u. Franz 2000:157), wohingegen für den Libanon eine Zahl von etwa 9 000 zu nennen ist (Halm 1982:383, Anm. 383; Nimier 1988); für die Türkei wird die Anzahl der Alawiten schließlich mit 700 000 bis eine Million angegeben (Brawer 1988:96).

Die Alawiten, die sich heutzutage mit dem Autonym „ʿAlawī" bezeichnen,[6] sollen ihren Ursprung in sufistisch-orientierten Gruppen im Irak des 9. und 10. Jahrhunderts gehabt haben, wo Ibn Nuṣayr, der Begründer der alawitischen Religion und Weggefährte des 11. Imam, seine Lehren verbreitete (Azzi 2002:15, Moosa 1988:259–261). In der Forschungsgeschichte wurden die Alawiten nicht selten als einer der letzten Vertreter der „islamischen Gnosis" in der Gegenwart dargestellt,[7] wobei sie bisweilen auch den „Extrem-Schiiten", das heißt den sogenannten „Übertreibern" (*ghulat*) zugerechnet werden.[8] Aufgrund ihrer divergierenden religiösen Vorstellungen und Praktiken klassifizieren viele Sunniten und Schiiten sie bis heute als „Häretiker".[9] Ungeachtet solcher exogener Klassifizierungen, sehen sich die heutigen Alawiten aus der Hatay- und Çu-

---

[5]   Ich verwende die Bezeichnung „türkische Alawiten", um diese von den in Syrien lebenden Alawiten zu unterscheiden. Im Zuge der Annexion des früheren Sanjaks von Alexandretta (der heutigen Provinz Hatay) durch den türkischen Nationalstaat in den 1930er Jahren und der damit einhergehenden Trennung des alawitischen Territoriums sind die syrischen und türkischen Alawiten im Laufe der Jahrzehnte durch die Einbindung in differente nationalstaatliche Kontexte durch unterschiedliche historische, politische und ökonomische Faktoren geprägt worden. Vergleiche Prager (2010a:36–38).

[6]   Der Begriff „Nuṣairi" oder „Nusairier", der in der islamwissenschaftlichen Forschung bisweilen noch Anwendung findet, wird von den heutigen Alawiten in der Türkei nicht länger als Autonym verwendet.

[7]   Vergleiche Bar-Asher und Kofsky (2002), Friedman (2010), Halm (1982) und Massignon (1936).

[8]   Vergleiche Halm (1978, 1982) und Moosa (1988).

[9]   Angesichts solcher Zuschreibungen, die in unterschiedlichen historischen Perioden bisweilen auch zu Verfolgungen führten, haben die Alawiten über die Jahrhunderte eine strikte Praxis der Geheimhaltung (*taqiyya*) ihrer religiösen Vorstellungen und Praktiken eingehalten. Siehe zur Frage der forschungsmethodologischen Implikationen der ethnologischen Datengewinnung im Kontext des alawitischen „Geheimwissens" Prager (2010a:14–18).

kurova-Region dem imamitischen Zweig, das heißt den zwölferschiitischen Gruppen, zugehörig.[10]

Die alawitische Religion muß als ein synkretistisch geprägtes Ideensystem verstanden werden,[11] in dem islamische, christliche und jüdische Einflüsse neben solchen aus der persischen, indischen und (neo-platonischen) griechischen Philosophie Eingang gefunden haben. Eines der wichtigsten Schlüsselkonzepte der alawitischen Religion ist die Idee einer zyklischen Manifestation der Offenbarungen Gottes, die laut Überlieferung mit Adam beginnt und ihre Vollendung in ʿAlī Ibn Abī Ṭālib findet, dem Cousin und Schwiegersohn des Propheten Muḥammad. Diese zyklischen Offenbarungen, die eng mit den Lehren über die Reinkarnation und Transmigration der Seelen verbunden sind, erklären sich durch den alawitischen Ursprungsmythos, der unter anderem in dem religiösen Text Umm al-Kitāb niedergelegt ist.[12] Danach existierten am Anfang nur geschlechtlich undifferenzierte Lichtseelen (nūrāni), die sich frei schwebend in unmittelbarer Nähe zu Gott befanden. Nachdem sie sich in ihrer Überheblichkeit ihrem Schöpfer gleich wähnten, wurden sie für ihre Eitelkeit bestraft und aus den sieben Paradieswelten hinab in die irdische Welt gestoßen, wo sie sich in menschlichen Körpern (aqmiṣa) materialisierten.[13] Schließlich erbarmte sich Gott der gefallenen und nunmehr in Körpern gefangenen Lichtseelen und sandte ihnen ʿAlī mit der Offenbarung. So sollten die Lichtseelen die sieben Paradieswelten wieder erklimmen können und zu Gott zurückkehren, unter der Voraussetzung, daß sie die wahre Natur Gottes (maʿnā, wörtlich: „die Bedeutung") erkennen, wofür ihnen eine Zeitspanne von mehreren aufeinander folgenden Leben eingeräumt wird, die sie zugleich zur Wiedergeburt in unterschiedlichen menschlichen Körpern verdammt. Sollte sich eine Lichtseele im Vollzug eines solchen Lebens jedoch erneut den Geboten Gottes widersetzen, so besteht die Wahrscheinlichkeit, daß diese in den Körper eines Tieres einkehrt oder gar in lebloser Materie eingeschlossen wird.

Grundsätzlich muß in diesem Zusammenhang noch erwähnt werden, daß die Alawiten die v e r k ö r p e r t e Lichtseele mit dem Begriff der „Lebensseele" (rūḥ al-ḥayāt) bezeichnen, um deren irdische Gebundenheit im Gegensatz zur ursprünglichen

---

[10] Die gegenwärtige Zuordnung zu den Zwölferschiiten ist nicht zuletzt dem Umstand geschuldet, daß sich die Alawiten nach Jahrhunderten der religiösen Verfolgung und Diffamierung gezwungen sehen, sich einer der anerkannten religiösen Strömungen des Islam zuzurechnen (Prager 2010a:41). Darüber hinaus existierten unter den Alawiten immer schon religiöse Gruppen, die sich stärker an der imamitischen Auslegung orientierten. Eine vergleichbare Entwicklung – was die Hinwendung zum Zwölferschiitentum betrifft – läßt sich auch für die Alawiten in Syrien konstatieren. Vergleiche Merwin (2007:363).

[11] Vergleiche Khuri (1990:131–136) sowie zum Verständnis der synkretistischen Inkorporation unterschiedlicher religiöser Einflüsse Khuri (1991:5–51) und Prager (2010a:43–45).

[12] Siehe zur Diskussion um die Herkunft und Einordnung des Umm al-Kitāb, der sogenannten Ǧabir-Apokalypse (Urschrift), Halm (1982:112–125). Der Umm al-Kitāb wurde von Wladimir Ivanov (1936) ediert und von Heinz Halm (1982) teilübersetzt. Siehe Halms Übertragung des Ursprungsmythos aus dem Umm al-Kitāb (1982:299–300).

[13] „Aqmiṣa" bedeutet eigentlich „Hemden" im Sinne von „Hüllen".

paradiesischen Daseinsform der *nūrāni* zu unterstreichen.[14] Was nun das im Ursprungsmythos festgelegte Schicksal des Falls und möglichen Wiederaufstiegs der Licht- beziehungsweise Lebensseelen betrifft, so unterscheiden die Alawiten in der religiösen
Praxis zwischen der zyklischen R e i n k a r n a t i o n und der T r a n s m i g r a t i o n
als zwei Modalitäten der Wiedergeburt. Die Reinkarnation (*raj'a*) umschreibt die Wiederkehr derselben unsterblichen Lebensseele mit einem dauerhaft gleich bleibenden
Rang,[15] womit zugleich eine Kontinuität der Identität gewährleistet ist. Dieser Modus
der Wiedergeburt gilt ausschließlich für die Propheten und die alawitischen Scheiche
in Vergangenheit und Gegenwart. Deren Licht- beziehungsweise Lebensseelen reinkar-
nieren also in unveränderter Form und garantieren somit die kontinuierliche Präsenz
des Heiligen in der irdischen Welt. Für die Laien und solche Scheiche, die in moralischer Hinsicht als zweifelhaft erscheinen, gilt dagegen der Modus der Transmigration,
die in den alawitisch-religiösen Texten als „tanāsukh" und in der Alltagssprache als
„tajīl" bezeichnet wird.[16] Die Alawiten verstehen darunter eine Form der Wiedergeburt, bei der eine unsterbliche Lebensseele von Körper zu Körper und von Leben zu
Leben wandert und dabei potentiell in höhere Ränge aufsteigt, sofern ihre jeweiligen
Träger ein untadeliges und gottesfürchtiges Leben geführt haben. Der Ursprungsmythos mit seiner Verheißung des Wiederaufstiegs ins Paradies („Lichterwelt") zeichnet
hierbei bereits den Weg nach, wie durch eben diese Transmigration die Befreiung der
Lebensseele aus der – als Strafe konzipierten – irdischen Lebenswelt erreicht werden
kann. Der Unterschied zwischen der Reinkarnation und der Transmigration liegt demnach in der Unveränderlichkeit beziehungsweise Veränderung der Persönlichkeit und
der Rangstufen, denn während bei der Reinkarnation dieselbe Person beziehungsweise
Lebensseele mit einem gleich bleibenden Status wiederkehrt, hat die Transmigration
immer auch einen Wandel des sozial-religiösen Status zur Folge, der durch die Präsenz beziehungsweise Absenz von Stigmata und Malen offenbar wird. Bei der Trans-

---

14   Der Begriff „Lebensseele" (*rūḥ al-ḥayāt*) wird nicht nur in der gnostischen Schrift „Buch der Schat-
     ten" (vgl. Halm 1982:255–256) genannt, sondern ist auch heute noch unter den Scheichen und Laien
     die vorrangige Bezeichnung, um die verkörperte Form der Lichtseelen zu bezeichnen.

15   Siehe zu den verschiedenen Rängen Azzi (2002:44–46) und Moosa (1988:358–359). Vergleiche zur
     Bedeutung der Ränge in der rituellen Praxis, vor allem im Zusammenhang der Gebetszusammen-
     künfte, Prager (2010a:47).

16   Der Begriff „tajīl" bedeutet auch „Generation" und „Zyklus", womit die Idee der transgenerationalen
     und zyklischen Natur der Wiedergeburt zum Ausdruck kommen soll. Der arabische Begriff „jayyala",
     den die alawitischen Laien in der Türkei undifferenziert sowohl für die Transmigration als auch für
     die Reinkarnation verwenden, bedeutet wörtlich „wiedergeboren werden". Der Begriff „mujayyal"
     bezeichnet sowohl die „Wiederkehrer" als auch die diesbezüglichen Erzählungen. Zugleich sollte in
     diesem Zusammenhang angemerkt werden, daß es sich bei den Wiedergeburtsgeschichten um einen
     der wenigen Bereiche der alawitischen Religion handelt, die nicht dem *taqiyya*-Gebot unterliegen.
     So konnten bereits die Missionare und Reisenden des 19. Jahrhunderts viele solcher Geschichten
     sammeln. Vergleiche Guyard (1877), Lyde (1853, 1860) und Mayeux (1816). Auch die Parapsychologen
     Keil und Stevenson (1999:194) konnten allein in Hatay zwischen den siebziger und neunziger Jahren
     des 20. Jahrhunderts über dreihundert solcher Geschichten dokumentieren.

migration wandert die unsterbliche Lebensseele im Zuge von aufeinander folgenden
Existenzen von Körper zu Körper, bis sie schließlich im Idealfall in die „Lichterwelt"
zurückkehrt. In jedem Stadium der Transmigration weist der Träger der Lebensseele
einen anderen Körper, eine andere „Persönlichkeit" sowie einen veränderten sozialen
und religiösen Status auf. Das soziale und moralische Verhalten der Person (*nafs*),[17] in
der sich die Lebensseele temporär verkörpert, ist dabei genauso determinierend für
das Erreichen einer höheren Stufe im nächsten Leben wie das Erkennen der „wahren
Bedeutung" der Welt. Wenn sich eine Person im gegenwärtigen Leben in moralisch-
religiöser Hinsicht vorbildlich verhält und sich den göttlichen Gesetzen beugt, wird die
Lebensseele im nächsten Leben also mit hoher Wahrscheinlichkeit auf einer ranghöhe-
ren Stufe der Existenz wiedergeboren, bis sie schließlich in den Körper eines Menschen
gelangt, der das ultimative Wissen um die Welt und das Wesen Gottes erlangt hat, wodurch die Lebensseele auf der nächsten Stufe von ihren „körperlichen Fesseln" befreit
wird. Fortan ist sie meinen alawitischen Informanten (Scheichen und Laien) zufolge als
Stern am Himmel zu erkennen, wo sie weitere Transformationsstufen durchläuft, um
schließlich in den Ursprungszustand als frei schwebende Lichtseele zurückzukehren.
War die Lebensseele jedoch an eine Person gebunden, die ein Leben voller „schlechter
Taten" durchlebt hat, so wird sie in einer niedereren Form der Existenz wiedergeboren,
sei es als Nicht-Alawit, als Tier, dann als „blutloses" Insekt und schließlich als leblose
Materie, in der sie letztendlich zum „Erstarren" kommt.[18]

Reinkarnation und Transmigration stehen in einem kausalen Zusammenhang, da
die Frage nach dem Aufstieg der Lebensseele davon abhängt, inwieweit ihre Träger die
„wahre" Natur der (Propheten-)Ränge erkennen, das heißt welche Propheten sich in
welchen Personen reinkarnier(t)en und welche Ränge diesen jeweils im Gesamtgefüge
des Kosmos zukommen. Die Reinkarnations- beziehungsweise Transmigrationslehre
gewinnt ihre besondere Bedeutung durch die alawitische Gnosis, nach der erst das
Erkennen der wahren Natur Gottes und der von ihm geschaffenen Ränge zur Erlösung
führt. Auch die Positionierung der einzelnen Person innerhalb der irdischen Statushier-
archie beruht auf dem Grad der jeweils erzielten Erkenntnisfortschritte über die Natur
Gottes: So bildet das Verständnis der zyklischen Manifestationen beziehungsweise Offenbarungen Gottes und der Propheten Teil eines Geheimwissens, das Gott nur den
Alawiten in seiner Gänze zukommen ließ. Bei jeder Offenbarung – so die alawitische

---

17   Siehe zum Konzept der *nafs* in der alawitischen Vorstellungswelt Prager (2010b).

18   Eine ähnliche Klassifikation der niederen Wiedergeburtsstufen, der Ränge der „Sünder" (*naskh*,
maskh, *waskh*, *faskh*, *raskh*) findet sich unter anderem in al-Khaṣībīs Text „al-Risāla al-rāstbāshiyya"
(64–65), zitiert nach Friedman (2010:106). Hier wird unterschieden zwischen: (1.) *naskh* – Übergang
der Seele von einem menschlichen Körper in einen anderen; (2.) *maskh* – Übergang der Seele von
einem menschlichen Körper in einen Tierkörper; (3.) *waskh* – Übergang der Seele in „niedere" Tiere
wie Ratten, Fledermäuse oder Insekten; (4.) *faskh* – Trennung der Seele von dem Sünder noch zu
dessen Lebzeiten und Übertragung auf einen kranken Menschen, dessen Seele wiederum in einen
anderen Sünder übergeht; (5.) *raskh* – Die Seele wird in leblose Materie, wie Gold, Silber oder Ge-
stein transferiert und kann sich aus diesem Zustand nicht wieder befreien.

Laila Prager

Lehre – sendete Gott die Bedeutung (*ma'nā*), den Namen (*ism*) und das Tor (*bāb*) auf die Erde und gab den Menschen die Aufgabe, deren wahre Natur zu erkennen (Bar-Asher u. Kofsky 2002:50). Die *ma'nā* stellt dabei die verborgene Bedeutung beziehungsweise Natur der Dinge (*bāṭin*) dar, während der *ism* und das *bāb* für deren äußere, für jeden zugängliche Erscheinung stehen (*ẓāhīr*). Den Alawiten zufolge wurde bei der letzten und endgültigen Offenbarung die *ma'nā* von 'Alī Ibn Abī Ṭalib repräsentiert, der *ism* vom Propheten Muḥammad und das *bāb* von dessen Weggefährten Salmān al-Fārisī.

Die gesellschaftliche Hierarchie der alawitischen Gemeinschaft beruht selbst auf diesem Prinzip des Erkennens der Zusammenhänge zwischen *bāṭin* und *ẓāhīr*, das heißt zwischen den verborgenen und offen zugänglichen Bedeutungen der Welt. Die Scheiche – die unter den Alawiten als die Hüter des religiösen Wissens und als die direkten Nachfahren der zwölf Imame gelten – sind daher per definitionem über alle anderen Menschen gestellt. Eine Stufe unter den Scheichen stehen die alawitischen Männer, nachdem sie im Zuge eines Initiationsrituals in das verborgene geheime Wissen um das Wesen der Ränge eingewiesen wurden. Dann folgen die alawitischen Frauen, denen die Initiation vorenthalten wird und die daher nur – so zumindest die Theorie – am *ẓāhīr*-Wissen partizipieren. Gemäß der verschriftlichten Doktrin, aber auch in der Anschauung einiger heutiger Scheiche, bleibt den Seelen der Frauen somit die Möglichkeit des Wiederaufstiegs in die Lichterwelt verwehrt. Den alawitischen Quellen zufolge ist dies der Preis, den sie dafür zu zahlen haben, daß ihre Seelen von den „Teufeln" abstammen, was gewöhnlich mit der mythischen Geschichte um 'Azāzīl und Adam begründet wird, die sich als Variante der koranischen Geschichte um Iblīs und Adam verstehen läßt (Koran 2:34; 7:12; 38:75–76). Insbesondere ältere Männer und religiöse Gelehrte erzählen die betreffende Geschichte wie folgt:

> Nachdem Gott die Lichtseelen auf die Erde geworfen hatte, rief er 'Azāzīl zu sich, den er aus dem Feuer geformt hatte, und Adam, den er aus der Erde geschaffen hatte. Dann befahl er 'Azāzīl, sich vor Adam niederzuwerfen und diesem zu huldigen. Doch 'Azāzīl verweigerte sich dem Befehl Gottes und erwiderte, daß er aus Feuer gemacht und Adam somit überlegen sei, da Feuer die Erde verbrennen könne. Seit dieser Zeit gibt es auf der Erde die Teufel (*shayāṭīn*), die aus der Widersetzlichkeit 'Azāzīls entstanden sind und die den Propheten und Rechtgeleiteten (*anbiyā*) entgegenstehen.[19]

Während die Licht- beziehungsweise Lebensseelen der Männer mit den „Leuten des Hauses" (*ahl al-bayt*), der Familie von 'Alī 'Alī Ibn Abī Ṭalib und den Propheten (*anbiyā*) gleichgesetzt werden, handelt es sich bei den Licht- beziehungsweise Lebensseelen der Frauen somit um die Nachfahren der „Sippe des Teufels" (*qawm al-shaīṭān*), womit

---

[19]   Eine literarisch elaborierte Variante dieser Erzählung findet sich in dem von Strothmann (1944–46) herausgegebenen alawitischen Festkalender (teilübersetzt bei Halm 1982:333–334). Eine weitere Variante ist im „Buch der Schatten" verzeichnet (vgl. Halm 1982:258).

ihnen aus der Perspektive der religiösen Doktrin jedwede Möglichkeit abgesprochen wird, auf der Stufenleiter des Daseins emporzusteigen.[20]

In der ethnographischen Realität stellt sich die Frage nach dem Wiederaufstieg der weiblichen Licht- beziehungsweise Lebensseelen jedoch weitaus komplexer dar, als es auf der Basis der religiösen Texte zunächst erscheint. In der mythischen Geschichte um den Konflikt zwischen Adam und ʿAzāzīl deutet sich ein Beziehungsmodus zwischen den Geschlechtern an, der sowohl von Ungleichheit wie auch von Komplementarität gekennzeichnet ist. Sowohl die weiblichen als auch die männlichen Lebensseelen teilen denselben Ursprung, indem beide aus zunächst undifferenzierten Lichtseelen und der *maʿnā* hervorgegangen sind. Damit stellen sie Teilaspekte eines allumfassenden transzendentalen Prinzips dar. Auch wenn die Frauen der „Sippe des Teufels" entstammen und ihnen die Initiation verwehrt wird, so nehmen sie in der alawitischen Gemeinschaft dennoch eine herausragende Stellung ein, da sie die einzigen Personen sind, die über die Fähigkeit verfügen, neue alawitische „Körper" hervorzubringen, ohne deren Existenz die Licht- beziehungsweise Lebensseelen keine Reinkarnation oder Transmigration und somit auch keinen Aufstieg in die höheren Ränge vollziehen können (Prager 2010b:95). Hierbei kommt die Vorstellung zum Tragen, daß es sich nur bei denjenigen Kindern um echte Alawiten handelt, die sowohl von einem alawitischen Vater als auch von einer alawitischen Mutter abstammen, so daß weder ein alawitischer Mann noch eine Frau zusammen mit einem nicht-alawitischen Partner ein „alawitisches" Kind hervorbringen kann. Den Frauen kommt somit innerhalb der kosmologischen Ordnung die Rolle von „Körpererzeugerinnen" und „Seelenbewahrerinnen" zu. Die Mehrzahl meiner Informanten, sowohl von männlicher als auch von weiblicher Seite, hat in diesem Zusammenhang die Auffassung vertreten, daß die weiblichen Lebensseelen durchaus in die höheren Ränge gelangen können, wenn sich ihre Trägerinnen durch ein „vorbildliches" moralisches Verhalten (wie zum Beispiel Jungfräulichkeit vor der Ehe, Keuschheit, angemessene Kleidung und angemessenes religiöses Verhalten) auszeichnen, vor allem aber, da sie durch das Gebären von Kindern zum Fortbestand des Alawitentums beitragen und zudem maßgeblich an der Vorbereitung von Opferritualen beteiligt sind.[21] Der kanonischen Überlieferung bezüglich des unhintergehbaren Schicksals der weiblichen Lebensseelen wird in der Praxis somit ihre unbarmherzige Härte genommen. Würde man ausschließlich auf der Grundlage der kanonischen alawitischen Texte urteilen, so müßten die alawitischen Frauen ähnlich wie die Anhänger

---

[20]   Diese Doktrin der Unmöglichkeit des Wiederaufstiegs der Lebensseelen von Frauen wurde von vielen alawitischen Gelehrten schriftlich fixiert. Vergleiche dazu Halm (1982:255) und Strothmann (1952:180).

[21]   Der frühe alawitische Gelehrte Khaṣībī vertrat die Auffassung, daß auch Frauen über Seelen verfügen, die belohnt beziehungsweise bestraft werden (vgl. Strothmann 1952:180). Khaṣībī unterschied sich mit dieser Auffassung deutlich von seinen Vorgängern sowie von vielen seiner Nachfolger, so daß er mit seinen Lehren den Vorstellungen der heutigen (und möglicherweise auch damaligen) Laien weitaus näher steht als den Lehrmeinungen vieler kontemporärer Scheiche.

anderer Religionen per definitionem gemeinsam auf der untersten Stufe der Wissenshierarchie verbleiben, was langfristig in einer unausweichlichen Abwärtsspirale in die
niedersten Daseinsformen münden würde.

Während die klassischen Texte wie auch die meisten Scheiche davon ausgehen,
daß die Anhänger anderer Religionen in ihren zukünftigen Existenzformen immer weiter absteigen und somit letztlich als Tiere oder in Form von erstarrter Materie wiedergeboren werden, existieren unter den alawitischen Laien erhebliche Zweifel über das
zukünftige Schicksal der Seelen von Nicht-Alawiten. Eine häufig zum Ausdruck ge-
brachte Vorstellung besagt, daß auch einige Anhänger der Buchreligionen durch „gute
Taten" als Alawiten wiedergeboren werden können. Insbesondere diejenigen Alawiten,
die multi-religiöse Kontakte pflegen und entsprechende soziale Beziehungen unterhal-
ten, zweifeln die Idee einer grundsätzlichen Verdammnis aller Nicht-Alawiten an und
betonen, daß die Anhänger anderer Religionen durchaus als Alawiten wiedergeboren
werden können, wenn sie in ihrem Leben „reinen Herzens" (*qalb naẓīf*) waren.[22] Personen, die diesem Wert entsprechen, handeln somit bereits in idealtypischer alawitischer
Manier, so daß sie im nächsten Leben möglicherweise ihre „wahre" Identität zurücker-
langen können.[23]

Die populärsten Beispiele für „Christen", die meinen Informanten zufolge als
Alawiten wiedergeboren wurden, sind Diana, Prinzessin von Wales, und der frühere
amerikanische Präsident John F. Kennedy, von denen es heißt, daß sie sich durch ein
Übermaß an „guten Taten" auszeichneten. Während meines Forschungsaufenthaltes
in der Hatay-Region habe ich die wiedergeborene Diana kennengelernt. Es handelte
sich um ein neunjähriges Mädchen, das dadurch aufgefallen war, daß es bereits als
Kleinkind spontan englische Wörter artikuliert und ihren Eltern im Detail über die
Umstände ihres Todes berichtet hatte. Wenn sie sich mit ihren Eltern zu Tisch setzte,
verschmähte sie das gewöhnliche Geschirr und verlangte nach feinem Porzellan und
goldenem Besteck. Ihren Eltern trug sie auf, Diener einzustellen, damit sie sich nicht
so sehr nach ihrem „großen Palast" in England zurücksehne. Von den meisten meiner
Informanten wurde die „wiedergeborene Diana" als legitim anerkannt.[24]

---

[22]   Ein „reines Herz" zu haben, beinhaltet eine Vielzahl von Aspekten, die dem Ideal der alawitischen
         Lebensführung entsprechen. Dazu zählen Toleranz gegenüber anderen Religionen, Mitgefühl, ehe-
         liche Treue, die Nicht-Zuschaustellung von Reichtum und die Erlangung von religiösem Wissen.
         Wer so handelt, auch wenn er einer anderen Religion angehört, zeigt bereits eine hohe Affinität zum
         Alawitentum, womit sich die Wahrscheinlichkeit einer Wiedergeburt als Alawit erhöht (vgl. Prager
         2010a:72–73).

[23]   In diesem Fall wird argumentiert, daß die betreffende Person in ihrem vorherigen Leben Alawit war,
         jedoch irgendwann einen gravierenden Fehler begangen hat, so daß die Lebensseele nach dem Tod
         in die Person eines Nicht-Alawiten transmigrierte.

[24]   Prager (2010a:72–73). Unter den wenigen Zweiflern fanden sich einige junge studierte Alawiten
         männlichen Geschlechts (sowohl in der Türkei als auch in Deutschland) sowie die Scheiche und
         deren Söhne. Sie alle betrachteten die Erinnerung an ein früheres Leben als „reinen Aberglauben".

Generell betont man jedoch, daß nur schwer nachzuvollziehen sei, wie viele Christen, Sunniten, Schiiten und Juden letztendlich als Alawiten wiedergeboren wurden beziehungsweise werden, da sich nicht alle Menschen an ihr vorheriges Leben erinnern können. Unabhängig davon läßt sich jedoch eine deutliche Tendenz konstatieren, wonach in den Wiedergeburtsdiskursen – insoweit sie Nicht-Alawiten betreffen – Erzählungen über Christen dominieren, während Beispiele von Sunniten äußerst selten genannt werden.[25] Dies hängt nicht zuletzt damit zusammen, daß die Alawiten der Hatay-Region die dort lebenden (zumeist rum-orthodoxen) Christen als Teil einer gemeinsamen Minoritäten-Identität wahrnehmen, die mit der sunnitischen Mehrheitsgesellschaft kontrastiert.[26] Auch die entsprechende, von den religiösen Laien in den Wiedergeburtsgeschichten propagierte Bewertung von inter-religiöser Nähe steht im deutlichen Widerspruch zur Doktrin der Scheiche, nach der die Sunniten den Alawiten in bezug auf das Offenbarungswissen näher stehen als den Christen.

Indes wird von keiner Seite bezweifelt, daß sich Nicht-Alawiten im Zyklus der Wiedergeburt bereits in einer „Abwärtsspirale" befinden. Ein Alawit kann als Nicht-Alawit wiedergeboren werden, wenn er vom Glauben abfällt beziehungsweise seinen religiösen Pflichten nicht gewissenhaft nachkommt. Nimmt das „amoralische" Verhalten im Verlauf der aufeinander folgenden Leben überhand, so besteht die Wahrscheinlichkeit, als Tier wiedergeboren zu werden, was das Wiedererlangen einer menschlichen Daseinsform dann so gut wie unmöglich macht.

DAS KONZEPT DER WIEDERGEBURT: DOGMA UND PRAGMA

Die Wissenshierarchie, das heißt die Unterschiedlichkeit der Erkenntnisgrade bezüglich der irdischen und kosmischen Rangordnung, bildet nur einen Aspekt, der das Schicksal der Seele im nächsten Leben determiniert. Ebenso entscheidend sind Verwandtschaftsbeziehungen, Alter und Seniorität, der ökonomische Status sowie die jeweils akkumulierten religiösen Verdienste. Das spezifische Ansehen, das eine Person innerhalb der Gemeinschaft erlangt hat und das sich in einer Vielzahl von sozialen Beziehungen, ökonomischem Erfolg, aber auch in physischer Stärke, Schönheit und körperlicher Ausgewogenheit manifestiert, gilt bereits als äußeres Anzeichen dafür, daß die Lebensseele mit einer hohen Wahrscheinlichkeit im nächsten Leben einen höheren Rang erreicht. Im Umkehrschluß werden Armut, unzureichende soziale Beziehungen, aber auch Behinderungen, das heißt körperliche Stigmata, als Anzeichen dafür interpretiert, daß die Lebensseele im vorherigen Leben auf die eine oder andere Weise gegen das gött-

---

25 Im deutschen Migrationskontext ist ein gegenläufiges Schema zu erkennen. Hier berichtet man weniger von als Alawiten wiedergeborenen Christen, sondern häufiger von Fällen, in denen einst mit Alawiten verheiratete sunnitische Ehepartner nach ihrem Tod als Alawiten wiedergeboren wurden.

26 Vergleiche zur Dynamik der interreligiösen Beziehungen in Hatay Dorğruel (2005) und Prager (2013).

liche Gesetz verstoßen hat. Die alawitische Religion weist daher auch Merkmale auf, die sich im weitesten Sinne mit der Prädestinationslehre des Calvinismus vergleichen lassen, insofern das individuelle moralische Verhalten zu Lebzeiten als determinierend für das Nachleben verstanden wird. Yaron Friedman (2002:110) hat in den alawitischen Textquellen vergleichbare Prädestinationsideen identifiziert und kommt dabei zu dem Urteil, daß das alawitische Verständnis der Transmigration der Seelen als ein göttliches „means of retribution" eine ausschließlich negative Bewertung der irdischen Existenz aufweise, da das Schicksal der Menschen bereits am Tag der Verbannung der Lichtseelen (*yawm al-aẓilla*) und deren Einkerkerung in Körpern gänzlich festgeschrieben sei.[27] Friedman fehlen in diesem Zusammenhang die ethnographischen Kenntnisse über die gelebten Formen der alawitischen Religion, so daß von ihm das kreative Potential der alawitischen Laien unterschätzt wird. Letztere tendieren in fast allen religiösen Belangen dazu, den kompromisslosen Lehren der alawitischen Schriften eine handhabbare Form der religiösen Praxis entgegenzustellen. So interpretieren viele alawitische Laien unterschiedlichen Alters und Geschlechts die Transmigration keinesfalls auf negative Weise, sondern deuteten sie vielmehr als eine Chance zur Verbesserung der Daseinsform der Lebensseele. Dem Menschen widerfahre nicht per definitionem eine Strafe von Gott, sondern die Frage des Aufstiegs und Abstiegs der Lebensseele sei allein von den individuellen Handlungen der Person bestimmt. „Was immer Gutes Dir geschieht", so ein gängiger Spruch, „ist von Gott, und was immer Böses Dir widerfährt, stammt von Dir selbst".

Dabei finden sich auch in den alawitischen Quellen durchaus Hinweise auf die Möglichkeit einer individuellen Beeinflussung des Schicksals. So heißt es unter anderem in einer von Strothmann übersetzten Passage einer alawitischen Handschrift (Handschrift MS Hamburg Cod. Orient 304):

> Frage, ob Gott der argen (verdrehten) Welt ihren Lohn in der *masūxīya* [Entstellung] und im Menschsein abstattet für das, was sie Gutes an den Gläubigen getan haben oder nicht? Gott gewährt ihnen ihren Lohn für ihre Handlungen an den Gläubigen sowie für ihre Leistungen an Fasten, Gottesdienst, Pilgerfahrt, Almosen, heiligem Krieg. Er gibt ihnen vollen Ersatz an guten Dingen bei ihrem Menschsein: Kraft, Reichtum, Wohlstand, Herrschaft, Erwerb, Macht und Stärke. Danach kommt die Strafe auf sie zurück in der *masūxīya*, wie man das an der Entstellung beobachten kann: mancher von ihnen geht einher geliebt, bedient, mächtig, stark, kräftig; mancher lebt in Mühsal, Anstrengung und Qual, misshandelt; mancher in Schwierigkeit und erniedrigt; das sind ihre Arten im Menschsein und in der *masūxīya*, wenn sie in diese geraten, dann darin verweilen und (jeweils) in sie zurückgebracht werden. Dies ist Gerechtigkeit und Billigkeit vom Schöpfer. Der Beweis ist schlüssig für beide Zustände. Hierher gehört Sein Spruch „Ich werde

---

[27]   Die Konzepte des göttlichen Urteils (*qaḍā'*) und der Prädestination (*qadar*) treten als zentrale Ideen in verschiedenen alawitischen Quellen im Zusammenhang mit der Wiedergeburt auf (vgl. Friedman 2002:110).

niemanden von euch, es sei Mann oder Frau, eine Tat, die ihr einer an dem andern tut, hinfällig machen" (Strothmann 1959:101–102).

Damit ist auch impliziert, daß die Alawiten unterschiedliche Formen von „Bestrafung" als legitim verstehen: Behinderungen wie körperliche Deformationen, fehlende Gliedmaßen, Blindheit oder Lähmungen sind letztendlich durch die Lebensseele selbst verschuldet und bedürfen daher nicht notwendigerweise des Mitleides. Sowohl in den Textquellen als auch unter alawitischen Laien und Scheichen finden sich Aussagen, daß man solche Formen der Strafe nicht in Frage stellen und mit den Sündern kein Mitleid haben solle: „Wer in diesem [Leben] blind ist, wird es auch im anderen sein und noch stärker in die Irre gehen" (Strothmann 1959:101); oder wie ein Scheich den Nichteingeweihten verkündete, als sie eine Schlange am Wegesrand sahen und töten wollten: „Diese Schlange ist Fahd [Männername]: seine Transmigration ist sein Purgatorium, da er schwer an Sünde war. Befreie ihn nicht von seinem derzeitigen Dasein" (Guyard 1877:362). Unter den türkischen Alawiten findet sich zudem die Vorstellung, daß zwischen der Natur der begangenen Verfehlungen und der sich im nächsten Leben offenbarenden körperlichen Merkmale oder Stigmata eine unmittelbare Analogie besteht. So werden Menschen, die andere um ihre Güter beneiden und diese „beäugen", im nächsten Leben zweifelsohne erblinden, während solche, die nie ein offenes Ohr für ihre Mitmenschen hatten, mit hoher Wahrscheinlichkeit ihr Gehör verlieren; Menschen dagegen, die ihre Kinder und ihr Vieh mißhandeln, kehren als Tiere wieder, vor allem als Esel, da letztere ebenfalls andauernd Schläge erhalten. Solche Beispiele werden dann im Alltag nicht selten auch als Warnungen gegenüber Personen ausgesprochen, die ein entsprechendes „Fehlverhalten" an den Tag legen.

Neben den Körpern von Menschen können Behinderungen, Stigmata und Male auch an Tieren diagnostiziert werden. Die Stigmata als solche implizieren, daß das entsprechende Tier mit hoher Wahrscheinlichkeit eine Lebensseele birgt, die im vorherigen Leben die göttlichen Gesetze schwer verletzt hat. Behinderte Menschen – so alawitische Männer und Frauen – sollten daher dankbar sein, daß sie überhaupt in menschlicher und nicht in tierischer Gestalt wiedergeboren wurden. Auf diese Weise wird ihnen von Gott die Möglichkeit eingeräumt, ihre moralischen Verfehlungen aus dem vorherigen Leben durch „gute Taten" zu korrigieren, was einer in einem Tier verkörperten Lebensseele in diesem Maße nicht länger möglich ist. Dabei handelt es sich vor allem um eine Perspektive der religiösen Laien, mit der die Rigidität der Vorstellung, daß die „sündige" Lebensseele einer kontinuierlichen Abstiegsspirale unterworfen sei, weitgehend relativiert wird. Informanten argumentieren, daß Gott nicht jedes einzelne Leben für sich, sondern statt dessen einen Zyklus von sieben aufeinander folgenden verkörperten Existenzen der Lebensseele bewertet, der dann in seiner Gesamtheit hinsichtlich des moralischen Verhaltens und der erzielten religiösen Verdienste beurteilt werde. Hypothetisch räumt man demnach den Lebensseelen von Behinderten – in geringerem Maßen auch denen von Tieren – die Chance ein, der Abwärtsspirale wieder zu entkommen. Solche Ideen stehen freilich im vollkommenen Widerspruch zu den Auffassungen der Scheiche und anderer „Gelehrter", die darauf beharren, daß allein die initiierten Männer aufsteigen können, da nur sie in der Lage seien, die wahre Natur Gottes zu erfassen. Geistig Behinderte, Frauen, Nicht-Alawiten, aber auch Tiere sind somit aus der Sicht der Scheiche per definitionem vom Wiederaufstieg ausgeschlossen, da sie nicht über Vernunft ('aql) verfügen und deshalb auch nicht die adäquaten moralischen Entscheidungen treffen können. Die Laien hingegen betonen neben der Vernunft ('aql) auch die Notwendigkeit der Herzensbildung oder Güte (qalb) als bestimmenden Faktor für den Status der Lebensseele im nachfolgenden Leben. Auf diese Weise können – zumindest in der Sichtweise der Laien – auch solche Kategorien von Personen in den Wiederaufstieg eingebunden werden, die auf der Grundlage der religiösen Texte und aus der Perspektive der Scheiche als unwiderruflich verurteilt gelten. Das bereits erwähnte Beispiel der wiedergeborenen Diana macht deutlich, daß Nicht-Alawiten, die sich durch eines hohes Maß an „Güte" ausgezeichnet haben, möglicherweise als Alawiten wiedergeboren werden und somit die Chance erhalten, sich auf der Stufenleiter der Wiedergeburt wieder einen höheren Rang zu erarbeiten. Während die Mehrzahl der Scheiche in diesem Zusammenhang jedoch argumentieren würde, daß ein solcher Aufstieg (und eine Wiedergeburt als Alawit) gänzlich undenkbar wäre, da es der betreffenden Person als Frau grundsätzlich an Vernunft fehle, halten die Laien (beiden Geschlechts) dagegen, daß Frauen sehr wohl über Vernunft beziehungsweise Wissen verfügen, so daß ihre Lebensseelen nicht per definitionem vom Wiederaufstieg ausgeschlossen seien. Solche Anschauungen aus der heutigen religiösen Praxis relativieren dann auch die in der Forschungsgeschichte oftmals artikulierte Einschätzung, wonach der alawitischen Religion ein durch und durch „gynophob" geprägtes Wertesystem (Halm 1982:301) zu Grunde liege.

Zwischen der Perspektive der Scheiche und der Weltsicht der Laien tun sich indes noch andere Differenzen auf. So stimmen beide Gruppen zwar darin überein, daß Male und Stigmata zu den sichtbaren Zeichen der Wiedergeburt zählen, sie differieren aber bezüglich der Frage, ob und inwieweit sich eine Person an ihr früheres Leben erinnern kann. Die Mehrzahl der Scheiche geht davon aus, daß die Menschen keine Erinnerung an ihr vorheriges Leben besitzen. Die Laien dagegen erklären, daß alle Kinder bis zum sechsten Lebensjahr sehr wohl über solche Erinnerungen verfügen und daß sich Personen, deren Lebensseele im vorangehenden Leben einem „unnatürlichen Tod" (durch Unfall, Mord oder plötzliche Krankheit) ausgesetzt war, zeitlebens an diese frühere Existenz erinnern. So wird gesagt, daß im Falle eines unnatürlichen Todes der Träger der Lebensseele grundsätzlich durch Male oder Stigmata wie Henna-Zeichen auf der Hand (rötliche Verfärbungen), spezifische Hauttönungen oder auch Narben gekennzeichnet sei. Als Beispiel soll hier die Geschichte von Ayla wiedergeben werden, einem zwölfjährigen Mädchen, dem ich im Verlauf meines Forschungsaufenthaltes über Monate fast täglich in einem Dorf in der Nähe von Antakya begegnete:

Eine junge Braut wurde noch am Abend ihrer Hochzeitsfeier von ihrem Bräutigam von den Klippen bei Çevlik zu Tode gestürzt. Der Bräutigam, der sich noch während der Verlobungsphase in eine andere Frau verliebt, jedoch nicht den Mut aufgebracht hatte, die Verlobung aufzukündigen, sah darin die einzige Lösung, mit der Frau zusammenzukommen, die er wirklich liebte. Die Lebensseele der zu Tode gestürzten Braut wurde einige Tage später in der neugeborenen Ayla, in einer anderen Familie in der Nähe von Samandağ wiedergeboren. Das Neugeborene wies sowohl an den Fingern als auch an den Handinnenflächen auffällige „Henna-Male" auf, die mit den Jahren langsam verschwanden.[28] Nichtsdestotrotz hörte Ayla nie auf, von ihrem geliebten Bräutigam zu erzählen, der sie wegen einer anderen ermordet hatte.

Diese Geschichte steht exemplarisch für eine Vielzahl von vergleichbaren Erzählungen, mit denen man in der Hatay- und Çukurova-Region jeden Tag aufs Neue konfrontiert wird. Sie beruhen auf der Annahme, daß die Lebensseele im Falle eines unnatürlichen beziehungsweise gewaltsamen Todes einem Schock unterliegt, der sich unmittelbar in den Stigmata des Neugeborenen manifestiert. Körperliche Male können jedoch auch in Folge eines natürlichen Todes entstehen. Eine schwangere Frau oder der zukünftige Vater wird häufig bereits im Vorfeld über die kommende Wiedergeburt einer spezifischen Lebensseele in Kenntnis gesetzt, indem diese ihr oder ihm im Traum erscheint und mitteilt, daß ihr gegenwärtiger Träger bald sterben werde beziehungsweise gerade verstorben sei und daß sie in das zu erwartende Neugeborene einkehren werde. Manchmal offenbart die Lebensseele bereits ihren Namen oder erklärt Zeitpunkt und Umstände des Todes. Besonders den Lebensseelen von sehr alten Menschen wird nachgesagt, daß sie den nahenden Tod voraussehen und in den Nächten ihre nächste Wiedergeburtsstation aufsuchen. In Adana erzählte mir ein männlicher Gesprächspartner das folgende Beispiel:

> Meine Schwiegermutter lag bereits seit mehreren Wochen schwer krank im Bett, als sie mir eines Nachts im Traum erschien. Sie sagte zu mir: „Ich möchte zu Dir, ich möchte bei Deiner Frau, meiner Tochter wiedergeboren werden". Ich akzeptierte und sie starb sieben Tage vor der Geburt meines Kindes. Meine Tochter hat ein kreisförmiges Mal am Bauch. Es entspricht dem Loch, das meiner Schwiegermutter sieben Tage vor ihrem Tod gemacht wurde, um das Wundwasser ablaufen zu lassen.

Ein weiteres Beispiel, in dem die Themen der im Traum angekündigten Wiedergeburt und des gewaltsamen Todes unmittelbar miteinander verwoben sind, stammt aus einem Dorf in der Nähe von Antakya:

> Ein Sohn wurde von seinem Vater häufig geschlagen und beschimpft, er sei eine Schande für die Familie. Darauf beging der Sohn mit dem Gewehr seines Vaters Selbstmord. Später erschien er seiner schwangeren Mutter im Traum, um ihr mitzuteilen, daß sich seine Lebensseele in dem zu erwartenden Neugeborenen, das heißt seinem noch ungeborenen

---

28   Diese Male verweisen auf das im Vorfeld der Hochzeit stattfindende Henna-Ritual.

jüngeren Bruder wiederverkörpern werde. Die Mutter gebar noch in derselben Nacht einen Sohn. Dieses Kind wies genau an der Stelle, an der die Kugel in den Körper des verstorbenen Sohns eingetreten war, ein Mal auf, das in Form und Größe dem Einschußloch entsprach. Das Kind erinnerte sich (*al-walad laqasha*):[29] „Ich habe mich angeschossen, dann haben sie mich ins Krankenhaus gefahren. Meine Mutter hat sehr viel geweint; sie haben mich operiert; und dann haben sie gesagt, ich sei tot".

Solche Erinnerungen erklären die Laien mit dem Hinweis, daß im Falle eines unnatürlichen Todes die Lebensseele „zu spät" vom Körper getrennt werde und den Tod daher direkt miterlebe. Zudem wird die Lebensseele, anders als bei einem natürlichen Tod, nicht von den Engeln abgeholt, um von Gott gerichtet zu werden. Da sie kein vollständiges Leben durchlaufen hat, kann sie auch nicht für dessen moralische Qualität von Gott adäquat beurteilt werden. Die betreffende Lebensseele ist somit verdammt, ein zusätzliches Leben zu leben, für daß sie schließlich gerichtet wird.

Wie bereits erwähnt, gehen die Laien davon aus, daß sich Kinder in der Regel bis zum sechsten Lebensjahr an ihr früheres Leben erinnern können, was jedoch nicht notwendigerweise mit der Präsenz von körperlichen Stigmata oder Malen einhergehen muß. So existiert auch hier eine unüberschaubare Anzahl von Erzählungen, in denen davon berichtet wird, daß sich kleine Kinder an ihr frühes Leben erinnern und daß sie eigenständig den Ort ihrer früheren Existenz beziehungsweise die Familie, mit der sie zusammengelebt haben, aufsuchen. In solchen Fällen entstehen zwischen den beteiligten Familien häufig spezifische Formen von quasi-verwandtschaftlichen Beziehungen und gegenseitigen rituellen Pflichten, auf die hier jedoch nicht weiter eingegangen werden kann.

Genese und Erinnerung der Person (nafs)

Der Beginn des Lebens eines neugeborenen Kindes ist immer parallel zum Tod einer anderen Person gedacht, da erst durch deren Versterben eine Lebensseele für das Neugeborene freigesetzt wird. Ist ein Mensch verstorben, so sollte er – wie in vielen anderen Regionen der islamischen Welt – noch am selben Tag bestattet werden, um der entsprechenden islamischen Vorschrift zu genügen (vgl. Halevi 2007). Im Falle der Alawiten gewinnt das Gebot der sofortigen Bestattung jedoch noch eine zusätzliche Bedeutung, da die Alawiten davon ausgehen, daß die Lebensseele unmittelbar in den Körper eines neugeborenen Kindes einkehrt, es sei denn, daß der Verstorbene in spiritueller und moralischer Hinsicht soweit fortgeschritten war, daß seine Lebensseele auf einer höheren Ebene der Existenz wiedergeboren wird und den Menschen fortan als Stern am Him-

---

29   Das Verb „laqasha" wird im arabischen Dialekt der Südost-türkei für „reden" verwendet. Im Kontext der Wiedergeburtsgeschichten bringt man damit die Idee zum Ausdruck, daß sich eine Person an ihr früheres Leben erinnert und darüber „spricht".

mel erscheint.[30] Neben den Stigmata werden von der Lebensseele auch Erinnerungen aus dem früheren Leben auf ihren Empfänger übertragen, so daß dessen Identität von Beginn an überformt ist. In diesem Zusammenhang stellt sich freilich die Frage, wie die alawitische Ontologie dem Problem begegnet, daß Personen zunächst mit z w e i unterschiedlichen Identitäten aufwachsen, wobei jene aus dem vorangehenden Leben die aktuelle Identität zunächst dominiert. Dies wiederum führt zu der Frage, wie Personen überhaupt in die Lage versetzt werden, autonome Entscheidungen zu treffen und moralisch adäquate Handlungen zu vollziehen, die den Wiederaufstieg der Lebensseele begünstigen. Der Schlüssel zur Beantwortung dieses scheinbaren epistemologischen Widerspruchs liegt im alawitischen Konzept der Person begründet, die mit dem in der islamischen Welt gängigen Begriff „nafs" tituliert wird, dem im alawitischen Verständnis jedoch eine genuin kulturspezifische Semantik unterliegt.

Die alawitische Person setzt sich aus einer Vielzahl von materiellen Substanzen und spirituellen Komponenten zusammen, deren komplexe Zusammenhänge hier nur ansatzweise erläutert werden können.[31] Diese Substanzen und spirituellen Komponenten konstituieren den Körper und die Identität der Person. Die *nafs* steht somit einerseits für die individuellen somatischen Merkmale des Körpers, die Physiognomie, die Augen- und Haarfarbe sowie für die bereits erwähnten Stigmata und Male, aber auch für die psychologischen Charakteristika, die die Person auszeichnen. Schließlich umfaßt das Konzept der *nafs* auch den sozialen, religiösen und ökonomischen Status, der dem Einzelnen innerhalb der alawitischen Gemeinschaft als Ganzem zukommt, so daß sich im Konzept der *nafs* auch unmittelbar die Idee der Prädestination manifestiert.

Die Entstehung des Körpers (*jism*, *badan*) basiert laut der alawitischen Prokreationstheorie auf der Transmission und Vermischung zweier Substanzen, die im Zuge des Geschlechtsverkehrs die Leibesfrucht hervorbringen: das „männliche" Blut (*dam min al-rijāl*) und das „weibliche" Blut (*dam min al-nisā'*), aus deren Amalgamierung auch die physische „Ähnlichkeit" zu den Eltern beziehungsweise zu deren Geschwistern gestiftet wird (Prager 2010b:80–81). Dazu kommen mehrere spirituelle Komponenten, von denen die wichtigste, die „Lebensseele", bereits mehrfach erwähnt wurde. Nach alawitischer Vorstellung wird dem Embryo von Gott jedoch zuvor eine erste Seele, die Blutseele (*rūḥ al-dam*) eingesetzt, mit der zugleich das zukünftige Geschlecht des Kindes determiniert ist. Im Moment der Geburt dringt schließlich die zweite Seele, die Lebensseele, zusammen mit dem ersten Atem der *nafs*, in das Neugeborene ein. Man denkt sich die dem Wiedergeburtszyklus unterworfene Lebensseele ebenfalls als geschlechtlich determiniert, so daß eine Frau dadurch entsteht, daß sich eine weibliche Lebensseele mit einer weiblichen Blutseele verbindet, während ein Mann aus der Verschränkung von deren männlichen Pendants hervorgeht. Homosexualität und

---

[30] Siehe für eine detaillierte Beschreibung und Analyse des alawitischen Bestattungsrituals Prager (2010a:107–117).
[31] Vergleiche zum Konzept der alawitischen Person und ihrer Genese Prager (2010b).

Transgender-Phänomene werden daher als Folge einer „irrtümlichen" Verbindung einer weiblichen mit einer männlichen Seele im selben Körper interpretiert und als „Behinderung" klassifiziert.[32] Bei einem solchen „Fehler" im Transmigrationsprozeß geht man davon aus, daß die Eltern des Kindes schwere Verfehlungen begangen haben, für die sie auf diese Weise bestraft werden oder daß die Lebensseele der sexuell „andersartigen" Kinder, die mit einer geschlechtlich differenten Blutseele verbunden wurde, für ihr moralisches Fehlverhalten aus dem vorherigen Leben gegeißelt wird. Das bedeutet, daß sich die Wiedergeburt der Seelen im Normalfall immer nur entlang desselben Geschlechts vollzieht.

Alawitische Informantinnen erklären zudem, daß die Blutseele für das physische Funktionieren des Körpers notwendig ist, da sie das Blut zirkulieren und das Herz schlagen läßt. Ihre wichtigste Aufgabe besteht jedoch darin, der *nafs* als Gefäß zu dienen. Die Lebensseele wiederum kann ihre Funktionen nur dann erfüllen, wenn sie von der Blutseele unterstützt wird. Die unterschiedlichen körperlichen und spirituellen Komponenten durchdringen sich gegenseitig im Laufe der Entwicklung einer Person immer stärker. Je länger also die Lebensseele mit einer *nafs* und Blutseele verbunden war, desto präsenter sind ihre verbleibenden Erinnerungen. Ihre Identität bleibt so lange durch das vorangehende Leben geprägt, bis sie nach und nach durch eine neue Identität überformt wird, so daß – wie bereits angedeutet – Kinder für einen bestimmten Zeitraum durch eine „doppelte Persönlichkeit" determiniert sind.

Die eigene Persönlichkeit kann sich jedoch nur durch die Entwicklung der *nafs* entfalten. Die *nafs* verfügt aber zu Beginn noch über keinerlei eigenständige Identität, das heißt, es existieren noch keine eigenen Erinnerungen und Erfahrungen; auch ist sich die *nafs* ihrer sozialen Verortung und religiösen Pflichten noch nicht bewußt. Sie ist somit zunächst wie ein unbeschriebenes Blatt und daher anfällig für die dominanten Erinnerungen der transmigrierten Lebensseele. Alawitische Frauen und Männer der Hatay-Region erklärten, daß die *nafs* so lange von den Erinnerungen der Lebensseele aus dem früheren Leben geprägt bleibt, bis das Kind um das sechste Lebensjahr Vernunft erlangt, das heißt ein erstes Verständnis über den Unterschied zwischen moralisch korrekten und falschen Handlungen gewinnt. Die *nafs* verfügt nun zunehmend über ein eigenes Profil, da die Kinder vermehrt in die sozialen Netzwerke eingebunden werden, insbesondere in die Gruppe der patrilinearen Verwandten. Diese sozialen Beziehungen sind von essentieller Bedeutung, denn von den patrilinearen Verwandt-

---

[32]   Durch die Vermischung zweier Seelen ungleichen Geschlechts können zwei mögliche Varianten entstehen: erstens, eine maskuline Blutseele, gekoppelt mit einer femininen Lebensseele, was in einer Person mit männlichen Geschlechtsorganen, aber mit femininem Verhalten und femininen Gesichtszügen mündet. Von solchen Personen heißt es, daß sie „das Herz einer Frau haben" (*'indu l-qalb min nisā*). Zweitens führt die Verbindung zwischen einer femininen Blutseele und einer maskulinen Lebensseele zu einer Person mit weiblichen Geschlechtsorganen, aber männlichem Verhalten und männlichen Gesichtszügen. Von solchen Personen heißt es, daß sie „das Herz eines Mannes haben" (*'indu-l-qalb min rijāl*).

schaftsgruppen werden gemeinschaftliche Opferrituale ausgerichtet, die nach alawitischer Auffassung religiöses Verdienst (*khayr*) generieren.[33] Dieses wiederum ist für den Aufstieg der Lebensseele grundlegend.

Die Einbindung in religiöse Handlungen und die sich herausbildenden sozialen Erfahrungen führen dazu, daß die *nafs* zunehmend eine eigene Identität entwickelt und sich der residualen Erinnerungen der Lebensseele entledigt. Im Falle eines unnatürlichen Todes können die Erinnerungen der Lebensseele jedoch nur schwerlich abgestreift werden, da die Verbindung zu ihrer früheren *nafs* nie vollständig aufgelöst wurde, so daß die Träger einer solchen Lebensseele zeitlebens durch zwei divergierende Identitäten geprägt bleiben.[34] Niemand wundert sich darüber, wenn eine solche Person wie in der folgenden Erzählung im Laufe ihres Lebens den Versuch unternimmt, ihre „wahre Familie", das heißt ihre Verwandten aus dem vorangehenden Leben aufzusuchen.

> Ein Mann namens Aḥmad starb bei einem LKW-Unfall, doch er kehrte als Kind zurück. Das Kind sagte zu seinen Eltern: „Ich möchte zu meinen Eltern". Der Vater und die Mutter erwiderten überrascht, daß sie doch seine Eltern seien, doch der Junge beharrte darauf, seine richtigen Eltern sehen zu wollen. Eines Tages begab er sich in ein zehn Kilometer entfernt liegendes Dorf und traf auf einen Mann, zu dem er sagte: „Du bist mein Vater". Der Mann war erstaunt, doch der Junge sagte, daß er wisse, wo er seine Schuhe vor seinem Tod versteckt habe. Der Mann ging daraufhin zu dem Versteck, wo sich die Schuhe seines verstorbenen Sohnes tatsächlich befanden. Dem Jungen wurden daraufhin Fotografien gezeigt, auf denen seine Verwandten aus dem früheren Leben zu sehen waren, und der Junge konnte alle Personen mit ihrem Namen und samt des jeweiligen Verwandtschaftsgrades identifizieren. Der Vater des Verstorbenen war immer noch skeptisch und vermischte mehrere seiner Oberhemden mit einem, das seinem Sohn gehört hatte. Als der Junge sein früheres Hemd erkannte, glaubte ihm der Vater (Prager 2010a:87).

Einige Mütter flößen den Kindern mit Hilfe eines Löffels ihren Speichel ein, um die *nafs* gleichsam durch die mütterliche Identität zu überformen und von den Erinnerungen an das frühere Leben zu befreien. Hin und wieder, so wurde berichtet, verschwinden dann auch bereits in jungen Jahren die Stigmata und Male.

---

33 Siehe zur Bedeutung des Konzepts von *khayr* in der alawitischen Religion Prager (2010a:Kapitel 4).
34 Unter normalen Bedingungen geht man davon aus, daß die *nafs* nach einer Generation zusammen mit dem Körper im Grab „verrottet" ist. Dies korreliert mit der Idee, daß sich die Verwandten eines Verstorbenen an diesen maximal über einen Zeitraum von einer Generation erinnern. Dann gilt die Person als vergessen, da ihre Lebensseele bereits ein weiteres Leben absolviert hat und schon zum zweiten Mal transmigriert ist, so daß keine Erinnerungen mehr an das vorletzte Leben bestehen (vgl. Prager 2010a:116).

WIEDERGEBURT UND STIGMATA ALS BEGLAUBIGUNG DER RELIGIÖSEN ORDNUNG

Die Wiedergeburt und das Phänomen der körperlichen Stigmata verweisen auf ein komplexes Denkgebäude, in dem kosmologische, körperliche, psychisch-individuelle und auch soziale Komponenten zum Tragen kommen. Die Alawiten werten die Stigmata als untrügliches Zeichen für die Wahrhaftigkeit ihrer religiösen Ordnung, da sie das Wunder der Wiedergeburt und die damit verbundene Verheißung des Wiederaufstiegs ins Paradies immer wieder aufs Neue sinnlich erfahrbar machen. Dies gilt ebenso für die zahlreichen Wiedergeburtsgeschichten, die in den Alawiten-Gebieten der Türkei wie auch in den Migrationsländern im Umlauf sind. Sie beglaubigen nicht nur die kosmologische Ordnung, sondern können auch als Parabel beziehungsweise moralisches Korrektiv verstanden werden. Die Wiedergeburtsgeschichten handeln nicht nur vom Übergang vom Tod zum Leben, sondern thematisieren vor allem auch soziale Konflikte und deren mögliche Folgen, sei es daß Väter ihren Söhnen Gewalt antun, Schwiegermütter ihre Schwiegertöchter in den Selbstmord treiben oder daß Zwangsehen beziehungsweise unglückliche Ehen nicht selten in sogenannten Ehrenmorden kulminieren.[35] Der entsprechende Typus von Wiedergeburtsgeschichten versteht sich als Mahnung an den Gläubigen, anderen Menschen mit Respekt und Güte entgegenzutreten und unter allen Umständen zu vermeiden, daß eigene Verfehlungen den frühzeitigen Tod anderer Personen zur Folge haben, wodurch deren Lebensseelen gezwungen wären, eine zusätzliche verkörperlichte Existenz zu durchleben.

Neben der sinnlich erfahrbaren Beglaubigung der religiösen Ordnung bergen die körperlichen Stigmata aus der Sicht der Laien dennoch eine gewisse Ambivalenz, da sie die Person mit einem Schicksal aus dem vorangehenden Leben verketten und damit die Möglichkeit erheblich einschränken, im Laufe des Daseins eine autonome Form der Identität zu gewinnen. Gleichzeitig kommt dem Gebot des autonomen Handelns jedoch eine zentrale Bedeutung zu, denn die Lebensseele kann ihren zukünftigen Rang im Wiedergeburtszyklus nur auf der Basis der von ihrem Träger eigenständig vollzogenen moralischen Entscheidungen sowie nach Maßgabe des von ihm erworbenen religiösen Wissens und Verdienstes verbessern. Dieses Spannungsverhältnis zwischen Prädestination und individueller Autonomie ist für das Denken der heutigen religiösen Laien kennzeichnend.

Wie bereits erwähnt, werden die beschriebenen Vorstellungen und Praktiken von den Scheichen nicht notwendigerweise geteilt, vor allem, wenn es um körperliche Stigmata oder die Erinnerungen der Lebensseele geht. Auch in den alawitischen Textquellen sind die hier aufgezeigten Relationen zwischen Körper, Prokreation, Wiedergeburt und sozial-religiösen Handlungen – wenn überhaupt – nur ansatzweise vorzufinden. Die heutige religiöse Praxis des Alawitentums kann daher keinesfalls ausschließlich auf der Grundlage der klassischen religiösen Texte erschlossen werden, zumal die ala-

---

[35]   Vergleiche zur Problematik der „Zwangsehe" im Kontext der Alawiten Prager (2010a:194–211).

witischen Laien in der Türkei von diesen Texten in der Regel keine Kenntnis besitzen und darüber hinaus der arabischen Schriftsprache meist nicht mächtig sind. Jenseits der religiösen Texte, aber nicht gänzlich losgelöst von ihnen, existiert somit eine ganz eigenständige, von den Laien getragene beziehungsweise praktizierte Kosmologie und Religion, in der sich die Frage nach dem Aufstieg und Niedergang der Lebensseelen und dem damit verbundenen Zyklus der Wiedergeburt mit weitaus differenzierteren Vorstellungen und Werten verbindet, als es den Texten und den Aussagen der Scheiche nach gewöhnlich den Anschein hat. Zudem sollte die alawitische Religion keinesfalls als ein hermetisch abgeschlossenes und ahistorisches Ideen- und Wertesystem verstanden werden. Gerade durch die Einbindung der Alawiten in unterschiedliche nationalstaatliche Kontexte (Türkei, Syrien, Libanon) sowie durch die Interaktion mit den jeweiligen Mehrheitsgesellschaften in den Migrationsländern ist eine vielschichtige religiöse Dynamik in Gang gesetzt worden, die nicht nur zum Wandel der rituellen Praktiken geführt, sondern auch zu einer kontinuierlichen Öffnung des Alawitentums gegenüber Mitgliedern aus anderen Religionen beigetragen hat. In diesem Zusammenhang ist auch das bereits erwähnte Denkbild zu verorten, daß in der globalisierten Moderne auch Anhänger anderer Religionen als Alawiten wiedergeboren werden können. Die Idee der Wiedergeburt fungiert dabei als ein epistemologisches Scharnier, um Fremde beziehungsweise Nicht-Alawiten nicht länger als bloße „Sünder", sondern als gleichberechtigte Menschen zu verstehen, die ausschließlich auf der Grundlage ihres Verhaltens in der Gegenwart bewertet werden. Die Einbindung des „Anderen" in das Wunder der Wiedergeburt läßt sich somit als Teil eines übergreifenden Verständnishorizontes werten, vor dessen Hintergrund die Alawiten die Erfahrung der Moderne in kreativer Form zu gestalten versuchen.

LITERATURVERZEICHNIS

AKTUĞ, Ufuk
2012   „Yeniden Doğuşun Perde Arkası", *iskenderun.org.* http://www.iskenderun.org/roportaj. isk?ID=38 [zuletzt konsultiert am 5. November 2012]

AZZI, Joseph
2002   *Les Noussairites-Alaouites (histoire, doctrine et coutumes).* Clamecy: Editions Publisud

BAR-ASHER, Meir und Aryeh KOFSKY
2002   *The Nusayri-Alawi religion: an enquiry into theology and liturgy.* Leiden, Boston, Köln: Brill

BENNETT, Anne
2006   „Reincarnation, sect unity, and identity among the Druze", *Ethnology* 45(2):87–104

BRAWER, Moshe
1988   *Atlas of the Middle East*. New York: Macmillan Publishing Company

BULUT, Faik
2002   *Ortadoğu'nun Solan Renkleri Bedeviler – Çerkezler – Nusayriler – Dürziler – Yezidiler*. Istanbul: Berfin

DEVRIM, Serdar
2005   „Lady Diana Antakya'da yaşıyor", *Hürriyet*, 28. Dezember 2005. http://arama.hurriyet.com.tr/arsivnews.aspx?id=3711220 [zuletzt konsultiert am 3. November 2012]

DOĞRUEL, Fulya
2005   „Multicultural ideals of minorities against oppressive state homogenization: a case study among Arab Alawites, Arab Christians and Armenians in Hatay", *Kolor. Journal of Moving Communities* 5(2):31–48

ENGIN, Ismail und Erhard FRANZ
2000   „Nusairier, die arabischsprachigen 'Alawi", in: Ismail Engin und Erhard Franz (Hrsg.), *Aleviler/Alewiten*. Band 1, 157–161. Hamburg: Deutsches Orient-Institut

FREITAG, Rainer
1985   *Seelenwanderung in der islamischen Häresie*. Berlin: Klaus Schwarz Verlag

FRIEDMAN, Yaron
2010   *The Nuṣayrī-'Alawīs: an introduction to the religion, history and identity of the leading minority in Syria*. Leiden: Brill

GOLBOL, Ahmet
2008   *Zwei halbe Leben sind kein Ganzes*. Berlin: IMPALA Filmproduktion

GUYARD, Stanislas
1877   „Un Grand Maître des Assassins", *Journal Asiatique* 9:324–489

HALEVI, Leor
2007   *Muhammad's grave: death rites and the making of Islamic society*. New York: Columbia University Press

HALM, Heinz
1978   „Das ‚Buch der Schatten': Die Mufaōōal-Tradition der Ōulat und die Ursprünge des Nusairiertums. Vol. I", *Der Islam* 55(2):219–266
1981   „Das ‚Buch der Schatten': Die Mufaōōal-Tradition der Ōulat und die Ursprünge des Nusairiertums. Vol. II", *Der Islam* 58(1):15–86
1982   *Die islamische Gnosis*. Die extreme Schia und die 'Alawiten. Zürich und München: Artemis Verlag

IVANOV, Wladimir
1936   „Umm al-Kitāb", *Der Islam* 23:1–132

KARASU, Mehmet
2005   *Nusayrilik Alevilik ve Çokkültürlülük*. Antakya: Keşif

KEIL, Jürgen und Ian STEVENSON
1999   „Do cases of the reincarnation type show similar features over many years? A study of Turkish cases a generation apart", *Journal of Scientific Exploration* 13(2):189–198

KEIL, Jürgen und Jim B. TUCKER
2005   „Children who claim to remember previous lives: cases with written records made before the previous personality was identified", *Journal of Scientific Exploration* 19(1): 91–101

KESER, İnan
2005   *Nusayriler Arap Aleviliği*. Adana: Karahan Kitabevi

KHURI, Fuad I.
1990   *Imams and emirs: state, religion and sects in Islam*. London: Saqi Books
1991   „The Alawis of Syria: religious ideology and organization", in: Richard T. Antoun und Donald Quataert (Hrsg.), *Syria: society, culture, and policy*, 49–61. New York: New York University Press

LYDE, Samuel
1853   *The Ansyreeh and Ismaeleeh: a visit to the secret sects of Northern Syria; with a view to the establishment of schools*. London: Hurst and Blacket Publishers
1860   *The Asian mystery: illustrated in the history, religion, and present state of the Ansaireeh or Nusairis of Syria*. London: Longman, Green & Co

MASSIGNON, Louis
1936   „Esquisse d'une bibliographie nusayrie", *Opera Minora* I:640–649

MAY, Pierre
1926   *L'Alaouite. Ses croyances. Ses mœurs. Les cheikhs. Les lois de la tribu et les chefs*. Beirut: Imprimerie Catholique

MAYEUX, Francois
1816   *Les Bedouins ou Arabes du Desert*. Paris: Ferra Jeune

MERWIN, Sabrina
2007   „Des Nosayris aux Ja'farites: Le Processus de ‚Chiitisation' des Alaouites", in: Baudouin Dupret *et al.* (Hrsg.), *La Syrie au présent: reflets d'une société*, 359–364. Beirut: Actes Sud

MITTERNACHT, Manuel
2005   *Dimension PSI*. Teil 5: Wiedergeburt. MDR Film und Fernsehproduktion. http://video.google.com/googleplayer.swf?docid=-1533774893095571380&hl=en [zuletzt konsultiert am 15. Februar 2012]

MOOSA, Matti
1988   *Extremist Shiites: the ghulat sects*. New York: Syracuse University Press

NIMIER, Alain
1988   *Les Alawites*. Paris: Édition Asfar

PRAGER, Laila
2010a   *Die Gemeinschaft des Hauses*. Religion, Heiratsstrategien und transnationale Identität türkischer Alawi/Nusairi-Migranten in Deutschland. Münster, Berlin, Zürich, Wien und London: Lit
2010b   „Âmes sexuées et idées de procréation chez les Alawites/Nousairites (en Turquie)", *Anthropology of the Middle East* 5(2):77–99
2013   „Alawi ziyāra tradition and its interreligious dimensions: sacred places and their contested meanings among Christians, Alawi and Sunni Muslims in contemporary Hatay (Turkey)", *The Muslim World* 103(1)

RENDE, Cevdet
2007   *Reenkarnasyonun Gerçekliği – Yeniden Doğanlar*. Ankara: Ürün Yayınları

SALLER, Walter und Gerhard WESTRICH
1999   „Das Dorf der lebenden Toten", *Magazin Süddeutsche Zeitung*. http://www.origenes.de/praeexistenz/tuerkei/tuerkei.htm [zuletzt konsultiert am 8. Februar 2012]

STEVENSON, Ian
1980   *Cases of the reincarnation type*. Volume III: Twelve cases in Lebanon and Turkey. Charlottesville: University Press of Virginia

STROTHMANN, Rudolf
1944–46   „Das Festkalender der Nusairier. Grundlegendes Lehrbuch im syrischen Alawitenstaat", *Der Islam* 27:1–273
1952   „Die Nusairi nach MS arab. Berlin 4291", in: Johann Fück (Hrsg.), *Documenta Islamica Inedita*, 137–187. Berlin: Akademie Verlag
1959   „Seelenwanderung bei den Nusairi", *Oriens* 12:89–114

TÜMKAYA, Yunus
2004   *Farklılığa Rağmen Bir Olmak: Nusayri Alevi Dünyasında Bir Gezi*. Istanbul: Can Yay

ULUÇAY, Özer
2003   *Nusayrîlik, İnanç Esasları-Tenasuh (Reenkarnasyon)*, Adana: Karahan Yay

VATAN
2009   „Reenkarnasyon konusunda en ünlü 20 vakadan biri de Adanalı Adnan!", *Vatan* 2. November 2009. http://haber.gazetevatan.com/Reenkarnasyon_konusunda_en_unlu_20_vakadan_biri_de_Adanali_Adnan/268572/7/Haber#.UJi0NIb29Ow [zuletzt konsultiert am 4. November 2012]

Paideuma 59:261–284 (2013)

POST-ISLAMISM OR POP-ISLAMISM?
Ethnographic observations of Muslim youth politics in Malaysia[*]

Dominik M. Müller[**]

ABSTRACT. This paper analyses transformations in the organisational culture of the Islamic Party of Malaysia (PAS) and its Youth Wing. By examining the party's changing approach towards popular culture, the article investigates whether the narrative of a transnational post-Islamist turn can be applied to the PAS Youth Wing. Based on anthropological fieldwork, I argue that in contrast to the assumption that Islamic marketisation and post-Islamism are reinforcing each other, the PAS Youth Wing has strategically appropriated and integrated Islamic consumerism in order to pursue a decidedly Islamist political agenda. This 'pop-Islamist turn' is reflected in a competition over the most efficient political exploitation of popular culture, which has emerged as a new 'battlefield' between PAS and its constitutive Other, the government party UMNO. The marketised 'popisation' of PAS is framed by firmly Islamist orientations. The discourse-dominating PAS Youth elites, which are at the forefront of implementing the new mobilisation strategies, categorically oppose post-Islamist tendencies within the party.

THE POST-ISLAMIST TURN

Several social scientists, such as Asef Bayat (2005, 2007), Husnul Amin (2010; cf. Roy 1999) and Werner Schiffauer (2010), have identified a 'post-Islamist turn' in 'wide parts of the Islamic world' (Schiffauer 2010:359; all translations DM). According to this narrative, since the 1990s, the state-political orientation of Islamism has gradually been replaced by an individualised focus on modern Muslim lifestyles, with a political ideology transforming itself into a life philosophy of systematised personal piety. The ideal-typical idea behind the analytic concept of 'post-Islamism' is that

> following a phase of experimentation, the appeal, energy, and sources of legitimacy of Islamism are exhausted, even among its once ardent supporters. [...] Islamism becomes compelled, both by its own internal contradictions and by societal pressure, to reinvent itself, but it does so at the cost of a qualitative shift [...] [towards a project] that emphasizes religiosity, individual choice, and human rights, as well as plurality in place of a singular authoritative Islamist voice (Bayat 2007:10–11).

---

[*] This article is based on my Ph.D. thesis, a revised version of which will be published as a research monograph in the Routledge Contemporary Southeast Asia Series (Müller in press).

[**] The author was awarded the Frobenius-Forschungsförderungspreis for 2012.

For Bayat, the phrase 'post-Islamism' initially arose in connection with a largely empirical attempt to describe 'the realities of the Islamic Republic [of Iran]'.[1] He later revised this position and explicitly transformed 'post-Islamism' into an a n a l y t i c a l concept with a much wider claim of validity (2005:7), arguing that 'the core spirit of the term' refers 'to the metamorphosis of Islamism (in ideas, approaches and practices) from within and without' (2005:5).

Although differentiating 'contrastive trajectories' (2005:189) of post-Islamism in different countries, Bayat generalises them by suggesting that a 'gradual change in the nature of Islamism' has taken place as it has moved 'from a political project challenging the state to one concerned with personal piety' (2007:146.). In his view, this development was reinforced by post-Islamist tendencies within several Islamic movements, such as in Egypt (Muslim Brotherhood), Lebanon (Hezbollah), and Turkey (Refah, AKP).[2] Even in Saudi Arabia, Bayat observes signs of a 'nascent post-Islamist trend' that has 'begun to accommodate aspects of democratization, pluralism, women's rights, youth concerns and social development with adherence to religion' (2007:13, 188–189).

Husnul Amin identifies multiple locally specific pathways within post-Islamism, which share a common feature: abandonment of the goal of an Islamic state (2010:17). Similarly, Schiffauer (2010) argues that a transnational post-Islamist turn results from a general disillusionment with the state-political orientation of classical Islamism since the 1990s. In his understanding, post-Islamism has given up Islamist dogmatism in terms of the amalgamation of religion and politics, but is very systematic when it comes to individual Islamic lifestyles (2010:377). Furthermore, 'post-Islamism' is often described as essentially modern, marketised and consumption-oriented. According to Amel Boubekeur and Olivier Roy, therefore, a 'post-Islamist society' is defined by the rise of 'a younger post-Islamist generation which has used Facebook and social networking, not to talk about the Islamic state, but to join global discourses on freedom and pluralist societies' (2012:13).

THE 'SECOND WAVE' OF ISLAMISM

Conversely, Nilüfer Göle speaks of a 'second wave' of Islamism, which saw the replacement of the political orientation of 'first-wave' Islamism by a pluralising shift towards new patterns of Islamic consumption and marketisation since the 1990s (2002:174). In the course of this 'second wave', a 'political movement' supposedly turned into a 'cultural movement' (Ammann 2002:77) under the impetus of multiple, non-occidental modernities (Göle 2002:174–177).

---

[1]   Bayat (2005:7). See also Bayat (1996) and Kian (1997).
[2]   Bayat (2005:7). Cf. Bayat (2007:13, 189).

According to Göle, during the second wave of Islamism, 'a multiplicity of voices' replaces 'the ideological chorus' of classical Islamism of the 1970s and 1980s. As a consequence,

> actors of Islam blend into modern urban spaces, use global communication networks, [...] follow consumption patterns, learn market rules, enter into secular time, get acquainted with values of individuation, professionalism, and consumerism, and reflect upon their new practices. Hence we observe a transformation of these [previously political Islamist] movements from a radical political stance to a more social and cultural orientation, accompanied by a loss of mass mobilization capacity [...] (Göle 2002:174).

Both narratives – 'post-Islamism' and the 'second wave of Islamism' – share an epistemic focus on normative transformations of Islamist political convictions in a 'moderate' and marketised direction. I will scrutinise whether the concept of post-Islamism can be applied to the case of the Islamic Party of Malaysia (Parti Islam Se-Malaysia [PAS]) and its Youth Wing and examine whether the Youth Wing has become disillusioned with classical Islamist political convictions, leading Islamism to transform itself into post-Islamism.

THE ISLAMIST TURN IN MALAYSIA

To improve understanding of the PAS Youth Wing's discursive embeddedness, historical and political developments in Malaysia must be taken into consideration. Islam enjoys the constitutional status of the state's official religion in Malaysia. At the same time, the state exists alongside a multi-religious and multi-ethnic society in which more than one-third of the population is non-Muslim. The dominant ethnic group is the Malays (ca. 50 to 55 percent of the population), but ethnic Chinese (ca. 24 percent) and Indians (ca. 7 percent) are the second and third largest groups respectively, being considered 'races', a category that has been retained since the colonial era. According to the constitution, Malays are necessarily Muslims. The Malay majority has been precariously situated since the colonial period, causing chronic ethno-nationalist anxieties that they might be losing their majority status.

Discursive control over the constitutionally and politically privileged Malay population is the ultimate pre-requisite for power over the country. The battle over Malay votes and minds has traditionally been fought out between the Islamist opposition party, the Islamic Party of Malaysia (PAS), and the leading government party, the United Malays National Organisation (UMNO), which has ruled the country since independence. Despite Islam constitutionally being Malaysia's official religion, UMNO initially emphasized the secular character of the state, in sharp contrast to PAS, which was founded as an anti-colonial Islamic movement in 1951 (Funston 1976, Farish 2004a). UMNO's claim of secularism began to disappear during the long tenure of Prime Minister Mahathir Mohamad (1981–2003). The Mahathir administration integrated Islamist ideas and activists into the government, which led to new policies of cultural and economic Islamisation, as well as an Islamic turn in political rhetoric (Fischer 2008, Liow 2009). New Islamic laws were created, with 122 state enactments and ordinances by 2005 (Shad 2005). These laws are implemented by increasingly influential Islamic institutions. Against this backdrop, Joseph Liow points out that, although PAS is usually perceived as the main Islamist actor, UMNO has manoeuvred itself towards Islamist politics as well, effectively turning the state into a 'vehicle of Islamization' (2009:181).

THE PAS-UMNO 'ISLAMISATION RACE'

Besides Islamic resurgence internationally, UMNO's appropriation of Islamist politics needs to be understood vis-à-vis PAS. By 1982/83, when Islamist 'Young Turks' took over the PAS leadership and ousted its previous President, Asri Muda, who had joined the UMNO-led Barisan Nasional (National Front [BN]) coalition between 1973 and 1978, the stage was clear for a dynamic that became known as the PAS-UMNO 'Islamization race' (Farish 2004b:724).

PAS and its 'traditional nemesis UMNO' (Farish 2004b:746) had competed for Malay support ever since PAS's formation. However, the early and mid-1980s marked a pivotal point, with the 'holier-than-thou' (Funston 1976:70) battle between PAS and UMNO for Islamic legitimacy becoming the leitmotif of Malaysian politics. The competition between PAS and UMNO began to escalate when Mahathir became Prime Minister in 1981. Mahathir sought to integrate the popular waves of Islamic resurgence by initiating 'a centralized, concerted and controlled' Islamisation programme 'from above' (Stauth 2002:216), shaped by the 'co-opting and sponsoring [of] Islamic intellectuals from a strong socio-religious movement of anti-establishment groups into state […] institutions' (Stauth 2002:15–16, 187). By 'officializing Islamic discourse' (Stauth 2002:198), UMNO tried to take the oppositional 'wind out of PAS's sails' (Liow 2009:41). Conversely, PAS demanded further Islamisation policies, claiming that UMNO's approach to Islam was 'hypocritical' (*munafiq*). This historically generated 'piety trumping' (Liow 2009:13, 15) between UMNO and PAS reflects their mutually constitutive relationship (Farish 2004b:743–745), in which they constantly (re-)define themselves in opposition to each other, with far-reaching consequences for both state and society. In the course of this 'Islamisation race,' both parties tried to 'out-Islamize' (Farish 2004b:724) the other, resulting in UMNO partly becoming 'more PAS than PAS' (Liow 2007:178).

Although nowadays no UMNO politician openly defends secularism, the normative question of what it means to have Islam as the state's superior religion remains contested. PAS has always criticised UMNO's efforts as insufficient and demanded 'complete' implementation of the Syariah and its laws,[3] particularly since the transnational 'first wave' of Islamism peaked in the early 1980s. Despite some interpretative polysemy in terms of the details, there is a wide consensus within PAS that it is a religious duty for Muslims to implement a God-made legal order. From the perspective of PAS members, many of its concrete legal norms are clearly defined and consensually agreed upon in ideal-theory, including certain particularly controversial elements of Islamic Criminal Law (*hudud*, *qisas*). At the same time, strategies and priorities continue to be disputed, and during PAS's more than sixty-year history, many internal political transformations have occurred.

THE ISLAMIC PARTY OF MALAYSIA AND THE PAS YOUTH

Although PAS has always been internally heterogeneous, its history can be broadly divided into three ideological periods. Initially, under the leadership of Ahmad Fuad Hassan (1951–1953), Abbas Alias (1953–1956) and Burhanuddin al-Helmy (1956–1969), PAS consisted of a mixture of anti- or post-colonial Malay nationalist, reformist Islamic and socialist elements.

A more narrowly oriented Malay ethno-nationalist course followed under the leadership of Asri Muda (1969–1982). This period must also be understood against the backdrop of the excessive 'racial' polarisation of the 1960s. During these 'Asri years' (Farish 2004a:213), for the first and final time in its history, PAS joined the UMNO-led BN coalition (1973–1978).

The third period is the post-1982 or *ulama* leadership (*kepimpinan ulama*) era.[4] During this phase a Middle Eastern-inspired brand of Islamism became dominant within PAS. A group of reformist 'Young Turks', many of whom had studied in Egypt, Saudi Arabia or India and had established contacts with the Muslim Brotherhood, re-adjusted PAS's orientation. Some had witnessed the Arab-Israeli wars from within the Arabic world, and many were influenced by the Iranian Revolution of 1979. In an unprecedented confrontation at the PAS General Assembly in 1982, they verbally attacked Asri Muda, who was shouted down during his attempts to speak (Farish 2004b:344, Liow 2009:35–36). The PAS Youth Wing, which nowadays proudly regards itself as the party's 'first wing' (*sayap utama*) or 'pressure group' (*pendesak*), formally rejected Asri's presidential address for the first time in PAS's history. Asri resigned, and a new generation of leaders emerged, including Yusof Rawa, Fadzil Noor, Abdul Hadi Awang and Nik Abdul Aziz Nik Mat.

---

[3]   The term 'Syariah' (lit. 'the path leading to the watering place'), or 'syariat Islam', denotes the legal order based on Islamic teachings.

[4]   *Ulama* are religious scholars. In PAS discourse, holding a degree in any field of Islamic Studies from an institution of higher learning qualifies a person to achieve this prestigious and privileged status.

Malay racism began to be perceived as un-Islamic ethnocentrism or chauvinistic communalism (*asabiyah*). Cooperation with the 'oppressors' (*mustakbirin*) from UMNO, labelled 'hypocrites' or 'infidels' (*kafir*), was aggressively condemned in Islamist terminology. Within PAS, the principle of *ulama* leadership was established (Farish 2004b:418). As a consequence, certain decisions could only be made by *ulama* in the newly created Ulama's Consultative Council (Majlis Syura Ulamak). Muslim Brotherhood-inspired education (*tarbiyah*) and study circles (*usrah, halaqah*) were systematically introduced, and networking with Islamist groups abroad was intensified. In sum, the once counter-hegemonic Young Turks re-interpreted PAS's Islamic cause in line with the 'first wave' of Islamism (Göle 2002:174). With their insistence on replacing the 'infidel' constitution with an Islamic order (Liow 2009:38), they can be categorised as classical Islamists in Schiffauer's terms. Two of these reformists, Abdul Hadi Awang and Nik Abdul Aziz, are currently the two most superior leaders of PAS.

Involvment in Pakatan Rakyat: towards post-Islamist moderation?

Until the 1990s, the *ulama*-led PAS showed little interest in compromising over its Islamist convictions. However, in the late 1990s, signs of a possible change were in the air. The arrest of the former Deputy Prime Minister, Anwar Ibrahim, in 1998 resulted in mass mobilisation by an emerging opposition, the *reformasi* movement, during which such seemingly incompatible groups as PAS and the secularist, mainly Chinese-based Democratic Action Party (DAP) started to align with one another in confrontation with their shared enemy BN. However, in 2001, DAP ended its cooperation with PAS under the Barisan Alternatif opposition coalition, which had been founded in 1999. Due to the fact that PAS had, prior to 2004, unsuccessfully tried to implement a part of Islamic Criminal Law (*hudud*) in the then PAS-controlled state of Terengganu and had passionately campaigned for an Islamic state, DAP felt that it no longer had any common ground with PAS.

PAS suffered a disastrous loss at the general elections of 2004, and what was left of the Barisan Alternatif broke apart. Shocked by these results, several PAS leaders softened their tone and decided to emphasize 'the substance of an Islamic state instead of the term'.[5] Within PAS, the conviction grew that patience and compromise were necessary in order to become elected and change the state apparatus from within. After a much more 'moderate' campaign and a relatively successful general election in 2008,

---

[5]   Conversation with Azim, a PAS functionary, Kuala Lumpur, 22 January 2010. The names Amirah, Anuar, Azim, Mohammad Saiful, Nurul, Yaakob and Zakaria are pseudonyms to protect the identities of my interlocutors. For various reasons these persons could face disadvantages if their identities would be disclosed. The only original names are those of high-ranking party officials, names of interlocutors that have granted me permission, and names that are related to publicly accessible sources and activities.

the Barisan Alternatif opposition coalition was revived under the new name of Pakatan Rakyat (People's Alliance), and the PAS pragmatists seemed to be gaining ground.

Although the conviction that it is obligatory for the 'Islamic movement' to institutionalise Islamic rule based on Islamic law, including *hudud*, was in principle never given up, its public emphasis decreased. However, not everybody within PAS was happy with this development. Particularly since 2009, when the PAS Youth Wing leadership was taken over by Ustaz Nasrudin Hassan Tantawi ('Ustaz Tantawi'), several PAS Youth Wing leaders passionately expressed their aspirations for an Islamic state and associated legislation, thereby aligning themselves with conservative *ulama*. Ustaz Tantawi frequently emphasized that 'the sovereignty of Islam can only be realized if we choose an Islamic State. [...] It is certainly a duty for the Islamic community to struggle for it' (Nasrudin 2011). In fact, the PAS Youth Wing has become a bastion of conservatism in PAS today. The Youth Wing's leadership explicitly maintains its support for classic Islamist targets and raises serious doubts about the reform agenda propagated by the senior pragmatists. While the Youth Wing traditionally plays the role of a newly emerging agent of change within PAS, its identification of itself as opposed to the senior party currently seems to be limited to the opposition to the senior 'moderates'. At the same time, it backs strict *ulama* rule even more radically than some senior conservative *ulama* themselves.

The conservatives' core position is best summarised in the following statement by Ustaz Yusuf Mahmud, one of the *ulama* wing's leaders, uttered in 2010: 'It must be remembered that the goal of the struggle of PAS is not to come into power, but to emphasise God's laws. There is no use going to Putrajaya [the government district] if the basis of PAS's struggle becomes eroded' (Malaysian Insider 2010a).

On the other side of the spectrum, the pragmatist Dzulkefly Ahmad, a favourite among journalists and Western scholars for interviews, stated:

> [An Islamic state] may be our lifelong aspiration. But by looking at our demographics, it is only academic to us [...] We cannot simply push it aside, so it remains as a utopian dream. But in realpolitik, it makes no sense for us to keep on harping on it [...] an Islamic state will never come to fruition within what is foreseeable. [...] The Islamic state is a PAS thing, so we keep it in the party. That is the beautiful thing about coalition politics. [...] If it is achieved through a proper democratic and legislative process, then we will implement it. But there is no such thing as a backdoor implementation of Islamic laws with PAS (Malaysiakini 2010).

The post-2009 PAS Youth Wing leadership disagrees with the idea of an Islamic state being a 'utopian dream'. In a number of papers that have been published attacking the senior party's toning down of Islamist goals, the Youth Chief Ustaz Tantawi has frequently emphasized that 'there is always a way to implement an Islamic State' (Nasrudin 2011), that 'the sovereignty of Islam can only be realised under *Daulah Islamiyyah* [Ne-

gara Islam]' (Nasrudin 2011),[6] and that it is the duty of the community of believers (*um-mah*) to struggle for its realisation. Elsewhere, he has stressed that PAS is the 'wing of one global Islamic movement', which was born from the demise of the Islamic Caliphate (*khilafah Islamiyyah*) and aspires to 'build a new Caliphate' (Nasrudin 2010a) – a new and highly remarkable rhetoric in PAS discourse. When Tantawi became head of the Youth Wing in 2009, the slogan 'Purify the struggle, bring about victory' ('Murnikan Perjuangan, Maknakan Kemenangan') was chosen. It represents the classical Islamist stance of the now discourse-dominating PAS Youth Wing elites.

By illustrating the contrast between Dzulkefly Ahmad's and Ustaz Tantawi's statements, the incompatibility between these poles of thinking becomes obvious, although in theory both agree that an Islamic State is 'a PAS thing' (Malaysiakini 2010). Given that Dzulkefley Ahmad is not prepared to abandon the goal of an Islamic state as such, it is doubtful whether even his position should be described as post-Islamist, as p r a g-m a t i c a n d p l u r a l i s t i c as it is within the PAS spectrum.

ISLAMISM OBSERVED: XPDC DAKWAH

Founded in 1953, the PAS Youth Wing traditionally plays a crucial role, namely 'to nurture cadres and leaders, and to effectively mobilise grassroots' (Liow 2011:666) for the party.[7] The strategies for attracting new supporters, however, have significantly changed since the political reform era of the late 1990s.

Since the *reformasi* movement, PAS has witnessed a previously unseen influx of large numbers of young university graduates and professionals who often do not come from PAS-supporting families.[8] These new actors, who often belong to the new Malay middle class and who differ from PAS's previous either 'rural Malay' or 'conservative *ulama*' image, transformed the party's appearance and introduced innovative strategies. During my fieldwork in 2009 and 2010,[9] the young PAS activists were highly enthusiastic about professionalising the party's public relations campaigns (*kempen*), which they perceive to be part of their missionary work. The main targets of such attempts to 'approach the youth' (*mendekati generasi muda*) are young Malays.

The PAS Youth Wing annually conducts missionary expeditions, called Expedisi Dakwah (XPDC Dakwah), on New Year's Eve.[10] I joined one such XPDC on New

---

[6]   *Negara Islam/Daulah Islamiyyah* = Islamic State
[7]   Liow's paper (2011) is an excellent historical analysis of this role from a social movement theory perspective.
[8]   Fuelled by the *reformasi* movement, significant parts of the new Malay middle class – once a key support base of UMNO – have 'dramatically' turned away from BN (Abdul Rahman 2002:97).
[9]   Multi-sited fieldwork was conducted in the Malaysian states (*negeri*) of Kelantan, Melaka, Negeri Sembilan, Perak, Selangor, Terengganu, and the Federal Territories (Wilayah Persekutuan) during three stays between February 2009 and June 2010 for a period of altogether ten months.
[10] 'Dakwah' is the term for Islamic missionary work.

Year's Eve in 2009/2010 at the Kuala Lumpur Convention Centre (KLCC), a crowded location that includes a luxury mall, where New Year celebrations are held annually. A PAS Youth Wing activist described XPDC Dakwah as a tremendously valuable opportunity to leave the field of *dakwah* theory and meet 'young kids who are g r o o v y and b o h e m i a n, wearing weird fashions that distress the eyes' (Riduan 2008:54; emphasis in the original). During their XPDC, PAS Youth Wing members should approach these troubled souls and 'help them with a kind smile' (Riduan 2008:54).

The New Year's Eve 'expedition' started with a meeting at the Masjid Asy-Syakirin KLCC: a mosque located in a public park attached to the mall. In the mosque's basement, a non-PAS-related event took place. Accessible through a staircase that led to a back entrance, several PAS Youth Wing leaders and approximately a hundred grassroots activists had gathered for a closed meeting on the first floor. Using a megaphone, the PAS Youth leader Ustaz Tantawi opened the meeting with a motivational speech and instructed the participants about the spiritual and practical implications of their upcoming XPDC. After a common prayer, the young missionaries spread out in small units, equipped with PAS-produced 'information' materials (such as *dakwah* comics).

I joined a group consisting of three young leaders, two of them *ulama* with prestigious degrees from the Middle East, and two grassroots members. The group made its way through the masses and approached young people. Reactions ranged from interest to disinterest, from bewildered irritation to amusement. However, almost all '*dakwah* targets' politely received the print materials and had a look at them.

One group revealed to me that they supported UMNO. When I told one of the missionaries about this reaction, he explained that this was 'normal': '*Dakwah* takes a lot of time, we don't expect immediate success'.[11] Deep inside, he added, the targeted persons knew that their behaviour was un-Islamic.

Eventually midnight arrived and a firework lit up the sky. For a moment, the group stopped their work, looked at the sky and, together with the masses, watched the display of pyrotechnics. A PAS Youth Wing member pointed to the masses and told me: 'Once we are in power, it will not be like this anymore!' When I then asked him whether such festivities should be banned, he answered, 'not banned, but made much smaller and controlled better'.[12]

FROM BANNED CONCERTS TO PIOUS POP

Since the 1970s, the PAS Youth Wing has become (in)famous for its protests against concerts and other perceived dangers of immorality. From its theological point of view,

---

[11]   Conversation with Mohammad Saiful, a PAS Youth Wing member, Kuala Lumpur, 31 December 2009

[12]   Conversation with Mohammad Saiful, Kuala Lumpur, 31 December 2009

only 'Islamic' music, sung *a capella* or with acoustic drumming, was deemed permissible. In the last few years, the PAS Youth has received wide media attention for demonstrating against performances of foreign singers such as Rihanna, Avril Lavigne, Inul Daratista, Pitbull, and the homosexual musicians Adam Lambert and Elton John.[13] In some cases, concerts were finally cancelled or rules imposed restricting dress and on-stage behaviour. Kamaruzaman Mohamad, a PAS Youth Wing functionary, told me:

> We consistently protest aginst a bad concert. Like Rihanna. [...] Now we have moral problems, social problems, bringing in another bad element will make it worse. [...] The Rihanna issue is not a small issue actually. Because this brings a very [bad] value to the public.[14]

This, however, is only one side of the story. Despite the PAS Youth Wing's enthusiasm, its protests met with a mixed response. Even within PAS, not everyone was happy with the Youth Wing's obsession with protesting against p o p u l a r concerts, as this was unlikely to increase PAS's p o p u l a r i t y beyond its already convinced cadres.

In a surprising shift, during the last few years PAS has gradually opened itself up to l o c a l popular music. PAS events nowadays regularly include not only Islamic *nasyid* bands,[15] but also long-haired rock singers with electric guitars, wild looks and heavy-metal T-shirts. The new approach to integrating popular music beyond 'Islamic' genres has also found increasing acceptance during the last decade, until it finally became official PAS policy. Since then, PAS has discovered that an impressive number of rock and pop celebrities are supporters of its 'Islamic struggle' (*perjuangan Islam*) and are – more or less – practising Muslims. Because several musicians seem to become more pious, PAS is implementing a partly interrelated strategy of p o p i s a t i o n.[16]

Individual pioneers from the PAS Youth Wing, such as Muhaimin Sulam and Khairul Faizi, contributed to PAS's changed stance on music, until it was finally appropriated by senior *ulama* and officialised with new narratives of justification. The new position holds that modern music can be accepted, as long as the musicians are 'good Muslims', refrain from sinful lifestyles (including, for example, alcohol and extramarital sex), and do not convey immoral messages through their lyrics and stage shows.

A PAS functionary argued that actually it was Malaysian musicians who had changed, not PAS.[17] However, obviously PAS has changed as well. The new buzzword is Islamic entertainment (*hiburan Islam*), and the PAS Youth Wing's Bureau for Art, Cul-

---

[13]   One PAS Youth Wing activist argued that Pitbull, a rapper, represented immorality, and added, 'bad enough that he is named after a dog' (Malaysian Insider 2010b).

[14]   Interview with Kamaruzaman Mohamad, Kuala Lumpur, 18 December 2009

[15]   *Nasyid* is an Islamic music genre that is highly popular in Malaysia. For an excellent study of Malaysian *nasyid* and particularly its best-selling variant of *pop-nasyid*, see Barendregt (2011).

[16]   The term 'popisation' denotes processes of adjusting something to the requirements of popular culture in order to widen its popular appeal. It has been used elsewhere for art (Pine 2006:418) and music (Lucas 2000:44).

[17]   Conversation with Anuar, a PAS member, Kuala Lumpur, 22 January 2010

ture and Sports is formally responsible for making the party more attractive to young people who do not yet support PAS in this field. Even the ultra-conservative Ustaz Tantawi now argues that 'people need entertainment to help brighten their lives', and adds that only 'extreme entertainment' that 'damages the human mind' should be banned (Star Online 2011). The argument that Islamist dogmatism and *dakwah* pragmatism should be harmonised was made more colloquially by a PAS Youth Wing activist, who goes by the e-mail nickname "HAMAS_Mujahid": 'Music is not wrong, music is only wrong if it is not at the place where it is supposed to be' (posted on his personal Facebook profile, 30 June 2011).

Since PAS has identified popular music as a tool for *dakwah*, local rock stars like Mel Wings, RENGGO/Arrow, Man John, Sham Kamikaze, Isa/Gravity and Amy Search have performed at PAS events. Although this would have been unimaginable twenty years ago, nowadays any PAS General Assembly (Muktamar) will be accompanied by a colourful entertainment programme that includes musicians and celebrities (*selebriti*). Mirroring PAS's turn towards modern entertainment, in 2009 the Muktamar used computer-produced atmospheric sounds and artificial smoke as special effects. While some pro-PAS rock musicians are senior celebrities, others such as RENGGO/Arrow and Sham Kamikaze come from a younger generation. In 2009 RENGGO joined the PAS Youth Wing, with the then 78-year old PAS Spiritual Leader (Mursyidul 'Am) Nik Abdul Aziz attending the ceremony admitting him to the Party, enthusiastically covered by PAS's media channels. Nik Aziz reportedly also developed a friendship with the Malay rock legend Mel Wings, and pictures of them praying together were circulated widely in the PAS mediascape (Ar-Rifke 2010). The list of celebrities who recently joined PAS could be extended. The pro-PAS musicians seem deliberately to be offering themselves for use in PAS's public relations, while they simultaneously serve as agents, tools and receivers of *dakwah*. When rock singer Amy Search, who repeatedly declared she was a 'fan of Nik Aziz' (Jiwo Kelate 2009), opened a restaurant in Wangsa Maju, Nik Aziz was among the special guests – a 'win-win' situation. During our car ride to this restaurant, while local music played on the radio, the PAS parliamentarian Hatta Ramli told me how close PAS and several musicians had become, and how positively he greeted this development.

Khairul Faizi, since 2011 the PAS Youth Wing's Secretary General, told me about his ambivalent relationship to music, which on the micro-level mirrors the macro development of PAS in general.[18] When he was an undergraduate, he played music in a band. He also wrote lyrics for a cousin who was a popular singer at that time. However, as his involvement in PAS increased, Khairul, who originates from the 'UMNO heartland' of Johor and was not socialised in a PAS family, distanced himself from such music for years. With PAS gradually changing its stance, Khairul realised that popular music could benefit the movement's *dakwah* if adequate boundaries were set. Nowadays,

---

[18] Interview with Khairul Faizi, Kuala Lumpur, 24 January 2010

he is at the forefront of establishing contacts with PAS-friendly musicians. He himself now even performs with a guitar at PAS events. While the senior PAS primarily invites well-known singers, Khairul is trying to develop an additional network with grassroots bands with the aim of mobilising more supporters. He wants the PAS Youth Wing to provide an open door for young people who adhere to sub-cultures that were previously deemed incompatible with PAS. In Johor, Khairul provided space for amateur musicians by establishing a PAS 'jamming studio'. He told me that, in order to make the Youth leader Ustaz Tantawi more familiar with contemporary youth cultures, he brought him to the studio, where long-haired PAS supporters played hard rock. The white robed and turban-wearing PAS Youth Chief was provided with an electric guitar and posed for a picture to be circulated via PAS's social media.

Ustaz Tantawi, who had sometimes been criticised for being too distanced from ordinary young people, now declared that the PAS Youth Wing wished to work together with more 'local bands' (*band-band tempatan*) and 'underground' bands (*yang ada bersifat underground*) to 'attract the attention of local youngsters' (YouTube 2011a). In contrast to Tantawi's mostly theology-centred rhetoric, this statement demonstrates that even some of the most dogmatic hardliners are actively promoting the cultural popisation of PAS. However, they strategically combine this popisation with a classical Islamist mission. For example, in December 2011, the PAS Youth Wing released a professionally produced short film entitled "Oley!!: Hudud Allah", which seeks to advertise *hudud* laws.[19] Among the film's 'actors' is Ustaz Tantawi, holding a guitar and sitting alongside other PAS Youth *ulama* at a soccer field. The former actor Bob Lokman and the singer Man John play the role of youngsters to whom the *ulama* are explaining why Muslims are obliged to implement *hudud* laws. Finally, they play guitar and sing a song. Here, pop appeal and classical Islamist political ideology melt into each other, the popisation serving as a strategy for the ideology's realisation.

Although PAS used repeatedly to condemn the 'worship of artists' (*puja artis*), it now exploits the magnetism of celebrities. This also pertains to *nasyid* singers. The underlying conflict became obvious when participants of "Akademi Fantasia", a casting show modelled after "American Idol", expressed their support for PAS. The show was initially condemned by PAS *ulama* as 'deviating' from Islam (New Straits Times 2005). Once it became known that one of its winners, Mawi, is a PAS supporter, the party integrated Mawi, who performed at PAS events and met with Nik Aziz. Although the success of "Akademi Fantasia" is rooted in the veneration of artists, with the winners being elected by telephone, the problem remains that PAS rejects such 'artist worship' while at the same time exploiting it for political purposes. An emic response is that

---

[19]   After two days, the clip had been watched 16000 times on YouTube. It was also circulated via PAS Youth Wing weblogs and its Facebook service HarakahMuda. As of February 2013, there had been 235000 hits (YouTube 2011b), and "Oley II" was in the planning stage.

sympathy should not be confused with worship. In any case, the underlying theological debates remain contested.

Not only are musicians increasingly being integrated into PAS's mobilisation strategy, several PAS Youth Wing members have also started to make music. The PAS Youth firebrand Ustaz Zulkifli Ahmad (not to be confused with the above-mentioned Dzulkefly Ahmad) received wide press coverage during the PAS Youth Wing Muktamar in 2008 when he aggressively opposed the senior party's 'moderate' course within Pakatan Rakyat.[20] However, the Al-Azhar graduate displayed his more melodic side when he sang at a PAS event in 2011.[21] At another event, called "I Rock, I am pious" ("Gua Rock Gua Beriman"), he was accompanied by a white robed guitar player who played Arabic-inspired tunes under the banner of 'pious rock' ('rock beriman'). The young activist Zulkifli Ahmad is firmly dogmatic in matters of Islamist state organisation, but passionately involved in the party's cultural popisation.

Given that PAS's previous attempts to take over the national government have failed, the PAS Youth Wing seems to have identified 'the importance of tactics to the ability of social movement organisations to generate resources' (Munson 2001:503) in the field of popular culture. The Youth Wing is trying to mobilise new supporters by 'linking' (Munson 2001:503) themselves to pre-existing social structures and cultural trends among their *dakwah*-target groups and (re-)framing their 'struggle' (*perjuangan*) respectively. In social movement theory, the concept of framing 'refers to the interpretations of events provided by social movement organisations that are intended to resonate with the beliefs' of already existing or prospective supporters (Munson 2001:500). This is precisely the strategy that the PAS Youth is following with its popisation of *dakwah*.

In fact, I witnessed the great enthusiasm of young PAS supporters for rock music. At a PAS Youth Wing event in Perak in 2010, a *nasyid* group evoked little response from the audience, but when the pro-PAS rock superstar Mel Wings got up on stage, a much larger crowd immediately swarmed to the front. This may indicate that the new strategy could indeed be efficient in developing a more 'contemporary' profile in order to mobilise new cadres.

The PAS Youth Wing's formation of the Bureau for Arts, Sports and Culture and the creation of a special office in the senior party in 2010, were key steps in institutionalising the new popisation approach. However, the change in attitude towards permissible popular culture also suggests a considerable degree of uncertainty. Apparently, PAS is

---

20 Since nearly forty percent of Malaysian citizens are non-Muslims, the PAS Youth Wing's positions have serious implications for ethnic dynamics and are likely to alienate PAS's ethnic Chinese-dominated coalition partner DAP. Many PAS Youth Wing activists regard the DAP as 'protected infidels' (*kafir dhimmi*) and receivers of *dakwah*, rather than as equal dialogue partners.

21 Prestigious degrees from domestic and international Islamic universities are a vital source of social capital for young, upwardly oriented PAS *ulama*. The expansion of the Islamic education sector has created a new class of highly self-confident young religious scholars and contributed to the divide between the PAS Youth Wing and some of their non-*ulama* elders.

under pressure to adapt itself to social realities and cannot uphold certain dogmatic positions of the past if it wants to mobilise a wider support base. Like other social movements, PAS 'faces the task of mobilising the support and resources of individuals with a variety of different beliefs and levels of motivation for collective action' (Munson 2001:499). It is also against this backdrop that PAS's opening to music can be understood.

Its recent attempts to be seen as a 'government-in-waiting' have led PAS to search for new ways to be accepted beyond its traditional constituency. Therefore, the popisation approach is a logical step in the direction of presenting PAS as a fully Islamic law-defending but also mainstream modern Islamic party, in line with its new slogan, 'PAS for all'. Such reorientations are interconnected with wider social tendencies. PAS Youth Wing elites are evidently finding themselves caught in a paradox. On the one hand, they regard the 'purification of the struggle' to be of the highest priority, while on the other hand the requirements of *dakwah realpolitik* leave them little alternative but to become more flexible towards popular cultural elements that were previously condemned as deviating from 'pure' Islam. The PAS Young Turks of the 1980s apparently had a partly different understanding of purity than the young neo-conservatives of today. But nevertheless, as the examples of the short film for *hudud* and the singing young hardliner Ustaz Zulkifli Ahmad illustrate, there is no indication that the popisation approach will have a groundbreaking impact on the PAS Youth Wing's dogmatic insistence on the Islamist goals of state organisation, such as Islamic rule 'completely' based on *syariat Islam*, including *hudud*. Instead, although currently among senior party members an influential moderate faction (sometimes labelled 'Erdogans') is pledging to postpone these targets, the PAS Youth Wing elite is categorically opposing such post-Islamist tendencies.

And yet another variant of the peculiar battle between PAS and UMNO seems to be emerging: in a surprising twist, in 2012 several musicians joined UMNO, among them the previous pro-PAS musician Amy Search. The former 'fan of Nik Aziz', who stated in 2010 that 'Nik Aziz is my teacher' (Ar-Rifke 2010), now declared that 'UMNO also upholds Islam but not in an extreme way. UMNO also does not sideline *ulama* in the administration' (Malaysiakini 2012). Whatever the musicians' motivation may have been,[22] PAS-UMNO competition is apparently expanding towards a p o p i s a t i o n r a c e, in which both parties are battling over the most efficient exploitation of popular culture(s). Paradoxically, this race over popisation is happening simultaneously with both parties 'piety trumping' (Liow 2009:13). This simultaneity can be explained by the

---

[22]   Sources within PAS gave different accounts of the singer's reasons for joining UMNO. Zakaria, a PAS Youth Wing activist close to its leadership, argued in some detail that Amy had joined UMNO because of financial problems (informal conversation, Kuala Lumpur, 20 December 2012). Yaakob, another PAS member, however, indicated that the singer may have become dissatisfied with PAS's political course (informal conversation, Kuala Lumpur, 20 December 2012). In any case, both sources agreed that in 2012 PAS and UMNO were competing heavily for the support from popular singers.

fact that, from a social movement theory perspective, a 'diversity of meanings leads to greater participation and a greater potential effect' (Munson 2007:130). To increase their organisational resources and serve different target groups, both parties are trying to 'aggregate multiple identities and multiple meanings' (Munson 2007:129).

For the same reason, it may be an advantage that there is no monolithic interpretation of signifiers such as 'Islamic struggle', 'Islamic state' and 'purity' among PAS supporters. While the senior party rhetorically reframes the goal of an 'Islamic state' as a 'welfare state' or a 'caring state' for election purposes (Malaysian Insider 2011), the PAS Youth Wing leadership, although not formally rejecting this policy, simultaneously proclaims the religious 'duty' of establishing an 'Islamic Caliphate' (Nasrudin 2010a). Such polysemy is a double-edged sword: although it allows the mobilisation of diverse clienteles, I assume that some supporters may feel increasingly alienated by what might be perveiced by them as a lack of consistency. In fact, a few young PAS members have even left the party and joined the supposedly more uncompromising Hizbut Tahrir Malaysia (HTM) movement.

Another example of the PAS Youth Wing's popisation of *dakwah* is its campaign "The youth is our gang" ("Orang Muda, Geng Kita" [OMGK]), launched in 2010. The idea behind OMGK was to make PAS more attractive to young people who are not easily reached through the party's classical outreach methods, such as religious lectures (*kuliah*) and political speeches (*ceramah*). The intended message was that one does not need to wear a white robe, beard or turban to support PAS. Instead, a PAS Youth Wing member could look like a rocker, a hip hopper, or just an 'average Joe'. This was also expressed through OMGK's colourful logos, which were designed to look contemporary and stylish, so that 'average' young people could identify themselves with them and become attracted to PAS (Figure 1).

Figure 1: "The youth is our gang"

PAS MERCHANDISE

Consumer goods with PAS designs are nowadays a vital part of PAS's organisational culture. The sale and display of these products, which are most popular in the PAS Youth Wing, have become an integral element of PAS events. The 'symbolic acts' involved (Douglas 1995:62) and performative identity processes of political consumption serve to establish and concretise belonging and belief and have both inclusive and exclusive formative social capacities. By wearing PAS products, the young activists make use of the communicative dimension of clothing, which can be a tool for the outward expression of inward ideas. To some extent, mirroring PAS's competitor UMNO, the well-designed PAS products include shirts, jackets, shawls, headbands, umbrellas, pens, key-rings, stickers, stamps, wrist watches and wall clocks.

A particularly illustrative case is the PAS phone, which was launched at the 2010 PAS Muktamar by PAS President Abdul Hadi Awang and Secretary General Mustafa Ali (Figure 2). It contains Qur'anic verses, *hadith* collections,[23] prayer schedules, *nasyid* songs, 'Islamic videos', software that can locate the direction of prayer to Mecca, and a camera. It also carries information about PAS and its history, membership conditions and a list of PAS offices. At the 2010 PAS Muktamar, it was sold at a 'promotional rate'.

Figure 2: Mobile Islam: the PAS phone

---

23   A *hadith* is a tradition, narrative or narrative ascribed to Prophet Muhammad and his companions.

'RE-BRANDING' THE ISLAMIC STRUGGLE?

PAS Youth Wing membership is restricted to m a l e members: young females belong to the Women's Wing. Although my fieldwork focussed on the PAS Youth Wing, I also met spirited female activists and conducted a group discussion with the leaders of PAS's female youth organisation, Nisa.[24] In 2005 Nisa, which currently advertises itself with the synonymous slogans 'Nisa – Connecting youth' and 'Pengubung Generasi Muda', went through a process of what was explained to me as 're-branding', 'like [a] commercial brand strategy'. During our group discussion the following conversation took place:

Amirah: We study about brands, the power of brands – business to *dakwah*.

Nurul: We see *dakwah* as marketing. [...] We have a very good product, Islam is a very good product, but our marketing agent is quite stiff.

Amirah: Unacceptable [laughs].

Nurul: So we want them [the *dakwah* or marketing approaches] to be as good as the product. The product is good, Islam is good for everybody. But somehow the marketing agent [...] [laughs]. So we want to change the marketing strategy because for us *dakwah* is like marketing. [...] The product is there. The product is from God. The product is not from us, just the strategies.[25]

Nisa's 'brand colour' is purple. When young female PAS members are active in what they consider to be 'political' matters such as Muslimat Muda, PAS's main female youth organisation, they will wear green headscarves, whereas for Nisa's programmes they wear a purple headscarf.[26] From the emic perspective, Nisa does not do 'political' work (*politik*), only 'apoliotical' *dakwah* – although, from an etic perspective, the claim that the missionary work of an Islamic political party does not have a political dimension may appear contradictory. In line with its 'purple' brand strategy, in 2010 it organised an 'Islamic entertainment' event, called "Carnival Purple Aura" ("Karnival Aura Ungu"). The celebrity Aishah performed her song "Heaven under the sole of mother's foot", and commercial sponsors were also brought on board.

In the case of the PAS Youth's welfare and security organisation Unit Amal, strategic changes were also explained to me as a 're-branding', with the aim of creating a 'new image' (*image baru*) and a 'smarter look' (*lebih smart*). However, Juhari Osman, the group's leader, added that such changes were 'only technical' and did not affect the ideological basis of their work.[27]

---

[24]   In Arabic, the word 'an-Nisa' means 'women'. The organisation's name also refers to a Qur'anic verse, the Sura An-Nisa, in which the role of women is described.

[25]   Group discussion with Nisa members, Kuala Lumpur, 15 January 2010

[26]   However, the same individuals may be involved, switching roles (and headscarf colours) in different contexts.

[27]   Interview with Juhari Osman, Melaka, 27 January 2010

The marketisation of Nisa and Unit Amal indicates a significant organisational cultural transformation pioneered by PAS's younger generations. Apparently the market has become the new paradigm, along with a shift to the vocabulary of entrepreneurial-ism that has been transformatively appropriated into an Islamist context.

These developments in the marketisation of PAS are connected with new self-conceptualisations within PAS. Repeatedly, the PAS Youth Wing's role was explained as a 'factory' (*kilang*) to produce 'human resources', despite occasional anti-capitalist polemics. From the emic point of view, PAS's marketisation in no way contradicts the condemnation of man-made principles like capitalism (Nasrudin 2010b), the condemna-tion of the intrusion of 'Western' culture or the proclaimed defence of Islamic purity vis-à-vis the 'hypocrital' Islamic commercial activities of UMNO. Although the PAS Youth Wing seeks to 'purify the struggle', some instruments to do so are taken from the 'impure' world – or 'jahiliyah moden'.[28] However, from the actors' point of view these instruments are being 'Islamically' transformed into 'tools of purification' that are con-sidered useful promoting the core principles of the 'pure struggle' under contemporary conditions.

'BUY IT! IT WILL DEFINITELY BE SOLD OUT!'

The marketisation of PAS has also conquered Pusat Asuhan Tunas Islam (PASTI),[29] a PAS youth organisation which runs kindergartens across Malaysia. Since 2010, PASTI's activities have no longer been limited to pre-school education. At the PAS Youth Muk-tamar in 2010, a commercial PASTI brand called Koperasi Pendidikan dan Kebajikan Anak Soleh Tunas Islam Malaysia Berhad (KOPASTI) was launched.[30] The KOPASTI products include tea, chocolate biscuits, a malt-chocolate drink and toothpaste. KO-PASTI also sells pilgrimage travel packages, in cooperation with a PAS-friendly travel company, while prominent PAS Youth Wing leaders serve as 'trusting' faces on its ad-vertising banners.[31] The targets behind the sale of these 'commodities of the struggle' are both organisational fundraising and enabling morally unquestionable, partisan con-sumption.

Such marketing has even entered the centre stage of PAS events. KOPASTI prod-uct lines were presented during the PAS Youth Muktamar in 2010 by the PAS Youth Chief, with political, religious, and commercial advertising merging into each other. A

---

[28]   Literally meaning 'ignorance' or 'barbarism', the term 'jahiliyah' connotes a negative evaluation of pre-Islamic culture. In PAS discourse, it also refers to contemporary 'un-Islamic' realities. It is in this sense that PAS Youth leader Nasrudin speaks of 'modern jahiliyah' ('jahiliyah moden') (2010b).

[29]   'Pusat Asuhan Tunas Islam' translates as 'Centre of the upbringing of Islamic sprouts' or 'children'.

[30]   'Koperasi Pendidikan dan Kebajikan Anak Soleh Tunas Islam Malaysia Berhad' translates as 'Corpo-ration for the education and welfare of pious sprouts' or 'children'.

[31]   Three PAS Youth leaders were depicted on an advertising banner of Al-Quds Travel in 2011.

smiling Ustaz Tantawi stood on the stage as several products were ceremonially handed to him, until he was almost unable to hold them. He also promoted other products, including the perfumes "Caliph Mecca" and "Medina". The Muktamar's moderator commented that, although they did not contain alcohol, customers should not drink them (followed by laughter among the audience). In order to advertise books written by PAS Youth Wing members, the moderator jokingly imitated a market crier: 'Buy it! It will definitely be sold out!' Indeed, many participants left the event not only with the experience of an intense religio-political ritual, but also with several of these products.

THE PAS-UMNO MARKETISATION RACE

The massive sale and consumption of the PAS goods is a vital site for the social realisation of PAS's corporate identity. Notwithstanding its specific local conditions, it resembles commercial phenomena across the globe. Nevertheless, a marketised PAS and its commodified Islam are not merely responses to transnational trends; they must also be understood in their relational dimension vis-à-vis the party's l o c a l environment, most notably the to some extent UMNO-sponsored rise of Islamic markets (Fischer 2008), a policy that the Mahathir administration had first initiated in the 1980s and that has since then massively expanded. Indicating the wider tendency, Michael Peletz has noted the symbols of 'corporate', business-style culture that have recently emerged among the increasingly modernised Syariah Court civil service (2011:143).

PAS's marketisation is also an obvious response to UMNO-style politicking and political marketing. In addition to its policies of 'Islamic' economic development, UMNO has for decades produced corporate clothes and dressed its members in matching outfits. Clearly, this style is now omnipresent in Malaysian politics. While showcasing PAS logo items symbolically d i s t i n g u i s h e s their wearers from UMNO members and strengthens their social in-group relations, the appearance of PAS products could also be read as a commentary on UMNO's 'corporate' brand. Therefore, it can be argued that one aspect of the PAS-UMNO Islamisation race is a m a r k e t i s a t i o n r a c e. In this dynamic, PAS is attempting to out-marketise UMNO and its commercial activities, which are themselves presented as serving Islamic purposes. In order to counter UMNO's strategy of portraying itself as a champion of Islamic economic development, PAS is seeking to authenticate itself as the r e a l champion of Islamic marketisation.

POST-ISLAMISM OR POP-ISLAMISM?

In sum, the narrative of a transnational post-Islamist turn, the result of an allegedly general disillusionment with the state-political orientation of classical Islamism since the 1990s, does not apply to the contemporary PAS Youth Wing. PAS Youth elites consensually uphold the goals of state-oriented political Islamism and are even doing so with renewed passion and in opposition to the tendencies towards political pragmatism that are emerging among parts of the senior party. The current PAS Youth Wing's dogmatists are highly ambitious in bringing the goals of an Islamic State and a 'fully' organised Islamic law back on to PAS's agenda, claiming to prioritise 'quality votes' (*undi kualiti* [Nik 2008:130]) over quantitative support arising from opportunistic behaviour. Therefore, if a 'post-Islamist society' is characterised by the absence of 'renewed calls for an Islamic State' (Boubekeur and Roy 2012:13) among the media-savy younger generation, the PAS Youth Wing's present calls for an Islamic caliphate make claims of a post-Islamist turn in Malaysia appear highly doubtful, even though these renewed calls for an Islamic state are increasingly being expressed through modern channels of communication and consumerist Islam, such as YouTube, Facebook, celebrity advertising and pop music.

In contrast to the assumption that Islamic marketisation and the 'post-Islamist turn' are part of the same process, one in which a focus on individual Islamic lifestyles and modern consumption patterns are replacing the state-political orientation of Islamism, the PAS Youth Wing has appropriated the rise of Islamic consumer culture since the 1990s and subordinated it to a classical Islamist agenda for state organisation. Marketisation and the younger generation's enthusiasm for Islamic consumption are being strategically used as mobilisation resources in order to realise these goals.

One crucial reason for the absence of a post-Islamist turn seems to be that the ongoing pervasive tendency towards social, political and legal Islamisation in Malaysia since the 1980s, as well as the locally specific process of 'out-Islamisation' between PAS, UMNO and various other Islamist civil-society actors, do not provide a framework that is conducive for such tendencies. Instead, the discursive climate seems rather to be giving rise to a p o p - I s l a m i s t t u r n, as indicated by the cultural popisation of the PAS Youth Wing.

In the light of the example of the PAS Youth Wing, it may be advisable to reassess the hypothesis of a 'post-Islamist turn' in other regional and organisational contexts as well, especially by examining the mico-level discursive practices of youth activists in contemporary political Islamic movements.

REFERENCES

ABDUL RAHMAN Embong
2002   *Southeast Asian middle classes: prospects for social change and democratization.* Bangi: Universiti Kebangsaan Malaysia Press

AMMANN, Ludwig
2002   "Islam in public space", *Public Culture* 14(1):277–279

AR-RIFKE
2010   *Amy Search: Tuan Guru Nik Aziz Guru Aku.* Http://www.ar-rifke.com/2010/08/amy-search-tuan-guru-nik-aziz-aku.html [last accessed 17 November 2011]

BARENDREGT, Bart
2011   "Pop, politics and piety: Nasyid Boy Band music in Muslim Southeast Asia", in: Andrew Weintraub (ed.), *Islam and popular culture in Indonesia and Malaysia*, 235–256. London: Routledge

BAYAT, Asef
1996   "The coming of a post-Islamist society", *Critical Middle East Studies* 9:43–52
2005   "What is post-Islamism?", *ISIM Review* 16:5
2007   *Making Islam democratic: social movements and the post-Islamist turn.* Stanford, CA: Stanford University Press

BOORSTIN, Daniel
1961   *The image: a guide to pseudo-events in America.* New York, NY: Vintage

BOUBEKEUR, Amel and Olivier ROY
2012   "Introduction: whatever happened to the Islamists... or political Islam itself?", in: Amel Boubekeur and Olivier Roy (eds.), *Whatever happened to the Islamists? Salafis, heavy metal Muslims and the lure of consumerist Islam*, 1–16. New York, NY: Columbia University Press

DOUGLAS, Mary
1995   *Purity and danger: an analysis of the concepts of pollution and taboo.* London *et al.*: Routledge (¹1966)

FARISH A. Noor
2004a   *Islam embedded: the historical development of the pan-Malaysian Islamic party PAS (1951–2003).* Volume 1. Kuala Lumpur: MSRI
2004b   *Islam embedded: the historical development of the pan-Malaysian Islamic party PAS (1951–2003).* Volume 2. Kuala Lumpur: MSRI

FISCHER, Johan
2008   *Proper Islamic consumption: shopping among the Malays in modern Malaysia.* Copenhagen: NIAS Press

FUNSTON, John
1976   "The origins of Parti Islam Se Malaysia", *Journal of Southeast Asian Studies* 7(1):58–73

GÖLE, Nilüfer
2002   "Islam in public: new visibilities and new imaginaries", *Public Culture* 14(1):173–190

HUSNUL Amin
2010   *From Islamism to post-Islamism: a study of a new intellectual discourse on Islam and modernity in Pakistan*. Rotterdam (PhD thesis, Erasmus University Rotterdam). Http://repub.eur.nl/res/pub/19340/HusnulAminPhDThesispdf.pdf [last accessed 7 September 2011]

JIWO KELATE
2009   *Saya peminat Tok Guru Nik Aziz – Amy Search*. Http://jiwokelate.wordpress.com/2009/04/12/saya-peminat-tok-guru-nik-aziz-amy-search/ [last accessed 1 August 2011]

KIAN, Azadeh
1997   "Women and politics in post-Islamist Iran: the gender conscious drive to change", *British Journal of Middle Eastern Studies* 24(1):75–96

LIOW, Joseph C.
2007   "Political Islam in Malaysia: legitimacy, hegemony and resistance", in: Anthony Reid and Michael Gilsenan (eds.), *Islamic legitimacy in a plural Asia*, 167–187. London and New York: Routledge
2009   *Piety and politics: Islamism in contemporary Malaysia*. Oxford and New York: Oxford University Press
2011   "Creating cadres: mobilization, activism and the Youth Wing of the pan-Malaysian Islamic Party, PAS", *Pacific Affairs* 84(4):665–686

LUCAS, Maria
2000   "Gaucho musical regionalism", *British Journal of Ethnomusicology* 9(1):41–60

MALAYSIAKINI
2010   "Dzulkefly: Islamic state a distant goal", *Malaysiakini* 16 September 2010
2012   "Amy Search finds UMNO", *Malaysiakini* 29 May 2012

MALAYSIAN INSIDER
2010a   "Islamists protest gambling, rapper Pitbull's concert", *Malaysian Insider* 14 May 2010
2010b   "Dewan Ulama PAS Kedah tolak buku Mujahid", *Malaysian Insider* 29 December 2010
2011   "PAS offers 10-point 'Negara Berkebajikan' agenda", *Malaysian Insider* 11 December 2011

MÜLLER, Dominik M.
In press *Islam, politics and youth in Malaysia*. London: Routledge

MUNSON, Ziad
2001   "Islamic mobilization: social movement theory and the Egyptian Muslim Brother-
        hood", *Sociological Quarterly* 42(4):487–510
2007   "When a funeral isn't just a funeral: the layered meaning of everyday action", in: Nancy
        T. Ammerman (ed.), *Everyday religion: observing modern religious lives*, 121–136. Ox-
        ford: Oxford University Press

NASRUDIN Hassan Tantawi
2010a   *PAS sebagai Harakah Islamiyyah: Peranan dan tuntutan.* Http://pemuda.pas.org.my/
        index.php?option=com_content&view=article&id=260:pas-sebagai-harakah-islami-
        yyah-peranan-dan-tuntutan-&catid=35:minda-ketua-pemuda&Itemid=27 [last accessed
        9 November 2011]
2010b   "Sensitiviti generasi muda terhadap isu semasa: Cabaran dan Masa Depan", *Harakah-
        daily*, 1 July 2010
2011   *Jalan Untuk Negara Islam Senantiasa Ada.* Published on Facebook [last accessed 1 Feb-
        ruary 2011]

NEW STRAITS TIMES
2005   "Nik Aziz: Mawi's show will go on", *New Straits Times* 16 September 2005

NIK Mohamad Abduh
2008   "Politik Damai", in: Riduan Mohamad Nor *et al.* (eds.), *Catatan Kanvas Kehidupan*,
        128–136, Kuala Lumpur: Jundi
2011   *Sekitar dr. Asri.* Http://nikabduh.wordpress.com/2011/11/01/sekitar-dr-asri/ [last ac-
        cessed 19 November 2011]

PELETZ, Michael
2011   "Islamization in Malaysia: piety and consumption, politics and law", *South East Asia
        Research* 19(1):125–148

PINE, Julia
2006   "Book review: Margrit Brehm, Roberto Ort, and Klaus Theweleit: Les grands specta-
        cles: 120 years of art and mass culture. Ostfildern-Ruit 2005", *Journal of Visual Culture*
        5:414–419

RIDUAN Mohamad Nor
2008   "XPDC Dakwah", in: Riduan Mohamad Nor *et al.* (ed.), *Catatan Kanvas Kehidupan*,
        52–60. Kuala Lumpur: Jundi
ROY, Olivier
1999   "Le post-Islamisme", *Revue des mondes musulmans et de la Méditerranée* 85/86:11–30

SCHIFFAUER, Werner
2010   *Nach dem Islamismus.* Eine Ethnographie der Islamischen Gemeinschaft Milli Görüs.
        Berlin: Suhrkamp

SHAD Saleem Faruqi
2005   "The Malaysian constitution, the Islamic state and hudud laws", in: K.S. Nathan and
          Mohammad Hashim Kamali (eds.), *Islam in Southeast Asia: political, social and strategic
          challenges for the 21ˢᵗ century*, 256–277. Singapore: ISEAS

STAUTH, Georg
2002   *Politics and cultures of Islamization in Southeast Asia: Indonesia and Malaysia in the nine-
          teen-nineties*. Bielefeld: Transcript

STAR ONLINE
2011   "Selangor PAS Youth disappointed over MTV concert", *Star Online* 22 June 2011

YOUTUBE
2011a   *Oley!!: 'Hudud Allah'*. Http://www.youtube.com/watch?v=HLPN09XzoaM [last ac-
          cessed 27 February 2013]
2011b   *Persepsi Cabaran Dewan Pemuda PAS*. Http://www.youtube.com/watch?v=zV8u29J
          OmdY [last accessed 25 July 2012]

Paideuma 59:285–293 (2013)

ALLER ANFANG IST SCHWER
Dieter Hallers „Geschichte der Ethnologie in der Bundesrepublik 1945–1990"

Andre Gingrich

Aller Anfang ist schwer. Immerhin ist fast ein Vierteljahrhundert seit der deutschen „Wende" verstrichen. Dennoch gab es bisher kein Werk, das sich mit der Fachgeschichte von Völkerkunde beziehungsweise Ethnologie speziell in der Bonner Republik befaßt hätte. Es ist daher grundsätzlich höchst erfreulich und begrüßenswert, wenn dies erstmals im Sinn einer Gesamtschau unternommen wird. Und weil hier Pionierarbeit ansteht, wird man a priori auch eher als in anderen Fällen bereit sein, die eine oder andere Unzulänglichkeit in Kauf zu nehmen, so sie den Mühen des Anfangs geschuldet ist. Dieser Beitrag widmet sich daher zunächst gerne den positiven Aspekten und Errungenschaften des Buches „Die Suche nach dem Fremden. Geschichte der Ethnologie in der Bundesrepublik 1945–1990" von Dieter Haller (2012). Im Anschluß daran kann allerdings – leider – auch auf die Behandlung einiger zentraler Kritikpunkte nicht verzichtet werden.

Haller hat sein Werk in eine Einleitung und sieben Kapitel gegliedert. Ergänzt wird dies um einen technischen Apparat, in dem sich ein detailliertes Register als besonders nützliches Arbeitsmittel zur raschen Erschließung des materialreichen Bandes erweist. Unter den sieben Kapiteln liefert das erste eine Art „Rückblick auf die Vorgeschichte", während mit dem sechsten und dem siebenten ein „Ausblick" auf die Fachgeschichte seit der Wende und ein „Überblick" zum Gesamtertrag des Werks angestrebt wird. Kapitel zwei bis fünf sind nach jenen vier Hauptabschnitten benannt, in welche Haller die untersuchte Fachgeschichte in der Bundesrepublik gliedert: (2.) „Rekonstruktion – 1945 bis 1955"; (3.) „Konsolidierung – 1955 bis 1967"; (4.) „Rebellion – 1967 bis 1977"; und (5.) „Stagnation – 1977 bis 1990". Diese Gliederung folgt ähnlichen geschichtswissenschaftlichen und fachinternen Vorgaben, verfeinert sie, und bindet die Fachgeschichte damit auf prinzipiell solide und brauchbare Weise ein – also sowohl in die Logik der größeren fachinternen Wendepunkte als auch in die Kontexte der deutschen Zeitgeschichte. Jeder der vier vom Autor identifizierten Hauptabschnitte wird schließlich nach untereinander ähnlichen, systematischen Gesichtspunkten analysiert – nämlich im Hinblick auf die Entwicklung (1.) der Institute, Professuren und Museen; (2.) der Fachorganisationen (Deutsche Gesellschaft für Völkerkunde; Berliner Gesellschaft für Anthropologie, Ethnologie und Urgeschichte) sowie (3.) der für den Zeitabschnitt im Fach maßgeblichen „geistesgeschichtlichen Strömungen", wie Haller dies nennt.

Neben dem lobenswerten, pionierhaften Gesamtvorhaben an sich liegt in diesem wohl durchdachten Entwurf einer systematischen „Periodisierung" der bundesrepublikanischen Fachgeschichte meiner Meinung nach der zweite große Vorzug des vorliegenden Werkes. Er erlaubt und fördert nicht zuletzt auch einen genuin ethnologischen Zugang zum Thema, und zwar jenen, das zu untersuchende Phänomen (Fachgeschichte in Zeit und Raum) im sozio-kulturellen Kontext gerade auch aus Sicht der Beteiligten zu beschreiben, zu erklären, und zu verstehen. Charakteristische und wichtige Tendenzen werden dabei im zeitlichen Längsschnitt gut und zutreffend ausgeleuchtet: so etwa die graduelle Durchsetzung des methodischen Primats von Feldforschungen, die friktionsreichen Beziehungen zwischen Museen und Universitätsinstituten oder die lange währenden Unterbrechungen in der Tradition ethnologischer Lehrbücher in deutscher Sprache.

Nicht zuletzt erfolgen viele dieser Analysen aus der Sicht der betroffenen Akteurinnen und Akteure selbst. Eine maßgebliche Quellensammlung, auf der das Buch aufbaut, sind Interviews, die Haller mit einer Reihe von in der Bundesrepublik vor 1990 tätigen, bedeutenden Ethnologinnen und Ethnologen führte. Diese Interviews sind auch über die von Haller und seinen Bochumer Mitarbeitern erstellte Internetplattform www.germananthropology.com zugänglich, wo die den Interviews und Präsentationen beigegebenen Bochumer Begleittexte allerdings nicht immer die erforderliche akademische Qualität aufweisen. Die Ermöglichung des Zugangs zu den retrospektiven – und untereinander durchaus divergierenden, also multiperspektivischen – Sichtweisen von vielen der eigentlichen „Zeitzeugen" sowie deren Interpretation und Auswertung ist der dritte, entscheidendste und bemerkenswerteste Vorzug des Werkes. Für jeden an Ethnologie und Sozialanthropologie Interessierten stellt dies eine unschätzbare Fundgrube an Wissen, Einsichten und Erfahrungen dar. Es ist ein Privileg und ein seltener Genuß, auf diese Weise erfahren zu können, wie maßgebliche seiner Vertreterinnen und Vertreter selbst das Fach in seiner bundesrepublikanischen Entwicklung vor 1989/90 erlebt und mitgestaltet haben. Meines Wissens handelt es sich hier auch weltweit um einen der ersten Versuche überhaupt, kultur- und sozialanthropologische Fachgeschichte primär auf Basis von Interviews mit Zeitzeuginnen und Zeitzeugen zu erarbeiten.

Darüber hinaus erfordert freilich auch die Erarbeitung von Fachgeschichte stets mehr oder minder ausgeprägte theoretische Zugänge, hauptsächliche Fragestellungen sowie methodische Verfahren. Diesbezüglich positioniert sich Haller im Nahbereich des World Anthropologies Network, das (unter anderem) „die Anerkennung der Vielfalt lokaler/nationaler Wissenstraditionen in einer globalisierten Welt und damit die Kulturalisierung der jeweiligen Theorieentwürfe" (13) anstrebt, verbunden mit einer Kritik der ungleichen Machtbeziehungen in einem intellektuellen Weltsystem „mit den USA und bestenfalls noch Großbritannien als Zentren und den anderen Ländern als Peripherien" (13). Epistemologisch ist dies völlig akzeptabel. Die Frage wird damit aber doch aufgeworfen, ob eine aus indischer oder argentinischer Perspektive legitime anti- und postkoloniale Position „linksnationalistischer" Orientierung so ungebrochen auf Deutschland übertragen werden kann, wie dies von Haller diskussionslos suggeriert wird. Der Ansatz führt jedenfalls folgerichtig zu einer gewissen Aufwertung „eigener" nationaler Wissenstraditionen. Insofern ist es weder verwunderlich noch unlauter, daß sich Dieter Haller als Autor erweist, der besonders empfänglich zu sein scheint für am deutschen Idealismus geschulte Positionen der Neuromantik und der interpretativen Methodologie. Daß ich persönlich diese Zugänge nicht teile, tut nichts zur Sache; sie sind legitimer Bestandteil des wissenschaftlichen Pluralismus.

Zu akzeptieren ist daher auch, daß ein Autor auf Basis seiner eigenen theoretischen Präferenzen gerade jene Werke besonders ausführlich würdigt, die diesen Präferenzen am ehesten entsprechen. Das sind in der Haller'schen Geschichtsschreibung (269–284) neben dem Spätwerk von Fritz Kramer und den Schriften von Hubert Fichte insbesondere die Arbeiten von Hans-Peter Duerr „als publizistisch erfolgreichster Autor der 1980er Jahre" (273). Für den Abschnitt „1977 bis 1990" also werden diese drei Autoren mit ihren Hauptwerken kompetent und besonders ausführlich gewürdigt. So weit, so gut.

Empirisch unausgewogen und problematisch beginnt die Sache allerdings genau dort zu werden, wo es die eigenen Präferenzen dem Autor offenbar nicht mehr erlauben darzulegen, welches eigentlich die „publizistisch erfolgreichsten" oder sonstwie einflußreicheren Werke der deutschsprachigen Ethnologie in den anderen drei der von ihm identifizierten vier Hauptabschnitte bundesrepublikanischer Fachgeschichte waren. Diese wären ebenfalls ansatzweise zu benennen und vorzustellen gewesen. Man könnte von einer fast 400 Seiten dicken „Geschichte der Ethnologie in der Bundesrepublik 1945–1990" wohl mit gutem Recht wenigstens Kurzpräsentationen von Hauptwerken eines Jensen oder Baumanm, einer Westphal-Hellbusch oder eines Jettmar, einer Johansen oder eines Vajda, eines Oppitz, Kohl, Elwert oder einer Hauser-Schäublin erwarten – und findet davon wenig bis nichts. Diese Nicht-Repräsentation von vielen einflußreichen Werken der Fachvertreterinnen und Fachvertreter der Völkerkunde beziehungsweise Ethnologie ist ein g r ö ß e r e s e m p i r i s c h e s D e f i z i t in diesem Werk (das ja auch ideengeschichtliche Ansprüche verfolgt) und weist außerdem eine gewisse Schlagseite in Richtung einer „Über-Interpretation" zugunsten der Theorie-Vorlieben des Autors auf. Dem Realverlauf der Fachgeschichte wird das so nicht ganz gerecht. Dies ist mein erster Kritikpunkt.

Parallel zu den erwähnten methodologischen Stärken („Zeitzeuginnen" und „Zeitzeugen" kommen ausführlich zu Wort) besteht eine große m e t h o d o l o g i s c h e S c h w ä c h e des Werks darin, daß sein Autor mit vielen anderen möglichen Quellen nicht ausreichend sorgsam umgeht. Metaphern, Meinungen und Impressionen des Verfassers wird an allzu vielen Stellen der Vorzug gegeben vor Belegen, Quellenverweisen oder Evidenzen. Das mag sich aus der Haller'schen Vorliebe für Interpretationen speisen – aber auch interpretative Verfahren stellen sich üblicherweise keine Freibriefe dafür aus, die Dinge stellenweise bis zur Unkenntlichkeit zu verdrehen. Das nun zu diskutierende Beispiel wirkt wohl nicht nur aus Wiener Sicht besonders unglücklich. Auch das diesbezüglich speziell sensible Publikum, dem Haller bereits eine englischsprachige Kurzfassung des vorliegenden Werkes ankündigt (10), wird es bei einer Quel-

lenarbeit wie der folgenden wohl kaum bei „raised eyebrows" bewenden lassen. Im
Zusammenhang mit seiner Diskussion der internationalen Präsenz und Wahrnehmung
von deutschen Ethnologinnen und Ethnologen nach 1945 und vor 1970 formuliert Haller nämlich den bemerkenswerten Satz:

> Darüber hinaus waren die in Großbritannien und den USA tätigen deutschen Professoren
> Eric Wolf, Robert Lowie, Siegfried Nadel, Christoph von Fürer-Haimendorf und Karl
> Schlesier zwischen 1945 und 1970 in angelsächsischen Fachzeitschriften vertreten (155).

Faktum bleibt, daß von den fünf im Zitat genannten Personen nur für Karl Schlesier
die Haller'sche Bezeichnung „deutscher Professor" zutrifft. Die anderen vier sind als
deutschsprachige Bürger der österreich-ungarischen Monarchie beziehungsweise der
ersten österreichischen Republik aufgewachsen, drei von ihnen (Lowie, Fürer-Haimendorf, Wolf) seit Geburt in Wien, wo auch der vierte sein erstes Studium ablegte und
heiratete. Mit Siegfried Nadel erhielt nur einer dieser vier wenigstens den kleineren Teil
seiner akademischen Sozialisation auch in Deutschland (PhD an der LSE, aber von
1926 bis 1932 musikethnologische und afrikanische Sprach-Studien in Deutschland);
zwei andere (Wolf und Fürer-Haimendorf) wurden durch den „Anschluß" Österreichs
an Hitler-Deutschland für wenige Jahre zu deutschen Staatsbürgern gemacht; beide
legten diese Zwangs-Zugehörigkeit vor 1945 nieder und nahmen sie nie wieder an. Nadel und Lowie waren wie Eric Wolf jüdischer Herkunft, diese drei erhielten ihre eigentliche Fachausbildung außerhalb des deutschsprachigen Raums in England (Nadel)
und in den USA (Lowie, Wolf). Selbst Fürer-Haimendorf, der vor 1939 mit den Nazis
sympathisiert hatte, war zum Zeitpunkt seiner Abreise nach Indien im August 1939
bloß frisch habilitierter Universitäts-Assistent in Wien gewesen, ohne Aussicht auf eine
Professur vor Ort. Kurzum: Vier der fünf von Dieter Haller für die Zeit nach 1945 als
„deutsche Professoren" Identifizierten waren keine. Und nachdem ich zwei der fünf
persönlich recht gut kannte (Wolf, Fürer-Haimendorf) fällt es mir auch nicht schwer zu
„interpretieren", was sie selbst zu dieser Etikettierung durch den Autor gesagt hätten.
Der Hinweis sei also erlaubt, daß manche der methodischen Unsachlichkeiten im Werk
– von Haller so wohl kaum beabsichtigt – Kränkungen und Verletzungen bei Betroffenen und Angehörigen lostreten oder reaktivieren könnten.

Hitzigere Gemüter als ich würden die angesprochene Textstelle (und einige andere, ähnlich gelagerte Passagen) nun hurtig nutzen, um einen kausalen Zusammenhang
zwischen der Übertragung „linksnationalistischer" Positionen auf Deutschland und
der terminologischen Fehlbezeichnung von jüdischen und anderen Ex-Österreichern
als „deutsche Professoren" zu konstruieren. Daraus ließe sich trefflich eine Unterstellung von pangermanischem Größenwahn und intellektuellen „Anschluß"-Phantasien
konstruieren. Ich müßte Dieter Haller vor solchen Anfechtungen freilich *in dubio pro
reo* in Schutz nehmen: Er hat die vorliegenden Monographien und Biographien zu den
genannten vier Personen nicht konsultiert, zitiert sie daher auch nicht und wußte es

folglich bei Abfassung des Textes noch nicht besser. Die schwungvolle Interpretation vor dem Hintergrund einer nicht konsultierten Sach- und Quellenlage beschränkt sich allerdings nicht auf Einzelfälle wie den genannten.[1] Die häufige Ignorierung der

---

[1] Dies sei durch die folgenden sieben Beispiele belegt: (1.) Haller versucht sich an einer Kurzcharakterisierung der Traditionen einer „philosophischen Anthropologie" in Deutschland (32–34), die nützlich sein könnte, aber noch weitgehend einer entsprechenden Aufarbeitung der dazu nötigen und relevanten Fachliteratur entbehrt. (2.) Im Bereich der Ausdifferenzierung von Volks- und Völkerkunde vor, während und nach dem Ersten Weltkrieg (35–37, 42) ignoriert Haller die Einsichten publizierter Standardliteratur, wie zuletzt Johler, Marchetti und Scheer (2010). (3.) Haller schreibt: „Einzelne Ethnologen wurden aufgrund ihrer politischen Gesinnung oder ihrer Einstufung als ‚Nichtarier' durch die Nationalsozialisten verfolgt. Die Inhalte ihrer Arbeit spielten hierfür jedoch keine Rolle" (47). Diese nicht belegte Aussage stimmt nicht für jene Bereiche, in denen sich politische Ideologie und wissenschaftliche Theorie systematisch verbanden – also weder für die theologische Version der Kulturkreislehre (führende Vertreter der „Wiener Schule"), noch für den marxistisch inspirierten Evolutionismus (z.B. Heinrich Cunow, Paul Kirchhoff). (4.) Laut Haller gehörte Josef Haekel „der ethnohistorischen Schule an, die einen Gegenentwurf zur Kulturkreislehre wagte" (162). Tatsächlich hat sich Haekel, der einer meiner ersten Professoren (damals: Institutsvorstand) in Wien war, jedoch stets recht klar von der seiner Auffassung nach „etwas zu eng" und „historistisch" orientierten Ethnohistorie distanziert. (5.) Im Kapitel „Rebellion – 1967 bis 1977" versucht sich Haller an der folgenden Aussage: „Die Bundesrepublik dieser Jahre wandte sich weiter von der Vergangenheit und dem Deutschen ab, man verstand sich als Europäer und wollte im Ausland nicht als Deutscher erkannt werden. In jenen Jahren wurde der Begriff ‚Deutschland' nur von den politisch Rechten in den Mund genommen" (183). Historiker sind berufener als ich, diese Aussage im Detail zu beurteilen. Meine Kritik richtet sich darauf, daß hier neuerlich die fachlichen Belege nicht konsultiert wurden, ohne die eine derart radikale und vermutlich stark übertriebene Aussage kaum aufrecht erhalten werden kann. Der Warschauer Kniefall von Kanzler Willy Brandt am 7. Dezember 1970 hatte jedenfalls weltweite Aussagekraft darüber, daß es nun ein Deutschland gab, das zu seinen historischen Verantwortlichkeiten stand. Hier wie an anderen Stellen der vier von Haller identifizierten Perioden von Fachgeschichte fehlen also fachhistorische Quellenverweise und deren inhaltliche Integrierung in bezug auf zentrale Aufarbeitungen zur populärkulturellen und zeitgeschichtlichen Vielschichtigkeit der jeweiligen „Periode". (6.) Haller schreibt: „Bernhard Streck erinnert daran, daß bei den Nachwehen der Kulturmorphologie meistens der Frobenide Otto Zerries vergessen wird, der noch Franz Xaver Faust, Josef Drexler, Jakob Mehringer und auch Ernst Halbmeyer prägte (223)". Daß „Otto Zerries [...] auch Ernst Halbmeyer prägte", mag Streck in der privaten E-Mail angedeutet haben, auf die sich Haller hier beruft. Dies entbindet Haller jedoch keineswegs der Verantwortlichkeit, die „Meinungen" Anderer mit eigenem Kopf kritisch zu überprüfen. Die hier wirkende (Streck/Haller'sche) Überinterpretation konstruiert eine „Diffusion" vom Fankfurter/Münchner Ausgangsbereich nach Wien und von dort weiter nach Marburg, was allen Evidenzen widerspricht. Ein Blick in die publizierte Habilitationsschrift Halbmeyers (2010) hätte Haller belehrt, daß Zerries dort eher beiläufig an bloß zwei Stellen zitiert wird. Halbmeyer (heute als Nachfolger von Münzel in Marburg tätig) hat sich im Zug seiner Studien in Wien und Südamerika sowie von Postdoc-Aufenthalten in Paris und den USA mit einer Vielfalt von Strömungen positiv auseinandergesetzt – darunter auch solchen, die von den „Nachwehen der Kulturmorphologie" geprägt waren. Bei ihm selbst liegt eine solche Prägung jedoch nachweislich nicht vor. Ich hatte die Ehre, als Erstbetreuer seiner Dissertation zu fungieren und in seiner Habilitationskommission mitzuwirken. (7.) Für Haller haben „Ethnologen wie Arjun Appadurai und Ulf Hannerz [...] hauptsächlich Elitenforschung und kaum langanhaltende Feldforschung an einem Ort betrieben" (325). Diese Aussage ist dezidiert unrichtig. Appadurai führte seinen Indien-bezogenen Publikationen zufolge 1973–1974 eine erste einjährige Feldforschung in Madras im und zum Sri Partsarathi Tempel sowie 1980–1981 eine zweite in einem Dorf von Maharashtra durch. Das mag bei Südasien-Experten bekannter sein als in anderen Kreisen. Was Hannerz betrifft, so verweist die Haller'sche Aussage jedoch auf recht überraschende Lücken an elementarer ethnolo-

Quellen schadet dem Vorhaben und dem Werk, das dadurch streckenweise und uner-
wartet, aber immer wieder in Randbereiche und Schlaglöcher der Inkompetenz hinein-
stolpert. Das mag bis zu einem gewissen Grad bei einem Pionierwerk unvermeidlich
sein – dieser „gewisse Grad" ist hier aber doch allzu ausgiebig überschritten. Der Autor
konnte den adäquaten eigenen methodologischen Idealen von „Demut", „Akribie" und
„grösstmöglicher Vorsicht" (17, 309) in einer zu großen Zahl von Fällen leider nicht ausreichend entsprechen. Dies ist mein zweiter Kritikpunkt – und er richtet sich zur Hälfte
auch an den Verlag, der anscheinend kein anonymes fachwissenschaftliches (oder fach-
historisches) Lektorat beigesteuert hat.

Angesichts der angesprochenen empirischen Defizite und quellenbezogenen methodischen Mängel kann dieses Werk also guten Gewissens angehenden Studierenden
im Fach leider (noch) nicht als zentraler Lehrbehelf empfohlen werden. Das ist schade,
wäre aber für eine gut überarbeitete Neuauflage zu beheben. Für eine solche wäre auch
noch auf ein Letztes hinzuweisen: Was Haller eigentlich interessiert, sind e x t r e m
s p e z i a l i s i e r t e F r a g e s t e l l u n g e n zu den nationalen Besonderheiten der Fachgeschichte in Deutschland. Dies wird womöglich – angesichts der noch zu leistenden
Pionierarbeit – etwas zu früh aufgeworfen. Dementsprechend viel Aufwand war zur
Beantwortung zu leisten. Vielleicht sind also die empirischen Defizite und mangelnden Quellen-Konsultationen zumindest teilweise auch damit verbunden, daß Haller
zu früh und angestrengt nach etwas sehr Speziellem gesucht hat. Ausgehend von seiner
Übertragung linksnationalistischer anti- und postkolonialer Positionen auf Deutschland interessiert ihn nämlich weniger die Gesamtheit der bundesrepublikanischen
Fachgeschichte mit all ihren Höhen und Tiefen, als vielmehr das Fortleben spezifisch
deutscher geistesgeschichtlicher Traditionen darin. Damit beginnt und endet das Buch,
das zieht sich als der eigentliche rote Faden durch das ganze Werk. Diese legitime, aber
recht enge Fragestellung bereits zu einem Zeitpunkt beantworten zu wollen, an dem
die betreffende (Gesamtstrecke von) Fachgeschichte noch überhaupt nicht ausreichend
aufgearbeitet ist, trägt den Keim des Scheiterns in sich. Der Autor hat also sehr viel
– durchaus anerkennenswerten – Aufwand für den Nachweis eingesetzt, daß und wie in
den vier von ihm identifizierten Hauptphasen bundesrepublikanischer Fachgeschichte
spezifisch-deutsche Wissenschaftstraditionen in Spurenelementen weiter fortwirken:

> Die Humboldt'sche Bildungsethik, die Sensibilität für das Historische, die langanhaltende
> Feldforschung in der Fremde, die Ausbildung sowohl in der sozial- als auch in der kultur-
> wissenschaftlichen Tradition, die Theorieskepsis, die Möglichkeit des Rückgriffs auf das

---

gischer Allgemeinbildung. Für sein Buch „Soulside" führte Hannerz eine zweijährige Feldforschung
in einem der sozial besonders schlecht gestellten afro-amerikanischen Viertel von Washington (DC)
durch. (Die Columbia University Press verkaufte zwischen 1969, dem Jahr der Erstausgabe, und 1998
an die 50 000 Exemplare des Bandes. Eine Neuausgabe erschien 2004 bei Chicago University Press).
Hinzu kamen in den 1970er Jahren Feldforschungen von Hannerz in Kafanchan (Nigeria), die zu
mehreren Aufsätzen und Buchkapiteln führten.

Materielle und die durchaus romantische Faszination für das Fremde sind Bestandteil der Ethnologie in Deutschland (343),

„[…] die sich […] von den Ethnologien anderer Länder unterscheidet" (342). – Diese sieben von Haller identifizierten Elemente, von der Humboldt'schen Bildungsethik bis zur romantischen Faszination für das Fremde, sind zweifellos zutreffend als „Bestandteile" für die bundesrepublikanische Ethnologie von 1945 bis 1999 identifiziert. Ob sich diese gerade d a d u r c h „von den Ethnologien anderer Länder unterscheidet", bliebe freilich erst anhand konkreter Untersuchungen der Nachkriegsethnologien anderswo, etwa in Teilen von Nord-, Süd- und Zentraleuropa, nachzuweisen. Damit bleibt dieses Fazit des Werks vorerst bloß eine Hypothese auf dem Weg zur Erarbeitung europäischer Fachgeschichten.

Der springende Punkt ist freilich, daß es der Mehrheit der Ethnologinnen und Ethnologen in der Bundesrepublik von 1945 bis 1990 in der Haupttendenz und in stetig wachsendem Maße immer weniger darum ging, die von Haller fokussierten nationalen Besonderheiten fortzuführen und weiterzuentwickeln. Mindestens ebenso wesentlich, wenn nicht weitaus wesentlicher als die Betonung der lokalen beziehungsweise nationalen Besonderheiten war es gerade nach 1945 in Westdeutschland (wie auch in Österreich), der studierenden Jugend und der internationalen Fachwelt zu demonstrieren und zu beweisen, daß man „normale" Ethnologie wie alle Anderen auch betrieb und zu betreiben imstande war. Daraus ergibt sich als (m)ein dritter Kritikpunkt am vorliegenden Werk: Für eine ausgewogene und umfassende Fachgeschichte in der Bonner Republik ist vom Autor die z e n t r a l e F r a g e s t e l l u n g z u e n g ausgewählt worden. Nicht „nur bzw. vor allem" die lokalen beziehungsweise nationalen Besonderheiten der Fachgeschichte interessieren die damals Beteiligten und interessieren aus heutiger Sicht, sondern „ebenso sehr" interessieren und bewegen die Gemeinsamkeiten, die diese Fachgeschichte mit den Fachgeschichten im vereinigten Europa und anderswo teilt, und zwar in stetig wachsendem Maße. Etwas mehr europäisches und internationales Bewußtsein hätte hier bei der Wahrung der Proportionen geholfen. Daß sich die bundesrepublikanische Ethnologie schrittweise „europäisiert" und „internationalisiert" hat, ist – zumindest aus meiner externen Sicht – eine der herausragendsten Leistungen von mehreren Generationen in diesem Fach. Dafür sind Viele im übrigen Europa dankbar, zu denen auch ich selbst gehöre. Dieses eigentliche Bestreben mehrerer Generationen von Fachvertreterinnen und Fachvertretern wird in Hallers Werk leider kaum gewürdigt – sondern eher als „Kopieren" des anglophonen Auslandes abgetan. – Dieser Kritikpunkt bezieht sich auch auf die Folgen eines Theorie-Ansatzes, der das Besondere im Zweifelsfall gegenüber dem Gemeinsamen oder dem Allgemeinen privilegiert.

Daß die Ethnologie der Bonner Republik keinen Jürgen Habermas, keine Agnes Heller und keinen Slavoj Žižek hervorgebracht hat, ist eine Tatsache. Aber ein etwas selbstbewußterer, die (wie ich es nennen würde) fachgeschichtliche „Normalisierung und Internationalisierung in Etappen" würdigender und anerkennender Zugang hätte jene Beispiele herangezogen, in denen ethnologische Leistungen aus der Bundesrepublik immerhin spürbare internationale Resonanzen erzeugten und Beiträge zu maßgeblichen fachlichen und interdisziplinären Entwicklungen lieferten. Man denke für die 1960er Jahre an die afrikanistischen Frühwerke von Jack Goody, dem lange führenden Kopf der britischen Sozialanthropologie. Über Vermittlung von Esther Boserups „The conditions of agricultural growth" (1965) und ihrer Interpretation von Ergebnissen der deutschen Afrika-Ethnologie der Vor- und Nachkriegszeit (u.a. von Baumann) entwickelte Goody etliche seiner zentralen (und umstrittenen) Thesen zur historischen Entwicklung von Wirtschaft und Politik in Afrika südlich der Sahara. Für die 1970er und 1980er Jahre sei auf den vielsprachigen Millionenerfolg von Carlo Ginzburgs „Der Käse und die Würmer" (ital. Original 1976) verwiesen – ein bahnbrechendes mikrohistorisches Werk aus dem Umfeld der École des Annales, das sich unter anderem auf einen ganzen Fundus deutschsprachiger ethnologischer Zentralasien-Forschung stützte (Haekel, Jettmar, Johansen). Für die 1980er und 1990er Jahre sei schließlich daran erinnert, daß mit Christian F. Feest ein auch in Frankfurt lange tätiger Wiener zum einzigen europäischen Fachvertreter überhaupt wurde, der mit der Mitwirkung am und schließlich auch mit der Herausgabe eines Bandes des „Handbook of North American Indians" betraut wurde. – Dies und mehr gäbe es zu berichten, wenn auch auf die begrüßenswerten Seiten der „Normalisierung" und „Internationalisierung" der Ethnologie zu Bonner Zeiten geachtet würde, anstatt primär dem „Besonderen" in der Fachgeschichte nachzuspüren. Beides ist wesentlich, nicht nur Letzteres.

Ich habe hier drei Verdienste von „Die Suche nach dem Fremden" herausgearbeitet und drei Kritikpunkte vorgebracht. Dieter Haller schreibt selbst, ein Sinn seiner vorliegenden Arbeit bestehe darin, daß sie später revidiert werden könne (31). So sei es. – Wie gesagt: Aller Anfang ist schwer.

Literaturverzeichnis

BOSERUP, Esther
1965   *The conditions of agricultural growth: the economics of agrarian change under population pressure.* London: G. Allen and Unwin

GINZBURG, Carlo
1979   *Der Käse und die Würmer.* Die Welt eines Müllers um 1600. Frankfurt am Main: Syndikat (¹1976)

HALBMEYER, Ernst
2010   *Kosmos und Kommunikation.* Weltkonzeptionen in der südamerikanischen Sprachfamilie der Cariben. 2 Bände. Wien: facultas

HALLER, Dieter
2012   *Die Suche nach dem Fremden*. Geschichte der Ethnologie in der Bundesrepublik 1945–
        1990. Frankfurt am Main: Campus

HANNERZ, Ulf
2004²   *Soulside: inquiries into ghetto culture and community*. Chicago: Chicago University Press
        (¹1969)

JOHLER, Reinhard, Christian MARCHETTI und Monique SCHEER (Hrsg.)
2010   *Doing anthropology in wartime and war zones: World War I and the cultural sciences in
        Europe*. Bielefeld: transcript histoire

Clémentine Deliss (Hrsg.): Objekt Atlas. Feldforschung im Museum. Bielefeld: Kerber Verlag 2012. 508 S., 182 s/w- u. Farbabb.

Der Sammelband „Objekt Atlas. Feldforschung im Museum" erschien anläßlich einer gleichnamigen Ausstellung des Museums der Weltkulturen, die vom 25. Januar 2012 bis zum 16. September 2012 in Frankfurt am Main stattfand. Das Inhaltsverzeichnis nennt vier Kapitel mit folgenden Titeln: (1.) „Einleitung". Sie enthält ein Grußwort zu einem „zeitgemässen Museum" von Paul Rabinow und eine Einführung von Clémentine Deliss. – (2.) „Prototypen". Dieses Kapitel besteht aus einem längeren Zitat von Issa Samb, Künstler des Laboratoire Agit'Art (Senegal), fotografischen Reproduktionen von ca. dreißig Ethnographica (z.B. dem Modell einer Seekarte aus Mikronesien, einer Schneebrille aus Alaska und einer Knotenschrift aus Peru) sowie einem Gespräch mit Mathis Esterhazy, dem Gestalter des für die Ausstellung gebauten Mobiliars. – (3.) „Feldforschung im Museum". Hier sind die Gespräche der Herausgeberin mit vier Künstlerinnen und Künstlern sowie das Gespräch der Künstlerin Antje Majewski mit Issa Samb abgedruckt. Flankiert werden diese Gespräche von zahlreichen Bildern, von kuratorischen und ethnologischen Überlegungen zu einzelnen Artefakten und von farblich differierend gekennzeichneten Faksimiles zeitgenössischer Quellen. – (4.) „Expeditionen". Sie enthalten sieben Texte unterschiedlicher Autorinnen und Autoren zu ethnologischen Themen (Richard Sennett, Sophia Thubauville und andere).

Die „Dialoge zwischen Kunst und Ethnologie" (Umschlag) umfassen insgesamt dreiundzwanzig Personen und einhundertzweiundachtzig Bilder. Bereits diese knappe Zusammenfassung zeigt, daß mit dem Ausstellungsbegleitband ein ungewöhnliches Buchformat vorliegt, das eine kurzweilige Lektüre verspricht.

In ihren einführenden Überlegungen verortet Clémentine Deliss das Projekt einer „Feldforschung im Museum" in der Tradition der künstlerischen Auseinandersetzung mit Ethnologie und Kolonialismus. Aus dieser Entwicklungslinie hebt sie insbesondere Alf Bayrle, Joseph Kosuth und Lothar Baumgarten hervor. Alf Bayrle war in den 1930er Jahren offizieller Maler des heutigen Weltkulturen-Museums und begleitete in dieser Funktion Leo Frobenius und Adolf E. Jensen auf Feldforschungsexpeditionen nach Afrika.[1] Der Aufsatz des amerikanischen Künstlers Joseph Kosuth „The artist as anthropologist" aus dem Jahr 1975 zeige, so Deliss, daß die Ethnologie eine „Dekolonisierung des Denkens" ermöglichen könne (16). Lothar Baumgarten schließlich verband den kritischen Blick auf Ausstellungspräsentationen mit der eigenen künstlerischen Arbeit und Feldforschungen. Sowohl die Ausstellung als auch der Sammelband präsentieren eine Auswahl der Zeichnungen und Fotos von Alf Bayrle. Eingeleitet werden die Bilder mit einem Beitrag des Ethnologen Richard Kuba zum Thema „Porträts fremder Welten. Expeditionsmalerei in Afrika zwischen Ethnografie und Kunst" (326–342). Die Künstlerinnen und Künstler des Projekts „Objekt Atlas" stehen nach Deliss insofern in der „Tradition vom Künstler als Bildchronisten von Expeditionen" (25), als jede beziehungsweise jeder von ihnen im Laufe des Jahres 2011 eine Gruppe von Objekten aus den Sammlungen des Museums auswählte, sich mehrere Wochen im „Museumslabor" mit ihnen beschäftigte und die Ergebnisse dieser Auseinandersetzung künstlerisch umsetzte (10).

Einen Einblick in das Zustandekommen der Sammlungen des Museums, besonders in den ersten Jahrzehnten des 20. Jahrhunderts, gewährt der Beitrag von Sophia Thubauville „Schlummernde Heiligtümer" (375–385). Dabei geht es um Steinstelen aus Südäthiopien, die zwischen 1934 und 1935 in das heutige Weltkulturen-Museum nach Frankfurt am Main gelangten. Diese Artefakte spielten eine Rolle im religiösen Kosmos der äthiopischen Ethnie der Konso, die daher auch weder mit der fotografischen Dokumentation der Stelen noch mit ihrem Abtransport einverstanden waren, was freilich beides nicht verhinderte. Einen späten Nachhall des mangelnden Einverständnisses mag man daran erkennen, daß zwischen 1999 und 2009 mehr als zweihundert Holzstelen, die über Antiquitätenhändler oder Touristen den Flughafen in Addis Abeba erreichten, zur lokalen Polizeistation zurückgeschickt wurden. Mittlerweile werden diese Artefakte in einem neuen Museum in Konso ausgestellt (384).

Aus der wechselvollen Geschichte des Weltkulturen-Museum, die im Jahr 1904 begann, betrifft noch eine weitere Episode direkt die eigenen Sammlungen: In den Jahren des Nationalsozialismus (1933–1945) waren frühe Fotografien und Archivmaterialien bei Bombenangriffen zerstört worden, und es ist der damals am Museum arbeitenden Ethnologin Karin Hahn-Hissink zu verdanken, daß Teile der Sammlungen gerettet wurden: Sie hatte sie in Privathäuser innerhalb und außerhalb Frankfurts transportieren lassen und die ausgelagerten Stücke nach 1945 wieder zurückgeführt (13).

Was berichten – fast siebzig Jahre später – Künstlerinnen und Künstler über ihre Neulektüre dieser Sammlungen, über die jeweils ausgewählten Objekte? – Ich greife beispielhaft zwei Positionen und ein Gespräch heraus: Der Beitrag „Von Hand – Filmstills" zeigt, wie Museumskustodinnen mit weißen Handschuhen einzelne Objekte in die Hand nehmen und sie vor der Kamera bewegen

(297–323). Rund fünfzig Objekte wurden von Helke Bayrle und Sunah Choi ausgewählt, um sie auf diese Weise, langsam und ruhig, zu präsentieren. Auffallend ist dreierlei: (1.) Es handelt hier um den einzigen Beitrag des Bandes, der ohne Text auskommt, gezeigt werden nur die Filmstills; (2.) diese sind weit weniger eindrucksvoll als der in der Ausstellung vorgeführte Film; (3.) die filmische Dokumentation repräsentiert eine Haltung des Respekts und der Aufmerksamkeit als einen genuin ästhetischen Zugang.[2]

Die Künstlerin Otobong Nkanga hebt ebenfalls den Aspekt der Berührung des Objektes hervor:

[…] mit Handschuhen natürlich. Man kann es um 360 Grad drehen und sehen, wie es hergestellt wurde – die Kerben darin, das Material und das Gewicht […] Es ist schön, all diese kleinen Details zu sehen, die mehr über das Objekt erzählen als ein Buch oder ein Foto es je können (155).

„In Erinnerung abwesender Dinge" ist das Gespräch mit der Künstlerin betitelt (155–197), sie bezieht sich zunächst auf ihre ersten Erfahrungen bei der Ankunft im Museumslabor: nicht nur jüngere Generationen aus Nigeria und dem Kongo, auch sie selbst kenne die Objekte nicht, „obwohl ich aus dem Land ihrer Herkunft komme" (157). Nkanga wählte Waffen, Währungsstücke und Schmuck aus Nigeria, deren Formen sie auf gedruckten Plakaten, ausgefallenen Drucken und gewebten Textilien thematisiert. Sie versteht diese Präsentation als einen Beitrag zur Erinnerung, als eine Form der Vermittlung (158) und des „Zurückbringens" der Objekte (162). Denn kritisch fragt sie, ob es klug wäre, die Artefakte tatsächlich nach Nigeria zurückzutransportieren.

Angesichts der Frage, ob das Museum der geeignete Ort ist, um Artefakte indigener Ethnien zu deponieren und auszustellen, wurde im 19. Jahrhundert oftmals ein „Rettungsparadigma" entworfen – beispielsweise durch den späteren Museumsgründer General Pitt Rivers, der im Jahre 1874 in einen Vortrag sagte: „So called 'primitive' societies are everywhere under threat and the Museum is acting as a curator for the world in striving to preserve and record that which may vanish totally" (zit. n. Kravagna 2009:136). Das Gespräch zwischen Clémentine Deliss, Michael Oppitz und Lothar Baumgarten (386–409) dreht sich unter anderem um das 1884 in Oxford gegründete Museum, das den Namen von Pitt Rivers trägt. Es steht mittlerweile unter Denkmalschutz und Baumgarten beschreibt seine „eigentümliche Atmosphäre" folgendermaßen:

Mir war aufgefallen, wie die Dinge hier ausgestellt, oder besser gesagt, gerade nicht ausgestellt waren. Es hatte die Anmutung eines offenen Magazins. Die Artefakte schienen beiläufig aus der Hand gelegt und wie durch die letzte Berührung noch in Bewegung und lebendig zu sein (387).

Um diese Atmosphäre aufzugreifen und als „Leitfaden über diesen Ort" schuf Baumgarten 1968/69 die Diainstallation „Unsettled objects" (387).[3] Dabei fällt auf, daß Baumgarten im vorliegenden Sammelband von „einer damals umwälzenden Art des Ausstellens" des Pitt Rivers Museums spricht (388) und noch für die Gegenwart das „Rettungsparadigma" bedient (405).

Diese Position ist insofern anachronistisch, als mittlerweile indigene Gruppen in ehemaligen Kolonialgebieten auf die Rückgabe ihrer einst entwendeten Kulturgüter drängen. Die Ausstellung „Beutezüge. Systeme des Eigennutzes – Mechanismen der Plünderung" (Berlin 2012) fragt, welche Rolle die Kunst dabei spielen könnte, den Wünschen indigener Gesellschaften bezüglich ihrer Repräsentation in ethnologischen Museen gerecht zu werden.[4] Die künstlerische Auseinandersetzung von Otobong Nkanga ist vor diesem Hintergrund um so bemerkenswerter, zumal sie auch weiterhin an verschiedenen Projekten in Nigeria arbeitet.

Das Angebot, das Clémentine Deliss Künstlerinnen und Künstlern aus Frankfurt am Main, Köln, London, Südkorea und Nigeria machte und dessen Resultate im vorliegenden Band gezeigt werden, ist in innovativen Forschungs- und Ausstellungskontexten zu verorten, die die Methoden des „revisiting collections" und „artistic research" erproben.

Unter *revisiting collections* versteht man die Öffnung der Museumsarchive und -depots für die Forschung durch externe Experten, regionale Interessengruppen und beispielsweise Künstler. Das Ziel ist dabei, ein neues oder anderes Verständnis für die Bedeutungen der Objekte zu erlangen. Diese Methode wird mittlerweile bei Projekten angewandt, die beispielsweise die Multiperspektivität auf bestimmte Objekte in Fokusgruppen vorab eruieren und die Ergebnisse in die jeweilige Ausstellung integrieren.[5]

Artistic research (künstlerische Forschung) hebt ab auf die Interdependenzen von Wissenschaft und Kunst: zwei Sphären, die gern als unabhängig voneinander gedacht werden. Die künstlerische Forschung adressiert die den Künsten und Wissenschaften zugrunde liegende menschliche Verfaßtheit und fragt von hier aus nach Möglichkeiten des methodologischen Austauschs. Dabei laufen verschiedene Stränge der Wissenskulturen des 20. Jahrhunderts zusammen, die partiell von der Hirnforschung des 21. Jahrhunderts bestätigt werden: (1.) die kunsttheoretische Einsicht, daß Bearbeitungsformen wie Metaphorik, Symbolisierung, Dramatisierung, Prozessorientierung, metonymische Verfahren und einige mehr der Formbestimmtheit der psychischen Realität entsprechen; (2.) die „Entthronung des Geistes" durch die Psychoanalyse und die damit einhergehende Betonung einer engen Verzahnung von Emotion und Vernunft, von Körper und Geist; (3.) schließlich, kontextuell mit beiden Einsichten zusammenhängend, die Anerkennung der Notwendigkeit eines dritten Raumes, eines *in between* oder, wie Aby Warburg es vor nahezu einhundert Jahren

formulierte, eines „Denkraum[s] der Beson-
nenheit" (1980: 267) für die Begegnung von
Wissenschaften und Künsten.

Die bereits erwähnte „kurzweilige Lektüre", die der Katalog gewährt, adressiert eigene
Wissensbestände, generiert Gedanken und
Assoziationen, ist also im buchstäblichen Sinne anregend. Ein kritischeres Bild ergibt sich,
wenn man das Buch kontextualisiert, indem
man die Ausstellung „Objekt Atlas" sowie
die Folgeprojekte des Museums in den Blick
nimmt und Diskussionen beiwohnt, die die
Herausgeberin zum Beispiel gemeinsam mit
Otobong Nkanga gestaltet hat.[6] Dabei wird
deutlich, daß zumindest im Rahmen der Ausstellungen kein Gespräch zwischen Kunst und
Wissenschaft im Sinne des *artistic research* in-
tendiert ist, hier sollen (nur) die Künstler und
Künstlerinnen zu Wort kommen.

Anders verhält es sich mit dem Ausstellungsbegleitband. Er dokumentiert Perspektiven unterschiedlicher Wissenschaften (z.B.
Ethnologie und Politikwissenschaft) und
Künste (z.B. Malerei, Skulptur, Multimedia)
auf die Sammlungen des Weltkulturen-Museums und bietet – sowohl intellektuell als auch
visuell – eine spannende Lektüre.

[1] Bereits in den 1830er Jahren hatten Maler wie
David Wilkie, Horace Vernet und David Ro-
berts an Expeditionen nach Palästina teilgenommen. Malcolm Warner analysiert die dabei
entstandenen Bilder und kommt zu dem Befund
eines „biblical orientalism" (1984:39).

[2] Vergleiche zu weiteren Implikationen dieses
ästhetischen Zugangs Lanwerd (2011:238–253).

[3] Nachdem ich die Installation 2010 im Glasgow
Museum of Modern Art gesehen habe, halte ich
die Aussagen des Künstlers für sehr aufschluß-
reich, zumal sie der Rezeption von Christian
Kravagna (2009) widersprechen.

[4] Vergleiche http://www.kreuzbergersalon.de/
events/beutezuege-systeme.

[5] Vergleiche hierzu Bluche *et al.* (im Druck).

[6] Eine solche Diskussion fand zum Beispiel am
31. Januar 2013 im Zentrum Moderner Orient
(Berlin) statt.

LITERATURVERZEICHNIS

BLUCHE, Lorraine, Christine GERBRICH, Susan
    KAMEL, Susanne LANWERD und Frauke
    MIERA (Hrsg.)
Im Druck *NeuZugänge*. Museum, Migration, Samm-
    lungen. Eine Laborausstellung. Transcript:
    Bielefeld

KRAVAGNA, Christian
2009 „Konserven des Kolonialismus. Die Welt im
    Museum", in: Belinda Kazeem, Charlotte
    Martinz-Turek und Nora Sternfeld (Hrsg.),
    Das Unbehagen im Museum. Postkoloniale
    Museologien, 131–142. Wien: Turia + Kant

LANWERD, Susanne
2011 „Bilder und Bilderpolitik. Repräsentatio-
    nen des Islam in Printmedien und aktueller
    Kunst", in: Georg Pfleiderer und Alexander
    Heit (Hrsg.), *Sphärendynamik I.* Zur Analyse
    postsäkularer Gesellschaften, 235–314. Zü-
    rich: Pano

WARBURG, Aby
1980 „Heidnisch-antike Weissagung in Wort und
    Bild zu Luthers Zeiten", in: Dieter Wuttke
    (Hrsg.), *Aby Warburg*. Ausgewählte Schrif-
    ten und Würdigungen, 199–304. Baden-Baden:
    Baden: Valentin Koerner

WARNER, Malcolm
1984 „The question of faith: orientalism, Chris-
    tianity and Islam", in: Mary Anne Stevens
    (Hrsg.), *The orientalists: Delacroix to Matisse*.
    European painters in North Africa and the
    Near East, 32–39. London: Royal Academy of
    Arts

Susanne Lanwerd

Verena Keck: The search for a cause: an anthropological perspective on a neurological disease in Guam, Western Pacific. Mangilao: Richard Flores Taitano Micronesian Area Research Center 2011. xxiv + 241 S., 47 Abb.

Als Ethnologin, die seit langem zum Thema der Demenzerkrankungen gearbeitet (z.B. Leibing u. Cohen 2006) und die sich auch für die Parkinson-Krankheit interessiert hat (z.B. Leibing 2009), halte ich die Studie von Verena Keck über den Amyotrophen Lateralsklerose (ALS)/Parkinson-Demenz-Komplex für ein faszinierendes Beispiel dafür, wie neurologische Pathologien, Umwelt und Kultur einander bedingen. ALS/PDC, wie es in der englischsprachigen Literatur abgekürzt wird, existiert seit langem auf Guam, einer Insel im westlichen Pazifik (Mikronesien). Dort wird es *lytico/bodig* genannt und es handelt sich um ein Syndrom, das aus ALS und einem Alzheimer-ähnlichen Komplex mit Symptomen von Demenz und Parkinsonismus besteht. Diese Symptome können in verschiedenen Kombinationen auftreten und das in einer ungewöhnlichen Häufung bei einigen, aber nicht bei allen Chamorro, der einheimischen Bevölkerung von Guam. Und obwohl die Prävalenz dieses Krankheitskomplexes etwa ab dem Zweiten Weltkrieg deutlich zurückgegangen ist, läßt sich bis heute nicht erklären, was genau diesen Rückgang herbeigeführt hat. Eine Reihe von Hypothesen entstand jedoch über die Jahre hinweg, die in diesem Buch jeweils mit ihrer eigenen Logik erläutert und dann wieder verworfen werden.

Insofern liest sich die Studie von Keck wie ein ethnologischer Kriminalroman, wäre da nicht das Leiden der Betroffenen, welches der Autorin besonders am Herzen liegt. Ein zentraler Punkt dieses Buches ist das Stigma, das mit der Krankheit einhergeht und zu dessen Entstehen auch die vielen Wissenschaftler – zum Beispiel Neurologen, aber auch Ethnologen – beigetragen haben, die dem „Mys-terium" *lytico/bodig* auf den Grund gehen wollten.

Das Buch beginnt mit der Frage, ob ALS/PDC als ein individuelles (z.B. Genetik), als ein eher umweltbezogenes (z.B. Wasserbeschaffenheit) oder aber als ein auf lokalen Praktiken (z.B. Ernährung) beruhendes Phänomen verstanden werden sollte – oder aber, ob es sich um eine Kombination von all dem handelt. Um dieser Frage nachzugehen, hat Verena Keck drei analytische Perspektiven herausgearbeitet.

(1.) Ein historisches Kapitel (Kapitel 2) beginnt mit der spanischen Ära, genauer mit der Landung Ferdinand Magellans in Guam im Jahr 1521, und nimmt sich der ersten Aufzeichnungen über die Chamorro an. In dieser Zeit beginnen auch die ersten Beschreibungen von *lytico/bodig*, was einen eingeschleppten Krankheitsauslöser nahelegen könnte. Die verschiedenen folgenden Kolonisationsphasen (die Missionierung – etwa durch Jesuiten und Augustiner – sowie amerikanische, japanische und deutsche Administrationsperioden) werden daraufhin untersucht, inwieweit sie unterschiedliche Auswirkungen auf die Bewohner von Guam bezüglich Ernährung, lokale Gebräuche und Umwelt hatten. Die weitaus größte Anzahl von *lytico/bodig*-Patienten wies Guam zwischen 1930 und 1945 auf, während die Zahl der Erkrankten danach stetig abnahm. Was geschah in diesen Jahren hinsichtlich von Krankheitserregern oder Lebensstil, das später nicht mehr vorhanden war? Rätselhaft ist auch, daß das Syndrom heute vorwiegend in Dörfern mit einer stärker traditionellen Lebensweise und kaum bei Zugewanderten auftritt. Vielleicht hätte eine intensivere Auseinandersetzung mit den 1930er Jahren in Guam geholfen, der Lösung dieses Rätsels ein Stück näher zu kommen. Kecks Interviews mit Chamorro, die zu der Zeit gelebt haben oder deren Angehörigen, ergaben jedoch keine ätiologierelevanten Hinweise.

(2.) Das dritte Kapitel setzt sich mit den biomedizinischen Hypothesen auseinander, cie im letzten Jahrhundert hinsichtlich des *lytico/bodig*-Syndroms erforscht und teilweise wieder verworfen wurden: etwa genetische Ursachen, ebenso die *fadang*-Hypothese (*fadang* ist eine Wurzel, aus der Mehl gewonnen wird und die, wenn nicht richtig zubereitet, giftig ist), die Aluminium-Hypothese (ebenfalls viel diskutiert in der Alzheimer-Forschung der 1990er Jahre) oder etwa der Verdacht, daß ein Wurm oder ein anderer Agent aus dem Tierreich verantwortlich sein könnte. Auch Kecks sorgfältige Auseinandersetzung mit der Epidemiologie des *lytico/bodig*-Syndroms führt zu mehreren Hypothesen, die dann jedoch mit weiteren Statistiken jeweils wieder in Frage gestellt werden.

(3.) Die dritte Perspektive, die Keck „die anthropologische Herangehensweise" nennt, befaßt sich im vierten Kapitel mit dem nicht biomedizinischen Medizinsystem auf Guam, welches zum Teil die auf Galen zurückgehende und immer noch weit verbreitete Humoralmedizin beinhaltet. Die Beschreibung des speziellen Wissens und der Anwendungen dieser Medizin durch „traditionelle" Heiler, die nach Keck einen weitgehend (und wichtigen) psychodynamischen Effekt haben, werden mit Interviews mit Angehörigen von erkrankten Chamorro kombiniert. Auch diskutiert die Autorin hier einige medizinethnologische Studien hauptsächlich zum Altern und zu Demenzerkrankungen in nicht europäischen Kulturen. Da Keck sich hier mit dem „nicht Europäischen" beschäftigt, ist der Fokus sehr eng, vielleicht aus Platzgründen. Es scheint, daß das zentrale Anliegen der Autorin in diesem Kapitel darin besteht, das „Kulturelle" in bezug auf neurologische Leiden und Krankheiten des Alterns im Allgemeinen herauszuarbeiten. Die dabei implizite Kritik an der Biomedizin ist meines Erachtens nicht gerechtfertigt; ich stimme Keating und Cambrosio (2012) zu, daß es sich bei dieser immer wieder gelesenen Kritik um einen „soziologischen Reduktionismus" handelt.

Um die drei erwähnten Perspektiven zu integrieren, wird die Geschichte der Familie Santiago erzählt, die dem Leser die emische Perspektive vermittelt. Es ist die Stärke dieses Buches, daß mit großem Einfühlungsvermögen gezeigt wird, wie die Assoziation einer Gruppe von Menschen mit einer Krankheit zu Stigmatisierung führen kann, und das mit weitreichenden Auswirkungen auf die Identität derart Ausgesonderter.

Alles in allem handelt es sich bei diesem Buch um eine klassische Ethnographie mit einem traditionellem Vokabular der Medizinethnologie. Am Ende des Buches war ich von den vielen nebeneinander aufgereihten Theorien begeistert, die die Schwierigkeit zeigen, eine endgültige Erklärung zu erlangen und die wie eine Warnung an Wissenschaftler klingen, sich nicht allzu schnell mit einem Modell abzufinden – auch wenn dieses im ersten Moment einleuchtend scheint. Natürlich war ich auch enttäuscht, da – um noch einmal die Metapher des Kriminalromans zu verwenden – der „Mörder" am Schluß nicht bekannt ist. Ich hätte mir etwas mehr Detektivarbeit gewünscht, zum Beispiel eine konsequentere Auseinandersetzung mit neuerer biomedizinischer Forschung, die dann mit einer detaillierteren historischen Analyse der 1930er Jahre in Guam in Zusammenhang gebracht wird. Dieser Punkt hätte mehr Gewicht bekommen, wären die einzelnen Perspektiven nicht nur nebeneinandergestellt, sondern auch stärker miteinander verknüpft worden. Warum nicht Interviews mit den führenden Forschern aus dem weiteren Feld der Neurologie? Wenn Schwermetalle oder Pestizide eine Rolle zu spielen scheinen – zumindest bei vulnerablen Individuen –, dann könnte dieser Zusammenhang noch stärker vertieft werden: Sowohl ALS als auch Parkinson – und in einigen Fällen Demenz – werden mit Umweltgiften in Verbindung gebracht. Und auch die (allerdings widersprüchlichen) Studien, die einen Zusammenhang zwischen der Zugehörigkeit zum Militär – Guam war lange Zeit ein Militärstützpunkt der Amerikaner – und einem erhöhten Risiko von ALS herstellen, wäre vielleicht einen Gedanken wert gewesen. Nachdem sich Keck über zwanzig Jahre lang mit *lytico/bodig* auseinandergesetzt hat – sie begann ihre Studie 1992 –, stellt sich die Frage, ob es nicht einen Erklärungsansatz gibt, den sie persönlich am plausibelsten findet. Auch hätte ich mir für die Analyse eines derart vielschichtigen Gesundheitsrätsels einen komplexeren Theorieansatz gewünscht. Margaret Locks vielzitierte *local biology* fällt mir spontan ein (z.B. Lock 2001), für die *lytico/bodig* ein spannendes Beispiel gewesen wäre, um die Bedingtheit und Verwicklung von Lokalem und Biologischem zu diskutieren (und auch um das etwas vage Konzept der lokalen Biologie weiterzuentwickeln). Allerdings denke ich, daß Keck, eben da sie keine eigene Erklärung für *lytico/bodig* hat, sich schwer damit getan hätte, sich auf ein derartiges Gedankenspiel einzulassen. Aber das hätte vielleicht verhindert – und hier handelt es sich um meine zentrale Kritik –, daß „anthropologisch" (ethnologisch) mit „traditionell" gleichgesetzt und daß die Biomedizin als parallel dazu beschrieben wird. Vielleicht war es das nicht, was die Autorin beabsichtigte; diese Gleichung zieht sich jedoch durch das gesamte Buch und kann leicht zu Mißverständnissen führen. Gerade die Verwicklung des „Traditionellen" mit der modernen Schulmedizin hätte dem Leser vielleicht ein etwas tieferes Verständnis von dem so widersprüchlichen Phänomen *lytico/bodig* gegeben.

Abgesehen davon stellt dieses Buch ein empfehlenswertes Beispiel dafür dar, wie wichtig es ist, neurologische Krankheitsbilder in verschiedenen Kulturen zu studieren. Nicht nur werden – wie im vorliegenden Fall – durch eine Fokussierung auf eine kleinere Gruppe die historischen Trends besser sichtbar, die konkrete Auswirkungen darauf haben, wie betroffene Familien sich und andere verste-

hen, diese Studie zeigt auch, wie Pathologien in bestimmten Umgebungen „exotisiert" werden – sowohl von Medizinern als auch von Sozialwissenschaftlern. Das „Exotische" hebt bestimmte Aspekte hervor und verschleiert andere. Insofern liefert Verena Keck einen faszinierenden Beitrag zu dem langwährenden und immer noch aktuellen Thema der multiplen Reduktionismen der ineinander verwobenen Medizinsysteme sowie der Art und Weise, wie bestimmte Krankheiten in ihren jeweiligen historischen und kulturellen Kontext eingebettet sind.

LITERATURVERZEICHNIS

KEATING, Peter und Alberto CAMBROSIO
2012   *Cancer on trial: oncology as a new style of practice.* Chicago: University of Chicago Press

LEIBING, Annette
2009   „Lessening the evils, online: embodied molecules and the politics of hope in Parkinson's disease", *Science Studies* 22(2):44–63

LEIBING, Annette und Lawrence COHEN (Hrsg.)
2006   *Thinking about dementia: culture, loss, and the anthropology of senility.* New York: Rutgers University Press

LOCK, Margaret
2001   „The tempering of medical anthropology: troubling natural categories", *Medical Anthropology Quarterly* 15(4):478–492

Annette Leibing

Markus Schindlbeck: Gefunden und ver-
loren. Arthur Speyer, die dreißiger Jahre
und die Verluste der Sammlung Südsee des
Ethnologischen Museums Berlin. Berlin:
Staatliche Museen zu Berlin 2012. 270 S., 150
Abb. (Veröffentlichungen des Ethnologischen
Museums Berlin, Neue Folge 79, Fachreferat
Südsee und Australien XVII.)

Das vorliegende Buch hat eine Sammelpraxis
zum Thema, die bis in die 1960er und 1970er
an ethnographischen Museen üblich war, bisher jedoch als solche niemals in Fachpublika-
tionen ausführlich analysiert und diskutiert
wurde. Es handelt sich um Tausch, Abgabe
und Verkauf von Gegenständen aus Museumssammlungen und die Teilnahme der mit
öffentlichen Mitteln geförderten ethnographischen Museen am privaten Kunstmarkt. Der
Autor Markus Schindlbeck, als Kustos zu-
ständig für die Sammlung Südsee des Ethnologischen Museums Berlin, untersucht diese
Interaktionen von Museen und Kunsthandel
anhand der von ihm betreuten Sammlung, indem er sich mit dem Schicksal der abgegeben
Objekte auseinandersetzt. Bei seiner historischen Recherche und Analyse des Ethnogra-
phica-Handels orientiert er sich vor allem an
den Transaktionen einer „Sammlerdynastie"
(13), nämlich der Familie Speyer, die über drei
Generationen hinweg in diesem Geschäft tätig war und in den 1920er und 1930er Jahren
mit nahezu allen ethnologischen Museen in
Deutschland und der Schweiz in geschäftli-
chem Kontakt stand.

Die Einteilung des Buchs in sechs größere
Kapitel entspricht bestimmten Zeitabschnit-
ten der Berliner Museumsgeschichte, dient
aber vor allem als strukturierende Klammer
für die zahlreichen, thematisch sehr verschiedenen Unterkapitel. In einem Anhang (221–
265) werden dem Leser noch zusätzlich einige
wichtige, vom Autor genutzte Quellen wie
Briefe oder Objektlisten in ganzer Textlänge
zur Verfügung gestellt. Die Art und Weise,

wie Schindlbeck eine Vielzahl unterschiedlicher Themen, Fallstudien und Textmateriali-
en zu einen Ganzen zusammenfügt, erinnert
stark an eine Form der „dichten Beschreibung" im ethnologischen Sinne.

Im ersten Kapitel berichtet der Autor
über die Anlage der sogenannten Dubletten-
sammlungen, einer wichtigen Grundlage aller
früheren geschäftlichen Transaktionen der
Museen (15–29). Gründe für die Abgabe von
Stücken waren die Notwendigkeit der Geld-
beschaffung, akute Raumprobleme, aber auch
nicht selten eine abwertende Einschätzung
ethnographischer Objekte. Am Beispiel des
Generaldirektors Wilhelm von Bode macht
Schindlbeck deutlich, wie zudem eine negative Haltung gegenüber der Ethnologie als
wissenschaftlicher Disziplin im Allgemeinen
zu einer Geringschätzung ethnographischer
Objekte führen kann (16–18).

In den nächsten beiden Kapiteln analysiert
der Autor die Kulturpolitik und das Zeitgeschehen der 1920er und 1930er Jahre, um
aufzuzeigen, wie es zu den Veräußerungen
von Sammlungsgegenständen der Berliner
Südseesammlung kam. Themen sind unter
anderem die Trennung von Schau- und Studi-
ensammlung und die Konzeptualisierung des
Museums als Lehrinstitution in den 1920er
Jahren (35–66) sowie der Einfluß von Kolo-
nialrevisionismus und Nationalsozialismus in
den 1930er Jahren (69–94). Schindlbeck legt
die Zusammenhänge zwischen Zeitgeschehen,
kulturpolitischem Denken, Bildungspolitik
und Museumskonzepten klar nachvollziehbar
dar und bietet so ein hervorragendes Beispiel
dafür, wie eine selbstreflexive museologische
Darstellung von Museumsgeschichte aussehen
kann.

Um im folgenden Kapitel die Geschichte
der Familie Speyer und deren Sammler- und
Händleraktivitäten zu beschreiben, nutzt
Schindlbeck vor allem seine persönlichen
Gespräche mit Arthur Johannes Otto Jansen
Speyer sowie die von diesem verfaßten bio-
graphischen Texte als Quellen. Jansen Speyer

bezieht sich darin nicht nur auf seinen eigenen Werdegang und die eigene geschäftliche Tätigkeit, sondern auch auf die seines Großvaters Arthur Karl Hans Friedrich August Speyer, dem Begründer der Sammlung Speyer, und die seines Vaters Arthur Max Heinrich Speyer, der wiederum die Geschäfte von seinem Vater übernahm. Schindlbeck entwirft ein Bild der Speyer'schen Sammeltätigkeit, Ankäufe und Tauschgeschäfte, indem er lange Passagen aus Arthur Speyers Berichten wörtlich zitiert (95–117). Er gibt den persönlichen Aussagen Speyers besonderes Gewicht, indem er ihn wie bei einer ethnologischen Feldforschung als Informanten ausführlich zu Wort kommen läßt. Zahlreiche den Text ergänzende historische Fotografien aus dem Besitz Speyers zeigen Teile seiner Ethnographica-Bestände vor dem Verkauf an Sammler und Museen. Auf den Fotos lassen sich Objekte wiedererkennen, die sich heute im Besitz von Museen befinden. Damit stellt die vom Autor gut ausgewählte Zusammenstellung von Bildern eine ebenso wichtige Quelle für die museologische Provenienzforschung dar wie die biographischen Texte Speyers. Unter Hinziehung von Briefen aus dem Archiv des Berliner Museums und entsprechender Sekundärliteratur beschreibt Schindlbeck das Verhältnis Arthur Max Heinrich Speyers zu anderen bekannten Sammlern wie Charles Ratton, Gustav Umlauff oder M.L.J. Lemaire, die alle auch Objekte aus Speyers Sammlung kauften oder über seine Vermittlungs- und Tauschaktionen Objekte aus den Sammlungen ethnologischer Museen erwarben. Soweit es aus den ihm zur Verfügung stehenden Quellen hervorgeht, beschreibt der Autor neben den Transaktionen des Berliner Museums auch solche anderer Häuser. Die meisten Sammlungskustoden kauften nicht nur an, sondern gaben auch museumseigene Objekte im Tausch gegen Stücke aus der Sammlung Speyer ab (117–129).

Als eine einschneidende Konsequenz der geschäftlichen Verbindung der Familie Speyer mit dem Berliner Museum für Völkerkun-

de sieht Schindlbeck, zusätzlich zu dem den materiellen Verlust von wertvollen Sammlungsbeständen, besonders auch die Einbuße des mit den Objekten verbundenen ethnologischen Fachwissens. Am Beispiel zweier ursprünglich aus Berlin stammender Stücke, einem Türsturz und einem Kanusteven der Maori, zeigt er auf, wie groß die Gefahr ist, daß durch die Weitergabe von einem Besitzer zum anderen die zugehörige Dokumentation von Ursprung und Bedeutung der Ethnographica verloren gehen kann (146–150). Da eine vollständige Zusammenstellung der aus der Berliner Südsee-Sammlung vermißten Gegenstände bis heute nicht möglich ist, gibt der Autor im fünften Kapitel eine zusammenfassende Übersicht über das Ausmaß der Verluste, wobei er einige Objekte hervorhebt, die er selbst als „besondere Gegenstände" (209) bezeichnet. Unter anderen handelt es sich dabei um zwei Stücke aus der Marquesas-Sammlung von Karl von den Steinen: ein kunstvoll aus Schildpatt geschnitzter Angelhaken und ein mit menschlichem Haar besetzter, geflochtener Fächer, dessen Griff aus drei zusammengebundenen knöchernen anthropomorphen Amuletten zusammengesetzt ist. Beide Gegenstände galten den Marquesanern als Reliquien, da man ihren Ursprung direkt auf den Halbgott Maui und den Gott O Atea zurückführte (209–210). Es ist dies einer der wenigen Abschnitte im Buch, in denen der Autor auf die „ursprüngliche", aus der Herkunftskultur stammende Bedeutung der verlorenen Sammlungsgegenstände eingeht und die einzige Stelle, die demonstriert, wie wichtig solche Inhalte für die Wertschätzung eines ethnographischen Objektes durch den europäischen Rezipienten sind. Schindlbeck nennt wiederholt andere Bewertungskriterien wie Alter, seltenes Vorkommen oder ästhetische Qualität und macht am Beispiel einzelner gezielter Tauschaktionen zwischen dem Völkerkundemuseum Berlin und Speyer deutlich, wie subjektiv der den Stücken beigemessene Wert sein kann: Was man damals gegen einen vermeintlich gleichwertigen Gegenstand abgegeben hat, wird heute als unersetzlicher Verlust bedauert, das dafür eingetauschte Objekt hingegen als eher mittelmäßiges Stück eingestuft. Allerdings mag beim Leser an vielen Stellen die Frage aufkommen, ob der Autor einer früheren subjektiven Bewertung heute nicht sein eigenes, ebenso subjektives Urteil entgegenstellt. Erst im Schlußkapitel, das aus einer zusammenfassenden Diskussion besteht, wird Schindlbecks Hauptargument wirklich deutlich: Die Betonung eines subjektiven ästhetischen Werts hat wissenschaftliche Fragestellungen verdrängt und damit die Wandlung eines Sammlungsobjektes vom unwiederbringlichen Kulturgut zum veräußerbaren Handelsgut erleichtert. Der Verkauf und Tausch von Ethnographica aus bestehenden Museumssammlungen behinderte wiederum eine vergleichende ethnologische Sammlungsbearbeitung (220). Um die dahin führende Argumentationslinie des Buches deutlicher zu machen, wäre ein eigenes Kapitel über die verschiedenen Perspektiven auf ethnographische Sammlungen im Allgemeinen und die wissenschaftliche Bedeutung der vermißten Objekte im Besonderen hilfreich gewesen.

Schindlbecks Warnung vor der Re-Kommerzialisierung von Museumssammlungen (219) ist höchst aktuell, da sich vielerorts die ethnologischen Museen inhaltlich umorientieren. In vielen Häusern wirbt man mit einer sogenannten Neuaufstellung der Sammlungen und läßt sie von westlichen zeitgenössischen Künstlern neu interpretieren, weil man sich so höhere Besucherzahlen verspricht. Statt Wege zu finden, die Ethnologie für die Öffentlichkeit interessanter zu vermitteln, klammert man ethnologische Ansätze bei der Präsentation der Sammlungen ganz aus. Der von Schindlbeck beschriebene Prozeß, in dem Museumsobjekte zu Bestandteilen eines kommerziellen Kunstmarktes werden und wissenschaftliche Inhalte verloren gehen, ist längst wieder in vollem Gange. Daher halte ich es für bedauerlich, daß sich das vorliegende Werk

eher an einen engeren Kreis von Fachwissenschaftlern, Ethnographica-Sammlern und Museumsethnologen zu richten scheint als an eine breitere Leserschaft. Der Autor setzt die wissenschaftlichen Inhalte der Ethnologie als bekannt voraus und geht wie selbstverständlich davon aus, daß ethnologische Zusammenhänge ganz allgemein als erhaltenswertes Wissen akzeptiert werden. Aber gerade dies ist in der Öffentlichkeit heute nur bedingt der Fall. Meist werden die Geschicke ethnologischer Museen von Ministerien oder Dezernaten gelenkt, deren Mitarbeiter nur sehr unklare Vorstellungen von der Ethnologie und ihren Institutionen haben. Es sind gerade diese Vertreter der öffentlichen Museumsträger, die in wirtschaftlich schwierigen Zeiten auch wieder den Gedanken an die Veräußerung von Sammlungen aussprechen, ohne dabei langfristige Konsequenzen zu bedenken. Auf Kulturpolitiker wird die Geschichte der Berliner Verluste und das Aufzeigen der Unwiederbringlichkeit verlorener kulturhistorischer Belege nur dann abschreckend wirken, wenn es in der Öffentlichkeit auch Gruppierungen gibt, die am Fortbestehen ethnographischer Sammlungen als ethnologischen Wissensquellen interessiert sind. Gerade deshalb ist es schade, daß der Autor vielfach darauf verzichtet, ethnologische Begrifflichkeiten und Zusammenhänge zu erklären, und nicht versucht, eine breitere Zielgruppe zu erreichen, indem er in einem weniger verknappenden wissenschaftlichen Stil schreibt.

Jedoch soll diese Kritik den Wert des vorliegenden Buches nicht schmälern. Persönliche Beziehungen und politische Zusammenhänge sind akribisch recherchiert. Zahlreiche Zitate aus Briefen und Schriften von Zeitgenossen, Sammlern, Ethnologen und Kunstwissenschaftlern geben einen hochinteressanten Einblick in frühere Haltungen gegenüber ethnographischen Sammlungen, in die Konzeption älterer Ausstellungen und in die Wechselhaftigkeit kulturpolitischer Diskussionen. Die Darstellung der vielfältigen Beziehungen zwischen einzelnen Wissenschaftlern, Repräsentanten der Berliner Kulturverwaltung, Kunstsammlern und Galeristen zeigt auf eindringliche Weise, wie Meinungen gebildet und manipuliert wurden und wie Transaktionen zustande kamen. Da Museen allgemein ihre Daseinsberechtigung damit begründen, daß sie Kultur bewahren, vermeiden Museumswissenschaftler häufig die öffentliche Auseinandersetzung mit kommerziellen Aspekten der Sammelpolitik und präsentieren wissenschaftliche Inhalte als unumstößliche Wahrheiten. Es ist daher ein großes Verdienst des Autors, daß er sich des Themas der Teilnahme von Museen am privaten Kunstmarkt offen annimmt und sehr deutlich zeigt, wie museale Sammlungstätigkeit seit jeher von dem Zeitgeist unterworfenen Ideologien und finanzpolitischen Überlegungen gesteuert wurde.

Eva Ch. Raabe

Ute Luig (Hrsg.): Negotiating disasters: politics, representation, meaning. Frankfurt am Main *et al.* Peter Lang Verlag 2012. xii + 326 S., 19 Abb.

Seit Risiko-Gesellschaft, Klimawandel und Tsunamis die internationale Staatengemeinschaft und Medienlandschaft beschäftigen, hat das Thema der Katastrophen auch in der Forschung an Bedeutung gewonnen. Die vorliegende Aufsatzsammlung ist Ausdruck einer steigenden Zahl von Studien zu dieser Thematik, die lokale und kulturelle Facetten beleuchten und die Perspektive der Betroffenen gegenüber undifferenzierten Konzeptionen von Katastrophen in den Mittelpunkt rücken. Die einzelnen Beiträge gehen zurück auf ein Kolloquium an der Freien Universität Berlin aus dem Jahr 2010, wo die Katastrophenforschung, zumindest was die Ethnologie in

Deutschland angeht, eines ihrer Zentren hat. Die Aufsatzsammlung will Bestandsaufnahme von älteren Thesen und neuen Ansätzen, auch junger Wissenschaftler, sein und behandelt eine Vielfalt von Extremereignissen: Umweltzerstörung von Weideland und Küstengebieten, Blitzeinschlag und Hagel, Erdbeben, Bergrutsche oder Flutwellen. Der Sammelband erhebt Anspruch auf Transdisziplinarität. Dabei wird die Problematik der Katastrophen aus dem Blickwinkel unterschiedlicher Disziplinen beleuchtet, die nicht, wie bei der Interdisziplinarität, ihre Methoden zur Bearbeitung dieser Problematik zusammenführen. Die Religion etwa stellt Deutungen bereit, das heißt, sie bedient das Bedürfnis nach Sinngebung. Das Buch könnte mit „Transdisziplinärer Perspektivismus" betitelt sein. Es finden sich Afrikanisten, Geographen, Psychologen und Entwicklungssoziologen unter den Autoren, wobei die Kulturanthropologen leicht in der Überzahl sind.

Wie viele Aufsatzsammlungen behandelt auch der vorliegende Sammelband Einzelbeispiele und Teilaspekte, welche die Herausgeberin Ute Luig in ihrer Einleitung neu aufgreift und anspruchsvoll reflektiert. Diese Einleitung geht über die übliche Hinführung zur Thematik und die Vorstellung der Einzelbeiträge hinaus. Es werden Gedankenstränge zusammengebunden, Argumente aus den Beiträgen geordnet und neue Gesichtspunkte aus externer Literatur eingefügt. „Resilienz" etwa erweist sich, über die ökologische Belastbarkeit des Menschen in unwirtlichen Gebieten hinaus, als ein Element kollektiver Identitätsbildung. Die Thematik ist aktuell eingebunden, zumal das Kolloquium unter dem Eindruck des Kernreaktorunglücks von Fukushima stattfand. Es kommen Fragen der angewandten Forschung zur Sprache, die beim Eingreifen der von außen kommende Katastrophenhilfe in die lokale Logik entstehen. Es wird das Verhältnis von Natur und Technik thematisiert, wobei die Risiken der modernen Technologie heute unter Umständen bedrohlicher scheinen als das Gefahrenpotential der Natur. Angesichts der Tatsache, daß heutige Naturkatastrophen oft selbst einen anthropogenen Anteil aufweisen, plädiert Luig dafür, das Natur-Kultur-Verhältnis neu zu überdenken. In jedem Fall koexistieren in einem modernen Umfeld naturalistische und religiöse Sichtweisen.

Die thematisch und regional doch recht unterschiedlichen Aufsätze sind in eine vierteilige Struktur gebracht. Im Anschluß an die Einleitung (Oberkapitel I: „Introduction")[1] folgen zunächst Beiträge mit starker theoretischer Gewichtung (II: „Engaging with theories"). Nochmals in einem Unterkapitel zusammengefaßt sind die Artikel zu Risiko und Risikomanagement (II.1. „Thinking about risk and risk management"). Hier widmet sich Michael Bollig Fragen von Risiko und Risikomanagement bei Hirtenbauern in Nordwest-Namibia, die als vulnerabel, also als ökologisch verletzlich, gelten.[2] Sein Dialog von Theoriereflexion und ethnographischer Langzeitforschung zeigt, daß herkömmliche Konzepte von Risiko, die sich an Wiederherstellungskosten (etwa in der Versicherungswirtschaft) oder der Ökologie mit ihrem ausschließlichen Blick auf Ressourcenverfügbarkeit orientieren, komplexen Realitäten selten gerecht werden. Die Relevanz der emischen Perspektive, von Werten, Normen oder politischen Dynamiken zeigt erst die Langzeitforschung, die eine Abkehr von fixen theoretischen Paradigmen nahelegt.

Bei dem Geographen Ingo Haltermann steht die Wahrnehmung von Katastrophen im Mittelpunkt.[3] Sie wird facettenreich in vielen Dimensionen beleuchtet, wobei sie nach aktuellen Erkenntnissen untrennbar mit ihrer Interpretation verwoben ist, die wiederum auch kulturelle Einfärbungen hat. Der Autor gelangt zu einer nur auf den ersten Blick paradox anmutenden Diagnose: Zwar werden Risiken kulturübergreifend empfunden, doch erleben diejenigen Bevölkerungsgruppen sie als weniger dramatisch, die den Umweltgefah-

ren am stärksten ausgesetzt sind, eben weil sie an diese gewöhnt sind. Bevölkerungsgruppen hingegen, die in gesichertem Umfeld leben, erfahren sie als ungleich bedrohlicher.

Das zweite Unterkapitel (II.2. „Vulnerability and resilience") behandelt Fragen der Verletzlichkeit und Belastbarkeit von Bevölkerungsgruppen in Extremsituationen. Elísio Macamo und Dieter Neubert zeigen in einem Vergleich von drei Flutwellen, die sich innerhalb eines Jahrzehnts in Mosambik (2000 am Limpopo), Deutschland (1997 an der Oder) und den USA (2003 und 2004 an den Tennessee-Flüssen) ereigneten, daß Definitionen, die auf bloßer Schadenserhebung basieren, weder der Sicht der Betroffenen noch einer adäquaten Katastrophenhilfe gerecht werden.[4] Die verbreitete Annahme, daß vulnerable Personengruppen am stärksten von Katastrophen betroffen sind, ist zwar richtig. Allerdings ist unter diesen auch die Belastbarkeit größer als bei Gruppen in ökologisch stabiler Umgebung, die höhere Sicherheitserwartungen an die Normalität haben. Dies verlangt Macamo und Neubert zufolge in der Konsequenz eine Abkehr von gängigen Universalannahmen und eine Hinwendung zur Kontextualisierung nicht nur in der wissenschaftlichen Durchdringung, sondern auch bei der praktischen Katastrophenhilfe.

Auch Arne Harms, dessen Beitrag sich mit Armensiedlungen auf erodierenden Küstenstreifen von Inseln im Ganges-Delta befasst, möchte das Konzept der Resilienz von seiner engen Bindung an Ökologie und Politik lösen.[5] Er begreift es statt dessen als soziale Praxis und Ethik der Ausdauer, die sich aus Erinnerung, Solidarität und der Suche nach ökonomischen Alternativen speist und in der Lage ist, identitätsbildende Prozesse in Gang zu setzen. Dabei behandelt Harms freilich eine chronische Krisensituation, aber keine plötzlich hereinbrechende Katastrophe im klassischen Sinn.

Das dritte Unterkapitel (II.3. „Reflecting on methods: how can we make sense of disaster?") schließlich wendet sich der „Bedeutung" zu, das heißt der Sinnsuche bei der Bewältigung der Katastrophen seitens der Betroffenen. Die nachträgliche psychologische und emotionale Bewältigung des Erdbebens in Java (Indonesien) im Jahre 2006 ist Gegenstand des Beitrages der Kulturpsychologen Manfred Zaumseil und Johana Prawitasari-Hadiyono.[6] Sie erhellen auf Grundlage einer breiten kritischen Theorierezeption und einer dichten Arbeit mit Interviewpartnern, wie Extremerfahrungen von Verlust und Leiden psychologisch und spirituell verarbeitet werden. Als Leitgedanken der Forschung halten Zaumseil und Prawitasari-Hadiyono nicht klinische Traumatisierung oder kulturelle Besonderheiten für tauglich, sondern das Interesse an der nachträglichen Sinngebung, die mit einer kognitiven, religiösen Restrukturierung von Bedeutungszuschreibungen und Werten bei den Betroffenen einhergeht.

Im dritten Oberkapitel (III. „Politics of space: negotiating reconstruction") steht der Umgang mit Katastrophen durch Politik und Verwaltung im Mittelpunkt. Martin Sökefelds Beitrag über einen Bergsturz im nordpakistanischen Dorf Attabad skizziert das Aufstauen des Hunza-Flusses und die Blockade der Karakorum-Fernstraße durch Geröllmassen.[7] Der dadurch entstehende See setzte mehrere Ortschaften unter Wasser und isolierte die Region verkehrstechnisch praktisch von der Außenwelt. Die Naturkatastrophe hatte sich durch klare Anzeichen angekündigt, welche aber ignoriert wurden. Diese Unachtsamkeit ordnet der Autor schon der gesellschaftlichen Sphäre von Naturkatastrophen zu, die durch ein rechtzeitiges Eingreifen gemildert werden könnten. Die nach dem Bergsturz einsetzende öffentliche Katastrophenhilfe wurde als unzureichend empfunden und ließ schwelendes Konfliktpotential aufbrechen, wobei ethnische und religiöse Spannungen sowie latente politische Streitigkeiten aktualisiert wurden. Sökefeld geht davon aus, daß Naturkatastro-

phen im Wesentlichen als gesellschaftliche Ereignisse zu verstehen sind.

Pascale Schilds Beitrag über das Erdbeben in Asad Kahmir (Pakistan) von 2005 zielt in eine ähnliche Richtung und zeigt, daß Katastrophenhilfe und Wiederaufbau stets mit Politik verwoben sind.[8] Im Forschungsgebiet der Autorin blähten sich staatliche Einrichtungen unter dem Einfluß von internationalen Hilfsorganisationen und -Programmen jäh auf. Die Bevölkerung sah sich einer Katastrophenmaschinerie gegenüber, die in der Hauptstadt Muzzaffarabad den Wiederaufbau zerstörter Wohnhäuser in Angriff nahm. Die Betroffenen übten eine eigene Art des Widerstandes und unterliefen die durch die Katastrophe geschaffene Bürokratie, in dem sie auf eigenwillige, aber in den lokalen Verwandtschaftsbeziehungen verankerte Abwehrmechanismen zurückgriffen.

Edward Simpson schildert bei seinen Ausführungen über das Erdbeben in Kutch im indischen Gujarat von 2001, wie der Wiederaufbau – wie wohl jeder Neubeginn infolge von Katastrophen – eine katharische Wirkung entfaltete, dabei aber selbst ein Zerstörungspotential freisetzte.[9] Was in der Stadt Bhuj vom Erdbeben nicht verschont geblieben war, wurde im Zuge des Wiederaufbaus niedergerissen. Auch solche Räume wurden nicht ausgespart, die für die Bevölkerung weiterhin eine große Bedeutung besaßen, etwa die Friedhöfe der Stadt mit den Gebeinen der Verstorbenen. Städteplaner und Politiker setzten sich über soziale und religiöse Gebote hinweg, um aus einer vormals gewachsenen und nun zerstörten Stadt eine moderne Metropole zu machen. Ein Teil der Einwohner befand die Konsumoase, die auf den Trümmern der alten Stadt errichtet worden war, für gut. Der Autor gibt zu bedenken, daß noch im Wiederaufbau die sublimen Momente der Zerstörung nachhallen, auf die die Heimgesuchten in der Katastrophe zu reagieren hatten.

Im letzten Oberkapitel (IV. „Constructing local meanings") geht es vertiefend um Inter-

pretationen und Bedeutungen von Extremereignissen. Die letzten drei Artikel wenden
sich der Sinnsuche durch die Betroffenen zu,
bei der die Religion stets eine wichtige Rolle
spielt. Axel Schäfer behandelt das Unglück,
welches ein Blitzeinschlag bedeutet, der die
beiden Kühe einer armen Familie von india-
nischen Bauern im andinen Peru tötet.[10] Blit-
ze gelten als Teil der Natur, artikulieren aber
auch Botschaften andiner Gottheiten, und so
werden Reinigungsrituale vollzogen, die das
gestörte Gleichgewicht zwischen Menschen
und Göttern wieder herstellen sollen. Als in-
tegraler Bestandteil des andinen Lebens stärken solche religiösen Rituale Schäfer zufolge
die Belastbarkeit der Familie und ihrer Ökonomie.

Nach Dorothea Schulz sieht sich Uganda
in den letzten Jahrzehnten einem Dreifachde-
saster ausgesetzt, nämlich Bürgerkrieg, AIDS
und Naturkatastrophen.[11] Plötzliche natürli-
che Extremereignisse treten neben militäri-
scher Gewalt und dem fortlaufenden Sterben
unheilbar Kranker auf. Auf einem Kontinent,
dessen Bewohner die Ahnenverehrung insgesamt hoch achten, mag es überraschen,
aber nicht verwundern, daß Schulz bei afrikanischen Moslems im Osten Ugandas über
Trauer- und Beerdigungsriten einen Zugang
zu lokalen Vorstellungen von Tod und Toten
gewinnt. Tatsächlich berichtet sie von Vorstellungen, wonach Tote, die rituell nicht oder
unsachgemäß betrauert und bestattet werden,
das Leben der Lebenden durch Krankheiten
und Unglück negativ beeinflussen. Auch die
Präsenz des Leichnams bei den Trauerriten,
die bei Bürgerkriegen nicht immer sicherge-
stellt werden kann, gilt als wichtig. Der Frage, was bei Katastrophen geschieht, die viele
Menschenleben kosten, müßte die Forschung
nach Schulz noch vertiefend nachgehen.

Im letzten Artikel von Brigitte Vettori
dominieren Interviewsequenzen mit einem
Dorfvorsteher der Nikobaren zum Verlauf
und den Folgen des Tsunami, der sich 2004 im
Indischen Ozean ereignete.[12] Der Schilderung

der Katastrophe und der Rettung des Dorf-
vorstehers sowie seiner Familie und Nachbarn
werden die von indischen und europäischen
Medien kurz nach dem Tsunami kolportierten
romantisierenden Klischees über bedrohte
primitive Völker gegenübergestellt. Das Interview zeigt einen Dorfvorsteher, der sein traditionelles Wissen zur Rettung seiner Leute ein-
zusetzen verstand, nach Ende der Flutwelle
jedoch bereitwillig Unterstützung von außen
annahm. Situationsabhängig rekurrierte er se-
lektiv auf unterschiedliche eigene und externe
Kompetenzen und Kenntnisse und repräsentiert eine Gemeinschaft, in der neue Angebote
und alte Traditionen koexistieren.

Wie die meisten Sammelbände enthält
auch der vorliegende aktuelle und weniger aktuelle Beiträge, an- und aufregende Studien,
aber auch ältere oder konventionelle Artikel.
Dabei ist es das Verdienst der Herausgeberin,
diese in der Einleitung miteinander zum Sprechen zu bringen, wobei die Vielstimmigkeit
den Ton richtig trifft. Das zentrale Anliegen
des Bandes ist die Dekonstruktion von undifferenzierten und vermeintlich allgemeingül-
tigen Definitionen, Auffassungen und Hand-
lungsempfehlungen bei der Erforschung von
Katastrophen zugunsten von kontextgebun-
denen Ansätzen, die die lokale und emische
Perspektive berücksichtigen. Dies ist mit einer
beachtlichen theoretischen Tiefe und empirischen Breite gelungen, wobei die Einleitung
die ausgebreitete Vielfalt zusammenbindet.

Es handelt sich um eine englischsprachige Publikation, was zur internationalen An-
schlußfähigkeit deutscher Arbeiten beiträgt,
die es ohne Einschränkungen verdienen, über
den deutschsprachigen Raum hinaus rezipiert
zu werden. Freilich beinhalteten die englischen Begriffe, wollte man sie ins Deutsche
übertragen ihre Tücken, zumal die wenigs-
ten einem kulturwissenschaftlichen Kontext entstammen. Das englische Vokabular
ist umfangreicher. Zwischen „hazard", „risk"
„threat", „danger", „desaster" und „catastro-
phe" gibt es feinere Nuancen, die sich kaum

mit den existierenden deutschen Begriffen in Übereinstimmung bringen lassen. Allerdings sind Begriffe wie Resilienz, Vulnerabilität und Mitigation ohnehin auf dem besten Wege eingedeutscht zu werden.

Ein Versprechen hält der Band freilich nicht: Der Klimawandel wird wiederholt als potentielles Katastrophenszenarium angesprochen, doch kein Beitrag geht vertiefend auf ihn ein. Dies mag daran liegen, daß der Klimawandel Extremereignisse hervorbringen soll, er sich aber bei kaum einem solchen Ereignis eindeutig als Ursache identifizieren läßt. Doch vielleicht ist auch der Klimawandel Teil des „langen Weges", den die Anthropologie der Katastrophen nach Auffassung der Herausgeberin Ute Luig noch zurückzulegen haben wird (23).

[1] Ute Luig, „Negotiating disasters: an overview" (3–26)

[2] Michael Bollig, „Social-ecological change and the changing structure of risk, risk management and resilience in a pastoral community in Northwestern Namibia" (31–58)

[3] Ingo Haltermann, „The perception of natural hazards in the context of human (in-)security" (59–78)

[4] Elísio Macamo und Dieter Neubert, „Flood disasters: a sociological analysis of local perception and management of extreme events based on examples from Mozambique, Germany, and the USA" (81–103)

[5] Arne Harms, „Squatters on a shrinking coast: environmental hazards, memory and social resilience in the Ganges delta" (105–128)

[6] Manfred Zaumseil und Johana Prawitasari-Hadiyono, „Researching coping mechanisms in response to natural disasters: the earthquake in Java, Indonesia (2006)" (131–171)

[7] Martin Sökefeld, „The Attabad landslide and the politics of disaster in Gojal, Gilgit-Baltistan" (175–204)

[8] Pascale Schild, „Representations and practices of 'home' in the context of the 2005 earthquake and reconstruction process in Pakistan and Azad Kashmir" (205–234)

[9] Edward Simpson, „The anthropology of a 'disaster boom' economy in Western India" (235–252)

[10] Axel Schäfer, „Lightning, thunderstorms, hail: conception, religious interpretations and social practice among the Quechua people of the South Peruvian Andes" (255–278)

[11] Dorothea E. Schulz , „In the shadow of an unreconciled nature: Muslim practices of mourning and/as social reproduction in Uganda" (279–298)

[12] Brigitte Vettori, „Negotiating culture: indigenous communities on the Nicobar and Andaman Islands as focal points in the post-tsunami media coverage 2004/05" (299–326).

Lioba Rossbach de Olmos

Peter J. Bräunlein: Passion/Pasyon. Rituale des Schmerzes im europäischen und philippinischen Christentum. München: Wilhelm Fink 2010.

Das Selbstzufügen von Schmerz ist ein Phänomen, das besonderer Erklärung bedarf, insbesondere dann, wenn es sich nicht um eine rein individuelle, sondern um eine kollektive, in religiöse Begründungserzählungen und daraus abgeleitete Rituale eingebettete Erscheinung handelt. Die Geschichte des christlichen Abendlandes ist nicht gerade arm an Zeugnissen über solche Phänomene, doch lassen sich ganz ähnliche Praktiken auch in der außereuropäischen Welt nachweisen. Peter Bräunlein hat in seiner, auf einer überarbeiteten Habilitationsschrift basierenden Monographie den Versuch unternommen, rezente philippinische und historische okzidentale Schmerzensrituale vor dem Hintergrund ihrer jeweiligen religiösen und kulturellen Kontexte zusammenzudenken. Der Autor ist Ethnologe und hat in dieser Eigenschaft längere Zeit ethnographische Feldforschungen auf den Philippinen durchgeführt, hat Flagellationen, das Einschneiden von Rücken und Kreuzigungen mitangesehen und mit „Kreuzschleppern", „Kultverwahrern", Gekreuzigten und Kreuzigern gesprochen. Gleichzeitig ist er aber auch Religionswissenschaftler und versteht es, die partikulare Perspektive der Ethnologie mit dem generalisierenden und historisierenden Blick dieser Disziplin in Einklang zu bringen. Das vorliegende Ergebnis ist in jeder Hinsicht überzeugend und eröffnet fundierte Einblicke in einen Bereich von Kultur, der die europäische und die außereuropäische Welt in vielfältiger Weise verbindet, aber auch trennt.

Die Monographie besteht aus fünf ungleichgewichtigen Teilen: einigen längeren Vorbemerkungen, einem 140 Seiten starken Part über Selbstgeißelungen und Selbstkreuzigungen in der europäischen Religionsgeschichte, einer kurzen, nur 55 Seiten langen Einlassung zum philippinischen Katholizismus und einer ausführlichen, 250 Seiten umfassenden Darstellung philippinischer Passionsrituale, gefolgt von einer dreiundzwanzigseitigen Schlußbetrachtung. Die Konfrontation der philippinischen Daten mit einer europäischen Retrospektive dient Bräunlein auch als Immunisierung gegen „allzu flinke Abwehrreaktionen und Archaisierungstendenzen" (156) gegenüber vermeintlich exotischen Riten außereuropäischer Kulturen. Dieses Bemühen, verankert in der ethnologischen Reflexion von Alteritätskonstruktionen, durchzieht das Buch wie ein subkutanes Narrativ. Ohnehin wechseln sich Darstellungen von Ereignisgeschichten mit denen wissenschaftlicher Debatten ab, denn Bräunlein setzt seine Daten durchgehend in Beziehung zu diversen sozial- und kulturwissenschaftlichen Kontroversen, läßt sich von seinen empirischen Daten zu intellektuellen Erörterungen inspirieren und nutzt Theorien in der Hoffnung, sich Zugänge zum Verstehen unbekannter Welten zu verschaffen, deren phänomenologische Betrachtung allein die Gefahr eurozentrischer Verzerrungen unausweichlich machen würde.

Dicht und informativ geschrieben, beginnt das Buch mit einem historischen Rückblick auf die europäische und speziell die katholische Geschichte. Flagellationen, so lernt man, diffundierten aus antiken Strafrechtspraxen in das asketische christliche Brauchtum, vor allem in die Mönchsorden. In Anlehnung an Talal Asad erörtert Bräunlein, wie das Moment der Freiheit, den Gehorsam als Tugend zu wählen, in Form der *disciplina* Eingang in die klösterlichen Ordnungen fand. Ein Teil dieser Disziplinierung war untrennbar mit Selbstgeißelungen und anderen Bußübungen verknüpft, durch die die Büßenden das Leiden Christi nachzuvollziehen suchten. Einzelnen Gläubigen wie Heinrich Seuse, Elsbeth von Oye oder Sibyllina Biscossi von Pavia gelang es, durch besonders exzessive Praktiken, von Bräunlein minutiös geschildert, Berühmtheit zu erlangen. Bräunlein beläßt es nicht beim Nacherzählen der Passion, sondern schildert auch die wissenschaftlichen Kontroversen, die sie bis zum heutigen Tag auslöst – angefangen vom romantisch inspirierten Deutschkatholiken Joseph Görres bis zur rationalen Aufklärerin Uta Ranke-Heinemann. Vom 13 bis zum 15. Jahrhundert waren Bußübungen nicht mehr auf die Klöster beschränkt und wurden zu einem öffentlichen Massenphänomen. Flagellanten zogen durch die Straßen Europas, verbanden ihre Aktivitäten teilweise mit einer Kritik an den gesellschaftlichen Verhältnissen, forderten die Obrigkeit heraus und wurden zu einem politischen Machtfaktor.

Im 16. Jahrhundert wurden diese Praktiken in die außereuropäische Welt, nach Lateinamerika und auf die Philippinen, exportiert. Spanien beteiligte sich an der europäischen Eroberung der Welt und implementierte überall dort, wo seine Soldaten siegten, auch den katholischen Glauben. Gestärkt durch die Reconquista hatten das Land und der spanische Katholizismus einen enormen Aufschwung erlebt – letzterer gekennzeichnet durch eine Mischung aus Intoleranz, Missionseifer und exzessiver Frömmigkeit. „Innenschau und Mystik", schreibt Bräunlein, „kontrastieren […] keineswegs mit Welteroberung und Kolonisation" (201). Ein Ausdruck dieser Entwicklung war die Gründung der Societas Jesu durch Ignatius von Loyola im Jahr 1540. Den imperialen Intentionen der Eroberer zum Trotz, so Bräunlein, lasse sich die Kolonialgeschichte nicht als eine Verlustgeschichte schreiben. Die Ausbreitung des Katholizismus sei vielmehr auch eine Kette von Aneignungen und neuen Deutungen, und die Passionsgeschichte selbst eine Erzählung des Widerstands und der Vorwegnahme einer neuen gerechten Ordnung. In vielen philippinischen Sprachen wurde sie nachgedichtet und an traditionelle Epen angepaßt. Bräunlein versteht dies, in Anlehnung an Oliver Wolters und Vincente Rafael, als „Lokalisierungen" und „Übersetzungen", wobei er letztere als einen Prozeß definiert, „in dem Fremdes nicht nur konstruiert, sondern auch ‚nostrifiziert' wird" (231). Auch die Rituale des Schmerzes, der Geißelungen und der Kreuzigungen deutet Bräunlein in diesem Kontext. Dicht beschreibt er, vor dem Hintergrund seiner profunden Kenntnisse der örtlichen Geschichte und Kultur, beispielhaft den Kult des Sto. Christo, eines wundertätigen Kruzifixes, in Kapitangan auf Luzon. Sto. Christo, so die Legende, sei schon vor den spanischen Missionaren nach Kapitangan gekommen und habe sich für den Ort und seine Bewohner entschieden. Dies sei, so Bräunlein, „ein Beispiel für die Aneignung eines Heiligen ‚von unten'" (345). Der Kult sei aber auch ein Medienereignis, ein publikumswirksames Spektakel, das alljährlich Scharen religiöser Touristen anziehe, und eine beträchtliche Einnahmequelle für die Einwohner.

In den ausführlichen ethnographischen Darstellungen des Kultes kommen viele Personen zu Wort, die zu dem Christusknaben in Beziehung stehen. Sie erzählen ihre persönlichen Geschichten, die von wundersamen Ereignissen, Berufungserfahrungen und Er-

folgen als Heiler oder Heilerinnen durchwoben sind. Gerade bei denjenigen, die sich ans Kreuz nageln lassen, so Bräunlein, spiele die Bewältigung persönlicher Krisen und Erkrankungen eine große Rolle. Lucy Reyes, die erste Frau, die sich in Kapitangan kreuzigen ließ, habe, eigenen Bekundungen zufolge, schon als Kind unter unbestimmbaren körperlichen Symptomen gelitten. Als sie erkannte, daß Sto. Christo sie durch diese Zeichen, aber auch durch wiederholte Träume in seinen Dienst rufen wollte und als sie diesem Ruf gefolgt sei, habe sich ihr Zustand verbessert. Heute ist sie eine bekannte Heilerin, die sich als Werkzeug des Kruzifixes versteht. – Bräunlein fragt, wie man solche Selbstdefinitionen werten, wie man als Ethnologe die Aussagen der Interviewpartnerin nehmen soll, die nicht sich selbst als Handelnde sehe, sondern die das Christuskind als Akteur begreife. Bräunlein macht es sich mit Interpretationen der Ereignisse und der Sichtweisen der Beteiligten nicht leicht. Immer wieder zieht er Debatten und Texte aus der Religionswissenschaft und der Ethnologie heran, um den vielfältigen Bedeutungshorizonten nahe zu kommen, die sich dahinter möglicherweise verbergen. Dabei vermeidet er eine eigene Metaerzählung und beläßt es beim Kommentieren vorhandener Konzepte und Theorien

Das Buch ist trotz der Fülle der ausgebreiteten Materialien und der Schwere des Stoffes wunderbar leichtfüßig geschrieben. Peter Bräunlein ist ein Autor, der es versteht, mit Sprache zu spielen und eine Eleganz im Ausdruck zu erzeugen, die ein Genuß ist. Bis zur letzten Seite des nicht gerade schmalbrüstigen Werkes hat mich als Leserin nicht die Lust verlassen, weiterzublättern und mich auf die sich stets neu entfaltenden fremden Welten einzulassen, in sie einzutauchen und Anteil zu nehmen an den Erlebnissen des Forschers und beispielsweise von den Gerüchten um die Person des Ethnologen und seinen verborgenen Absichten oder von den Vereinnahmungsversuchen seitens der Gekreuzigten zu lesen, die ihre Konkurrenzen ganz irdisch und mit allen zur Verfügung stehenden Mitteln austragen. Daß Bräunlein zudem immer wieder seine eigenen Zweifel und Verstehensprobleme reflektiert, macht das Buch besonders sympathisch.

Susanne Schröter

Hiroyuki Yamamoto, Anthony Milner, Midori Kawashima, and Kazuhiro Arai (eds.): Bangsa and Ummah: development and people-grouping concepts in Islamized Southeast Asia. Kyoto: Kyoto University Press 2011. ix + 279 pp. (Kyoto Area Studies on Asia 21.)

This book is based on symposiums and workshops held at Sophia University, Tokyo University of Foreign Studies and Kyoto University, in 2007. It is divided into three parts with three articles each on 'people-grouping concepts' (as the title has it) in the pre-colonial Malay world, in colonial and post-colonial times and in regions beyond the Malay world in the strict sense, illustrated by examples from Sabah, Aceh and the southern Philippines. Here we have a welcome addition to the existing literature on ethnicity and identities in the Malay context published in the last two decades by Anthony Milner, Joel Kahn, Collin Abraham, Timothy Barnard, Ariffin Omar and Michael Laffan, to mention just a few. Therefore it is not surprising to find three of these scholars also represented in this collection.

The book opens with an introduction by Hiroyuki Yamamoto explaining the use of important terms of 'people-grouping concepts' in the Malay world like *bangsa* ('nation'/'ethnic group'/'race'), *umma* ('Muslim community') and *Melayu* ('Malays'/'Malayness'). Yamamoto demonstrates the interrelatedness of these concepts and shows how different meanings

emerged in subsequent regions and nation states. In Indonesia, for example, *bangsa* refers to 'a sense of equality and homogeneity among its members', while in Malaysia 'civilization' is held to be its main premise (5). Especially at the periphery of the Malay world, Islam is a highly important marker of *bangsa*. However, neither Yamamoto's introduction nor the rest of the book focuses only on Muslim groups, since they also make references to Chinese identity concepts and ideas of *bangsa* by Christian peoples in Sabah.

Chapter 1 by Anthony Milner gives an overview mainly on the pre-independence concepts and contexts of the Bangsa Melayu. Here Milner, who has written extensively on Malay identity concepts for the last three decades or so, again masterly demonstrates his knowledge on this matter. Starting with a discussion of the term 'Malay' from the fourteenth century onwards, he shows how 'Melayu' was only used for the Melaka polity, its dynasty and kinship-related dynasties of other Malay states (19). Only in the late eighteenth and early nineteenth centuries was it extended by means of an ethnic or 'racial' background and came to be used for all Muslim Malay-speaking people in the Malay Peninsula, East Sumatra and Borneo's coastal states. This is very closely related to romantic views of a 'people' and their 'soul' in contemporary European philosophy – it is not by chance that colonial administrators and orientalists like Thomas Stamford Raffles, William Marsden and John Leyden became highly interested in traditional written and oral Malay literatures as an expression of the hidden 'spirit' of the Malay 'race'. Milner also discusses the emerging ethnicity and nationalism of the 1920s and 1930s and makes references to modern Malaysian political parties, as well as to local developments like in Borneo and Patani. The construction of *bangsa* as a 'civilizational' concept after World War II and the new challenges to the concept from Islam since the 1980s are also covered in this important essay.

Michael Laffan's article traces the boundaries of a greater Islamic ecumene centred around the Malay term 'Jawi'. First, Laffan outlines the use of the term by Arab and other Muslim authors from the early years of Islamic presence in Southeast Asia onwards and then refers to its uses from the early seventeenth century to the modern period. He carefully points out that there is 'a significant historical gap' (42) between these early sources and the Muslim literature of Southeast Asia of the seventeenth and eighteenth centuries regarding the self-identification of individuals as Jawi in Southeast Asia. Laffan meticulously describes the various uses of 'Jawi-ness' in local Malay language, as well as contexts outside the Malay cultural region, e.g. in Aceh, Minangkabau, Makassar and Java, and shows their interrelatedness as well as their differences. The author here delivers a fascinating overall picture of an Islamic ecumene established in insular Southeast Asia and well beyond in the Muslim world.

Chapter 3 by Kanji Nishio provides a case study of statecraft and identity formation in the Johor-Riau and the Riau-Lingga sultanate. After a detailed overview of Malay terms for specific groups or people in the early modern period which partly overlaps with Milner's essay, Nishio describes the relations between Malay and Bugis in the states mentioned. Nishio discusses these relations as 'ethnic boundaries' although Milner's writings suggest a different interpretation of identity forms, as mentioned in his contribution to this book. The equivalence of ethnicity with 'identity', as if no other forms of 'people-grouping' were possible, and its dating back to pre-colonial times has been criticised by social anthropologists for quite some time. Here the the consultation of the works of the Comaroffs, Richard Jenkins and Thomas Eriksen, to mention only a few, would have permitted a more critical approach, instead of using ethnicity as conditio sine qua non in this essay. With this Nishio equalises ethnicity with identity and projects it into the past.

Chapter 4 by Yuji Tsuboi and Chapter 5 by Kaori Shinozaki deal with identity formation in the colonial environment of British Malaya. While Tsuboi describes the Malay community in Selangor, Shinozaki focuses on 'Chineseness' in the colony of the Straits Settlements. Tsuboi makes elaborate use of archival sources and successfully shows how the British administration played a part in the creation and implementation of Malay identity and social structure which had been considered 'traditional' for many decades. Shinozaki mainly pays attention to the Peranakan community, a Chinese group in British Malaya which assimilated themselves to its Malay environment in terms of language, cloth, cuisine and other aspects many centuries ago. She describes how colonial administrators had their problems in properly categorising this peculiar Chinese group. However, it is somewhat surprising that she does not use the works of Tan Liok Ee or Vivienne Wee, who both discuss Chinese concepts of identity in the Malaysian context.

Ariffin Omar's article relates to the making of the modern nation state in Malaysia since 1948. The author critically discusses the emerging political uses of the ethnic consciousness of the Malay and others from the failed colonial experiment of Malayan Union in 1948 up to the present day. In the final part of this interesting contribution, Ariffin deals with the impact of the 12th Malaysian general elections on ethnic relations in 2008, which led to the ruling coalition in parliament losing its two-thirds majority, which was seen as a 'political tsunami' in Malaysia. Hiroyuki Yamamoto's Chapter 7 also refers to actual developments in nationalism in Malaysia, but focuses not on the Malay Peninsula but on the Borneo state of Sabah instead. According to Yamamoto, there are three categories of 'people' in Sabah, namely Kadazandusuns, Muslims and Chinese (143). Yamamoto is well

aware of the impracticality and arbitrary nature of these conceptualisations. For example,
it is unclear to which category a Muslim Kada-
zandusun belongs. The author thus carefully
analyses the practical implications for North
Borneo Malaysian politics and its various
manifestations.

Chapter 8 leads the reader outside the
boundaries of Malaysia by discussing the effects of the Law on Governing Aceh (2006) on
group identities in this Indonesian province.
Yoshimi Nishi first gives an outline of the historical background to the long-term conflict in
northern Sumatra and then deals with the bill
just mentioned, unfortunately rather briefly
compared to the quite long introductory background of the article.

In the final chapter, Midori Kawashima
delivers a fascinating picture of identity concepts and their on-going transformations in
the southern Philippines. In this highly original paper, Kawashima goes beyond the usual
discussions of the southern Philippine Bangsa
Moro revolutionary movements of political
analysts and presents ethnological and historical background information on the various
identity markers in use among the Maranao,
Yakan and other groups in the region. For
this she makes extensive use of Philippine and
American archival sources, which unfortunately are not mentioned in the bibliography.
She also refers to the growing numbers of
Philippine Muslim students who have studied
in Cairo since the 1950s and brought home
new identity concepts that have challenged
long-established notions of 'people-grouping'.
Many of them became teachers in Islamic
schools and 'took over the reins of the Islamic
reform movement in the Philippines' (208). In
this essay, Kawashima presents many new data
and information which go well beyond the existing literature in this field.

This very well-edited book gives the reader
much to think about. Processes of identity and
group formation, often described by political
analysts and uncritical historians as rather

uniform, have far more diverse and complex
backgrounds than is usually admitted by local
politicians or administrators. It is to be hoped
that similar studies focusing more on groups
outside the Malay-speaking communities will
be carried out.

Holger Warnk

Frank Heidemann: Ethnologie. Eine
Einführung. Göttingen: Vandenhoeck und
Ruprecht 2011. 285 S.

Vielfach ist in den letzten Jahrzehnten eine
„Krise der Ethnologie" beklagt worden, da sie
mit dem Ende des Kolonialismus, der Entstehung selbständiger Staaten und dem Import
von modernen Industrieprodukten bis hin zu
Computern und Handys sowie der Kenntnis
von modernen Lebensverhältnissen ihren
Gegenstand verloren habe: Vorstaatliche Gesellschaften mit einer Wirtschaft und einer
Produktion vornehmlich für den Gebrauch
der eigenen Gruppe und einem eher randstän-
digen, sich auf sogenannte Luxusgüter bezie-
henden Handel an ihren Grenzen mit weitgehend unbeeinflußten religiösen Vorstellungen
und rituellen Handlungen sowie tradierten
sozialen Ordnungen, die in der Regel auf Verwandtschaft basieren und in denen Verträge
nur eine untergeordnete Rolle spielen (weitere
Merkmale ließen sich leicht hinzufügen) gibt
es heute allenfalls noch in Nischen und Rand-
gebieten. Der ethnologische Forscherdrang
wird diesen zusammen mit wirtschaftlichen,
touristischen und militärischen Interessen
rasch einen Untergang oder eine Transformation bereiten. Auch in diesen Gesellschaften
selber gab und gibt es zahlreiche Menschen,
die sich mit den tradierten gesellschaftlichen
Ordnungen nicht mehr abfinden, die die
kleinen und größeren Produkte der industri-
ellen Herstellung begehren, die ein anderes

Leben führen wollen und die in die großen Städte und wenn möglich in die westlichen Metropolen abwandern. Aber nicht nur die Gegenstände sind abhanden gekommen, sondern auch die großen, die Forschung im 19. und frühen 20. Jahrhundert leitenden Theorien: Evolutionismus, Funktionalismus und Diffusionismus sind heute zumindest als universalgeschichtliche Entwürfe obsolet. Nur die Methode des Faches, ihren Gegenstand zu erforschen, die Feldforschung mit der teilnehmenden Beobachtung ist noch allgemein anerkannt. Allerdings wird diese Methode nun auch von anderen Wissenschaften angewandt. Diese Anwendung wird bisweilen als „Verwässerung" angesehen. Solche Verwässerungen sind jedoch bereits in der Ethnologie selber aufzuweisen (zum Beispiel durch die Verwendung von sogenannten *research assistants*). Auch wird die Methode in der Ethnologie auf kulturelle Erscheinungen ausgeweitet, bei denen, wie ich meine, eine der von Malinowski und vielen anderen zugrunde gelegten Voraussetzungen nicht gegeben ist: eine abgrenzbare Gemeinschaft von Menschen, die eine moralische, solidarische und bis zu einem gewissen Grade auch eine zumindest relativ autonome Gemeinschaft bilden.

Von der Krise des Faches Ethnologie zeugt auch die vorliegende Einführung von Frank Heidemann. Er bestimmt: „Ethnologie ist die kulturvergleichende und theoriebildende Wissenschaft vom kulturell Fremden, deren empirische Basis durch direkte Interaktionen im Rahmen von Feldforschungen geschaffen wird" (12). Er sieht zwei „Säulen" des Faches: erstens die Betrachtung und Auseinandersetzung mit fremden Kulturen und zweitens die Methoden, mit denen ein Verstehen fremder Kulturen möglich werden soll. Als Wissenschaft komme es der Ethnologie darauf an, die Grundannahmen über die eigene und die fremden Kulturen zu reflektieren, den eurozentristischen Blick zu überwinden und die „Welt zugleich aus der Sicht der Fremden zu sehen" (9). Die Ethnologie werde heute nicht

mehr durch den Untersuchungsort und den Untersuchungsgegenstand, sondern „durch die Theorien und Methoden oder salopp formuliert ‚durch den ethnologischen Blick' bestimmt" (11).

Was dieser „ethnologische Blick" sein soll, ist mir bei dem vorliegenden Buch nicht klar geworden, obwohl er als ein Spezifikum der Ethnologie angegeben wird. Jeder Historiker der Antike und des Mittelalters wird bei seinen Untersuchungen peinlich darauf achten müssen, daß er es mit anderen Gesellschaften und Lebensverhältnissen, also fremden Kulturen zu tun hat, die sich deutlich von unserer Wirklichkeit und unseren Vorstellungen unterscheiden. Das gleiche gilt für jeden Sprachwissenschaftler, der bei der Übertragung eines Textes aus einer anderen Sprache die Bedeutung der Worte, die nach Wittgenstein durch ihren tatsächlichen Gebrauch im Alltag gegeben ist (wenn auch Unklarheiten häufig nicht ausgeschlossen werden können) – also das kulturell Fremde – erkennen und übersetzen muß. Von jedem Sprachwissenschaftler wird deshalb verlangt, während seiner Ausbildung eine hinreichende Zeit „in der anderen Sprache" gelebt zu haben. Alle Wissenschaftler, die sich mit Sozialem und Kulturellem befassen, müssen lernen, die zum Gegenstand der Untersuchung gemachten Anderen in deren Eigenverständnis zu erforschen und kennen zu lernen. Sehr zutreffend ist von Heidemann Fremdheit nicht substantiell, sondern relational bestimmt: „Das Fremde ist weder in ihm, noch in mir, sondern liegt zwischen uns" (12).

Nun geht es in der Ethnologie nicht nur um Dinge, sondern um die diesen beigelegten Bedeutungen, was Heidemann mehrfach betont. Ethnologie würde damit zu einer Wissenschaft von „Bedeutungen" und „Bedeutungsgeweben" (22–26). So richtig das nun ohne Zweifel ist und so sehr man dies auch immer wieder betonen muß, so ist zugleich daran zu erinnern, daß von Bedeutungen kein Mensch satt wird. Die materiellen Kulturschöpfungen und Lebensgrundlagen dürfen deshalb nicht außer Acht bleiben, gerade bei Untersuchungen von Diaspora, bei Stadtteiluntersuchungen und bei Untersuchungen von Gruppen, die häufig erst dadurch, daß sie zum Gegenstand gemacht werden, als Sonderkulturen konstituiert werden. Hier ist der Lebenszusammenhang zwischen der Freizeitsphäre, in der die Erinnerung an die frühere Heimat gepflegt wird, der Arbeitssphäre und dem Alltag stets zu berücksichtigen.

Nach den beiden „Säulen" werden dann die Theorien seit der Entstehung des Faches (Evolutionismus, Diffusionismus, Kulturrelativismus, Funktionalismus, Kultur- und Persönlichkeitsforschung, Strukturalismus und etliche weitere) dargestellt und ihre Stärken sowie die Kritiken an ihnen erörtert. Ebenso präsentiert Heidemann rezente Positionen und Diskussionen. Schließlich werden die „Teilbereiche" der Ethnologie (Verwandtschaft, Wirtschaft, Religion und Politik) sowie „neue Ansätze" wie Migration und Ethnizität, Transnationalismus und Stadtethnologie, Medizin, Körper und Medienethnologie und schließlich Cyberethnologie dargestellt. Die Darstellung der Theorien, Teilgebiete und der neueren Ansätze in der Ethnologie hat ein Verdienst, da sie einen Überblick verschafft über die Fragen, Probleme und Überlegungen, die zur Zeit in der Ethnologie diskutiert werden. Wichtig erscheint mir, daß Heidemann stets Wert darauf legt, daß die untersuchten Gemeinschaften und Personen als Subjekte und nicht wie vielfach im 19. Jahrhundert und wie in den Naturwissenschaften als Objekte verhandelt werden. Heidemann vermeidet zwar einen romantischen Blick auf diese Gesellschaften, legt jedoch einen solchen ständig nahe, da er Konflikte, Gewalt und Ungleichheit sowie (nach unseren Vorstellungen) Ungerechtigkeit nicht thematisiert, eigentlich sogar ausblendet.

Nicht berücksichtigt sind zum Beispiel die vorbildlichen und großartigen Forschungen von Waldemar Bogoras, Waldemar Jochelson und anderen Sibirienforschern, deren Publikationen auf „Feldforschungen" basieren, die auf Grund von Verbannung zum Teil über zehn Jahre dauerten. Ebensowenig thematisiert Heidemann die Arbeiten von Missionaren, die bisweilen die Problematik der „Feldforschung" lange vor Malinowski und anderen erörterten und die auf Grund ihrer Sprachkenntnis und eines langen Lebens bei und mit den Erforschten eine genaue Kenntnis der in der Ethnologie untersuchten Gesellschaften hatten, von der jeder Feldforscher nur träumen kann. Man denke zum Beispiel nur an die Ausführungen von Otto Siebert.[1] Abgesehen von Joseph-François Lafitau (hier irrtümlich als Latifau buchstabiert) kommt die Leistung der Missionare und damit auch die Problematik von Mission für die Erforschung der von der Ethnologie zum Gegenstand gemachten Völker nicht vor. Praktisch treten die von den Missionaren verhandelten Problematiken aber auch bei jeder Feldforschung auf, denn der Ethnologe „wirbt" zwar nicht für eine Religion, aber er repräsentiert – ob er will oder nicht – andere Lebensweisen, die er allein schon durch seine Anwesenheit vorführt.

Beigegeben sind ein Literaturverzeichnis, ein Personen- und Sachindex sowie ein Diagramm mit dem Titel „Entwicklung der Ethnologie: Theoriebaum".

---

[1]   Otto Siebert: „The bush missionary's defence", in: Anna Kenny und Scott Mitchell (Hrsg.), Collaboration and language, 46–53. Alice Springs: Northern Territory Government 2005 (Strehlow Research Centre, Occasional Paper 4.)

Hartmut Zinser

Paideuma 59:317–324 (2013)

RÜDIGER SCHOTT (1927–2012)

Sabine Dinslage

Nach langer Krankheit verstarb am 7. Dezember 2012 Rüdiger Schott nur drei Tage vor seinem 85. Geburtstag in Bonn inmitten seiner Familie.

Schott gehörte zu dem Kreis der letzten traditionell ausgerichteten Ethnologen, die eine klassische Feldforschung betrieben haben und sich nicht von den „postmodernen Strömungen" des Faches beeindrucken ließen. Die Erforschung der Themenbereiche „Kultur", „Volk", „Rasse" und generell der „Religion" beschäftigte ihn Zeit seines Lebens, wobei ihm jede Art von Fundamentalismus fremd und zuwider war. Die Ethnologie war für Schott eine Lebensform, Passion und Berufung. Mit großem Enthusiasmus führte er regelmäßige Feldforschungen in Afrika durch. Fortwährend angetrieben von neuen Fragen und Ideen, ließ er sich ganz auf die dortigen Gegebenheiten und Umstände ein und schloß zum Teil lebenslange Freundschaften mit den Menschen, denen er während seiner Forschungsreisen begegnete. Von den Bulsa in Nordghana wurde er Ayongbiik genannt.[1]

Rüdiger Schott stammte aus Bonn und war dieser Stadt sein Leben lang verbunden. Hier besuchte er das Gymnasium und begann seine Studien. Sein von den Eltern

---

[1] Ayongbiik bedeutet „Kind von Yongsa", Schotts erster Wohnsektion bei den Bulsa.

und Vorfahren stammendes Interesse an fremden Kulturen und Denkweisen führten ihn zur Ethnologie, die er damals noch unter dem Namen „Völkerkunde" zusammen mit Geographie, Religionswissenschaft und Psychologie studierte. Hermann Trimborn, sein Lehrer von 1947 bis 1953, war für ihn wegweisend.

Wie Schott später schrieb (2002:12), waren persönliche Interessen und wissenschaftliche Neigungen ausschlaggebend für die Auswahl seiner Studienfächer; spätere berufliche Chancen oder eventuelle finanzielle Fördermittel spielten dabei keine Rolle. Trotz seines Enthusiasmus' und seiner Begeisterung für das Studium waren die ersten Semester an der Universität in Bonn von Orientierungs- und Ratlosigkeit geprägt. Das breite Spektrum des Feldes, die vielen Fragen und möglichen Themen, die „Uferlosigkeit" und die Ziele des Faches schienen ihm verwirrend und unklar. So suchte er lange nach einem Zugang, den er schließlich in einem interdisziplinären Seminar von Trimborn durch die Beschäftigung mit der sogenannten „ozeanischen Megalithkultur" fand. Es folgte das intensive Studium unterschiedlichster grundlegender Werke renommierter Wissenschaftler des Faches. Unter anderem die Arbeiten von Franz Boas (1938), Melville J. Herskovitz (1948, 1952), Alfred L. Kroeber (1948), Robert H. Lowie (1921, 1927, 1937, 1950), Margaret Mead (1928, 1930, 1935) und Richard Thurnwald (1931–1934) verschafften Schott eine solide wissenschaftliche Grundlage, wobei er zunehmend den Fragen der *culture and personality*-Forschung nachging.

Im Jahre 1954 wurde Schott von Trimborn in Völkerkunde mit der Dissertation „Anfänge der Privat- und Planwirtschaft. Wirtschaftsordnung und Nahrungsverteilung bei Wildbeutervölkern" promoviert. Während eines Forschungsaufenthaltes an der London School of Economics and Political Science kam er in Kontakt mit Isaac Schapera und Raymond Firth. Es folgten eine fünfjährige Tätigkeit als wissenschaftlicher Angestellter an der Universität Bonn und eine dreijährige Anstellung als Assistent an der Freiburger Arbeitsstelle für kulturwissenschaftliche Forschung, dem Arnold-Bergstraesser-Institut. Zu dem Politikwissenschaftler Bergstraesser unterhielt Schott eine freundschaftliche Beziehung. Bergstraesser unterstützte in dem nach ihm benannten Institut den wissenschaftlichen Austausch von Menschen verschiedener Kulturen, er förderte Schott in dessen wissenschaftlicher Laufbahn, und er ermöglichte ihm eine erste Studienreise nach Ghana.

Im Jahre 1964 habilitierte sich Schott mit der Studie „Soziale Beziehungen zwischen ethnischen Gruppen in Südafrika". Im darauf folgenden Jahr wurde er auf den Lehrstuhl für Ethnologie an die Universität in Münster berufen, den er 28 Jahre als Direktor des damals neu gegründeten Seminars für Völkerkunde inne hatte.

Schotts Hauptforschungsgebiet lag in Westafrika, speziell in Ghana und Burkina Faso, wo er während vieler Jahre Feldforschungen zu unterschiedlichen Themen bei den Bulsa, respektive den Leyla, durchführte. Er folgte dabei dem Vorbild Malinowskis, indem er keine extensiven Reisen im Land unternahm, sondern stationäre Feldforschungen bei nur jeweils einer einzigen Ethnie durchführte.

Er widmete sich bei seinen Forschungsaufenthalten einem großen Spektrum von Themen, wobei Schwerpunkte in den Bereichen der Religions-, Rechts- und Wirtschaftsethnologie lagen. Selbstverständlich war dabei für ihn die Beschäftigung mit der Sprache der jeweils von ihm untersuchten Ethnie. Er selbst beherrschte das Buli bald sehr gut und bot am Seminar regelmäßig Grundkurse für die Studenten zum Erlernen dieser Gur-Sprache an. Auch der soziale und kulturelle Wandel in traditionellen Gesellschaften, insbesondere die Stellung und Rolle der Frauen in Westafrika, gehörten zu seinen Hauptinteressensgebieten, lange bevor *gender*-Themen in der Gesellschaft und im Fach breit diskutiert wurden. Daß seine Frau Helga ihn auf zahlreichen dieser Forschungsreisen begleitete und bei seinen Studien unterstützte, hat er sehr zu schätzen gewußt und anerkannt.

Neben der umfassenden Aufnahme von Ethnographien der von ihm besuchten indigenen Gesellschaften galt Schotts ganz besondere Vorliebe der oralen Literatur. Er war Zeit seines Lebens ein passionierter Erzählforscher, mehr als dreißig Jahre lang befaßte er sich besonders mit der afrikanischen Erzähltradition. Zur Bearbeitung und Veröffentlichung der zahlreichen von ihm aufgenommenen afrikanischen Märchen, Legenden, Liedern und Sprichwörtern gründete er die Arbeitsstelle für Erzählforschung am Institut für Ethnologie an der Universität Münster, wo er mehrere von der Deutschen Forschungsgemeinschaft geförderte Forschungsprojekte zur Analyse und Publikation dieser Texte ins Leben rief und leitete. Unter anderem wurden dort mehr als 1300 Erzähltexte der Bulsa nach Genres, Themen und Typen archiviert und nach einem eigens entwickelten Typen- und Motivindex analysiert. Hier interessierte ihn im Besonderen, ob und in wieweit afrikanische Erzählungen als religionsethnologische Quellen genutzt werden können. Diese Zielsetzung war jedoch sicher nicht sein primärer Gedanke, als er einmal eine Sammlung von speziellen Bulsa-Fabeln für seine Enkelkinder zusammenstellte und ihnen als Märchenbuch zu Weihnachten schenkte. Besonders erfreuen konnte sich Schott an Geschichten mit groteskem Humor. Noch heute klingt mir sein herzliches Lachen im Ohr, wenn in den Erzählungen Hase und Schildkröte oder diverse personifizierte Körperteile gemeinsam Schabernack trieben.

Ebenso große Aufmerksamkeit wie dem Inhalt der Erzählungen schenkte Schott der Performanz der Erzähler. Ihre Gesten und ihre Mimik, die Reaktionen der Zuhörer – all das spielt eine große kulturelle Rolle. Von daher waren wir als seine Schüler dazu angehalten, bei Erzählabenden jede Sequenz en détail fotografisch, schriftlich und als Tonaufnahmen und unbedingt in Originalsprache festzuhalten. Geschönte und ästhetisch aufbereitete, das heißt dem europäischen Geschmack angepaßte Erzählungen interessierten ihn weniger. Für ihn hatten unvollständige Varianten mit bruchstückhaften Sequenzen den gleichen Stellenwert wie vollständige, bargen sie doch häufig einzigartige kulturspezifische Motive. Der religionsethnologische Quellenwert der oralen Literatur einer Gesellschaft lag für ihn vor allem in ihrer Authentizität und darin, „dass sie gleichsam die ‚neuralgischen Punkte' der Religion des betreffenden Volkes bezeichnen" (Schott 1990:50). Zwar plädierte Schott unbedingt dafür, afrikanische Erzählungen „vor allem als Quellen für Aussagen über das religiös begründete Ethos einer Gesellschaft, ihre Werteordnung und ihr entsprechende Werthaltungen" (1990:50) heranzuziehen, gleichwohl warnte er davor, die inhaltlichen Aussagen – die fiktiven verfremdeten Sachverhalte – als Realität zu verstehen.

Wenn er auch einigen von Leo Frobenius geäußerten kulturhistorischen Thesen kritisch gegenüber stand, so plädierte Schott doch dafür, daß sich das Frobenius-Institut in Frankfurt wieder vermehrt einem ursprünglichen und hauptsächlichen Forschungsanliegen seines Begründers widmen möge, nämlich der Erforschung mündlich überlieferter afrikanischer Erzählungen.

Neben seinen umfassenden Studien zur oralen Literatur, die er noch bis lange nach seiner Emeritierung betrieb und seinen ethnographischen Feldforschungen hat Schott auch wegweisende theoretische Arbeiten in den Bereichen des Kulturwandels, der Entwicklungs-, Wirtschafts- und besonders der Rechts- und Religionsethnologie vorzuweisen. Schotts wissenschaftliche Ausrichtung und sein Lehrstil hatten für seine Schüler nicht nur angenehme Seiten: Er war ein harter Kritiker der studentischen Seminararbeiten und Referate. Als großer Verfechter der Teilnehmenden Beobachtung waren für ihn eigene mehrmonatige Feldforschungen unter rauen Bedingungen der eigentliche Zugang zur Ethnologie. Ohne diese Bewährungsprobe hatten Studenten bei ihm kaum Chancen, jemals examiniert zu werden. Für Schott gehörten zu einer mindestens einjährigen Feldforschung unbedingt grundlegende Sprachkenntnisse der besuchten Gesellschaft.

> Seit Malinowskis Tagen muß jede Ethnographie von den eigenen Beobachtungen des Feldforschers als *participant observer* ausgehen. Die Aussagen von einheimischen Informanten sind nur hilfsweise zugelassen, vom Konkreten, das heißt dem selbst Beobachteten, zum Abstrakten und nicht umgekehrt.

– Grundsätze, die er seinen Studenten jahrzehntelang predigte.

Schott war ein Verfechter einer klaren und präzisen Ausdrucksweise. Viele seiner Schüler werden sich an seine strengen Korrekturen mit Rotstift erinnern. Er hatte eine Aversion gegenüber indefiniten Zahlwörtern und Adverbien. Ebenso erinnere ich mich an eine weitere von ihm oft gehörte Regel: „Meiden Sie das Passiv wie der Teufel das Weihwasser!" Aber er konnte auch Mut machen, antreiben und seinen Schülern den entscheidenden Anstoß zur Erstellung ihrer Examensarbeiten geben. „Schreiben Sie! Fangen Sie einfach an zu schreiben", waren seine wiederholten Worte, wenn man als verzweifelter und verunsicherter Student mit der Literaturrecherche und dem Anfüllen des Zettelkastens kein Ende fand. Er hatte Recht: War erst einmal ein Anfang zu Papier gebracht, ein wenn auch noch korrekturbedürftiger und ungenügender Text, so konnte man auf Schotts Betreuung, seine Ratschläge und seine konstruktive Kritik zählen.

Bei aller vorgelebten Disziplin und trotz seines strikten Arbeitsethos' war Rüdiger Schott auch den vergnüglichen Seiten des Lebens durchaus zugewandt. Als Rheinländer ist er im westfälischen Münster nie ganz heimisch geworden, vielleicht war es sogar so, daß ihm der afrikanische Humor näher lag als der westfälische.

Seine Studenten schätzten ihn nicht nur als wissenschaftliche Autorität, sondern auch als Persönlichkeit und als einen verständnisvollen Menschen, der auch nach dem Studium immer ein vertrauenswürdiger Ratgeber blieb. Wir, seine ehemaligen Schüler, haben ihm viel zu verdanken und werden sein Andenken in Ehren halten.

LITERATURVERZEICHNIS

BOAS, Franz (Hrsg.)
1938   *General anthropology.* Boston *et al.*: D.C .Heath

HERSKOVITS, Melville
1948   *Man and his works: the science of cultural anthropology.* New York: Alfred A. Knopf
1952   *Economic anthropology: a study in comparative economics.* New York: Alfred A. Knopf

KROEBER, Alfred, L.
1948   *Anthropology.* New Edition. New York: Harcourt, Brace and Company

LOWIE, Robert H.
1921   *Primitive society.* London: Routledge & Kegan Paul
1927   *The origin of the state.* New York: Russel and Russel
1937   *The history of ethnological theory.* New York: Rinehart & Company
1950   *Social organzation.* London: Routledge & Kegan Paul

MEAD, Margaret
1928   *Coming of age in Samoa.* New York: William Morrow & Company
1930   *Growing up in New Guinea.* New York: William Morrow & Company
1935   *Sex and temperament in three primitive societies.* New York: William Morrow & Company

SCHOTT, Rüdiger
1990   *Afrikanische Erzählungen als religionsethnologische Quellen.* Dargestellt am Beispiel von Erzählungen der Bulsa in Nordghana. Opladen: Westdeutscher Verlag (Rheinisch-Westfälische Akademie der Wissenschaften, Geisteswissenschaften, Vorträge G 305.)
2002   „Mein Weg zur und in der Ethnologie", *Paideuma* 48:7–31

THURNWALD, Richard
1931–1934 *Die menschliche Gesellschaft in ihren ethno-soziologischen Grundlagen.* 5 Bände. Berlin und Leipzig: Walter de Gruyter

Ausgewählte Schriften von Rüdiger Schott

1955   *Anfänge der Privat- und Planwirtschaftsordnung und Nahrungsverteilung bei Wildbeuter-
        völkern.* Braunschweig: Albert Limbach

1957   „Erbrecht und Familiengüterrrecht bei den Nordwestküsten-Indianern", *Zeitschrift für
        vergleichende Rechtswissenschaft* 59:34–82

1960   „Religiöse und soziale Bindungen des Eigentums bei Naturvölkern", *Paideuma* 7(3):115–
        132

1963   „Etniczna stratyfikacja w Beczuanie. Jej historia i struktura", in: Stefan Strelcyn (Hrsg.),
        Problemy afrykanistiki. Wybór materia ow z Pierwszego Mi dzynarodwego kongresu
        Afrykanistów (Akra, Grudzie 1962), 54–64. Warszawa

1968   „Das Geschichtsbewusstsein schriftloser Völker", *Archiv für Begriffsgeschichte*
        12(2):166–205

1970   *Aus Leben und Dichtung eines westafrikanischen Bauernvolkes.* Ergebnisse völkerkund-
        licher Forschungen bei den Bulsa in Nord-Ghana 1966/67. Köln und Opladen: West-
        deutscher Verlag (Veröffentlichungen der Arbeitsgemeinschaft für Forschung des Lan-
        des Nordrhein-Westfalen, Reihe Geisteswissenschaften 163.)

1977   „Sources for a history of the Bulsa in Northern Ghana", *Paideuma* 23:141–168

1978   „Das Recht gegen das Gesetz. Traditionelle Vorstellungen und moderne Rechtspre-
        chung bei den Bulsa in Nordghana", in: Friedrich Kaulbach und Werner Krawietz
        (Hrsg.), *Recht und Gesellschaft.* Festschrift für Helmut Schelsky zum 65. Geburtstag,
        605–636. Berlin: Duncker & Humblot

1980a   „Le droit contre la loi: conceptions traditionelles et juridiction actuelle chez les Bulsa au
        Ghana du Nord", in: Gérard Conac (Hrsg.), *Dynamiques et finalités des Droits africains,*
        279–306. Paris (Recherches Panthéon-Sorbonne, Université de Paris I, Série: Sciences
        Juridiques)

1980b   „Triviales und Transzendentes. Einige Aspekte afrikanischer Rechtstraditionen unter
        besonderer Berücksichtigung der Bulsa in Nord-Ghana", in: Wolfgang Fikentscher,
        Herbert Franke und Oskar Köhler (Hrsg.), *Entstehung und Wandel rechtlicher Traditio-
        nen,* 265–301. Freiburg i. Br. und München (Historische Anthropologie 2.)

1981   „Vengeance and violence among the Bulsa of Northern Ghana", in: Raymond Verdier
        (Hrsg.), *La Vengeance.* Études d'ethnologie, d'histoire et de philosophie. Band 1: Ven-
        geance et pouvoir dans quelques sociétés extra-occidentales, 167–199. Paris: Éditions
        Cujas

1984   „Contrôle social et sanctions chez les Lyéla de Burkina Faso (Haute-Volta)", *Droit et
        Cultures.* Revue semestrielle d'anthropologie et d'histoire 8:87–103

1987a   „Serment et voeux chez des ethnies voltaïques (Lyela, Bulsa, Tallensi) en Afrique Occi-
        dentale", *Droit et Cultures.* Revue semestrielle d'anthropologie et d'histoire 14:29–56

1987b   „Traditional law and religion among the Bulsa of Northern Ghana", *Journal of African
        Law* 31:58–69

1988   „Eidos und Ethos. Über einige Fragen der ethnographischen Inhaltsanalyse afrikani-
        scher Erzählungen", in: Staatliches Museum für Völkerkunde München und Institut für
        Völkerkunde und Afrikanistik der Ludwig-Maximilians-Universität München (Hrsg.),
        Festschrift für László Vajda. 205–217. München: Hirmer (Münchner Beiträge zur Völ-
        kerkunde 1.)

1989a   „Heil, Unheil und Verantwortung bei schriftlosen Völkern", *Jahrbuch für Rechtssoziologie und Rechtstheorie* 14:97–120

1989b   „Bericht über laufende Forschungen zum Motivanalyse afrikanischer Erzählungen im Seminar für Völkerkunde der Universität Münster", *Fabula.* Zeitschrift für Erzählforschung 30:83–95

1989c   „Gott in Erzählungen der Bulsa (Nord-Ghana)", *Paideuma* 35:257–272

1990a   „Das Gesetz gegen die Religion? Recht und Religion im sozialen Wandel. Dargestellt an Beispielen aus Westafrika", in: Ludwig Hagemann und Ernst Pulsfort (Hrsg.), *„Ihr alle aber seid Brüder".* Festschrift für A.Th. Khoury zum 60. Geburtstag, 557–574. Würzburg: Echter Verlag (Würzburger Forschungen zur Missions- und Religionswissenschaft)

1990b   *Afrikanische Erzählungen als religionsethnologische Quellen.* Dargestellt am Beispiel von Erzählungen der Bulsa in Nordghana. Opladen: Westdeutscher Verlag (Rheinisch-Westfälische Akademie der Wissenschaften, Geisteswissenschaften, Vorträge G 305.)

1990c   „Die Macht des Überlieferungswissens in schriftlosen Gesellschaften", *Saeculum* 41(3/4):273–316

1991a   „Richard Thurnwald, le fondateur de l'ethnologie juridique en Allemagne", *Droit et Cultures.* Revue semestrielle d'anthropologie et d'histoire 21:124–139

1991b   „La loi contre la religion? Sur le rapport du droit et de la religion dans le changement social à partir d'exemples de l'Afrique de l'Ouest", *Droit et Cultures.* Revue semestrielle d'anthropologie et d'histoire 21:16–31

1992   „Die Verfügung über Leben und Tod in traditionellen afrikanischen Gesellschaften", in: Bernhard Mensen (Hrsg.), *Recht auf Leben – Recht auf Töten.* Ein Kulturvergleich, 9–58. Nettetal: Steyler Verlag (Vortragsreihe der Akademie Völker und Kulturen, St. Augustin 15.)

1993a   „Le sang et le sacré. La violence et sa réglementation dans deux sociétés segmentaires de l'Afrique occidentale: les Bulsa (Ghana du Nord) et les Lyéla (Burkina Faso)", in: Étienne Le Roy und Trutz von Trotha (Hrsg.), *La violence et l'état.* Formes et evolution d'un monopole, 73–83. Paris: L'Harmattan

1993b   „Synthèses et perspectives des discussions du colloque ‚La violence et l'état'", in: Étienne Le Roy und Trutz von Trotha (Hrsg.), *La violence et l'état.* Formes et evolution d'un monopole, 243–251. Paris: L'Harmattan

1993c   *Bulsa Sunsuelima: folktales of the Bulsa in Nothern Ghana.* Series S: Folktales of the Supernatural. Band 1: Tales of the Sky-God (*Wen, Naawen*), Teil 1. Münster und Hamburg: LIT Verlag (Forschungen zu Sprachen und Kulturen Afrikas 2.)

1994a   „Kultur und Sprache. Franz Boas als Begründer der anthropologischen Linguistik", in: Volker Rodekamp (Hrsg.), *Franz Boas 1858–1942.* Ein amerikanischer Anthropologe aus Minden, 55–85. Bielefeld: Verlag für Regionalgeschichte (Texte und Materialien aus dem Mindener Museum 11.)

1994b   „La légitimation des autorités traditionnelles de deux sociétés ‚lignagères' en Afrique occidentale: les Bulsa (Ghana) et les Lyéla (Burkina Faso)", in: Wilhelm J.G. Möhlig und Trutz von Trotha (Hrsg.), *Legitimation von Herrschaft und Recht.* La légitimation du pouvoir et du droit. 3. Kolloquium Deutsch-Französischer Rechtsanthropologen, St. Augustin, 20.–25. November 1992, 185–198. Köln: Rüdiger Köppe

1995   „Le jugement chez deux peuples ‚acéphales' en Afrique occidentale: les Bulsa (Ghana)
            et les Lyéla (Burkina Faso)", *Droit et Cultures.* Revue semestrielle d'anthropologie et
            d'histoire 29:177–208

1996a   „Kulturkreislehre", in: Rudolf Wilhelm Brednich (Hrsg.), *Enzyklopädie des Märchens.*
            Handwörterbuch zur historischen und vergleichenden Erzählforschung 8:Sp. 599–603.
            Berlin, New York: Walter de Gruyter

1996b   „Qui juge dans les sociétés sans juges? Les limites du pouvoir et de l'autorité dans les so-
            ciétés acéphales", in : Association Française d'Anthropologie du Droit (Hrsg.), *Le juge:
            une figure de l'autorité.* Actes du premier colloque organisé par l'Association Française
            d'Anthropologie du Droit, Paris 24–26 novembre 1994, sous la Direction de Claude
            Bontems, 203–231. Paris: L'Harmattan

1996c   *Bulsa Sunsuelima: folktales of the Bulsa in Nothern Ghana.* Series S: Folktales of the
            Supernatural. Band 1: Tales of the Sky-God (*Wen, Naawen*), Teil 2–3. Münster und
            Hamburg: LIT Verlag (Forschungen zu Sprachen und Kulturen Afrikas 4.)

1997   *Orakel und Opferkulte bei Völkern der westafrikanischen Savanne.* Opladen: Westdeut-
            scher Verlag

1998a   „Rechtsethnologie", in: Hans Fischer (Hrsg.), *Ethnologie.* Einführung und Überblick.
            Vierte, überarbeitete Auflage, 171–195. Berlin und Hamburg: Dietrich Reimer

1998b   [zusammen mit Walther Heissig] „Die heutige Bedeutung oraler Traditionen. Ihre Ar-
            chivierung, Publikation und Index-Erschließung. Bericht über eine internationale Ar-
            beitstagung in St. Augustin bei Bonn", in: Walther Heissig und Rüdiger Schott (Hrsg.),
            Die heutige Bedeutung oraler Traditionen. Ihre Archivierung, Publikation und Index-
            Erschließung, 15–25. Opladen, Wiesbaden: Westdeutscher Verlag (Abhandlungen der
            Nordrhein-Westfälischen Akademie der Wissenschaften 102.)

1999   „The rebellious girl who wants the perfect man: role assignments in folktales of the Bul-
            sa in Northern Ghana", *Estudos de Literatura Oral.* Centro de Estudos Ataíde. Oliveira.
            Universidade do Algarve, Faro 5:121–136

2000   „Schriftlose Geschichte in akephalen Gesellschaften der westafrikanischen Savanne",
            Saeculum. Jahrbuch für Universalgeschichte 51:175–190

2002   „Mein Weg zur und in der Ethnologie", *Paideuma* 48:7–31

2003   „Rituelle Verfluchung, Friedloslegung und Tötung von Missetätern in einigen afrikani-
            schen Gesellschaften", in: Dieter Dölling (Hrsg.), *Jus humanum.* Grundlagen des Rechts
            und Strafrecht. Festschrift für Ernst-Joachim Lampe zum 70. Geburtstag, 65–80. Ber-
            lin: Duncker & Humblot

2005   „Der Toten- und Ahnenkult der Bulsa", in: Miriam Grabenheinrich und Sabine
            Glocke-Daffa (Hrsg.), *15 Frauen und 8 Ahnen.* Leben und Glauben der Bulsa in Nord-
            ghana, 51–59. Münster: Institut für Ethnologie der Universität Münster

2006   *Bulsa Sunsuelima: erotic folktales of the Bulsa in Nothern Ghana.* Münster und Hamburg:
            LIT Verlag (Forschungen zu Sprachen und Kulturen Afrikas 11.)

Paideuma 59:325–328 (2013)

CLAUDE DANIEL ARDOUIN (1950–2011)

Mamadou Diawara

Claude Daniel Ardouin was born in 1950 in Koulikoro (Mali), and went to school in that little town. A brilliant student, he was always placed by the teachers in classes meant for students older than himself. There his wit and intelligence earned him the nickname "Petit Claude" ("little Claude"). He was indeed like a lively little goat lost among camels. But he helped many an older student solve mathematical problems or with his homework in other disciplines. Claude did not refrain from teasing others, but this did not make him unpopular. Rather, it just drew more affectionate attention on to his precociously talented self.

A brief career at the Lycée Thérasson de Fougère, in Bamako, led him to the *baccalauréat*, which he earned with distinction. This enabled him to obtain a Soviet scholarship. In the Soviet Union he studied history and anthropology and met his future wife, Natasha Mitchenko. After earning a doctorate in anthropology, he returned to Mali with Natasha in 1978. It was then that I met them both at the Institut des Sciences Humaines (ISH) in Bamako. It was at the ISH that Claude held his first official position in Mali, beginning in 1978. Claude's and Natasha's children, Pierre and Maxime, had not yet been born.

Claude was for the rest of us, then junior members of the ISH, a new type of re-searcher who greatly marked us with his righteousness, loyalty and generosity. While working hard at his own projects, he also displayed great interest in the work of his junior colleagues. As these colleagues had been educated in Mali, they did not have access to the range of bibliographic resources available to him in the Soviet Union. The meetings in which he translated scholarly texts for us, from Russian into French, remain unforgettable. Even in difficult circumstances, his enthusiasm for research never fal-tered. In his first year at the ISH, he took the initiative to organise ten researchers into a multidisciplinary fieldwork expedition to the region of Nioro du Sahel, called the Mis-sion Kingi 1978. Those of us who took part in that expedition were young historians, linguists, anthropologists and archaeologists. It was a fascinating experience for all of us – our initiation into proper fieldwork. Claude transmitted to each of us his feel for the wealth of human life embodied by those we interviewed, his sense of precise obser-vation and his uncompromising commitment to careful research. It was there that the seeds of my own future career were planted. It was that same region that I continued to study up to the submission of my doctoral thesis to the University of Paris. Claude never ceased to encourage and advise me during the preparation of this thesis, even spending time in my student lodgings while he was in Paris on an official mission.

Claude did not stay long at the ISH. He was invited by the Malian government to become Director of Mali's National Archives. But soon he was given an even more challenging task, namely to draw up a concept for a new national museum for Mali, and to preside over the construction of the new building for it. The museum is nowadays a well-known and respected institution. It was Claude's creation, an institution without precedent in Mali. Everything had to be created virtually from scratch. As Director of the Museum, Claude had to recruit and train its personnel and formulate strategies for the collection, preservation and display of objects, and for the promotion of research. He also had to develop and sustain appropriate and transparent administrative prac-tices.

It was precisely at the administrative level that his devotion to the country's cul-tural needs soon clashed with the malpractices of the government of the day, in particu-lar the 'politics of the belly' (to borrow the phrase coined by Jean-François Bayart) of the minister the museum was subordinated to. Claude could not tolerate the museum's vehicle being diverted from its proper use at the minister's whims. It was the time of the military dictatorship in Mali, and not everyone had courage comparable to Claude's. Faced with the minister's unreasonable demands, Claude resigned his directorship of the National Museum of Mali, and accepted the position of Director of the West Af-rican Museums Project. In this new international career, based in Dakar, he rapidly became well-known and respected throughout West Africa.

With his flair for connecting with museologists in each country of the region, he masterfully helped to reorganise museums in many places, and to train the personnel they required. From this work were born two academic works he devoted to the study of museums (Ardouin 1997, Ardouin and Arinze 2000). But soon he had an opportunity to display his talents in the area of private consultancy. From Dakar he went to France, where he became a much sought-after private expert providing advice in the domain of museology and cultural heritage. In this capacity, he developed a new career in Africa, working on the reorganisation of museums catering for Kenya's exceptionally rich cultural heritage. From Kenya Claude moved to the British Museum, where he reached the position of Head of the Africa Section of the Department of Africa, Oceania and the Americas. There he worked for the rest of his life.

Much as his mind was geared to museology, Claude's range of scholarly interests was not confined to that domain. His main scholarly ambition was to remove museums from the ghetto of museology at the same time that African Studies consolidate their position as a well-established section of academic activities across the world. He wanted museums to become fully aware of their own histories, so as to be able to project themselves onto a non-Eurocentric, no longer postcolonial future. It was this project that led to Claude's meetings with the German art historian Hans Belting and the Canadian historian Bogumil Koss Jewsiewicki. The lectures Claude delivered in Germany (Karlsruhe) and in Austria (Vienna) also reflect this important dimension of his thinking.

Claude used to pay visit to a centre for alternative medicine in Germany. Last time he came by, he did not have enough time to stay with us at home. We met at the railway station for coffee on his way. He brought a wonderful cake by Natasha. As usual we had fun. Claude and I were confident. He promised to be back next time for a longer stay. Since then the children, and we all, have been missing him.

SELECTED WORKS BY CLAUDE DANIEL ARDOUIN

1992   "National languages and communication in museums", in: Conseil international des musées, *What museums for Africa?* Heritage in the future: Bénin, Ghana, Togo. Paris: ICOM

1995a   [edited with E. Arinze], *Museums and the community: materials of the Seminar on Local Museums.* London

1995b   "Vers un trafic licite des biens culturels? Quelques réflexions et suggestions à partir d'une perspective anthropologique", *International Journal of Cultural Property* 4(1):91–104

1996   "Culture, museums, and development in Africa", in: P. Altbach and S.M. Hassan (eds.), *The museum of modernity: essays on culture and development in Africa*, 181–208. Trenton: Africa World Press

1997   *Museums and archaeology in West Africa.* Washington: Smithsonian Institution Press;
        Oxford: James Currey
2000   [edited with E. Arinze], *Museums and history in West Africa.* Washington: Smithsonian
        Institution Press

ADRESSEN DER AUTOREN

ANDREW BILLING
Department of French and Francophone Studies, Macalester College
1600 Grand Ave, St. Paul, MN 55105, USA
abilling@macalester.edu

MAMADOU DIAWARA
Institut für Ethnologie, Goethe-Universität Frankfurt am Main
Grüneburgplatz 1, D-60323 Frankfurt am Main, Germany
m.diawara@em.uni-frankfurt.de

SABINE DINSLAGE
Frobenius-Institut
Grüneburgplatz 1, D-60323 Frankfurt am Main, Germany
dinslage@em.uni-frankfurt.de

ANJA DRESCHKE
Hansaring 127, D-50670 Köln
mail@anjadreschke.de

ANDRE GINGRICH
Institut für Kultur- und Sozialanthropologie, Fakultät für Sozialwissenschaften, Universität Wien
Universitätsstraße 7, A-1010 Wien, Austria
andre.gingrich@univie.ac.at

ALEX GOLUB
Department of Anthropology, University of Hawai'i
2424 Maile Way, Saunders Hall 346, Honolulu HI 96822-2223 USA
golub@hawaii.edu

DAVID LISHILINIMLE IMBUA
Department of History and International Studies, Faculty of Arts, University of Calabar
PMB 1115, Calabar (540001), Cross River State, Nigeria
imbuadave@yahoo.com

SUSANNE LANWERD
Käte Hamburger Kolleg, Ruhr Universität Bochum
Universitätsstrasse 150, D-44801 Bochum, Germany
Susanne.Lanwerd@ruhr-uni-bochum.de

ANNETTE LEIBING
Faculté des sciences infirmières, Université de Montréal
CP 6128, succ. Centre-ville, Montréal, Qc H3C 3J7, Canada
aleibing@videotron.ca

CHRISTIAN MAIER
Gerhard-von-Are-Str. 4–6, D-53111 Bonn, Germany
christian-maier@onlinehome.de

KEIR MARTIN
Department of Social Anthropology, School of Social Sciences, University of Manchester
Oxford Road, M13 9PL, Manchester, United Kingdom
Keir.Martin@manchester.ac.uk

DOMINIK M. MÜLLER
Institut für Ethnologie, Goethe-Universität Frankfurt am Main
Grüneburgplatz 1, D-60323 Frankfurt am Main, Germany
DominikMueller@em.uni-frankfurt.de

LAILA PRAGER
Institut für Ethnologie, Westfälische Wilhelms-Universität Münster
Studtstraße 21, D-48149 Münster, Germany
Laila.Prager@gmx.de

PETER PROBST
Department of Art History, Tufts University
11 Talbot Avenue, Medford, MA 02155, USA
peter.probst@tufts.edu

EVA CH. RAABE
Museum der Weltkulturen, Abteilung Ozeanien
Schaumainkai 29–37, D-60594 Frankfurt am Main, Germany
eva.raabe.amt45g@stadt-frankfurt.de

MOOWEON RHEE
Shidler College of Business, University of Hawai'i
2404 Maile Way, Honolulu, HI 96822, USA
mooweon@hawaii.edu

LIOBA ROSSBACH DE OLMOS
Institut für Vergleichende Kulturforschung-Völkerkunde, Philipps-Universität Marburg
Kugelgasse 10 (Kugelhaus), D-35032 Marburg, Germany
rossbach@staff.uni-marburg.de

SUSANNE SCHRÖTER
Institut für Ethnologie, Goethe-Universität Frankfurt am Main
Grüneburgplatz 1, D-60323 Frankfurt am Main, Germany
susanne.schroeter@normativeorders.net

WALTER E.A. VAN BEEK
Department of Culture Studies, Tilburg School of Humanities, Tilburg University
PO Box 90153, 5000 LE Tilburg, Netherlands
woutervanbeek@hetnet.nl

EHLER VOSS
Medienwissenschaftliches Seminar, Universität Siegen
Am Eichenhang 50, D-57076 Siegen, Germany
ehler.voss@uni-siegen.de

HOLGER WARNK
Fachbereich 9: Südostasienwissenschaften, Goethe-Universität Frankfurt am Main
Senckenberganlage 31, D-60325 Frankfurt am Main, Germany
H.Warnk@em.uni-frankfurt.de

KARL R. WERNHART
Klostergasse 16/10, A-1180 Wien, Austria
karl.r.wernhart@univie.ac.at

HARTMUT ZINSER
Institut für Religionswissenschaft, Freie Universität Berlin
Goßlerstraße 2–4, D-Berlin, Germany
zinser@zedat.fu-berlin.de

INFORMATION FOR AUTHORS

Paideuma. Mitteilungen zur Kulturkunde is the official publication of the Frobenius-Institut at the Goethe University (Frankfurt am Main), and is a peer-reviewed journal. Founded in 1938 by Leo Frobenius and edited with support from the Frobenius-Gesellschaft, *Paideuma* has published articles on African societies and history, as well as on other regions and topics of general theoretical interest. In recent years Paideuma has widened its scope to focus also on Eastern Indonesia and Oceania.

Manuscripts in English, German or French, and of not more than 40 000 characters (without special characters), are welcome any time. They should be submitted as hard copy and a document file on a DOS/WINDOWS formatted disk, or as an attachment to an email. Formatting and the use of tabs and spaces should be kept to an absolute minimum. Citations, references, footnotes and bibliographies should follow the conventions used in this issue of *Paideuma*. Submissions are reviewed anonymously by the academic advisory board. Upon acceptance of an article, provisional page proofs are sent to the author for correction within seven days. Authors receive 25 free offprints of their articles upon publication.

Please address all correspondence to:
PD Dr. Holger Jebens
Managing Editor *Paideuma*
Grüneburgplatz 1
D-60323 Frankfurt am Main
Germany
E-mail: Paideuma@em.uni-frankfurt.de

VERÖFFENTLICHUNGEN DES FROBENIUS-INSTITUTES
Vorzugspreise für Mitglieder der Frobenius-Gesellschaft

STUDIEN ZUR KULTURKUNDE
Bis Band 103: Franz Steiner Verlag (Stuttgart); Band 104–126: Rüdiger Köppe Verlag (Köln)
Begründet von Leo Frobenius, herausgegeben von Holger Jebens, Karl-Heinz Kohl und Richard Kuba

11 Otto Zerries: Wild- und Buschgeister in Südamerika. Eine Untersuchung jägerzeitlicher Phänomene im Kulturbild südamerikanischer Indianer. 1954. x, 401 S., 16 Abb. m. 4 Taf., 1 Kte., kt., ISSN 0170-0845-4

13 Helmut Straube: Die Tierverkleidungen der afrikanischen Naturvölker. 1955. vi, 233 S. m. 1 Kte., kt., ISSN 0170-0847-0

14 Wilhelm Emil Mühlmann: Arioi und Mamaia. Eine ethnologische, religionssoziologische und historische Studie über polynesische Kultbünde. 1955. vii, 268 S. m. 2 Abb., kt., ISSN 0170-0848-9

16 Carl A. Schmitz: Historische Probleme in Nordost-Neuguinea. Huon-Halbinsel. 1960. viii, 441 S. m. 43 Abb., 10 Ktn., 1 Faltkte., kt., ISSN 0170-0850-0

17 Barabara Frank: Die Rolle des Hundes in afrikanischen Kulturen. Unter besonderer Berücksichtigung seiner religiösen Bedeutung. 1965. viii, 256 S. m. 5 Ktn., Ln., ISSN 0170-0851-9

18 Eike Haberland: Untersuchungen zum äthiopischen Königtum. 1965. viii, 353 S. m. 8 Ktn., 3 Abb., kt., ISSN 0170-0852-7

19 Alfred Hauenstein: Les Hanya. Description d'un groupe ethnique bantou de l'Angola. 1967. xx, 362 S. m. 23 Taf., 2 Faltktn., kt., ISSN 0170-0853-5

20 Walther F.E. Resch: Das Rind in den Felsbilddarstellungen Nordafrikas. 1967. xii, 105 S. m. 4 Abb., 24 Taf., kt., ISSN 0170-0854-3

21 Eberhard Fischer: Der Wandel ökonomischer Rollen bei den westlichen Dan in Liberia. Studien zum Kulturwandel eines liberianischen Dorfes auf Grund von Feldforschungen i. d. Jahren 1960 u. 1963. 1967. xi, 481 S. m. 4 Taf., 7 Abb., kt., ISSN 0170-0855-1

22 Klaus E. Müller: Kulturhistorische Studien zur Genese pseudoislamischer Sektengebilde in Vorderasien. 1967. xii, 414 S. m. 7 Taf., 4 Ktn., kart., ISBN 3-515-00856-X

24 Rose Schubert: Methodologische Untersuchungen an ozeanischem Mythenmaterial. 1970. viii, 237 S. m. 35 Tab., 3 Ktn., 1 Ausschlagtafel, kart., ISBN 3-515-00859-4

26 Ulrich Braukämper: Der Einfluß des Islam auf die Geschichte und Kulturentwicklung Adamauas. Abriß eines afrikanischen Kulturwandels. 1970. xii, 223 S. m. 4 Ktn., kart., ISBN 3-515-00863-2

27 Annemarie Fiedermutz-Laun: Der kulturhistorische Gedanke bei Adolf Bastian. Systematisierung und Darstellung der Theorie und Methode mit dem Versuch einer Bewertung des kulturhistorischen Gehaltes auf dieser Grundlage. 1970. xvi, 293 S. m. 8 Ktn., kart., ISBN 3-515-00865-9

28 Andreas Kronenberg: Logik und Leben – kulturelle Relevanz der Didinga und Longarim, Sudan. 1972. vi, 192 S. m. 31 Fig. u. 3 Ktn., 30 Taf., kart., ISBN 3-515-00866-7

30 Erzählungen der Kamayurá. Alto Xingú-Brasilien. Deutsche Übersetzung und Kommentar von Mark Münzel. 1973. viii, 378 S. m. 9 Taf., 12 Abb., kart., ISBN 3-515-01210-9

31 Samuel Josia Ntara: The History of the Chewa (Mbiri ya Achewa). Translated into English by W.S. Kamphandira Jere with Comments by Harry W. Langworthy, edited by Beatrix Heintze. 1973. xx, 167 S. m. 5 Ktn., kt., ISSN 0724-0868-3

32a Leo Frobenius 1873/1973: Une Anthologie. Editée par Eike Haberland avec une préface de Léopold Sédar Senghor [Ausgabe in französ. Sprache]. 1973. xiii, 247 S. m. 55 Abb., 24 Taf., kart., ISBN 3-515-00869-1

32b Leo Frobenius 1873/1973: An Anthology. Edited by Eike Haberland with a foreword by Léopold Sédar Senghor [Ausgabe in englischer Sprache]. 1973. xiii, 233 S. m. 55 Abb., 24 Taf., kart., ISBN 3-515-00870-5

34   Die Völker Afrikas und ihre traditionellen Kulturen. Hrsgg. von Hermann Baumann, Teil 1: Allgemeiner Teil und südliches Afrika. 1975. x, 815 S. m. 41 Ktn., 7 Abb., 2 Bildtaf. und 3 Falttabellen, Ln., ISBN 3-515-01968-5

35   Die Völker Afrikas und ihre traditionellen Kulturen. Hrsgg. von Hermann Baumann, Teil 2: Ost-, West- und Nordafrika. 1979. vi, 734 S. m. 25 Ktn., kt., ISBN 3-515-02371-2

36   Eike Haberland und Siegfried Seyfarth: Die Yimar am oberen Korowori (Neuguinea). 1974. xiv, 441 S. m. 83 Abb. u. Ktn. nach Zeichnungen von Gisela Wittner, 48 Fototaf., kart., ISBN 3-515-01870-0

37   Ein Pfeilschuß für die Braut. Mythen und Erzählungen aus Kwieftim und Abrau, Nordostneuguinea. Aufgenommen, übersetzt und kommentiert von Antje und Heinz Kelm. 1975. xii, 364 S. m. 16 Taf., 1 Kte., kart., ISBN 3-515-02088-8

38   Christraud Geary: We, die Genese eines Häuptlingtums im Grasland von Kamerun. 1976. x, 225 S. m. 6 Ktn. und 5 Abb., kart., ISBN 3-515-02366-6

39   Hermann Amborn: Die Bedeutung der Kulturen des Niltals für die Eisenproduktion im subsaharischen Afrika. 1976. xvi, 376 S. m. 99 Abb. im Anhang, kart., ISBN 3-515-02411-5

40   Werner Peukert: Der atlantische Sklavenhandel von Dahomey (1740–1797). Wirtschaftsanthropologie und Sozialgeschichte. 1978. xvi, 412 S. m. 4 Ktn., 3 Abb. u. zahlr. Tab., Summary, kart., ISBN 3-515-02404-2

41   Catalogue of the Rock Art Collection of the Frobenius Institute. By Pavel Cervícek with drawings by Gisela Wittner and photos by Margit Matthews. 1976. xvi, 306 S., 178 S. m. 446 Zeichnungen u. 20 Ktn., 24 Taf. m. 35 Fotos, kart., ISBN 3-515-01856-5

42   Dierk Lange: Le Dîwân des Sultans du [Kânem-] Bornû: chronologie et histoire d'un royaume africain (de la fin du Xe siècle jusqu'à 1808). 1977. x, 174 S. m. 3 Tab., 1 Kte., 6 Taf., kart., ISBN 3-515-02392-5

43   Renate Wente-Lukas: Die materielle Kultur der nicht-islamischen Ethnien von Nordkamerun und Nordostnigeria. Mit Zeichnungen von Gisela Wittner. 1977. viii, 313 S. m. 375 Abb., 3 Ktn., kart., ISBN 3-515-02608-8

44   Edward Graham Norris: Wirtschaft und Wirtschaftspolitik in Abeokuta 1830–1867. Aspekte der Ethnographie und Geschichte eines Yoruba-Staates im 19. Jahrhundert. 1978. xviii, 190 S. m. 3 Ktn., kart., ISBN 3-515-02670-3

45   Stefan Seitz: Die zentralafrikanischen Wildbeuterkulturen. 1977. viii, 241 S. m. 2 Abb. und 11 Ktn., kart., ISBN 3-515-02666-5

46   Günter Best: Vom Rindernomadismus zum Fischfang. Der sozio-kulturelle Wandel bei den Turkana am Rudolfsee, Kenia. 1978. xiv, 213 S. m. 29 Fig., 6 Ktn. u. 17 Abb. auf 9 Tafeln, kart., ISBN 3-515-02690-8

47   Hans Joachim Stühler: Soziale Schichtung und gesellschaftlicher Wandel bei den Ajjer-Twareg in Südostalgerien. 1978. xvi, 162 S. m. 15 Abb., kart., ISBN 3-515-02745-9

48   Fidelis Taliwawa Masao: The Later Stone Age and the Rock Paintings of Central Tanzania. 1979. xiv, 311 S. m. 96 Abb., 7 Fotos, kart., ISBN 3-515-02783-1

49   Hayder Ibrahim: The Shaiqiya: The Cultural and Social Change of a Northern Sudanese Riverain People. 1979. xv, 243 S. m. 2 Ktn., kart., ISBN 3-515-02907-9

50   Ulrich Braukämper: Geschichte der Hadiya Süd-Äthiopiens. Von den Anfängen bis zur Revolution 1974. 1980. xv, 463 S. m. 30 Ktn., kart., ISBN 3-515-02842-0

51   Antje und Heinz Kelm: Sago und Schwein – Ethnologie von Kwieftim und Abrau in Nordost-Neuguinea. 1980. 397 S. m. 80 Abb., 20 Taf., 1 Kte., kart., ISBN 3-515-02940-0

52   Klaus E. Müller: Geschichte der antiken Ethnographie und ethnologischen Theoriebildung. Von den Anfängen bis auf die byzantinischen Historiographen. Teil 2. 1980. [Teil 1 = Bd. 29 der Reihe]. x, 563 S. m. 11 Abb., kart., ISBN 3-515-02499-9

53   Asfa-Wossen Asserate: Die Geschichte von Sawâ (Äthiopien) 1700–1865. Nach dem târika nagast von belâttên gêtâ Heruy Walda Sellâsê. 1980. xv, 165 S., kart., ISBN 3-515-02936-2

54   A.B.C. Ocholla-Ayayo: The Luo Culture. A Reconstruction of the Material Culture Patterns of a Traditional African Society. xv, 210 S. m. 75 Abb., kart., ISBN 3-515-02925-7

55   Andreas Massing: The Economic Anthropology of the Kru (West Africa). 1980. xiii, 281 S. m. 43 Abb. u. 19 Ktn., kart., ISBN 3-5 15-03162-6

57   Barbara Frank: Die Kulere. Bauern in Mittelnigeria. 1981. xiv, 270 S. m. 2 Ktn., 56 Taf. m. 112 Abb., kart., ISBN 3-515-03268-1

58   Waltraud und Andreas Kronenberg: Die Bongo. Bauern und Jäger im Südsudan. Mit einem Anhang von Georg Schweinfurth: Beschreibung der Bongo und Originalzeichnungen. 1981. xiv, 357 S. m. 150 Abb., 34 Taf., kart., ISBN 3-515-03301-7

59   Christoph Staewen und Friderun Schönberg: Ifa, das Wort der Götter. Orakeltexte der Yoruba in Nigeria. 1981. xiv, 235 S., kart., ISBN 3-515-03604-0

60a   Christraud Geary: Things of the Palace: A Catalogue of the Bamum Palace Museum in Foumban (Cameroon). With Drawings by Gisela Wittner. 1983. xvi, 279 S. m. 24 Fotos, 153 Abb. u. 2 Ktn., 80 Taf. m. 124 Fotos, kart. [Ausgabe in englischer Sprache], ISBN 3-515-02924-9

60b   Christraud Geary: «Les choses du palais»: Catalogue du Musée du Palais Bamoum à Foumban (Cameroun). 1984. xvi, 299 S. m. 24 Fotos, 153 Abb. u. 2 Ktn., 80 Taf. m. 124 Fotos, kart. [Ausgabe in französischer Sprache], ISBN 3-515-03793-4

61   Werner J. Lange: History of the Southern Gonga (Southwestern Ethiopia). 1982. xviii, 348 S. m. 26 Tab. u. 7 Ktn., 12 Taf. m. 36 Abb. kart., ISBN 3-515-03399-8

62   Y. Georges Madiéga: Contribution à l'histoire précoloniale du Gulma (Haute-Volta). 1982. xii, 260 S. m. 11 Ktn., kart., ISBN 3-515-03222-3

63   Wolf Leslau: Gurage Folklore. Ethiopian Proverbs, Beliefs, and Riddles. 1982. xiv, 327 S., kart., ISBN 3-515-03513-3

64   Karl Heinz Striedter: Felsbilder Nordafrikas und der Sahara. Ein Verfahren zu ihrer systematischen Erfassung und Auswertung. 1983. viii, 287 S. m. 19 Abb., zahr. Tab., 2 Ktn., kart., ISBN 3-515-03397-1

65   Ulrich Braukämper: Die Kambata. Geschichte und Gesellschaft eines südäthiopischen Bauernvolkes. 1983. xiv, 330 S. m. 9 Taf. u. 7 Ktn., kart., ISBN 3-515-03747-0

66   Adam Jones: German Sources for West African History, 1599–1669. 1983. xii, 417 S. m. 4 Abb. u. 7 Kartenskizzen, kart., ISBN 3-515-03728-4

67   Peter Fuchs: Das Brot der Wüste. Sozio-Ökonomie der Sahara-Kanuri von Fachi. 1983. xiv, 240 S. m. 26 Abb., 16 Taf. u. 7 Ktn., kart., ISBN3-515-03764-0

68   Adam Jones: From Slaves to Palm Kernels. A History of the Galinhas Country (West Africa), 1730–1890. 1983. xviii, 220 S. m. 29 Abb., 13 Taf., kart., ISBN 3-515-03878-7

69   Roland Mischung: Religion und Wirklichkeitsvorstellungen in einem Karen-Dorf Nordwest-Thailands. 1984. xiii, 362 S. m. 4 Ktn., 6 Diagr., 3 Tab. u. 12 Taf. m. 24 Abb., kart., ISBN 3-515-03227-4

70   Leo Frobenius: Mythes et contes populaires des riverains du Kasaï. Traduction de l'allemand par Claude Murat. 1983. xii, 326 S., kart., ISBN 3-515-03922-8

71   Samson O.O. Amali: An Ancient Nigerian Drama. The Idoma Inquest. A bilingual presentation in Idoma and English together with Odegwudegwu, an original bilingual play in Idoma and English. 1985. viii, 241 S., kt., ISSN 0170-4097-8

72   Anne-Marie Duperray: Les Gourounsi de Haute-Volta. Conquête et colonisation 1896–1933. 1984. xiv, 280 S. m. 26 Ktn., kart., ISBN 3-515-04097-8

74   Renate Wente-Lukas: Handbook of Ethnic Units in Nigeria. With the Assistance of Adam Jones. 1985. viii, 466 S., kart., ISBN 3-515-03624-5

75   Beatrix Heintze: Fontes para a história de Angola do século XVII. Band 1: Memórias, relações e outros manuscritos da Colectânea Documental de Fernão de Sousa (1622–1635). Transcrição dos documentos em colaboração com Maria Adélia de Carvalho Mendes. 1985. xv, 419 S. m. 13 Abb. u. 17 Fotos, kart., ISBN 3-515-04260-1

76   Jean-Pierre Warnier: Echanges, développement et hiérarchies dans le Bamenda précolonial (Cameroun). 1985. xiv, 323 S. m. 16 Ktn., 14 Abb., 1 Taf., kart., ISBN 3-535-04281-4

77 Adam Jones: Brandenburg Sources for West African History 1680–1700. 1985. xiv, 356 S. m. 7 Abb. u. 13 Taf., kart., ISBN 3-515-04315-2

78 Peter Mark: A Cultural, Economic and Religious History of the Basse Casamance since 1500. 1985. xii, 136 S. m. 6 Taf. u. 4 Ktn., kart., ISBN 3-515-04355-1

79 Kidana Wald Kefle: Haymanota Abaw Qaddamt. La foi des pères anciens. Enseignement de Mamher Kefla Giyorgis. Recueilli par son disciple Dasta Takla Wald. Avec une introduction sur la vie et l'œuvre de ces trois savants par Berhanou Abebbé. 1986. vii, 287 S., kart., ISBN 3-515-04168-0

80 Leo Frobenius: Ethnographische Notizen aus den Jahren 1905 und 1906. I: Völker am Kwilu und am unteren Kasai. Bearb. u. hrsgg. von Hildegard Klein. 1985. xxiv, 223 S. m. 555 Abb., 27 Fotos u. 3 Ktn., kart., ISBN 3-515-04271-7

81 Jürgen Zwernemann (Hrsg.): Erzählungen aus der westafrikanischen Savanne (Gurma, Moba, Kassena, Nuna). 1985. xii, 184 S. kart., ISBN 3-515-04218-0

82 Christoph Staewen und Karl Heinz Striedter: Gonoa. Felsbilder aus Nord-Tibesti (Tschad). 1987. 327 S. m. zahlr. Abb., 2 Ktn., 2 Tab. u. 20 Fototafeln m. 33 Fotos. kart., ISBN 3-515-04218-0

83 Leo Frobenius: Peuples et sociétés traditionnelles du Nord-Cameroun. Etudes de Leo Frobenius, traduites par Eldridge Mohammadou. 1987. 175 S. m. 13 Abb. kart., ISBN 3-515-04650-9

84 Leo Frobenius: Ethnographische Notizen aus den Jahren 1905 und 1906. II: Kuba. Leele, Nord-Kete. Bearb. u. hrsgg. von Hildegard Klein. 1987. xx, 232 S. m. 437 Abb. auf 168 Taf., 11 Fotos, 5 Ktn., kart., ISBN 3-515-04671-2

85 Kurt Beck: Die Kawahla von Kordofan. Ökologische und ökonomische Strategien arabischer Nomaden im Sudan. 1988. 421 S., 5 Ktn., kart., ISBN 3-515-04921-5

86 Dierk Lange: A Sudanic Chronicle: The Borno Expeditions of Idris Alauma (1564–1576). According to the account of Ahmad b. Furtu. Arabic text, Engl. transl. commentary and geogr. gazetteer. 1987. 250 S. (68 S. arab.) m. 7 Abb. kart., ISBN 3-515-04926-6

87 Leo Frobenius: Ethnographische Notizen aus den Jahren 1905 und 1906. III: Luluwa, Süd-Kete, Bena Mai, Pende, Cokwe. Bearb. u. hrsgg. von Hildegard Klein. 1988. xxi, 268 S. m. 500 Zeichn., 15 Fotos, 12 Ktn., kart., ISBN 3-515-04979-7

88 Beatrix Heintze: Fontes para a história de Angola do século XVII. Band 2: Cartas e documentos oficiais da Colectânea Documental de Fernão de Sousa (1624–1635). Transcrição dos documentos em colaboração com Maria Adélia de Carvalho Mendes. 1988. xxiv, 431 S. m. 18 Abb., 12 Fotos, Kt., ISBN 3-515-04964-9

89 Gerd Spittler: Dürren, Krieg und Hungerkrisen bei den Kel Ewey (1900–1985). 1989. xiv, 199 S. m. 18 Tab., 20 Taf. m. 42 Fotos. kart., ISBN 3-515-04965-7

90 Peter Fuchs: Fachi. Sahara-Stadt der Kanuri. 1989. 405 S. m. 14 Abb., 82 Fotos u. 8. Tab., kart., ISBN 3-515-05003-5

91 Bawuro Mubi Barkindo: Sultanate of Mandara to 1902. History of the Evolution, Development and Collapse of a Central Sudanese Kingdom. 1989. 252 S., kart., ISBN 3-515-04416-7

92 Mamadou Diawara: La graine de la parole. Dimension sociale et politique des traditions orales du royaume de Jaara (Mali du XVème au milieu du XIXème siècle). 1990. 189 S., kart. [vergriffen]

93 Mathias G. Guenther: Bushman Folktales. Oral Traditions of the Nharo of Botswana and the /Xam of the Cape. 1989. 166 S., kart., ISBN 3-515-05060-4

94 Klaus Schneider: Handwerk und materialisierte Kultur der Lobi in Burkina Faso. 1990. 409 S. m. 278 Abb., 5 Ktn, 32 Taf. m. 121 Fotos, 2 Diagr. kart., ISBN 3-515-05235-6

95 Dorothee Gruner: Die Lehm-Moschee am Niger. Dokumentation eines traditionellen Bautyps. 1990. 504 S. m. zahlr. Abb., 7 Tab., 16 Taf., 11 Ktn im Text sowie 116 Fotos, kart., ISBN 3-515-05357-3

96 Jörg Adelberger: Vom Sultanat zur Republik: Veränderungen in der Sozialorganisation der Fur (Sudan). 1990. 246 S. m. 11 Fig., 4 Ktn, 15 Tab., kart., ISBN 3-515-05512-6

97 Leo Frobenius: Ethnographische Notizen aus den Jahren 1905 und 1906. IV: Kanyok, Luba, Songye, Tetela, Songo Meno/Nkutu. Bearb. und hrsgg. von Hildegard Klein. 1990. xx, 224 S. m. 410 Zeichn., 4 Ktn, 13 Fotos auf 8 Taf., kart., ISBN 3-515-05383-2

98   Gudrun Geis-Tronich: Materielle Kultur der Gulmance in Burkina Faso. 1991. 522 S. m. 556 Abb.,
       dav. 6 Farbtaf., kart. [vergriffen]

99   Adam Jones: Zur Quellenproblematik der Geschichte Westafrikas 1450–1900. 1990. 229 S. u. 23 Taf.
       m. 40 Abb., kart., ISBN 3-515-05418-1

100   Eike Haberland: Hierarchie und Kaste. Zur Geschichte und politischen Struktur der Dizi in Südwest-
       Äthiopien. 1993. iv, 320 S. m. 13 Taf. m. 25 Fotos, kart., ISBN 3-515-05592-4

101   Friederike Kemink: Die Tegreñña-Frauen in Eritrea. Eine Untersuchung der Kodizes des Gewohn-
       heitsrechts 1890–1941. 1991. ix, 183 S., kart., ISBN 3-515-05425-1

102   Andreas Grüb: The Lotuho of the Southern Sudan. An Ethnological Monograph. 1992. 194 S., kart.,
       ISBN 3-515-05452-9

103   Ulrich Braukämper: Migration und ethnischer Wandel: Untersuchungen aus der östlichen Sudanzo-
       ne. 1992. 318 S. m. 14 Ktn., kart., ISBN 3-515-05830-3

104   Reidulf K. Molvaer (ed.): Prowess, Piety and Politics. The Chronicle of Abeto Iaysu and Empress
       Zewditu of Ethiopia (1909–1930). Recorded by Aleqa Gebre-Igziabiher Elyas. 1994. 596 S. m. 1 Tab.
       u. 1 s/w Foto, kart., ISBN 3-927620-20-3

105   Andrea Reikat: Handelsstoffe. Grundzüge des europäisch-westafrikanischen Handels vor der indu-
       striellen Revolution am Beispiel der Textilien. 1997. 280 S., kart., ISBN 3-89645-200-2

106   Sabine Steinbrich: Imagination und Realität in westafrikanischen Erzählungen. 1997. 361 S., kart.,
       ISBN 3-89645-201-0

107   Till Förster: Zerrissene Entfaltung. Alltag, Ritual und künstlerische Ausdrucksformen im Norden der
       Côte d'Ivoire. 1997. 599 S. m. 20 Graf., 82 s/w Fotos, 3 Ktn., kart., ISBN 3-89645-202-9

108   Britta Duelke: „…Same but different…“: Tradition und Geschichte im Alltag einer nordaustralischen
       Aborigines-Kommune. 1998. 304 S., kart., ISBN 3-89645-203-7

109   Frank Bliss: L'artisanat et l'artisanat d'art dans les oasis du désert occidental égyptien. 1998. 359 S. m.
       199 Fotos, 118 Zeichn., kart., ISBN 3-89645-204-5

110   Jürgen Zwernemann: Studien der Moba (Nord-Togo). 1998. 434 S. m. 57 s/w Fotos, 5 Zeichn., 1 Kte.
       kart., ISBN 3-89645-205-3

111   Gerd Spittler: Hirtenarbeit. Die Welt der Kamelhirten und Ziegenhirtinnen von Timia. 1998. 453 S.
       m. 82 s/w Fotos, 5 Ktn., kart., ISBN 3-89645-206-1

112   Carola Lentz: Die Konstruktion von Ethnizität: Eine politische Geschichte Nord-West Ghanas,
       1870–1990. 1998. 690 S. m. 28 s/w Fotos, kart., ISBN 3-89645-207-X

113   Karim Traoré: Le jeu et le sérieux. Essai d'anthropologie littéraire sur la poésie épique des chasseurs
       du Mande (Afrique de l'Ouest). 2000. 294 S., kart., ISBN 3-89645-208-8

114   Paola Ivanov: Vorkoloniale Geschichte und Expansion der Avungara-Azande: Eine quellenkritische
       Untersuchung. 2000. 784 S. m. 16 Ktn, 51 Tab., 4 Abb., ISBN 3-89645-209-6

115   Kunigunde Böhmer-Bauer: Great Zimbabwe – eine ethnologische Untersuchung. 2000. 542 S. m. 41
       Zeichn., 12 s/w-Fotos. ISBN 3-89645-210-X

116   Erdmute Alber: Im Gewand von Herrschaft. Modalitäten der Macht im Borgu (Nord-Bénin)
       1900–1995. 2000. 325 S. m. 4 Ktn., 6 s/w-Fotos, 4 Faksimile-Abb., 3 Graph., 2 Tab.,
       ISBN 3-89645-210-X

117   Yakubu Mukhtar: Trade, Merchants and the State in Borno, c. 1893–1939. 2000. 323 S. m. 5 Ktn.,
       1 Abb., ISBN 3-89645-212-6

118   Dorothea E. Schulz: Perpetuating the Politics of Praise: Griots, Radios and Political Mediation in
       Mali. 2001. 293 S., kart., ISBN 3-89645-213-4

119   Burkhard Schnepel (Hrsg.): Hundert Jahre „Die Traumdeutung". Kulturwissenschaftliche Perspekti-
       ven in der Traumdeutung. 2001. 263 S., 3 s/w-Fotos. ISBN 3-89645-214-2

120   Mamadou Diawara: L' empire du verbe et l'éloquence du silence. Vers une anthropologie du discours
       dans les groupes dits dominés au Sahel. 2003. 462 S., 9 s/w-Fotos. ISBN 3-89645-215-0

121   Matthias Krings und Editha Platte (Hrsg.): Living with the lake: perspectives on history, culture and
       economy of Lake Chad. 2004. 293 S. m. 17 Ktn., 15 Abb., ISBN 3-89645-216-9

122 Andreas Dafinger: Anthropologie des Raumes. Untersuchungen zur Beziehung räumlicher und sozialer Ordnung im Süden Burkina Fasos. 2004. 207 S. m. 17 Zeichn., 12 Tab., 11 Ktn., 5 s/w-Fotos, ISBN 3-89645-217-7

123 Matthias Krings: Siedler am Tschadsee. 2004. 293 S. m. 13 Ktn., 9 Tab., 8 s/w-Fotos, 4 Graph., 3 Zeichn., 1 Faksimile-Abb., ISBN 3-89645-218-5

124 Cora Bender, Christian Carstensen, Henry Kammler, Sylvia S. Kasprycki (Hrsg.): Ding – Bild – Wissen. Ergebnisse und Perspektiven nordamerikanischer Forschung in Frankfurt a.M. 2005. 278 S. m. 47 s/w Fotos, 7 Zeichn., 1 Kte., ISBN 3-89645-219-3

125 Mamadou Diawara, Paulo Fernando de Moraes Farrias et Gerd Spittler (sous la direction de): Heinrich Barth et l'Afrique. 2006. 286 S. m. 17 Abb., 12 s/w Fotos, 2 Ktn., 2 Tab., ISBN 3-89645-220-7

126 Sabine Dinslage (ed.): Leo Frobenius: Animal husbands, magic horns and water spirits: folktales from Southern Africa. Bd. I–III. 2009. 1283 S. m. 2 Abb., 7 s/w Fotos, 1 Kte., ISBN 978-3-89645-221-4

SONDERSCHRIFTEN DES FROBENIUS-INSTITUTES

Bis Band 12: Franz Steiner Verlag, Stuttgart

1 Karl Heinz Striedter (ed.): Rock Paintings from Zimbabwe. Collections of the Frobenius-Institut. 1983. 67 S. m. 24 Abb. im Text, 20 Abb. auf Taf. [vergriffen]

2 Eike Haberland: Three Hundred Years of Ethiopian-German Academic Collaboration. 1986. 39 S. m. 22 Abb. (z.T. Fotos) im Text, 1 Kte., kt., ISBN 3-515-04766-2

3 Leo Frobenius: Histoire et Contes des Mossi. 1986. 94 S. (mit Faltblatt „Généalogie des souverains Mossi"), kt., ISBN 3-515-04831-6

4 Eike Haberland: Recherches Allemandes au Burkina Faso. En souvenir du séjour de Gottlob Adolf Krause („Malam Moussa") à Ouagadougou en septembre 1886. 1986. 20. S. m. 8 Abb. u. 1 Kte. im Text, kt., ISBN 3-515-04871-5

5 Beatrix Heintze: Ethnographische Zeichnungen der Lwimbi/Ngangela (Zentral-Angola). Aus dem Nachlaß Hermann Baumann. 1988. 144 S. m. 4 Farbt., 2 s/w-Fotos und 72 S. m. 172 Strichzeichn. u. 1 Kte., kt., ISBN 3-515-05170-8

6 Gudrun Geis-Tronich: Les métiers traditionnels des Gulmance – Bi Gulmanceba Maasuagu Tuonboli. 1989. 109 S. m. 157 Abb. u. 2 Farbtaf., Kt. [vergriffen]

7 Ulrich W. Hallier: Die Entwicklung der Felsbildkunst Nordafrikas. Untersuchungen auf Grund neuerer Felsbildfunde in der Süd-Sahara (1). 1990. vi. 150 S. m. 164 s/w- u. 8 Farbtaf., kt., ISBN 3-515-05621-1

8 Eric Huysecom: Fanfannyegene I. Un abri-sous-roche à occupation néolithique (Parc nationale de la Bouche du Baoulé, Mali, 1984–1987). – La fouile, le matériel archéologique, l'art rupestre. 1990. 175 S., kt., ISBN 3-515-05673-4

9 Alain Gallay, Eric Huysecom, Matthieu Honegger, Anne Mayor (eds.): Hamdallahi, Capitale de l'Empire peul du Massina, Mali [vergriffen]

10 Ulrich Braukämper/Werner Fricke/Herrmann Jungraithmayr: German Research in North-Eastern Nigeria. 1991. 38 S. m. 17 Abb., kt., ISBN 3-515-05946-6

11a Klaus Schneider: Die Burg des Elefantenjägers. Geschichte des „Großen Hauses" von Bindouté Da (Lobi, Burkina Faso). Pläne von Verena Näf, Aquarelle und Fotos von Cornelia Schefold. 1991. 97 S. m. 63 Abb., davon 4 fbg., sowie Faltkte. u. 15 Taf. m. 30 Fotos, kt., ISBN 3-515-06036-7

11b Klaus Schneider: La Grande Maison de Bindouté Da. Histoire d'une habitation Lobi au Burkina Faso. Plans de Verena Näf, aquarelles, dessins et photographies de Cornelia Schefold. 1991. 97 S. m. 63 Abb., dav. 4 fbg. sowie 1 Faltkte. u. 15 Taf. m. 30 Fotos, kt., ISBN 3-515-06037-5

12 Ulrich W. Hallier/Brigitte Chr. Hallier: Felsbilder der Zentral-Sahara. Untersuchungen auf Grund neuerer Felsbildfunde in der Süd-Sahara (2). 1992. viii, 249 S. m. 47 Abb., 328 s/w- und 32 Farbtaf., kt., ISBN 3-515-06183-5

13 Ulrich Braukämper and Tilahun Mishago: Praise and Teasing. Narrative Songs of the Hadiyya in Southern Ethiopia. 1999. 116 S. m. 32 s/w Fotos u. 1 Kte., kt Frankfurt am Main: Frobenius-Institut, ISBN 3-9806506-2-6

AFRIKA ARCHIV

Rüdiger Köppe Verlag, Köln

Herausgegeben von Beatrix Heintze

1 Beatrix Heintze: Alfred Schachtzabels Reise auf das Hochland von Angola 1913–1914 und seine Sammlungen für das Museum für Völkerkunde in Berlin. Rekonstruktion einer ethnographischen Quelle. 1995. 378 S. m. 174 s/w Fotos, zahlr. Zeichn., 14 Ktn., davon 2 Faltktn., ISBN 3-92762-021-1

2 Beatrix Heintze (Hrsg.): Max Buchners Reise nach Zentralafrika (1878–1882). Briefe, Berichte, Studien. 1999. 539 S. m. 65 Strichzeichnungen, 1 Foto, ISBN 3-89645-160-X

3 Hermann Baumann: Die ethnographische Sammlung aus Südwest-Angola im Museum von Dundo, Angola (1954). Katalog / A colecção etnográfica do Sudoeste de Angola no Museu do Dundo, Angola (1954). Catálogo. Bearbeitet und herausgegeben von / Redigido e editado por Beatrix Heintze. 2002. 376 S. m. 296 Fotos, 345 Zeichnungen, 1 Kte.

4 Zacharie Minougou und Andrea Reikat (Hrsg.): Au carrefour des histoires. Traditions orales de la région Yana (Burkina Faso). 2004. 113 S. m. 2 Ktn., ISBN 3-89645-126-6

RELIGIONSETHNOLOGISCHE STUDIEN DES FROBENIUS-INSTITUTES

Kohlhammer Verlag, Stuttgart

Herausgegeben von Karl-Heinz Kohl

1 Karl-Heinz Kohl: Der Tod der Reisjungfrau. Mythen, Kulte und Allianzen in einer ostindonesischen Lokalkultur. 1998. 303 S. m. 25 Abb., ISBN 3-17-015410-9

2 Susanne Schröter: Die Austreibung des Bösen. Ein Beitrag zur Religion und Sozialstruktur der Sara Langa in Ostindonesien. 2000. 296 S. m. 64 Abb., ISBN 3-17-016441-4

3 Holger Jebens: *Kago* und *kastom*. Zum Verhältnis von kultureller Fremd- und Selbstwahrnehmung in West New Britain (Papua-Neuguinea). 2007. 256 S. m. 21 s/w Fotos u. 2 Ktn., ISBN 978-3-17-019946-0

4 Thomas Reinhardt: Geschichte des Afrozentrismus. Imaginiertes Afrika und afroamerikanische Identität. 2007. 379 S., ISBN 978-3-17-019947-7

5 Henry Kammler: Kulturwandel und die Konkurrenz der Religionen in Mexiko. Nahuas in Guerrero zwischen der Herrschaft der Winde und der Macht des Wortes. 2010. 368 S. m. 45 Abb. u. 8 Ktn., ISBN 978-3-17-021154-4

6 Andreas Türk: Christentum in Ostsumba. Die Aneignung einer Weltreligion in Indonesien aus praxistheoretischer Sicht. 2010. 571 S. m. 20 Abb. u. 1 Tab., ISBN 978-3-17-021548-1

WEITERE PUBLIKATIONEN

– Gisela Stappert: Afrika EthnoGraphisch. Eine Bilderausstellung des Frobenius-Institutes. Frankfurt am Main: Frobenius-Institut 1996, 83 S. m. 71 Abb., kt., ISBN 3-9806506-1-8

- Das Frobenius-Institut an der Johann Wolfgang Goethe-Universität 1898–1998. Frankfurt am Main: Frobenius-Institut 1998, 80 S. m. 11 Abb., kt., ISBN 3-9806506-0-X
- Karl-Heinz Kohl und Nicolaus Schafhausen (Hrsg.): New Heimat [Ausstellungskatalog, Frankfurter Kunstverein, 12. Oktober 2001 – 27. Januar 2002]. New York: Lukas & Sternberg. 2001, 136 S. m. 66 s/w- u. 7 Farb-Abb., kt., ISBN 0-97111-93-4-1
- Andreas Ackermann, Ute Röschenthaler, Peter Steigerwald (Hrsg.): Im Schatten des Kongo. Leo Frobenius. Stereofotografien von 1904–1906 [Ausstellungskatalog, Museum der Weltkulturen, 1. Dezember 2005 – 30. April 2006]. Frankfurt am Main: Frobenius-Institut 2005, 80 S. m. 116 Farb-Abb., 1 Kte., kt., ISBN 3-9806506-6-9
- Wilhelm II. und Leo Frobenius. Der Kaiser und sein Forscher [Ausstellungskatalog, Museum für Kommunikation, 1. Dezember 2005 – 15. Januar 2006]. Frankfurt am Main: Museumsstiftung Post und Telekommunikation. 2005, 32 S. m. 39 Abb., kt., ISBN 3-9808448-5-4
- Karl-Heinz Kohl, Editha Platte (Hrsg.): Gestalter und Gestalten. 100 Jahre Ethnologie in Frankfurt am Main. Frankfurt am Main, Basel: Stroemfeld. 2006. 281 S. m. 23 Abb., kt., ISBN 3-86109-173-9
- Richard Kuba, Musa Hambolu (Hrsg.): Nigeria 100 years ago: through the eyes of Leo Frobenius and his expedition team. Frankfurt am Main: Frobenius Institute 2010. 81 S. m. 74 Abb., kt., ISBN 978-3-9806506-4-9
- Holger Jebens (Hrsg.): Herbarium der Kultur. Ethnographische Objekte und Bilder aus den Archiven des Frobenius-Instituts. Frankfurt am Main: Frobenius-Institut 2011. 150 S. m. 37 Farb. u. 34 s/w-Abb., kt., ISBN 978-3-9806506-5-6
- Christoph Johannes Franzen, Karl-Heinz Kohl, Marie-Luise Recker (Hrsg.): Der Kaiser und sein Forscher. Der Briefwechsel zwischen Wilhelm II. und Leo Frobenius (1924–1938). Stuttgart: Kohlhammer 2012. 664 S. m. Abb. im Text u. 26 meist farb. Bildtaf., kt., ISBN 978-3-17-019021-4

FROBENIUS-GESELLSCHAFT
(DEUTSCHE GESELLSCHAFT FÜR KULTURMORPHOLOGIE) E.V.

Die Frobenius-Gesellschaft ist einer der ältesten ethnologischen Fördervereine im deutschsprachigen Raum. Sie wurde 1924 in München als „Deutsche Gesellschaft für Kulturmorphologie" zur Unterstützung des „Forschungsinstituts für Kulturmorphologie" ins Leben gerufen, das 1946 nach seinem Gründer Leo Frobenius (1873–1938) in „Frobenius-Institut" umbenannt wurde.

Zielsetzung der Frobenius-Gesellschaft ist laut Satzung die Förderung der wissenschaftlichen Arbeiten des Frobenius-Instituts über außereuropäische Kulturen mit dem Schwerpunkt Geschichte und Kulturen Afrikas. Dies geschieht heute vor allem durch die finanzielle Unterstützung von Forschungsprojekten und Publikationen sowie Vortragsreihen, Ausstellungen und anderen Veranstaltungen. Die Frobenius-Gesellschaft trägt die Rechtsform eines gemeinnützigen eingetragenen Vereins. Dem Vorstand gehören z. Zt. Dr. Eberhard Mayer-Wegelin als Vorsitzender sowie Prof. Dr. Karl-Heinz Kohl und Dr. Klaus-Jürgen Schmieder an.

Die Mitgliedschaft in der Frobenius-Gesellschaft steht jeder Person offen. Der jährliche Mitgliedsbeitrag beträgt 50,00 € für ordentliche und 25,00 € für studentische Mitglieder. Bei Erteilung einer Einzugsermächtigung reduziert sich der Mitgliedsbeitrag auf 40,00 € bzw. 20,00 €.

Im Beitrag ist der kostenlose Bezug der jährlich erscheinenden Zeitschrift *Paideuma. Mitteilungen zur Kulturkunde* enthalten. *Paideuma* ist das offizielle Publikationsorgan des Frobenius-Instituts an der Goethe-Universität in Frankfurt am Main. 1938 von Leo Frobenius gegründet, ist sie eine der führenden ethnologischen Zeitschriften im deutschsprachigen Raum. Der traditionelle regionale Fokus von *Paideuma*, die Geschichte und Kulturen Afrikas, ist in den letzten Jahren um Ozeanien und Südostasien erweitert worden; daneben finden sich in der Zeitschrift auch Beiträge von allgemeinem theoretischem Interesse.

Mitglieder der Frobenius-Gesellschaft werden regelmäßig von den öffentlichen Veranstaltungen des Frobenius-Instituts und der Frobenius-Gesellschaft informiert. Darüber hinaus können sie die Veröffentlichungen des Frobenius-Instituts zu einem Vorzugspreis beziehen, der bis zu 20 % unter dem offiziellen Ladenpreis liegt. Dabei handelt es sich um folgende wissenschaftliche Reihen: *Studien zur Kulturkunde* (1933ff., 126 Bde.), *Sonderschriften des Frobenius-Instituts* (1983ff.,13 Bde.), *Afrika Archiv*

(1995ff., 4 Bde.), *Religionsethnologische Studien des Frobenius-Instituts* (1998ff., 6 Bde.). Die noch lieferbaren Bände sind im Internet auf der Seite *www.frobenius-institut.de* aufgeführt.

Aufnahmeanträge können formlos an die Geschäftsstelle der Frobenius-Gesellschaft, Grüneburgplatz 1, 60323 Frankfurt am Main geschickt werden. Für die Inanspruchnahme des ermäßigten studentischen Mitgliedsbeitrags für den Zeitraum von fünf Jahren ist die einmalige Vorlage einer Immatrikulationsbescheinigung erforderlich. Nach der Aufnahme durch den Vorstand der Gesellschaft erfolgt eine offizielle Benachrichtigung.

Weitere Auskünfte:
Sekretariat des Frobenius-Instituts, Grüneburgplatz 1, 60323 Frankfurt a.M. –
Tel.: 069-798 33050 – frobenius@em.uni-frankfurt.de